MURTY CLASSICAL
LIBRARY OF INDIA

Sheldon Pollock, General Editor

BHARATCHANDRA RAY
IN PRAISE OF ANNADA
VOLUME 2

MCLI 25

BHARATCHANDRA RAY

ভারতচন্দ্র রায়

IN PRAISE OF
ANNADA

VOLUME 2

Translated by
FRANCE BHATTACHARYA

MURTY CLASSICAL LIBRARY OF INDIA
HARVARD UNIVERSITY PRESS
Cambridge, Massachusetts
London, England
2020

SERIES DESIGN BY M9DESIGN

Library of Congress Cataloging-in-Publication Data

Names: Bhāratacandra Rāẏa, 1712–1760, author. |
Bhattacharya, France, translator. | Container of (expression):
Bhāratacandra Rāẏa, 1712–1760.
Annadāmaṅgala. | Container of (expression): Bhāratacandra Rāẏa,
1712–1760. Annadāmaṅgala. English
Title: In praise of Annada / Bharatchandra Ray ;
translated by France Bhattacharya.
Other titles: Murty classical library of India ; 25.
Description: Cambridge, Massachusetts :
Harvard University Press, 2020. |
Series: Murty classical library of India ; 25 | English and Bengali;
Bangla script. | Second of two volumes. |
Includes bibliographical references and index.
Identifiers: LCCN 2016013884 |
ISBN 978-0-674-66042-7 (cloth : alk. paper) (vol. 1)
ISBN 978-0-674-97098-4 (cloth : alk. paper) (vol. 2)
Subjects: | LCGFT: Devotional literature.
Classification: LCC PK1718.B463 A813 2017 | DDC 891.4/413—dc23
LC record available at https://lccn.loc.gov/2016013884

CONTENTS

INTRODUCTION

The Poet's Life

Bharatchandra was born in 1712 in a village in West Bengal, into a family belonging to the Brahmanical caste and the Mukhati subcaste. He was the youngest of the four sons of Narendranarayan, a wealthy landowner who held the title of *rāy* (Sanskrit *rāja*). However, the family was dispossessed of its lands by the powerful king of Bardhaman (the present-day Burdwan district in West Bengal). Bharatchandra went to live in his maternal uncle's village, where he studied Sanskrit. He married at the age of fourteen, and later traveled to the village of Devanandapur, where he acquired an excellent command of Persian and Hindustani and composed his first poetical work. When Bharatchandra returned home, his brothers sent him to the royal court in Bardhaman to defend their interests. But as the family was late in paying its taxes, Bharatchandra was jailed on their behalf. He escaped and went to Puri, where he studied the literature of the Bengal Vaishnavas and became known as an ascetic.

On a visit to Vrindavan, where Krishna spent his childhood, Bharatchandra met a member of his wife's family, who requested that he return home. Bharatchandra agreed and set out for the village of his wife, where they were reunited for the first time since their wedding. In search of work, he then left for the French territory of Bengal, where he was introduced to the king of Nadia, Krishnachandra Ray (1710–1782). Bharatchandra won the coveted position of the king's salaried court poet. Later on, the king awarded him the title of *guṇākara* (Mine of Virtues) for his great literary talents, a mark of distinction used as his signature in his poem.

Krishnachandra asked Bharatchandra to compose a versified narrative on the goddess Annada, using Mukundaram Chakravarti's *Caṇḍīmaṅgal* (In Praise of Chandi) as a model for his *Annadāmaṅgal* (In Praise of Annada). The king also asked him to include the story of Vidya and Sundar, a narrative of secret love inspired by an eleventh-century Sanskrit poem. Bharatchandra completed his *Annadāmaṅgal* in 1752, followed by several more poetical works. He enjoyed Krishnachandra's patronage for only eight years. Bharatchandra died in 1760, leaving three sons.[1]

The Literary Genre

Calling his poem *Annadāmaṅgal* (or *Annapūrṇāmaṅgal*), *In Praise of Annada,* Bharatchandra placed it in a specific literary genre, the *maṅgalkāvya* (poem of praise). *Maṅgalkāvyas* follow a set structural pattern. They start with invocations to important gods and goddesses, followed by narration of the dream in which the poet was ordered by the *maṅgal* deity to compose the poem. Then come the mythological stories about the deity, generally borrowed from the Puranas. The main characters are celestial creatures who had been cursed to live on earth. The poem ends when they return to heaven, the deity's influence and glory having been universally recognized and her cult spread far and wide.

Formally, a *maṅgalkāvya* is divided into episodes called *pālās,* each comprising a certain number of poems of various sizes, called *padas*. Each *pada* ends with a *bhanitā,* the signature line of the poet. A *mangalkāvya* is composed in verse, mainly in a combination of *payār,* or rhymed couplets, and longer rhymed verses called *tripadī.* A talented versifier, Bharatchandra composed in a great variety of syllabic Bangla meters and also a few Sanskrit meters.[2]

Bharatchandra wrote for an audience quite different from that of other *mangalkāvya* composers. His listeners were not the devotional folk of the village, but rather a king and his courtiers, people of refined taste and well versed in Sanskrit literature.

In his *Vidyāsundar* (The Story of Vidya and Sundar), considered a masterpiece of Bangla literature, Bharatchandra's talents are on full display. Sanskrit rhetorical figures of speech are used in abundance. The *gīti kāvyas,* or lyrical verses, which precede almost every poem in the narrative, are meant to be sung to the accompaniment of musical instruments. The text is particularly rich in puns, suggested meanings, hyperbole, metaphor, alliteration, enumeration, onomatopoeia, and double entendre. The translator faces great difficulties every step of the way in attempting to render the poem's clever sound patterns, complex images, and varied verse structures. The passage of *The Story of Vidya and Sundar* in which Sundar praises the goddess in fifty letters of the Bangla alphabet, for instance, is a true tour de force. A poem of praise in thirty-four letters, a *cautiśā,* is well known, but Bharatchandra increased the difficulty by adding sixteen letters. Aware of the diversity of spoken languages, he at times uses Sanskrit and Hindustani, as well as words borrowed from Persian. Bharatchandra's

Vidyāsundar is a love song of great beauty, very different from the Puranic stories of the first book of *In Praise of Annada*. It depicts not a romantic love but a sudden and irresistible physical passion.

The poem's third book, *The Story of Man Singh,* follows more closely the conventions of the *maṅgalkāvya* model: the account of a journey with reference to pilgrimage places and sacred texts; the set piece of feasting, with the enumeration of all the prepared dishes; the *bāromāsī,* or poem on the twelve months; the *patinindā,* or revilement of their husbands, by the women of Bardhaman at the sight of Sundar; the *aṣṭamaṅgalā,* a recapitulation of all the important events narrated. The influence of Mukundaram Chakravarti's *Caṇḍīmaṅgal* is felt in the presence of several characters. There are also some dramatis personae borrowed from the *Manasāmaṅgal.*

While a few Bengali critics would have liked his characters to be truer to life, Bharatchandra's characterizations reflect the period in which he wrote, a century before realism took hold in Bengali literature. In response to the moralists and concerning the *Vidyāsundar* episode, Pramatha Chaudhuri, one of the most celebrated Bengali men of letters in the first part of the twentieth century, praised it with admiration, calling it *"une fleur du mal."*[3] Bharatchandra remains much admired for his command of Bangla language and versification. His attention to the form of the poem, and particularly to its language, offers a dramatic contrast to the compositions of many of his predecessors. Bharatchandra may justly be called the first homme de lettres in Bangla literature.

Summary of the Narrative:
The Story of Vidya and Sundar

The *Annadāmaṅgal* consists of three parts or books (*khaṇḍa*) of unequal length. The first, *In Praise of Annada,* which appears in volume 1 of this edition, bears the name of the work as a whole and narrates the main episodes of the mythology of the goddess Annada.

While the first and third books are dedicated to the goddess Annada-Annapurna, the second book, *Vidyāsund-ar-Kālikāmaṅgal* (The Story of Vidya and Sundar), is dedicated to the glory of the goddess Kalika, or Kali. As another aspect of the *śakti,* the female primeval energy, Kalika-Kali is not ontologically different from Annada-Annapurna. Her mythological story is told in the *Devīmāhātmya* (The Glory of the Goddess; the title in Bangla is *Caṇḍī*), which is included in the *Mārkaṇḍeyapurāṇa.* Kalika-Kali represents the most "terrible" aspect of the great goddess, the angry form in which she appears to kill the most powerful demons. At the same time, her devotees, who call her Mother, pray for her blessings. Kali was the personal deity of Bharatchandra's patron Krishnachandra Ray. It is said that the king was such a fervent devotee that he introduced the cult of Kali in a grand style in his realm, precisely on the date when the rest of India celebrated—and still celebrates—the *lakṣmīpūjā,* worship of the (Vaishnava) goddess Lakshmi.

After Bharatchandra composed the first book, *In Praise of Annada,* Krishnachandra ordered him to include a poem on the *Vidyāsundar-Kālikāmaṅgal* theme and to present it as a continuation of the *Annadāmaṅgal.* Bharatchandra's version begins by situating the story of Vidya and Sundar within a larger narrative of King Man Singh's conquest of Jessore (in today's Bangladesh) and punishment of its rebellious king, Pratapaditya. Pratapaditya had refused to pay tribute to the Mughal emperor Jahangir (1605–1627), who sent King Man Singh of Amber, in Rajasthan, with an army to Bengal to punish him. Bhavananda Majundar, King Krishnachandra's ancestor and a devotee of the goddess Kali, held the post of *qanungo* (revenue officer) at Bardhaman. He went to meet Man Singh, who, on noticing an underground tunnel, asked Bhavananda about its purpose. Bhavananda told him the story of Vidya and Sundar. Thus, with the frame of Man Singh's discovery of the tunnel, Bharatchandra succeeded in linking the Annada story of books one and three with the tale of Vidya and Sundar.

Prince Sundar of Kanchi (in Tamil country) learned about the beauty and intelligence of Princess Vidya of Bardhaman. Vidya had pledged to marry whoever could defeat her in a scholarly debate. Prince Sundar left, incognito, for Bardhaman, taking his parrot in a cage and a small box with manuscripts and jewels. On entering the city, he met Hira, a clever flower woman, who sold garlands to the royal palace. She offered him lodging and told him about Vidya's beauty. Bharatchandra's audience of courtiers especially appreciated the character of Hira, a procuress borrowed from the Sanskrit literary tradition.

Sundar then prepared a garland in which he lodged a slip of paper bearing a poem in Sanskrit that Hira then took to the princess. The couple could see each other from a distance and immediately fell in love. With a boon from the goddess Kali, to whom Sundar was devoted, a hidden underground tunnel was dug from Hira's house to the apartment of the princess. Sundar and Vidya met, made love, and secretly married according to the *gandharva* rite, whereby a couple simply professed their love for one another.

The princess soon became pregnant. When the queen, Vidya's mother, was informed, she told the king, Virsimha, who ordered the punishment of the thief who had entered his daughter's chamber. Sundar, captured and brought before the king, was sentenced to be executed, and Hira was punished and fled. The parrot revealed Sundar's identity as the prince of Kanchi, and Virsimha sent a messenger to Kanchi to confirm it. On the execution ground, Sundar prayed to Kali, and the goddess came to his rescue with her celestial army. The king's messenger returned, testifying to the royal identity of the "thief." The king accepted Sundar as his son-in-law and worshiped Kali in grand style. Ten months later, Vidya gave birth to a son.

The following year, Sundar wished to return to Kanchi with his wife and son. Vidya tried in vain to dissuade him by praising the beauty of her country throughout the twelve months of the year. When they arrived in Kanchi, Sundar worshipped Kali. Then the goddess took both Sundar and Vidya back to Mount Kailash, her dwelling place, their son being placed on the throne of the Kanchi kingdom. The heroes in a *maṅgalkāvya* are typically supernatural creatures; Vidya and Sundar are no exceptions. The return of the supernatural couple to heaven, and the coronation of their son, is a conventional ending for a *maṅgalkāvya*.

It is possible that Bharatchandra chose Bardhaman as the location of this story to avenge the treatment of his family by the Bardhaman rajas. He gives a beautiful description of the place, but its king and queen are not depicted favorably. The princess does not appear to be a model of virtue, nor does she display the great devotion that she does in other *Kālikāmaṅgal* poems. It is obvious that Bharatchandra wrote with the intention of imparting to his listeners—distinguished connoisseurs, members of the Nadia court—a good measure of *ādi rasa*, "the primal aesthetic emotion," that is, an erotic rather than devotional mood. The poet seems to have retained from his stay in Puri, among the devotees of Vishnu, a greater devotion for Krishna, Vishnu's avatar, than for the goddess. Bharatchandra's ironic vein is quite remarkable from the beginning to the end of *The Story of Vidya and Sundar.*

The Vidyāsundar *Story,*
Before and After Bharatchandra

The *Vidyāsundar* love story narrated in Bharatchandra's poem is said to have been inspired by a Sanskrit poem attributed to Bilhana, an eleventh-century Kashmiri poet. Bilhana was employed by the king of Anahilpattan, in Gujarat, to teach his daughter, the princess. Gradually master and student fell in love, and the princess became pregnant. The king, furious, ordered the execution of Bilhana. However, Bilhana composed fifty Sanskrit stanzas known as the *Caurī-suratapañcāśikā,* or *Caurapañcāśikā* (Fifty Poems of a Love Thief), and recited them to the king. Pleased, the king gave his daughter to Bilhana in marriage but then sent both of them away.[4]

Bharatchandra introduced into his *Vidyāsundar-Kālikāmaṅgal* only three stanzas out of the fifty that are attributed to Bilhana, but the story of stolen love fully informs his work. The narrative had become well known in Bengal long before Bharatchandra, but in the form of a *maṅgalkāvya* dedicated to goddess Kalika. In the sixteenth century, a Hindu poet, Dvij Sridhar, and a Muslim, Sabirid Khan, both living near Chittagong (in today's Bangladesh), produced versions of the tale. Around 1595, in the same region, Govindadas wrote a poem entitled *Kālikāmaṅgal,* in which devotion to Kali is more important than the love story. Krishnaram Das, a poet living near present-day Calcutta and author of several other *maṅgalkāvyas,* composed a *Kālikāmaṅgal* in 1664 that became an important model for later writers. Another poet, Balaram Chakravarti, wrote a *Kālikāmaṅgal* slightly before Bharatchandra. However, the two most famous are the *Kālikāmaṅgal* of Bharatchandra and that of his younger contemporary Ramprasad Sen. Ramprasad, a great devotee of Kali, is better known for his short poems, especially his *Śyāmāsaṅgīt* (Song of the Dark Lady), a model of devotional poetry addressed to Kali. He composed his *Kālikāmaṅgal,* including the *Vidyāsundar* story, sometime after Bharatchandra, but scholars disagree on this point because no date is given in his poem.[5] Ramprasad mostly followed the narrative pattern set by Krishnaram Das. The goddess plays a greater role in Ramprasad's poem than she does in Bharatchandra's, and Ramprasad's evocation of physical love is less refined in its expression (though no less important) than that of Bharatchandra.[6]

Bharatchandra's *Vidyāsundar* became the favorite poem

of the emerging urban elite in Calcutta, from the middle of the eighteenth to the middle of the nineteenth century at least. N. B. Halhead's *A Grammar of the Bengali Language* (1778), the first book ever printed in Calcutta, borrowed examples from Bharatchandra's poem, as did Henry P. Forster's *A Vocabulary in Two Parts, English and Bengali and Vice-Versa* (1799–1802). Bharatchandra's poem was the first Bangla book to be printed for sale (1816), by Gangakishor Bhattacharya, the first Bengali publisher. It had six illustrations. During the first decades of the nineteenth century, *Vidyāsundar* was published frequently as a separate text, and many cheap editions were printed by the popular Battala Press in Calcutta. In 1857, at least three Calcutta publishers printed a total of 7,000 copies; one of them sold 3,750 copies in four months alone. The first reliable edition of the complete *Annadāmaṅgal* was edited by Ishwar Chandra Vidyasagar in 1847 and printed at his Sanskrit Press. This edition was requested by the director of Fort William College, an institution in Calcutta for the training of British civil servants, so that Bharatchandra's poem could be read by students who were learning the Bangla language. The Vidyasagar edition was based on the original manuscript found in the library of the Nadia palace.[7]

At the same time, the *yātrā*, the popular form of Bangla theater, took up the Vidyāsundar story, and it gained even greater popularity. A well-known leader of a *yātrā* troupe, Gopal Ure, transformed it into a musical around 1850. Several plays and novels were also written on the same theme, which was one that upper- and middle-class Calcuttans were very fond of. However, from about 1870 the *Vidyāsundar* poem was strongly condemned, for its supposed obscenity, by Western-educated literary critics who were influenced by Victorian mores. In 1873, for example, the Calcutta press reported that several booksellers of cheap Bangla literature were arrested for selling editions of Bharatchandra's *Vidyāsundar*.[8] To please the censors, a few expurgated editions of the complete *Annadāmaṅgal* were published in the last quarter of the nineteenth century.

The first English prose translation of *Vidyāsundar*, with an introduction and a few illustrations, was published by Gour Das Bairagi in 1890. In his foreword, Bairagi, who was also the translator, suggested that the union of the hero and the heroine represents "the union of Beauty and Wisdom—a union constituting an excellent ideal of human perfection." Though he notes that he is not convinced this was the author's intention, nevertheless he was ready to use this metaphor to remove the stigma of obscenity from the poem. Is it possible that Bharatchandra had such an allegorical meaning in mind? Scholars are divided on this point.[9]

Summary of the Narrative: The Story of Man Singh
The third book of *In Praise of Annada,* entitled *Mānsiṃha* (The Story of Man Singh), narrates the tale of Bhavananda, the ancestor of Bharatchandra's royal patron. King Man Singh departs from Bardhaman with Bhavananda to fight the rebellious King Pratapaditya of Jessore. The goddess Annapurna-Annada sends a terrible storm that wreaks havoc on the imperial army and destroys its food supply. With the

help of the goddess, Bhavananda is able to feed the soldiers. Man Singh, grateful, worships Annapurna and, accompanied by Bhavananda, defeats Pratapaditya. Imprisoned in a cage, Pratapaditya dies on the way to Delhi.

Bhavananda accompanies Man Singh to the capital, where the Rajput petitions Emperor Jahangir to grant a kingdom to Bhavananda. Jahangir refuses and proceeds to revile the Hindu gods in front of Bhavananda, who replies with such passion that the emperor condemns him to death. On the execution ground Bhavananda praises Annada, who at once calls her army of supernatural creatures to create turmoil and famine in Delhi. Jahangir is terrified and implores Bhavananda to intercede. The goddess listens to Bhavananda's prayer and displays her power to Jahangir, who, overwhelmed, worships her and grants a kingdom to the Bengali, who then returns home. The poet uses the return journey to narrate briefly the glory of the Ganga and the Ramayana story. The women of Bardhaman worship Annada on a grand scale, preparing many dishes for the ritual feast. Satisfied, the goddess blesses everyone after recalling all the events narrated in the three parts of the poem.

In Praise of Annada ends with the departure of Bhavananda and his two wives for Alaka, the celestial abode of the god Kuber, whose son, in a previous existence, was Bhavananda.

As narrated by Bharatchandra, the defeat of Pratapaditya, raja of Jessore, is historically imprecise. The poet attributes victory over the Bengali to Man Singh, when in fact it was a general sent by Islam Khan, who succeeded Man Singh as *subādār* (governor) of Bengal, who defeated Pratapaditya in 1612. But at the time of the poem's composition, show-ing Bhavananda Majundar in the company of the illustri-ous Rajput king—rather than as the assistant to a Muslim general of a less appreciated viceroy—would have made Bhavananda's career seem more glorious to his descendant Krishnachandra Ray.

In the following centuries, Pratapaditya became a focal point of Bengali regional nationalism against all forms of centralized power, whether Mughal or British. Novels, poems, and plays were composed in his honor. In contrast, in 1883 Rabindranath Tagore wrote his first novel, *Bau Ṭhākurāṇīr Hāṭ* (The Young Queen's Market), about the life of Pratapaditya's heroic daughter. He depicted the raja as a cruel and disloyal man who did not deserve the admiration of the Bengali nationalists. Nevertheless, a few years later a festival in honor of Pratapaditya was organized in Calcutta by Tagore's patriotic niece.

Acknowledgments
The translator is greatly indebted to Professor Charles Malamoud, professor emeritus at École pratique des hautes études, Paris, and to Professor Sheldon Pollock, professor of Sanskrit at Columbia University, for the translation of the Sanskrit passages. I also owe a very great debt to Professor Kunal Chakrabarti, professor of ancient Indian history at Jawaharlal Nehru University, New Delhi, who helped me to translate many obscure passages. I am happy to thank Biswanath Ray, professor of Bengali literature at the Univer-sity of Calcutta, and Nrisingha Prasad Bhaduri, professor

of Sanskrit, for their generous help. The mistakes that may remain are mine.

My gratitude is due to my family friend Chinmoy Guha, professor of English literature at Calcutta University, who made it possible for me to meet his colleague, Professor Ray, and who sent his students in search of old editions of Bharatchandra's text in distant libraries in Bengal. I should mention, in particular, Pushpen Saha, as well as Professor Chakrabarti's Ph.D. student Kanad Sinha from Calcutta.

Last, but not at all least, my gratitude is due to the general editor of the Murty Classical Library of India, Sheldon Pollock, who so very kindly answered my many questions and encouraged me at every step. Raphaël Voix, researcher at the Centre national de la recherche scientifique, Paris, a colleague at the Centre d'études de l'Inde et de l'Asie du sud, Paris, and a computer expert, was ever ready to help. My gratitude goes also to the editors at Harvard University Press, who took pains to correct my insufficient English.

NOTES

1   There is disagreement among scholars about the date of Bharatchandra's birth. Asutosh Bhattacharya gives 1707; Asit Bandyopadhyay, between 1705 and 1710; and Sukumar Sen, 1712, following Ishwarchandra Gupta. Sukhamay Mukhopadhyay (1988) convincingly showed that the poet was born no later than 1710, and so he would have been fifty years old, not forty-eight, when he died in 1760. In their 1943 publication, the editors of the Bangiya Sahitya Parishat *Bhāratcandra-Granthāvalī* had the year 1712, following Ishwarchandra Gupta's account of Bharatchandra's life. Professor Sukhamay Mukhopadhya's study was published more than forty years after the original publication of the *Annadāmaṅgal* edition I used, in which Ishwarchandra's account

of the poet's life was reproduced (see *Bhāratcandra-Granthāvalī* 1962).

2   Aside from the two Bangla meters already mentioned, he uses *caupadī, dvipadī,* and *ekāvalī,* among others. His Sanskrit meters include *tūṇaka* and *bhūjaṅgaprayāta* (Gosvami 1955: 392–404).

3   The expression is repeated in Ghosh 1948: 89–95, which provides an excellent analysis of Bharatchandra's work.

4   Bilhana became the court poet of the Chalukya king Vikramaditya VI. Two of the versions in which these stanzas are found, one from north India, the other from west India, were each said to be embedded in a poem titled *Bilhaṇakāvya* (see Keith 1928: 188–190). Such a work has never been found, despite an extensive search in Bengal. However, relatively modern manuscripts have come out, attributed to one Vararuci, whose historicity is in doubt (see Renou 1945: 27, 138).

5   Sen 1954: 553–571. Contrary to general opinion, Sen places Ramprasad's *Vidyāsundar* before Bharatchandra's.

6   Bandyopadhyay 1981: 120–206.

7   See Das 2008: 221–230, in which Biswanath Ray argues that the editor of the 1847 *Annadāmaṅgal* was Madanamohan Tarkalankar, not Vidyasagar, as commonly reported. At that time, both Tarkalankar and Vidyasagar owned and managed the Sanskrit Press. The published books bear Vidyasagar's name.

8   Banerjee 1989: 158.

9   See Bandyopadhyay 1981: vol. 3, part 2, 163–164, for the opposing opinions of Sukumar Sen and Asit Kumar Bandyopadhyay.

NOTE ON THE TEXT
AND TRANSLATION

Gangakishor Bhattacharya published the first edition of *Annadāmaṅgal* in Calcutta in 1816. A later edition appeared in 1829 from the press of Pitambar Sen at Shiladaha. With the assistance of a pandit, the editor of the periodical *Saṃbād Pūrṇacandroday* printed an edition of *Annadāmaṅgal* in 1851. However, prior to that, and at the request of his employer, Fort William College in Calcutta, Pandit Ishwarchandra Vidyasagar prepared the first scholarly edition of *Annadāmaṅgal,* after finding what he thought was the original manuscript in the library of the Nadia palace. He published it in two volumes at his Sanskrit Press in 1847.[1] The first volume ends with the goddess Annada setting off to reside in Bhavananda's house, and thus corresponds to the first book of the *Annadāmaṅgal.* The second volume starts with the journey of Man Singh to Bengal and ends with Bhavananda's return to heaven. Both volumes bear headings at the start of each *pada,* or separate poem, and these titles are reprinted in the Bangiya Sahitya Parishat edition that I used for this translation. It is likelier that Vidyasagar added the headings himself than that he found them already present in the manuscript he edited, which was held in the Nadia palace. Vidyasagar's two-volume edition is available at the Institut national des langues et civilisations orientales (BIULO RES. 8.950), Paris, where I was able to consult it.

The editors Brajendranath Bandyopadhyay and Sajanikanta Das published the *Bhāratacandra-Granthāvalī* (The

Complete Works of Bharatchandra Ray) in 1943 (1350 BS [Bengali era]) at the Bangiya Sahitya Parishat, Calcutta. The volume includes the few other texts that Bharatchandra wrote apart from the *Annadāmaṅgal.* To prepare their edition of the *Annadāmaṅgal,* the editors consulted four manuscripts located in various libraries and personal collections in Bengal and elsewhere. I have used this text in preparing my translation. I also examined a separate *Vidyāsundar* manuscript, dated 1784 (1191 BS), which Bandyopadhyay and Das consulted as well, available in the Bibliothèque nationale in Paris.

As I mention in the introduction, a *maṅgalkāvya* is to be presented over eight days and nights, recited in a singsong style, and accompanied by the celebration of a *puja,* or ritual. The ritual, followed by the performance, starts with the installation of the deity's image. Later, in the course of recitation, comes the *jāgaraṇ,* or vigil, which marks a dramatic turn in the narration. The performance ends with the *aṣṭamaṅgalā,* a summary of all the events narrated during the eight days, as well as with the blessings the deity bestows upon the participants. In the text I used, edited by Vidyasagar and mostly reproduced in the *Bhāratacandra-Granthāvalī,* the sessions during which the episodes were sung are only partially mentioned. In Bharatchandra's poem, time division does not conform to the eight-day pattern, though the poet mentions in the text itself that he wrote an eight-day poem.

In some scholarly editions of other *maṅgalkāvyas,* mention is made of the raga and tala according to which each *pada* should be sung. That is not the case in the Vidyasagar printed edition, nor in the 1962 Sahitya Parishat publication, though

Bharatchandra does mention the main singer. In most cases in the Vidyasagar edition, the abbreviation *dhru,* a shortened form of *dhrupad* (a style of singing), is mentioned at the end of the *gīti kāvyas* (lyrical verses); this is an indication that these passages of the poem have to be sung in north Indian classical style. These terms do not figure, however, in the Sahitya Parishat edition.

This poem is a challenging one to translate since, as noted, the poet possessed a profound mastery of the language and indulged in highly sophisticated wordplay. Bharatchandra also uses case endings very sparsely and often alternates between past and present tenses. At times, he does not hesitate to sacrifice even clarity of meaning for the sake of a pleasant-sounding verse. Quite often I was obliged to expand my translation in order to clarify his meaning; some guesswork was unavoidable.

The poet's mastery of languages, versification, and styles probably explains why the complete *Annadāmaṅgal* has never before been fully translated into any European language. Throughout the course of *Annadāmaṅgal*'s history, scholars have attempted to translate only the Vidya-Sundar episode. In 1830, Kashiprosad Ghosh, editor of the *English Intelligencer,* and Krishnachandra Ghosh translated into English an incomplete version of the *Vidyāsundar,* but the work is no longer extant. In 1850, Bishop Waynger gave an English summary of the poem. As mentioned in the introduction, Gour Das Bairagi, in 1890, rendered the same *Vidyāsundar* into English prose, taking quite a few liberties with the Bangla original. Herasim Lebedeff (1749–1817), the founder of the first European-style theater in Bengal, is said to have translated the *Vidyāsundar* into Russian, but the edition is not available anywhere. Finally, Edward C. Dimock published a somewhat free translation of the same episode in 1963. As he himself wrote, he took considerable liberty with the original, owing to the great difficulty of the text. He did not translate the *gīti kāvyas*, lyrical verses at the beginning of most separate poems, or *padas*.

NOTES

1   Madanamohan Tarkalankar, Ishwarchandra Vidyasagar's partner in the Sanskrit text, edited the text published under the pandit's name. See Biswanath Ray 2008: 221–230.

   It is rather strange that neither a foreword nor an introduction appears in these two volumes. I thank Shri Ashim Mukherji, in charge of the Bangla section at the National Library, Calcutta, for confirming this fact.

The Story of
Vidya and Sundar

রাজা মানসিংহের বাঙ্গালায় আগমন

১   যশোর নগর ধাম   প্রতাপআদিত্য নাম
            মহারাজা বঙ্গজ কায়স্থ।
      নাহি মানে পাতসায়   কেহ নাহি আঁটে তায়
            ভয়ে যত ভূপতি দ্বারস্থ॥

২   বরপুত্র ভবানীর   প্রিয়তম পৃথিবীর
            বায়ান্ন হাজার যার ঢালী।
      যোড়শ হলকা হাতী   অযুত তুরঙ্গ সাথী
            যুদ্ধকালে সেনাপতি কালী॥

৩   তার খুড়া মহাকায়   আছিল বসন্তরায়
            রাজা তারে সবংশে কাটিল।
      তার বেটা কচুরায়   রাণী বাঁচাইল তায়
            জাহাঙ্গীরে সেই জানাইল॥

৪   ক্রোধ হৈল পাতসায়   বান্ধিয়া আনিতে তায়
            রাজা মানসিংহে পাঠাইলা।
      বাইশী লস্কর সঙ্গে   কচুরায় লয়ে রঙ্গে
            মানসিংহ বাঙ্গালা আইলা॥

KING MAN SINGH'S JOURNEY TO BENGAL

There once was a king named Pratapaditya, a formidable   1
Bangaj Kayastha, who reigned from the city of Jessore.[1]
He refused to obey the emperor, Jahangir, and no one
    could subdue him.
All other kings trembled at his doorstep.
Pratapaditya was the favorite of goddess Bhavani, the   2
    most beloved on earth,
and by her grace he commanded fifty-two thousand
    armored soldiers.
In wartime his general was the goddess Kali, through
    whom
he held claim to sixteen elephant troops and ten thousand
    horsemen.

Pratapaditya had a powerful uncle, Vasanta Ray.   3
The raja killed him, along with his family.
But Vasanta Ray's queen, who had been spared, managed
    to save their son,
Kachu Ray, who rode off and recounted the tragedy to
    Jahangir.
The emperor seethed with rage at the news and sent Man   4
    Singh
to capture Pratapaditya and bring him to him bound in
    chains.[2]
Accompanied by Kachu Ray and an army of twenty-two
    formations,
Man Singh stormed into Bengal.

৫ কেবল যমের দূত   সঙ্গে যত রজপুত
  নানাজাতি মোগল পাঠান।
নদী বন এড়াইয়া   নানা দেশ বেড়াইয়া
  উপনীত হইল বর্দ্ধমান॥

৬ দেবীদয়া অনুসারে   ভবানন্দ মজুন্দারে
  হইয়াছে কানগোই ভার।
দেখা হেতু দ্রুত হয়ে   নানা দ্রব্য ডালি লয়ে
  বর্দ্ধমানে গেলা মজুন্দার॥

৭ মানসিংহ বাঙ্গালার   যত যত সমাচার
  মজুন্দারে জিজ্ঞাসিয়া জানে।
দিন কত থাকি তথা   বিদ্যাসুন্দরের কথা
  প্রসঙ্গত শুনিলা সেখানে॥

৮ গজপৃষ্ঠে আরোহিয়া   সুড়ঙ্গ দেখিলা গিয়া
  মজুন্দারে জিজ্ঞাসা করিল।
বিবরিয়া মজুন্দার   বিশেষ কহেন তার
  যেই রূপে সুড়ঙ্গ হইল॥

With him charged the Rajputs, the heralds of Yama,[*]   5
and other peoples, Mughals and Pathans.
Trudging through rivers and forests, traversing various
    countries,
they at last reached Bardhaman.[†]

Awaiting them was Bhavananda Majundar, who by the   6
    grace
of the goddess's kindness had been given the post of
    revenue officer.
With baskets full of welcome gifts,
Majundar rushed to Bardhaman to greet them.
In questioning Majundar, Man Singh soon   7
came to know what had passed in Bengal.
Over the next few days he also heard tell of all
concerning the story of Vidya and Sundar.
On elephant back, Man Singh rode to the lovers' famed   8
underground tunnel and further questioned Majundar
    about it.
And so Majundar chronicled in detail the story
of how this tunnel came to be.

---

[*] The god of death.
[†] Burdwan today, in West Bengal.

বিদ্যাসুন্দর কথারম্ভ

৯   শুন রাজা সাবধানে   পূর্ব্বে ছিল এই স্থানে
বীরসিংহ নামে নরপতি।
বিদ্যা নামে তার কন্যা   আছিল পরম ধন্যা
রূপে লক্ষ্মী গুণে সরস্বতী ॥

১০   প্রতিজ্ঞা করিল সেই   বিচারে জিনিবে যেই
পতি হবে সেই সে তাহার।
রাজপুত্রগণ তায়   আসিয়া হারিয়া যায়
রাজা ভাবে কি হবে ইহার ॥

১১   শেষে শুনি সবিশেষ   কাঞ্চী নামে আছে দেশ
তাহে রাজা গুণসিন্ধু রায়।
সুন্দর তাহার সুত   বড় রূপগুণযুত
বিদ্যায় সে জিনিবে বিদ্যায় ॥

১২   বীরসিংহ তার পাট   পাঠাইয়া দিল ভাট
লিখিয়া এ সব সমাচার।
সেই দেশে ভাট গিয়া   নিবেদিল পত্র দিয়া
আসিতে বাসনা হৈল তার ॥

১৩   সুন্দর মগন হয়ে   ভাটেরে বিরলে লয়ে
জিজ্ঞাসে বিদ্যার রূপ গুণ।
ভাট বলে মহাশয়   বাণী যদি শেষ হয়
তবু নহে কহিতে নিপুণ ॥

THE STORY OF VIDYA
AND SUNDAR BEGINS

Hear this, my lord. There once lived   9
a king named Virsimha.
His daughter, Vidya, had been supremely endowed
with the beauty of Lakshmi and the virtues of Sarasvati.
Vidya vowed to take as husband   10
whoever could prevail over her in debate.
Princes came and lost and slunk away.
The king fretted over what would become of Vidya.
At long last, he heard tell of a country called Kanchi,   11
ruled by the great king Gunasindhu Ray.
Prince Sundar was his son, handsome and intelligent
    beyond compare:
Sundar would be the one to conquer Vidya.[3]
Hurriedly, Virsimha composed a letter to Sundar   12
and dispatched his messenger to deliver the challenge to
    him.
The courier reached Kanchi and delivered the letter.
As Sundar read the note he felt an irrepressible desire to
    meet Vidya.
Overwhelmed with curiosity and delight, he took   13
    Virsimha's messenger aside
and peppered him with questions about Vidya's beauty
    and accomplishments.
The herald sighed, "Your Highness, even if I exhausted
    the full range
of my vocabulary, I could not capture her beauty and
    accomplishments.

১৪ বিধি চক্ষু দিলা যারে   সে যদি না দেখে তারে
তাহার লোচনে কিবা ফল।
সে বিদ্যার পতি হও   বিদ্যাপতি নাম লও
শুনিয়া সুন্দরে কুতূহল ॥

১৫ চারি সমাজের পতি   কৃষ্ণচন্দ্র মহামতি
দ্বিজরাজ কেশরী রাঢ়ীয়।
তাঁর সভাসদবর   কহে রায় গুণাকর
অন্নপূর্ণা পদছায়া দিয় ॥

সুন্দরের বর্দ্ধমান যাত্রা

১৬ প্রাণ কেমন রে করে।   না দেখি তাহারে।
যে করে আমার প্রাণ কহিব কাহারে ॥

১৭ ভাটমুখে শুনিয়া বিদ্যার সমাচার।
উথলিল সুন্দরের সুখপারাবার ॥

১৮ বিদ্যার আকার ধ্যান বিদ্যানাম জপ।
বিদ্যালাপ বিদ্যালাপ বিদ্যালাভ তপ ॥

১৯ হায় বিদ্যা কোথা বিদ্যা কবে বিদ্যা পাব।
কি বিদ্যাপ্রভাবে বিদ্যাবিদ্যমানে যাব ॥

Though Vidhi* has given you eyes   14
they are for naught if you cannot see Princess Vidya
    yourself.
Come now, become Vidya's husband, and take the name of
    Vidya's lord."
Upon hearing the messenger's words, Sundar's heart
    soared.

The lord of the four communities, Krishnachandra, the   15
    high-minded,[4]
is the king of the twice-born, the lion of the Rarhiya
    Brahmans.[5]
His esteemed courtier Ray Gunakar† entreats,
"Annapurna, grant me refuge at your feet."

SUNDAR JOURNEYS TO BARDHAMAN

Oh, how I long to behold Vidya.   16
I will plead with Him who gives me life.

After having heard tell of Vidya,   17
Sundar was engulfed by an ocean of happiness.
He meditated on Vidya's appearance, recited her name,   18
and fasted and abstained in anticipation of meeting and
    winning her.
"Oh, Vidya. Where is Vidya? When will I attain Vidya?   19
Which of my talents will bring me into Vidya's presence?

* Brahma.
† Ray, "the abode of virtues."

২০ কিবা রূপ কিবা গুণ কহিলেক ভাট।
খুলিল মনের দ্বার না লাগে কপাট॥

২১ প্রাণধন বিদ্যালাভ ব্যাপারের তরে।
খেয়াব তনুর তরি প্রবাসসাগরে॥

২২ যদি কালী কূল দেন কূলে আগমন।
মন্ত্রের সাধন কিম্বা শরীর পাতন॥

২৩ একা যাব বর্দ্ধমান করিয়া যতন।
যতন নহিলে নাহি মিলয়ে রতন॥

২৪ যে প্রভাবে রামের সাগরে হৈল সেতু।
মহাবিদ্যা আরাধিলা বিদ্যালাভ হেতু॥

২৫ হইল আকাশবাণী বুঝে অনুভবে।
চল বাছা বর্দ্ধমান বিদ্যালাভ হবে॥

২৬ আকাশবাণীতে হাতে পাইল আকাশ।
সোয়ারির অশ্ব আনে গমনে বাতাস॥

২৭ আপনি সাজায় ঘোড়া মনোহর সাজ।
আপনার সুসাজ করয়ে যুবরাজ॥

২৮ বিলাতী খেলাত পরে জরকশী চীরা।
মাণিক কলগী তোরা চকমকে হীরা॥

২৯ গলে দোলে ধুকধুকী করে ধক ধক।
মণিময় আভরণ করে চকমক॥

When the messenger spoke of her beauty and brilliance,   20
he opened the door to my heart. There is no closing it now.
To reach Vidya, my life's desire,   21
I will ply the boat of my body over a foreign ocean.
Should Kali enable me, I will reach that shore: I am fated   22
either to succeed by mantras or to be destroyed.
I will voyage alone to Bardhaman with single-minded   23
    purpose.
A jewel cannot be won without arduous endeavor."

To win Vidya, Sundar prayed to Mahavidya, the goddess   24
by whose power Rama was able to build a bridge over the
    ocean.
He could feel, and he understood, that a celestial message   25
    had come.
"Come, my child. Ride off for Bardhaman, where you will
    win Vidya."
Sundar gained heaven when he heard the message,   26
and quickly fetched a horse that could run as fast as the
    wind.
The prince splendidly fitted out the horse Manohar,   27
then bedecked himself in his most striking attire.
He cloaked himself in a regal robe embroidered in gold,   28
    and donned
an aigrette decorated with rubies and ornaments of
    sparkling diamonds.
Around his neck, he clasped a pendant   29
whose splendid jewels of precious stones glittered.

৩০   খড়্গ চর্ম্ম লেজা তীর কামান খঞ্জর ।
      পড়া শুক লৈলা হাতে সহিত পঞ্জর ॥

৩১   রত্নভরা খুঙ্গী পুথি ঘোড়ার হানায় ।
      জনক জননী ভয়ে ভাটে না জানায় ॥

৩২   অতসীকুসুমশ্যামা স্মরি সকৌতুক ।
      দড়বড়ি চড়ি ঘোড়া অমনি চাবুক ॥

৩৩   অশ্বের শিক্ষায় নল বিপক্ষে অনল ।
      চলিল কুমার যেন কুমার অটল ॥

৩৪   তীর তারা উল্কা বায়ু শীঘ্রগামী যেবা ।
      বেগ শিখিবারে বেগে সঙ্গে যাবে কেবা ॥

৩৫   এড়াইল স্বদেশ বিদেশ কত আর ।
      কত ঠাঁই কত দেখে কত কব তার ॥

৩৬   বিদ্যানাম সোঁসর দোসর নাহি সাথে ।
      কথার দোসর মাত্র শুক পক্ষী হাতে ॥

৩৭   কাঞ্চীপুর বর্দ্ধমান ছ মাসের পথ ।
      ছয় দিনে উত্তরিল অশ্ব মনোরথ ॥

Armed with a sword, buckler, spear, bow and arrows, and   30
    dagger,
he took in hand his trained parrot and its cage[6]
and placed a gemmed box and manuscripts in his   31
    saddlebag.
Sundar slipped away quietly, informing no one of his
    impending quest.
Softly invoking Shyama, the formidable goddess black   32
as linseed flowers, Sundar whipped his horse to a full
    gallop.
As a horseman, the prince resembled Nala and was like   33
    fire[7]
to his opponents. He rode rapidly like the unwavering
    Kumar.*
What, among all that are swift—arrows, stars, meteors,   34
    wind—
could go fast enough to teach him speed?
As he left behind his own country, he raced through   35
    foreign lands,
traversed countless places—how many could I mention?
With no other companion than Vidya's name,   36
and only the parrot to talk to, Sundar pressed on.

Though Kanchipur to Bardhaman was a six-month   37
    journey
the wild horse Manorath† covered the distance in a mere
    six days.

---

* Karttikeya, god of war and son of Shiva.
† Previously called Manohar.

13

৩৮ জানিলা লোকের মুখে এই বর্দ্ধমান।
রচিল ভারত কৃষ্ণচন্দ্র যে কহান॥

সুন্দরের বর্দ্ধমানপ্রবেশ

৩৯ দেখি পুরী বর্দ্ধমান   সুন্দর চৌদিকে চান
ধন্য গৌড় যে দেশে এ দেশ।
রাজা বড় ভাগ্যধর   কাছে নদ দামোদর
ভাল বটে জানিনু বিশেষ॥
৪০ চৌদিকে সহরপনা   দ্বারে চৌকী কত জনা
মুরুচা বুরুজ শিলাময়।
কামানের হুড়হুড়ি   বন্দুকের দুড়দুড়ি
সলখে বাণের গড় হয়॥
৪১ বাজে শিঙ্গা কাড়া ঢোল   নৌবত ঝাঁঝের রোল
শঙ্খ ঘন্টা বাজে ঘড়ি ঘড়ি।
তীর গুলি শনশনি   গজঘন্টা ঠনঠনি
ঝড় বহে অশ্ব দড়বড়ি॥

Sundar arrived at a place and learned that it was called   38
   Bardhaman.

Bharat composed as Krishnachandra commanded him.

SUNDAR ENTERS BARDHAMAN

At the sight of the city of Bardhaman, Sundar took in his   39
   environs.
"Blessed is the country of Gaur, where Bardhaman lies.
This good king has been favored with the river Damodar.
I have heard of its bounty, its pristine waters."

A bailey surrounded Bardhaman on all four sides, its   40
   embankments and bastions
built of stone. At the gates, guards watched and marched
   in vigilance.
What rumbling blasts of cannons, crackling of muskets,
   hissing of arrows
from a salvo! Sundar heard the growing din of horns,   41
   two-headed drums,
tom-toms, kettledrums, clashing cymbals, conches, and
   bells,
the whizzing of arrows and bullets, the clattering of
   elephant bells.
Like a fierce gale blowing, horses tore freely through the
   crisp air.

15

৪২   ঢালী খেলে উড়াপাকে   ঘন হান হান হাঁকে
       রায়বেঁশে লোফে রায়বাঁশ।
       মল্লগণ মালসাটে   ফুটি হেন মাটি ফাটে
       দূরে হৈতে শুনিতে তরাস॥

৪৩   নদী জিনি গড়খানা   দ্বারে হাবসীর থানা
       বিকট দেখিয়া লাগে শঙ্কা।
       দয়া সর্ব্বমঙ্গলার   লঙ্ঘিতে শকতি কার
       সমুদ্রের মাঝে যেন লঙ্কা॥

৪৪   যাইতে প্রথম থানা   জিজ্ঞাসে করিয়া মানা
       কোথা হইতে আইলা কোথা যাও।
       কি জাতি কি নাম ধর   কোন্ ব্যবসায় কর
       না কহিলে যাইতে না পাও॥

৪৫   সুন্দর বলেন ভাই   আমি বিদ্যাব্যবসাই
       দাক্ষিণাত্য কাঞ্চীপুর ধাম।
       এসেছি বিদ্যার আশে   যাইব রাজার পাশে
       সুকবি সুন্দর মোর নাম॥

Armored soldiers whirled their shields and shouted,   42
warriors jumped to clasp their bamboo spears in midair,
    wrestlers slapped
their arms in challenge, locked in a brawl loud enough to
    rend the earth.
How terrifying it was to hear all this from a distance.
At the fortification entrance plunged a moat deeper than   43
    a river,
and at the gate waited a mass of colossal Abyssinians,
    frightful to even glimpse.
Who would have the courage to bypass them without
    Sarvamangala's* kindness?
The city held some semblance to Lanka,† the isle in the
    middle of the ocean.

When Sundar at last reached the first outpost, he was   44
    stopped and questioned.
"Where have you come from? Where are you going?
What is your caste? Your name? Your trade?
If you don't tell us, we cannot let you pass."
"Brother, my business is scholarship," replied Sundar.   45
"I hail from Kanchipur, a place in the south,
and have come on a quest for Vidya. I will petition the
    king.
Sundar is my good name, and I am an accomplished poet."

---

* The goddess Durga.
† The demons' city in the Ramayana..

৪৬ দ্বারী কহে এ কি হয়   পড়ুয়ার বেশ নয়
খুঙ্গী পুথি ধুতি ধরে তারা।
ঘোড়াচড়া জোড়া অঙ্গে   পাঁচ হাতিয়ার সঙ্গে
চোর কিম্বা হবা হরকরা॥

৪৭ নীচ যদি উচ্চ ভাষে   সুবুদ্ধি উড়ায় হাসে
রায় বলে বটি বিদ্যাচোর।
খুঙ্গী পুথি ছিল সঙ্গে   দেখায়ে কহেন রঙ্গে
তুষ্ট হৈনু রুষ্ট বাক্যে তোর॥

৪৮ বিনয়ে দুয়ারী কয়   শুন শুন মহাশয়
বুঝিনু পড়ুয়া তুমি বট।
ঘোড়াচড়া জোড়াপরা   বিদেশী হেতের ধরা
ছাড়ি দিলে আমি হব নট॥

৪৯ ঠক ভরা দরবার   ছলে লয় ঘর দ্বার
খরধার ছুঁতে কাটে মাছি।
চাকুরির মুখে ছাই   ছাড়িতে না পারি ভাই
বিষকৃমিসম হয়ে আছি॥

৫০ সুন্দর কহেন ভাই   ঘোড়া জোড়া ছেড়ে যাই
খুঙ্গী পুথি ধুতি পাখি লয়ে।
তবে নাকি ছাড় দ্বারী   দ্বারী কহে তবে পারি
জমাদ্দার বখশীরে কয়ে॥

"Is this possible?" exclaimed the gatekeeper. "You are not   46
dressed

like a student. Students carry boxes of manuscripts and
wear dhotis.

But you ride a horse, don a cloak, and carry five weapons.
Surely you must be a messenger—or a thief!"

Sundar grinned. When simple people make accusations,   47
clever ones laugh them off.

"Indeed, I am a thief where knowledge is concerned," Ray
retorted.

He held out his box and manuscripts and responded in
jest,

"Your offensive conjecture amuses me."

Humbly, the gatekeeper softened his tone. "Sir,   48
I can see now that you are a young scholar.

But you are a foreigner bearing arms, riding a horse,
sporting a cloak.

If I let you pass, I will be done for.

The court is full of knaves who loot houses and much   49
more.

Wielding a sharp blade, they even slice through flies.
I have been tasked to safeguard this realm and cannot
abandon my duty,

brother. In my post I have become a venomous worm."

"Brother," said Sundar, "what if I leave behind my horse   50
and cloak,

but take with me my box, manuscripts, dhoti, and bird?
Please let me in, sir." "Very well," replied the gatekeeper.
"I will apprise the head constable and the paymaster."

৫১   শিরোপা স্বরূপে রায়   পেসকোশ দিলা তায়
            ঘোড়া জোড়া পাঁচ হাতিয়ার।
       দ্বারী ছেড়ে দিল দ্বার   থানায় হইয়া পার
            প্রবেশিলা নগরে কুমার॥
৫২   ভূরিশিটে মহাকায়   ভূপতি নরেন্দ্র রায়
            মুখটি বিখ্যাত দেশে দেশে।
       ভারত তনয় তাঁর   অন্নদামঙ্গল সার
            কহে কৃষ্ণচন্দ্রের আদেশে॥

গড়বর্ণন

৫৩   গুণসাগর নাগর রায়।
            নগর দেখিয়া যায়॥
৫৪   রূপের নাগর   গুণের সাগর
            অগুরু চন্দন গায়।
       বেণী বিননিয়া   চূড়া চিকনিয়া
            হেলয়ে মলয় বায়॥
৫৫   মৃদু মধু হাসি   বাজাইছে বাঁশী
            কোকিল বিকল তায়।
       ভুরুর ভঙ্গিতে   নয়ন ইঙ্গিতে
            ভারতে ফিরিয়া চায়॥

৫৬   দ্বারীরে শিরোপা দিয়া ঘোড়া জোড়া অস্ত্র।
       পদব্রজে চলিলা পরিয়া যুগ্ম বস্ত্র॥

Ray compensated the gatekeeper for his trouble 51
and disposed of his horse, cloak, and all five weapons.
As the porter opened the gate, the prince
entered the city, the outpost to his back.

At Bhurishit resides the valiant king Narendra Ray, 52
a Mukhati, famed from land to land.
Bharat, his son, narrates this poem, *In Praise of Annada,*
upon the instruction of Krishnachandra.

AN ACCOUNT OF THE FORT

Ray, the gallant one, an ocean of virtues, 53
embarks on his visit to the city.
He is an elegant young man, this ocean of virtues, 54
his body anointed with sandalwood cream and aloe,
his glossy locks and plaits
swinging in the southern breeze.
With a honeyed smile, he plays the flute, 55
bewitching the cuckoo.
With a frown and a wink,
Ray casts his eyes back to Bharat.[8]

Having given the gatekeeper his horse, cloak, and 56
    weapons,
Ray sauntered on, dressed in humble clothing.

৫৭ বাম কক্ষে খুঙ্গী পুথি ডানি করে শুক।
ধীরে ধীরে চলে ধীরে দেখিয়া কৌতুক॥
৫৮ প্রথম গড়েতে কোলাপোষের নিবাস।
ইঙ্গরেজ ওলন্দাজ ফিরিঙ্গি ফরাস॥
৫৯ দিনামার এলেমান করে গোলন্দাজী।
সফরিয়া নানা দ্রব্য আনয়ে জাহাজী॥
৬০ দ্বিতীয় গড়েতে দেখে যত মুসলমান।
সৈয়দ মল্লিক সেখ মোগল পাঠান॥
৬১ তুরকী আরবী পড়ে ফারসী মিশালে।
ইলিমিলি জপে সদা ছিলিমিলি মালে॥
৬২ তৃতীয় গড়েতে দেখে ক্ষত্রিয় সকল।
অস্ত্রশাস্ত্রে বিশারদ সমরে অটল॥
৬৩ চতুর্থ গড়েতে দেখে যত রজপুত।
রাজার পালঙ্ক রাখে যুদ্ধে মজবুত॥
৬৪ পঞ্চম গড়েতে দেখে যতেক রাহুত।
ভাট বৈসে তার কাছে যাতায়াতে দূত॥
৬৫ ষষ্ঠ গড়ে দেখে যত বোঁদেলার থানা।
আঁটাআঁটি সেই গড়ে থাকে মালখানা॥
৬৬ সেই গড়ে নানাজাতি বৈসে মহাজন।
লক্ষ কোটি পদ্ম শঙ্খে সঙ্খ্যা করে ধন॥
৬৭ পড়ুয়া জানিয়া কিছু না কহে সুন্দরে।
অবধান হৌক বলি নমস্কার করে॥

Toting his box of books under his left arm, and cradling his   57
  bird
in his right, Ray ambled slowly, taking in his surroundings.
The first division of the fort harbored those who donned   58
  hats:
the English, Dutch, French, and Indian-born Portuguese.
Danes and Germans had charge of the gunnery,   59
and merchants transported various goods by boat.
In the second sector, all were Muslims,   60
sayyids, maliks, sheikhs, Mughals, and Pathans.[9]
Turks were continuously reciting babble in Arabic and   61
  Persian,
praying with rosaries of brightly colored stones.
In the third part of the fort, Sundar came across the   62
  Kshatriyas,
steady in battle and skilled in the science of warfare,
while the fourth division housed countless Rajputs,   63
who were fearsome in battle and strove to protect the
  thrones of kings.
Sundar ambled past troops of soldiers in the fifth sector,   64
as well as many heralds and couriers coming and going.
Stationed in the sixth division were all the outposts   65
of Bundelkhand soldiers, who kept the treasury secure.
Coming from various parts, moneylenders counted   66
wealth in lotus and conch, in the hundred thousands and
  millions.[10]

Taking him for a student, no one was suspicious of Sundar;   67
all simply saluted and greeted him along his way.

৬৮   এইরূপে ছয় গড় সকল দেখিয়া ।
      প্রবেশে ভিতর গড় অভয়া ভাবিয়া ॥

৬৯   সমুখে দেখেন চক চান্দনী সুন্দর ।
      নৌবত বাজিছে বালাখানার উপর ॥

৭০   চকের মাঝেতে কোতয়ালি চবুতরা ।
      ফাটকে আটক যত বাজে দায় ধরা ॥

৭১   ডাকাতি ছিনার চোর হাজার হাজার ।
      বেড়ী পায় মেগে খায় বাজার বাজার ॥

৭২   বসিয়াছে কোতোয়াল ধূমকেতু নাম ।
      যমালয়সমান লেগেছে ধূমধাম ॥

৭৩   ঠকঠকি হাড়ির কোড়ার পটপটি ।
      চর্ম্ম উড়ে চর্ম্মপাদুকার চটচটি ॥

৭৪   কেহ বা দোহাই দেয় কেহ বলে হায় ।
      কেহ বলে বাপ বাপ মরি প্রাণ যায় ॥

৭৫   কোটালের ভয়ে কেহ নাহি করে দয়া ।
      দেখিয়া সুন্দর ভয়ে ভাবেন অভয়া ॥

৭৬   ভারত কহিছে কেন ভাবহ এখনি ।
      ঠেকিবা যখন সুখ জানিবা তখনি ॥

Finally, after passing through all six divisions of the fort,   68
Sundar entered the inner quarter, where he invoked
    Abhaya.
Before him he beheld a covered square, surrounded by   69
    other edifices,
where a few musicians performed on an upper level.
Another level bore the police station,   70
bad debtors confined within its prison.
Thousands upon thousands of thieves and dacoits,   71
chains at their feet, begged for food from one market to
    another.
Seated in the midst of this was the police chief,   72
    Dhumketu,
controlling mayhem and tumult equal to those of Yama's
    abode.
Sundar heard the rapping of wooden shackles, the   73
    cracking of whips.
He saw prisoners' skin peel off as their leather sandals
    rubbed against their feet.
One man begged for mercy, another uttered, "Alas!"   74
Another implored, "Father, heed me, I am dying. I am
    fading away."
Frightened of the police chief, no passerby offered any   75
    pity.
Seeing all this, a quivering Sundar invoked Abhaya.

Bharat says, "But why fret now?   76
When trouble comes, you will know it at once."[11]

পুরবর্ণন

৭৭ ওহে বিনোদরায় ধীরে যাও হে।
অধরে মধুর হাসি বাঁশীটি বাজাও হে॥
৭৮ নবজলধর তনু শিখিপুচ্ছ শক্রধনু
পীত ধড়া বিজুলিতে ময়ূরে নাচাও হে।
নয়ন চকোর মোর দেখিয়া হয়েছে ভোর
মুখসুধাকর হাসিসুধায় বাঁচাও হে॥
৭৯ নিত্য তুমি খেল যাহা নিত্য ভাল নহে তাহা
আমি যে খেলিতে কহি সে খেলা খেলাও হে।
তুমি যে চাহনি চাও সে চাহনি কোথা পাও
ভারত যেমত চাহে সেইমত চাও হে॥

৮০ চলে রায় পাছ করি কোটালের থানা।
দেখে জাতি ছত্রিশ ছত্রিশ কারখানা॥
৮১ চৌদিকে সহর মাঝে মহল রাজার।
আট হাট ষোল গলি বত্রিশ বাজার॥
৮২ থানে বান্ধা মত্ত হাতী হলকে হলকে।
শুড় নাড়ে মদ ঝাড়ে ঝলকে ঝলকে॥
৮৩ ইরাকী তুরকী তাজী আরবী জাহাজী।
হাজার হাজার দেখে থানে বান্ধা বাজী॥

AN ACCOUNT OF THE CITY

Oh, walk on slowly, king of gaiety.   77
Play the flute with your honeyed smile.[12]

Your body the color of storm clouds, a rainbow on your   78
    peacock feathers. As you don
that yellow loincloth, prod the peacock to dance amid the
    flickers of lightning.
My eyes, like the *chakor's,* are enlivened by the sight of
    you.
Oh, save me, you with the moonlike face, with the sweet
    nectar of your smile.

This game you play incessantly is not always fair.   79
Please, let me play the game as I say.
Where do you get that desirous gaze of yours?[13]
May you desire what Bharat desires.

Ray strolled on, the head constable's station to his back.   80
Along the way, he encountered thirty-six castes and thirty-
    six workshops.
The city surrounded him, the royal palace at its core.   81
He ambled past eight makeshift markets, sixteen narrow
    lanes, thirty-two bazaars.
At the next outpost a vast legion of frenzied elephants   82
swayed their trunks and sprayed their ichor.
The prince came across thousands of horses of countless   83
    breeds bound up together.
Iraqi, Turkish, Tajik, Arabian horses, and those that came
    from over the sea.

৮৪ উট গাধা খচ্চর গণিতে কেবা পারে।
পালিয়াছে পশু পক্ষী যে আছে সংসারে॥

৮৫ ব্রাহ্মণমণ্ডলে দেখে বেদ অধ্যয়ন।
ব্যাকরণ অলঙ্কার স্মৃতি দরশন॥

৮৬ ঘরে ঘরে দেবালয় শঙ্খঘণ্টারব।
শিবপূজা চণ্ডীপাঠ যজ্ঞ মহোৎসব॥

৮৭ বৈদ্য দেখে নাড়ী ধরি কহে ব্যাধিভেদ।
চিকিৎসা করয়ে পড়ে কাব্য আয়ুর্ব্বেদ॥

৮৮ কায়স্থ বিবিধ জাতি দেখে রোজগারি।
বেণে মণি গন্ধ সোনা কাঁসারি শাঁখারি॥

৮৯ গোয়ালা তামূলী তিলী তাঁতী মালাকার।
নাপিত বারুই কুরী কামার কুমার॥

৯০ আগরি প্রভৃতি আর নাগরী যতেক।
যুগি চাসাধোবা চাসাকৈবর্ত্ত অনেক॥

৯১ সেকরা ছুতার নুড়ী ধোবা জেলে গুঁড়ী।
চাঁড়াল বাগদী হাড়ী ডোম মুচী শুঁড়ী॥

৯২ কুরমী কোরঙ্গা পোদ কপালি তিয়র।
কোল কলু ব্যাধ বেদে মাল বাজীকর॥

Who could count the masses of camels, donkeys, and   84
   mules?
All the animals and birds in the world had been reared
   there.
Sundar glimpsed Brahmans immersed in their study   85
of the Vedas and *smṛti,* grammar, rhetoric, and
   philosophy.
A private temple was nestled in each home, where conch   86
   shells and bells clinked and chimed,
where Shiva was worshiped, the *Caṇḍī* recited, and
   sacrifices and festivals performed.[14]
The prince passed by physicians feeling pulses and   87
   consulting on ailments,
practicing medicine as prescribed by the Ayurvedic texts.
He encountered Kayasths, and various other castes   88
   earning their living
as traders of precious stones, perfumes, and gold.
   Braziers, conch-shell dealers,
milkmen, barbers, oilmen, weavers, garland makers,   89
betel-leaf growers and sellers, weavers, blacksmiths, and
   potters.
And the women, so many women of the town: 90
Agaris, Yugis, crowds of washerwomen, peasant and
   farmer women.[15]
Goldsmiths, carpenters, puppet makers, washermen,   91
   fishermen, apothecaries,
chanrals, bagdis, haris, doms, cobblers, wine sellers,
kuramis, korangas, pods, kapalis, fishermen,   92
kols, oil pressers, hunters, gypsies, *mals,* jugglers.[16]

৯৩ বাইতি পটুয়া কান কসবি যতেক।
ভাবক ভক্তিয়া ভাঁড় নর্ত্তক অনেক॥
৯৪ দেখিয়া নগরশোভা বাখানে সুন্দর।
সমুখে দেখেন সরোবর মনোহর॥
৯৫ সানে বান্ধা চারি ঘাট শিবালয় চারি।
অবধূত জটাভস্মধারী সারি সারি॥
৯৬ চারি পাড়ে সুচারু পুষ্পের উপবন।
গন্ধ লয়ে মন্দ বহে মলয় পবন॥
৯৭ কুহু কুহু কোকিল কোকিলাগণ ডাকে।
গুন গুন গুঞ্জরে ভ্রমরা ঝাঁকে ঝাঁকে॥
৯৮ টল টল করে জল মন্দ মন্দ বায়।
নানা পক্ষী জলচর খেলিয়া বেড়ায়॥
৯৯ শ্বেত রক্ত নীল পীত শত শতচ্ছদ।
ফুটে পদ্ম কুমুদ কহলার কোকনদ॥
১০০ ডাহুকা ডাহুকী নাচে খঞ্জনী খঞ্জন।
সারস সারসী রাজহংস আদিগণ॥
১০১ পুষ্পবনে পক্ষিগণে নিশি দিশি জাগে।
ছয় ঋতু ছত্রিশ রাগিণী ছয় রাগে॥

A multitude of drummers, painters, professional singers,   93
    and prostitutes,
as well as *bhāvaks,* professional devotees, jesters, and
    coteries of dancers.[17]
Observing all these men and women, Sundar praised the   94
    vibrancy of the city.

It was then, ahead of him, that he beheld an enchanting
    lake.
Beside it lay four paved stone steps, four Shiva shrines,   95
and rows of ash-smeared, dreadlocked ascetics.
On the lake's four banks brilliant flowers dappled idyllic   96
    gardens,
the south wind gently diffusing the floral perfumes across
    the earth.
Cuckoos called *coo-coo,* beckoning the females,   97
while bees whizzed by in swarms with their buzzing.
The lake water lapping lightly with a soft babble,   98
waterfowl couples and other birds twittered and flew
    about.
Among the white water lilies and scarlet lotuses bloomed   99
    hundreds
of lotuses of every hue: ivory, crimson, azure, turmeric
    yellow.
Couples of waterfowl fluttered, as did wagtails,   100
male and female storks, and geese, among others.
In the grove, birds kept awake day and night,   101
singing the six ragas and thirty-six *rāginis* through the six
    seasons.

১০২ ভুবন জিনিয়া বুঝি করি রাজধানী ।
কামদেব দিল বর্দ্ধমান নামখানি ॥

১০৩ দেখি সুন্দরের পদে লাগে কামফাঁস ।
স্মরিয়া বিদ্যার নাম ছাড়য়ে নিশ্বাস ॥

১০৪ জলেতে নিবায় জ্বালা সর্ব্বলোকে কয় ।
এ জল দেখিয়া জ্বালা দশগুণ হয় ॥

১০৫ স্থলজ জলজ ফুল প্রফুল্ল তুলিলা ।
স্নান করি শিবশিবাচরণ পূজিলা ॥

১০৬ সঙ্গেতে দাড়িম ছিল ভাঙ্গিয়া কৌতুকে ।
আপনি খাইলা কিছু কিছু দিলা শুকে ॥

১০৭ করে লয়ে এক পদ্ম লইলেন ঘ্রাণ ।
এই ছলে ফুলধনু হানে ফুলবাণ ॥

১০৮ আকুল হইয়া বৈসে বকুলের মূলে ।
দ্বিগুণ আগুন জ্বালে বকুলের ফুলে ॥

১০৯ হেন কালে নগরিয়া অনেক নাগরী ।
স্নান করিবারে আইলা সঙ্গে সহচরী ॥

১১০ সুন্দরে দেখিয়া পড়ে কড়সী খসিয়া ।
ভারত কহিছে শাড়ী পর লো কষিয়া ॥

After conquering the world, Kamdev, god of love, 102
named the city and made Bardhaman his capital.

Beholding this new world, Sundar ensnared his feet in the 103
    noose of desire
and uttered Vidya's name with a sigh.

It is said that water allays an ache that burns, 104
but at the sight of this lake, his suffering soared.

He plucked a profusion of flowers from the earth, bathed 105
in the lake, and worshiped the feet of Shiva and Shivā, his
    consort.

Breaking apart a pomegranate he had with him, 106
Sundar nibbled some of it and fed the rest to his parrot.

Scooping up a lotus, he inhaled its fragrance, 107
as the love god, lord of the flower bow, darted a flower
    arrow.

Lost in rapture, Sundar lounged at the foot of a *bakul* tree, 108
its ambrosial buds intensely stirring the fire within him.

It was then that many townswomen 109
arrived to bathe among friends.

At the sight of Sundar, they let their saris slacken. 110
Bharat coyly tilts his head. "Ladies, tuck in your loose
    saris!"

সুন্দরদর্শনে নাগরীগণের খেদ

১১১   এ কি মনোহর   পরম সুন্দর
       নাগর বকুলমূলে।
    মোহনিয়া ছাঁদে   চাঁদ পড়ে ফাঁদে
       রতি রতিপতি ভুলে ॥

১১২   দেখিয়া সুন্দর   রূপ মনোহর
       স্মরে জরজর যত রমণী।
    কবরী ভূষণ   কাঁচুলী কষণ
       কটির বসন খসে অমনি ॥

১১৩   চলিতে না পারে   দেখাইয়া ঠারে
       এ বলে উহারে দেখ লো সই।
    মদনজ্বালায়   মরম গলায়
       বকুলতলায় বসিয়া অই ॥

১১৪   আহা মরে যাই   লইয়া বালাই
       কুলে দিয়া ছাই ভজি ইহারে।
    যোগিনী হইয়া   ইহারে লইয়া
       যাই পলাইয়া সাগরপারে ॥

১১৫   কহে এক জন   লয় মোর মন
       এ নব রতন ভুবন মাঝে।
    বিরহে জ্বালিয়া   সোহাগে গালিয়া
       হারে মিলাইয়া পরিলে সাজে ॥

THE WOMEN'S HEARTS ACHE
UPON BEHOLDING SUNDAR

How mesmerizing, how exceedingly handsome   111
is this young man at the foot of the *bakul* tree.
Bewitched by his looks, the moon is also ensnared,
and Rati forgets her husband, Kama.

Upon glimpsing the captivating allure of Sundar,   112
throngs of women were oppressed by desire.
The ornaments in their chignons, their tight bodices,
their petticoats all came loose, just like that.
Unable to pull themselves away from him,   113
one of them gasped, "Oh, my friend, look at him.
My heart melts from the flame of Madan
for this young man lazing beneath the *bakul* tree.
Oh, let me perish if I could thereby take all his misfortune 114
     away from him.
Let me adore him, at the cost of spreading ashes across my
     family line.
I could become a yogini and take him away with me.
Oh, let me flee to the other shore of the ocean."
Another whispered, "He has stolen my heart,   115
this new jewel in the midst of this world.
I am tortured by separation from him, I melt in love.
Let me fasten him to my necklace and wear him as a jewel."

১১৬ আর জন কয় এই মহাশয়
চাঁপাফুলময় খোঁপায় রাখি।
হলদী জিনিয়া তনু চিকনিয়া
স্নেহেতে ছানিয়া হৃদয়ে মাখি॥
১১৭ ধিক বিধাতায় হেন যুবরায়
না দিল আমায় দিবেক কারে।
এই চিতগামী হবে যার স্বামী
দাসী হয়ে আমি সেবিব তারে॥
১১৮ ঘরে গিয়া আর দেখিব কি ছার
মিছার সংসার ভাতার জরা।
সতিনী বাঘিনী শাশুড়ী রাগিণী
ননদী নাগিনী বিষের ভরা॥
১১৯ সেই ভাগ্যবতী এই যার পতি
সুখে ভুঞ্জে রতি মন আবেশে।
এ মুখ চুম্বন করয়ে যখন
না জানি তখন কি করে শেষে॥
১২০ রতি মহোৎসবে এ করপল্লবে
কুচঘট যবে শোভিত হবে।
কেমন করিয়া ধৈরজ ধরিয়া
গুমানে মরিয়া গুমান রবে॥

Yet another woman uttered, "Oh, this virtuous man,   116
let me keep him in my bun of champac flowers.
I want to knead him with love and anoint my breast
with his lustrous body that gleams golden.
Shame on Vidhata,* who has failed to give   117
such a desirable young prince to me. But to whom, then,
    did he give him?
Whose husband will this god of love be?
I shall be her slave and serve as her maid.
At home, there are only tiresome tasks waiting for me,   118
useless domestic drudgery and tending to my aged
    husband.
My cowife is a tigress, my mother-in-law irascible,
and my sister-in-law a venomous snake.
Oh, how fortunate the woman who takes this man for her   119
    husband.
She will enjoy making passionate love.
Oh, I could easily think of what she would do
when Sundar kisses her on the lips.
In the act of lovemaking, when his fine hands   120
cup her breasts and make them even more voluptuous,
how could she retain her fortitude, endurance,
    forbearance?
and persist in her pride when it is no more?

---

* Brahma, the creator god.

১২১ হেন লয় চিতে   রতি বিপরীতে
সাধিতে পাড়িতে ভর না সহে।
সুজনে মিলিত   সুজনে রচিত
এই সে উচিত ভারত কহে॥

সুন্দরের মালিনীসাক্ষাৎ

১২২   এ কি অপরূপ রূপ তরুতলে।
হেন মনে সাধ করি তুলে পরি গলে॥

১২৩ মোহন চিকনকালা   নানা ফুলে বনমালা
কিবা মনোহরতর বরগুঞ্জাফলে।
বরণ কালিম ছাঁদে   বৃষ্টি ছলে মেঘ কাঁদে
তড়িত লুটায় পায় ধড়ার আঁচলে॥

১২৪ কস্তুরী মিশালে মাখি   কবরী মাঝারে রাখি
অঞ্জন করিয়া মাজি আঁখির কাজলে।
ভারত দেখিয়া যারে   ধৈরজ ধরিতে নারে
রমণী কি তায় যায় মুনিমন টলে॥

১২৫   এই রূপে বামাগণ কহে পরস্পর।
স্নান করি যায় সবে নিজ নিজ ঘর॥

I think lovemaking with the woman on top is best,   121
as his weight atop her may become unbearable."

Good people have gathered, and a good man has narrated.
"That is as it should be," proclaims Bharat.

SUNDAR MAKES THE ACQUAINTANCE
OF THE FLOWER-WOMAN

How supremely handsome is this young man seated at the   122
    foot of the *bakul* tree!
I've a mind to pick him up and fashion him into an
    ornament to wear around my neck.
He is a man of a lovely dark complexion, donning his   123
    garland of wildflowers,
or, even more enticing, like the fruits of the ripest *guñjā*
    flower.
Seeing his beautiful deep coloring, the clouds weep in the
    guise of rain,
as flickers of lightning roll off his loincloth to his feet.
I would mix him with musk, massage him in my hair, and   124
    keep him there.
I would make of him collyrium to apply around my eyes.
When Bharat cannot control himself in Sundar's
    presence, and when
even the sages' minds are disturbed, how could a young
    woman contain herself?

The women carried on remarking on Sundar,   125
and, after taking their baths, returned home.

১২৬ আন ছলে পুন চাহে ফিরিয়া ফিরিয়া ।
পিঞ্জরে পাখিমত বেড়ায় ঘুরিয়া ॥

১২৭ বসিয়া সুন্দর রায় বকুলের তলে ।
শুক সঙ্গে শাস্ত্রকথা কহে কুতূহলে ॥

১২৮ সূর্য্য যায় অস্তগিরি আইসে যামিনী ।
হেন কালে তথা এক আইল মালিনী ॥

১২৯ কথায় হীরার ধার হীরা তার নাম ।
দাঁত ছোলা মাজা দোলা হাস্য অবিরাম ॥

১৩০ গালভরা গুয়া পান পাকি মালা গলে ।
কানে কড়ি কড়ে রাঁড়ী কথা কত ছলে ॥

১৩১ চূড়াবান্ধা চুল পরিধান সাদা শাড়ী ।
ফুলের চুপড়ী কাঁখে ফিরে বাড়ী বাড়ী ॥

১৩২ আছিল বিস্তর ঠাট প্রথম বয়েসে ।
এবে বুড়া তবু কিছু গুঁড়া আছে শেষে ॥

১৩৩ ছিটা ফোটা তন্ত্র মন্ত্র আসে কতগুলি ।
চেঙ্গড়া ভুলায়ে খায় চক্ষে দিয়া ঠুলি ॥

১৩৪ বাতাসে পাতিয়া ফাঁদ কন্দল ভেজায় ।
পড়শী না থাকে কাছে কন্দলের দায় ॥

As they walked on, they glanced back coyly at him,   126
whirling round and round, like birds in a cage.

Sundar Ray had been seated at the foot of a *bakul* tree.   127
To pass the time, he spoke to his parrot of passages from
    the holy scriptures.

The sun was moving over the mountain and night   128
    descending
when suddenly a flower-woman who sold garlands
    appeared.

Hira, meaning diamond, was her name, and she was as   129
    sharp and cutting as her namesake.
Her teeth gleaming, she smiled constantly, swinging her
    hips as she sauntered.

Her mouth brimmed with betel leaves and nuts, a rosary   130
    was tied tightly about her neck.
Cowries dangling from her ears, she spoke cunningly in a
    soft child-widow voice.

A basket of flowers at her hip, Hira roamed from house to   131
    house,
draped in a white sari, her hair wrapped up in a bun.

In her youth, she had been a wily coquette,   132
and though now old, she still showed signs of artifice.

Bits of charms and incantations were second nature to her.   133
    She fed herself
by tricking innocent young men, by blinding them to her
    schemes.

She set traps to foment quarrels, and so   134
no neighbor came close for fear of disputes.

41

১৩৫ মন্দ মন্দ গতি ঘন ঘন হাত নাড়া।
তুলিতে বৈকালে ফুল আইল সেই পাড়া॥
১৩৬ হেরিয়া হরিল চিত বলে হরি হরি।
কাহার বাছুনি রে নিছনি লয়ে মরি॥
১৩৭ কামের শরীর নাহি রতি ছাড়া নহে।
তবে সত্য ইহারে দেখিয়া যদি কহে॥
১৩৮ এদেশী না হবে দেখি বিদেশীর প্রায়।
কেমনে বান্ধিয়া মন ছাড়ি দিল মায়॥
১৩৯ খুঙ্গী পুথি দেখি সঙ্গে বুঝি পড়ো হবে।
বাসা করি থাকে যদি লয়ে যাই তবে॥
১৪০ কাছে আসি হাসি হাসি করয়ে জিজ্ঞাসা।
কে তুমি কোথায় যাবে কোন্‌খানে বাসা॥
১৪১ সুন্দর কহেন আমি বিদ্যাব্যবসাই।
এসেছি নগরে আজি বাসা নাহি পাই॥
১৪২ ভরসা কালীর নাম বিদ্যালাভ আশা।
ভাল ঠাঁই পাই যদি তবে করি বাসা॥

Strolling leisurely, the flower-woman gracefully turned   135
  her hands this way and that.

This evening, she had come to the grove to pluck some
  flowers at dusk.

But, beholding Sundar, she forgot herself and cried out,   136
  "Hari!*

Whose son is he? Let me perish and take away any ill
  fortune that befalls him.

He cannot be the bodiless Kama, without Rati, can he?   137

Yet, seeing him with my own eyes, I think he must be.

At least he is certainly not from here: he looks like a   138
  foreigner.

How could his mother bear to part with him?

I see here he has a box of manuscripts, so he must be a   139
  student.

If he is looking for lodging here, I could take him in."

And so, smiling, the flower-woman approached Sundar   140
  and questioned him.

"Who are you? Where are you staying and where are you
  going?"

"I am just a humble scholar," replied Sundar.   141

"I arrived here today and have nowhere to stay.

In my quest for knowledge, I rely upon goddess Kali's   142
  name.[18]

If I am able to find a decent place to stay, I will remain
  here."

---

* Vishnu.

১৪৩ মালিনী বলিছে আমি দুখিনী মালিনী।
বাড়ী মোর ঘেরা বটে থাকি একাকিনী ॥

১৪৪ নিয়মিত ফুল রাজবাড়ীতে যোগাই।
ভাল বাসে রাজা রাণী সদা আসি যাই ॥

১৪৫ কাঙ্গাল দেখিয়া যদি ঘৃণা নাহি হয়।
আমি দিব বাসা আইস আমার আলয় ॥

১৪৬ রায় বলে ভাল কালী দিলেন উদ্দেশ।
ইহা হৈতে বিদ্যার শুনিব সবিশেষ ॥

১৪৭ শুনাইতে শুনিতে পাইব সমাচার।
বাসার সুসারে হবে আশার সুসার ॥

১৪৮ কিন্তু মাগী একা থাকে দেখি নষ্ট রীত।
দুর্ব্বুদ্ধি ঘটায় পাছে হিতে বিপরীত ॥

১৪৯ মাসী বলি সম্বোধন আমি করি আগে।
নাতি বলে পাছে মাগী দেখে ভয় লাগে ॥

১৫০ রায় বলে বাসা দিলা হইলা হিতাশী।
আমি পুত্রসম তুমি মার সম মাসী ॥

১৫১ মালিনী বলিছে বটে সুজন চতুর।
তুমি মোর বাপ বাছা বাপের ঠাকুর ॥

The flower-woman replied, "I am but a poor flower-   143
    woman.

But my house is very well protected, and I live alone.

I regularly supply flowers to the king's palace.   144

As the king and the queen favor me, I come and go as I
    please.

If you are not appalled by my poverty,   145

you may have a room at my house."

"Fine," thought Ray to himself. "Thanks to the goddess   146
    Kali, I got this information.

I will hear all about Vidya there.

From the flower-woman, I shall learn everything I need to   147
    know.

The house is also close by the palace. Oh, how I now fill
    with hope!

But this woman lives alone, and I detect something odd   148
    about her.

I fear she may provoke evil rather than good.

From the outset, I shall address her as 'auntie,'   149

but I will be worried unless she calls me 'grandson.'"[19]

"In offering me a place," said Ray to her, "you become   150

my benefactress. I am like your son, and you my mother's
    sister."

"Marvelous," replied the flower-woman, "such a good and   151
    clever man you are.

You shall be like family to me. My father, my child, the lord
    of my father."

১৫২ ভারত বলিছে ভাল মিলে গেল বাসা।
চল মালিনীর বাড়ী পূর্ণ হবে আশা॥

সুন্দরের মালিনীবাটী প্রবেশ

১৫৩ দুর্গা বলি সকৌতুকে লয়ে খুঙ্গী পুথি শুকে
মালিনীর বাড়ী গেলা কবি।
চৌদিকে প্রাচীর উচা কাছে নাহি গলি কুচা
পুষ্পবনে ঢাকে শশী রবি॥
১৫৪ নানাজাতি ফুটে ফুল উড়ি বৈসে অলিকুল
কুহু কুহু কুহরে কোকিল।
মন্দ মন্দ সমীরণ রসায় ঋষির মন
বসন্ত না ছাড়ে এক তিল॥
১৫৫ দেখি তুষ্ট কবি রায় বাড়ীর ভিতরে যায়
রহিলা দক্ষিণদ্বারী ঘরে।
মালিনী হরিষ মন আনি নানা আয়োজন
অতিথি উচিত সেবা করে॥

Bharat says, "So at last you have found a place to stay.   152
   Go on now
to the flower-woman's house, and your wishes will all be
   fulfilled."

SUNDAR ENTERS
THE FLOWER-WOMAN'S HOUSE

Happily invoking Durga's name, the poet approaches the   153
   flower-woman's house
carrying in hand his parrot and box of manuscripts.
Dim and secluded, the house is walled in, far from byways,
   the rays
of sun and moon hindered by the garden from shining
   through the house.
Countless flowers bloom, bees buzzing and landing   154
in sweet pollen, as cuckoos softly coo.
A gentle breeze blows, appealing to the hearts of sages.
Spring never ceases from this place, not even for a
   moment.

The poet Ray, delighted by this sight, enters   155
the small house and takes a room facing south
as the flower-woman offers several welcome gifts
to her guest, as expected of a host.

১৫৬ নানা উপহারে রায় রন্ধন করিয়া খায়
নিদ্রায় পোহায় বিভাবরী।
শীতল মলয় বায় কোকিল ললিত গায়
উঠে রায় দুর্গা দুর্গা স্মরি॥
১৫৭ নিকটেতে সরোবর[৪] স্নান করি কবীশ্বর
বাসে আসি বসিলা পূজায়।
তুলি ফুল গাঁথি মালা সাজাইয়া সাজি ডালা
মালিনী রাজার বাড়ী যায়॥
১৫৮ রাজা রাণী সম্ভাষিয়া বিদ্যারে কুসুম দিয়া
মালিনী ত্বরায় আইল ঘরে।
সুন্দর বলেন মাসী নাহি মোর দাস দাসী
বল হাট বাজার কে করে॥
১৫৯ মালিনী বলিছে বাপু এত কেন ভাব হাপু
আমি হাট বাজার করিব।
কড়ি কর বিতরণ যাহে যবে যাবে মন
কৈও মোরে তখনি আনিব॥

Ray begins to cook with the various ingredients she has 156
    brought,
then eats and sleeps the whole night through, as a cool
    wind
continues and the cuckoo carries on singing its delightful
    tune.
Upon rising, Ray twice utters the name of Durga,
then this lord of poets bathes in a nearby lake. 157
Returning to his lodgings, he sits cross-legged in worship.
Meanwhile, the flower-woman has picked flowers, strung
    garlands,
and arranged them in baskets and trays; then she sets off
    for the king's palace.
She salutes the king and the queen, proffers flowers to 158
    Vidya,
and then, in haste, returns home.

"My dear auntie," Sundar tells her, "as I have neither male
    nor female servant,
tell me, who can go to the market to shop for me in my
    stead?"
"My child," replies the flower-woman, "do not fret. 159
I myself will go to the market to buy whatever you need.
Give me some cowries and a list of your requirements.[20]

১৬০ কড়ি ফট্‌কা চিড়া দই   বন্ধু নাই কড়ি বই
    কড়িতে বাঘের দুগ্ধ মিলে।
কড়িতে বুড়ার বিয়া   কড়ি লোভে মরে গিয়া
    কুলবধূ ভুলে কড়ি দিলে ॥

১৬১ এ তোর মাসীরে বাপা   কোন কর্ম্ম নাহি ছাপা
    আকাশ পাতাল ভূমণ্ডলে।
বাতাসে পাতিয়া ফাঁদ   ধরে দিতে পারি চাঁদ
    কামের কামিনী আনি ছলে ॥

১৬২ রায় বলে তুমি মাসী   হীরা বলে আমি দাসী
    মাসী বল আপনার গুণে।
হরি কাল হরিবারে   মা বলিলা যশোদারে
    পুরাণে পুরাণলোকে শুনে ॥

১৬৩ শুনি তুষ্ট কবি রায়   দশ টাকা দিলা তায়
    দুটি টাকা দিলা নিজ রোজ।
টাকা পেয়ে মুটাভরা   হীরা পরধনহরা
    বুঝিল এ মেনে আজবোজ ॥

১৬৪ সে টাকা ঝাঁপিতে ভরি   রাঙ্গ তামা বারি করি
    হাটে যায় বেসাতির তরে।
চলে দিয়া হাত নাড়া   পাইয়া হীরার সাড়া
    দোকানি দোকান ঢাকে ডরে ॥

I shall at once bring back whatever you desire. There is no   160
    friend
save the cowrie. We would have neither flattened rice nor
    curd without it.
Cowries can procure even tiger's milk. They are
    everything to us.
They enable an old man to marry, and when he dies, so
    greedy for cowries,
his virtuous wife forgets him if she is given cowries.
But, my son, there is no work your auntie cannot do,   161
whether in heaven, the netherworld, or on earth.
By laying a trap in the wind, I can even capture the moon.
Through my wiles, I have the power to summon Kama's
    beloved."

"You are my auntie," replies Ray. "Ah, but I am your   162
    servant,"
Hira insists. "You are kind to call me your auntie. I see
you evoke Hari, who for a time called Yashoda his mother.
Old men know that story from the Puranas."

The poet Ray, pleased by her words, offered her ten rupees   163
for his purchases, and two rupees extra for her trouble.
Receiving the handout, Hira, habitual pilferer that she
    was,
knew she had him—she really took him for a fool.
Stashing the money in her basket, she extracted a few   164
tin and copper coins and set off for the market.
Hearing Hira coming, swishing her arms as she walked,
the frightened storekeeper quickly started to close up
    shop.

১৬৫   ভাঙ্গাইয়া আড়কাট   এমনি লাগায় ঠাট
            বলে শালা আলা টাকা মোর ।
      যদি দেখে আঁটাআঁটি   কান্দিয়া তিতায় মাটি
            সাধু হয়ে বেণে হয় চোর ॥

১৬৬   রাঙ্গ তামা মেকী মেলে   রাশিতে মিশায়ে ফেলে
            বলে বেটা নিলি বদলিয়া ।
      কান্দি কহে কোটালেরে   বাণিয়ারে ফেলে ফেরে
            কড়ি লয় দু হাতে গণিয়া ॥

১৬৭   দর করে এক মূলে   জুঁখে লয় দুনা তুলে
            ঝকড়ায় ঝড়ের আকার ।
      পণে বুড়ী নিরূপণ   কাহনেতে চারি পণ
            টাকাটায় শিকার স্বীকার ॥

১৬৮   এরূপে করিয়া হাট   ঘরে গিয়া আর নাট
            বাঁকা মুখে কথা কহে চোখা ।
      সুন্দর ওলান বোঝা   তবু নহে মুখ সোজা
            যাবত না চোকে লেখাজোখা ॥

52

Having changed an Arcot silver rupee, she began her ploy   165
    at once.[21]
"You crook," she accused him, "you are trying to cheat
    me."
Whenever she sensed inflexibility in a salesman, she
    would drench the ground
with her tears and turn an honest merchant into a thief.
Jingling her spurious tin and copper coins into a jumble in   166
    her pouch,
she reproached the merchant. "Scoundrel! You swapped
    my coins for yours."
In tears, she bewailed the injustice to the police chief,
    implicating the poor peddler
in her misdeed as she grabbed the cowries with both hands
    and counted them to herself.
Bargaining down the price of goods, she fixed the price for   167
    one item
and then stooped and took two items instead of one.
In any dealing she was violent as a storm,
so she could profit four *paṇas* per *kāhan*,[22]
or a quarter of a rupee, from her dealings.
She made her living like this, while back home   168
she played a different part, pouting deceptively.
After Sundar unloaded the goods for her, she would
    grimace
until all the accounts were settled in writing.

১৬৯ দিয়াছে যে কড়ি যার   দ্বিগুণ শুনায় তার
    সুন্দর রাখিতে নারে হাসি।
    ভারত হাসিয়া কয়   এই সে উচিত হয়
    বুনিপোর উপযুক্ত মাসী ॥

মালিনীর বেসাতির হিসাব

১৭০   নাগর হে গিয়াছিনু নাগরীর হাটে।
     তারা কথায় মনের গাঁটি কাটে ॥
১৭১   লাভ কে করিতে চায়   মূল রাখা হৈল দায়
     এমন ব্যাপারে কেবা আঁটে।
     পসারি গোপের নারী   বসিয়াছে সারি সারি
     রসের পসরা গীত নাটে ॥
১৭২   তোমার কথায় টাকা   লয়ে গেনু জানি পাকা
     তামা বলি ফিরে দিল সাটে।
     মুনশীব রাধা তায়   তুমি মোহ পাও যায়
     ভারত কি কবে সেই ঠাটে ॥

১৭৩   বেসাতি কড়ির লেখা বুঝ রে বাছনি।
     মাসী ভাল মন্দ কিবা করহ বাছনি ॥

She told him twice the price she paid; 169
Sundar could not help but laugh.

Bharat says with a smile, "How ever so fitting.
A worthy auntie for such a clever young man."

ACCOUNTS OF THE
FLOWER-WOMAN'S BARTERING

Oh, gallant one. I have gone to the market, bargaining 170
    with beautiful ladies
whose dreamy voices undid all the knots in my heart.

Who could turn a profit when to know the price is so 171
    difficult?
Who could manage such a trade?
The female merchants of the Gop* caste sat in rows
with their love wares, selling their song and dance.
Believing your word to be true, I thought you had given 172
    me rupees.
But they were returned to me as copper coins.
Radha accepts this way of doing things, and you get
    infatuated.
What will Bharat say of these tricks?

"My child, compile a written account of the purchases in 173
    cowries
and then decide whether your dear auntie has been right
    or wrong.

                        ⸻

* The cowherd caste.

55

১৭৪   পাছে বল বুনিপোরে মাসী দেই খোঁটা।
      যটি টাকা দিয়াছিলা সবগুলি খোঁটা॥

১৭৫   যে লাজ পেয়েছি হাটে কৈতে লাজ পায়।
      এ টাকা মাসীরে কেন মাসী তোর পায়॥

১৭৬   তবে হয় প্রত্যয় সাক্ষাতে যদি ভাঙ্গি।
      ভাঙ্গাইনু দু কাহনে ভাগ্যে বেণে ভাঙ্গি॥

১৭৭   সেরের কাহন দরে কিনিনু সন্দেশ।
      আনিয়াছি আধ সের পাইতে সন্দেশ॥

১৭৮   আট পণে আধ সের আনিয়াছি চিনি।
      অন্য লোকে ভুরা দেয় ভাগ্যে আমি চিনি॥

১৭৯   দুর্ল্লভ চন্দন চুয়া লঙ্গ জায়ফল।
      সুলভ দেখিনু হাটে নাহি যায় ফল॥

১৮০   কত কষ্টে ঘৃত পানু সারা হাট ফিরা।
      যেটি কয় সেটি লয় নাহি লয় ফিরা॥

১৮১   দুই পণে এক পণ কিনিয়াছি পান।
      আমি যেই তেঁই পানু অন্যে নাহি পান॥

Nephew, if you determine that I have given you counterfeits, 174
then the rupee coins you gave me were all fakes.

I am ashamed to tell you the humiliation I felt at the market. Why swindle 175
your kind auntie with sham money? Your dear auntie kneels at your feet.

Would you believe me if I counted the money before your own eyes? I changed 176
these coins for two *kāhan*. Luckily, the shopkeeper was a distracted cannabis addict.

In the act of purchasing sweetmeats for one *kāhan* per *ser*[23] 177
I took half a *ser* as soon as I realized the price.

For eight *paṇas,* I also bought half a *ser* of sugar. 178
Others are taken for fools and given bad molasses, but not me, I know better.

Sandalwood, perfume, cloves, and nutmeg were all easy 179
to procure, I found, since they are less in demand.

With some trouble, I chanced upon some clarified butter after searching the market 180
top to bottom. One must take it at the price that is asked— with that there is no bargaining.

I have purchased betel leaves for only one *paṇa,* though 181
they were priced at two *paṇas.*
Others could not have bought all that I have managed through my bartering.

১৮২ অবাক্ হইনু হাটে দেখিয়া গুবাক।
নাহি বিনা দোকানির না সরে গু বাক॥
১৮৩ দুঃখেতে আনিনু দুগ্ধ গিয়া নদীপারে।
আমা বিনা কার সাধ্য আনিবারে পারে॥
১৮৪ আট পণে আনিয়াছি কাট আট আটি।
নষ্ট লোকে কাষ্ঠ বেচে তারে নাহি আটি॥
১৮৫ খুন হয়েছিনু বাছা চুন চেয়ে চেয়ে।
শেষে না কুলায় কড়ি আনিলাম চেয়ে॥
১৮৬ লেখা করি বুঝ বাছা ভূমে পাতি খড়ি।
শেষে পাছে বল মাসী খায়াইল খড়ি॥
১৮৭ মহার্ঘ দেখিয়া দ্রব্য না সরে উত্তর।
যে বুঝি বাড়িবে দর উত্তর উত্তর॥
১৮৮ শুনি স্মরে মহাকবি ভারত ভারত।
এমন না দেখি আর চাহিয়া ভারত॥

And oh, how surprised I was at the market when I saw   182
    betel nuts,
though the shopkeepers all perpetually denied they had
    any.
I took great pains on my quest to the other end of the river   183
to bring back milk. Who could have fetched it but me?
For eight *paṇas* I purchased eight bundles of firewood.   184
My, how wicked wood sellers are. No one can control
    them.
And, oh, my child, I was almost murdered for repeatedly   185
    requesting
sweet lime. At last I fell short of money and had to beg for
    the rest.
Calculate this sum, my son. Write down the figures here   186
    on the ground
with chalk, lest you say your auntie threw away all your
    money.
Since the items were so expensive, I could offer no   187
    counter.
Prices keep rising higher and higher."

Listening to the old woman, the great poet Bharat recalls   188
    the Mahabharata.
Having never seen such deviance before, Bharat can but
    gawk at her.

মালিনীর সহ সুন্দরের কথোপকথন

১৮৯ বাজার বেসাতি করি মালিনী আনিল।
রন্ধন করিয়া রায় ভোজন করিল ॥

১৯০ মাসী মাসী বলি ডাক দিলা মালিনীরে।
ভোজনের পরে হীরা আইল ধীরে ধীরে ॥

১৯১ শুয়েছে সুন্দর রায় হীরা বৈসে পাশে।
রাজার বাড়ীর কথা সুন্দর জিজ্ঞাসে ॥

১৯২ নিত্য নিত্য যাও মাসী রাজদরবার।
কহ শুনি রাজার বাড়ীর সমাচার ॥

১৯৩ রাজার বয়স কত রাণী কয় জন।
কয় কন্যা ভূপতির কয় বা নন্দন ॥

১৯৪ হীরা বলে সে সকল কব রে বাছনি।
পরিচয় দেহ আগে কে বট আপনি ॥

১৯৫ বিষয় আশয়ে বুঝি রাজপুত্র হবে।
আমার মাথার কিরা চাতুরী না কবে ॥

১৯৬ রায় বলে চাতুরী কহিলে কিবা হবে।
ব্যক্ত হবে আগে পাছে ছাপা ত না রবে ॥

১৯৭ শুনেছ দক্ষিণ দেশে কাঞ্চী নামে পুর।
গুণসিন্ধু নামে রাজা তাহার ঠাকুর ॥

60

AN EXCHANGE BETWEEN SUNDAR
AND THE FLOWER-WOMAN

After the flower-woman brought in the provisions   189
    purchased
from the market, Ray did the cooking and took his repast.
Throughout his meal, he repeatedly called the woman: 190
    "Auntie!"
Finally, after she had finished her meal, Hira skulked
    slowly toward him.
Ray was lying down as Hira took her seat by his side.   191
Sundar took a moment to question her about the royal
    household.

"Auntie, as you go often to court,   192
tell me about the court and palace.
How old is the king? How many queens has he?   193
How many daughters has he fathered? How many sons?"
"I shall enlighten you of all, my child," replied Hira.   194
"But, first, tell me about yourself. Who are you? One can
    see you
possess your own wealth of riches. You must be a prince.   195
Swear to me that you will be honest with me."
"Auntie, what good would it do me to lie to you?" Ray   196
    replied.
"Everything will come to be known sooner or later. But I
    shall not keep my true
identity from you. Have you heard of a city named Kanchi   197
    in the southern country?
A king named Gunasindhu is the lord of that locale.

১৯৮ সুন্দর আমার নাম তাঁহার তনয়।
এসেছি বিদ্যার আশে এই পরিচয়॥
১৯৯ শিহরিয়া প্রণাম করিয়া হীরা কয়।
অপরাধ মার্জ্জনা করিবে মহাশয়॥
২০০ বাপধন বাছা রে বালাই যাউক দূর।
দাসীরে বলিলে মাসী ও মোর ঠাকুর॥
২০১ কৃপা করি মোর ঘরে যত দিন রবে।
এই ভিক্ষা দেহ কোন দোষ নাহি লবে॥
২০২ এখন বিশেষ কহি শুন হয়ে স্থির।
রাজার সকল জানি অন্দর বাহির॥
২০৩ অর্দ্ধেক বয়স রাজার এক পাটরাণী।
পাঁচ পুত্র নৃপতির সবে যুব জানি॥
২০৪ এক কন্যা আইবড় বিদ্যা নাম তার।
তার রূপ গুণ কহা বড় চমৎকার॥
২০৫ লক্ষ্মী সরস্বতী যদি এক ঠাঁই হয়।
দেবরাজ দেখে যদি নাগরাজ কয়॥
২০৬ দেখিতে কহিতে তবু পারে কি না পারে।
যে পারি কিঞ্চিত কহি বুঝ অনুসারে॥
২০৭ অন্নপূর্ণামঙ্গল রচিলা কবিবর।
শ্রীযুত ভারতচন্দ্র রায় গুণাকর॥

I am called Sundar. I am his son, come 198
on a quest for knowledge. That is who I am."

Totally enthralled, Hira prostrated herself to Sundar and 199
  said,
"My lord, please. You must forgive me my offense.
My dear son, may all harm keep its distance from you. 200
You have graciously called me auntie, my lord. But I am
  your servant.
Please, for as long as you stay in my home, 201
do me this favor. Don't take offense at any fault of mine.
Now, I shall tell you in detail all you need to know. Listen 202
  carefully.
I know everything, through and through, about the king.
He is middle-aged and has but one consort. 203
Our sovereign has five sons, who all have young wives.
But he has just one daughter, still unmarried, called Vidya. 204
Vidya's beauty and virtues are truly beyond compare,
as if Lakshmi and Sarasvati were to comingle in one 205
  woman.
Even if Indra could behold her and Vasuki tell of her
  radiance,
they could not fully convey her resplendence.[24] 206
My lord, take in what little I can say of her."

Shriyuta* Bharatchandra Ray Gunakar, 207
the best of poets, composed *In Praise of Annada*.

----

* "Invested with prosperity."

বিদ্যার রূপবর্ণন

২০৮ নবনাগরী নাগরমোহিনী ।
  রূপ নিরুপম সোহিনী ॥

২০৯ শারদ পার্ব্বণ   শীধুধরানন
      পঙ্কজকানন মোদিনী ।
  কুঞ্জরগামিনী   কুঞ্জবিলাসিনী
      লোচন খঞ্জনগঞ্জিনী ॥

২১০ কোকিলনাদিনী   গীঃপরিবাদিনী
      হ্রীপরিবাদবিধায়িনী ।
  ভারত মানস   মানস সারস
      রাস বিনোদ বিনোদিনী ॥

২১১ বিনানিয়া বিনোদিয়া বেণীর শোভায় ।
  সাপিনী তাপিনী তাপে বিবরে লুকায় ॥

২১২ কে বলে শারদ শশী সে মুখের তুলা ।
  পদনখে পড়ি তার আছে কতগুলা ॥

২১৩ কি ছার মিছার কাম ধনুরাগে ফুলে ।
  ভুরুর সমান কোথা ভুরুভঙ্গে ভুলে ॥

২১৪ কাড়ি নিল মৃগমদ নয়নহিল্লোলে ।
  কাঁদে রে কলঙ্কী চাঁদ মৃগ লয়ে কোলে ॥

64

DESCRIPTION OF VIDYA'S BEAUTY

This virtuous young woman who captivates her paramour,   208
she, the beloved of exquisite beauty, enthralls the
> autumnal festival
when the earth is mellowed with a golden sun, sweet as   209
> honey,
when the waters speckled with lotus flowers are fragrant
> as incense.
With the slow, playful gait of an elephant, she frolics in a
> grove,
her irresistible eyes putting the wagtail to shame.
Her velvet voice sings songs like the cuckoo's, her speech   210
is like the seven-stringed vina, this mistress of the *hrī*
> syllable.[25]
Vidya is the beloved who delights in the *rāsa* dance,[26]
dipping like a crane into the Manasa lake of Bharat's
> mind.[27]

"Vidya's flowing, luminous plaits plague the female snake   211
with misery as she slinks into a hole in the ground.
Who could claim the autumnal moon is more luminous   212
> than her face?
How many bow down to this lovely woman's toenails?
How could the futile flowered bow of feeble Kama,   213
> boasting in pride,
compete with Vidya's delicate, alluring eyebrows?
Ever so coyly she has stolen the musk of the deer by   214
> merely batting
her eyelashes. Now the sullied moon weeps, the poor doe
> upon its lap.[28]

২১৫ কেবা করে কামশরে কটাক্ষের সম।
কটুতায় কোটি কোটি কালকূট কম॥

২১৬ কি কাজ সিন্দূরে মাজি মুকুতার হার।
ভুলায় তর্কের পাঁতি দন্তপাঁতি তার॥

২১৭ দেবাসুরে সদা দ্বন্দ্ব সুধার লাগিয়া।
ভয়ে বিধি তার মুখে থুইলা লুকাইয়া॥

২১৮ পদ্মযোনি পদ্মনালে ভাল গড়েছিল।
ভুজ দেখি কাঁটা দিয়া জলে ডুবাইল॥

২১৯ কুচ হৈতে কত উচ মেরু চূড়া ধরে।
শিহরে কদম্বফুল দাড়িম্ব বিদরে॥

২২০ নাভিকূপে যাইতে কাম কুচশম্ভু বলে।
ধরেছে কুন্তল তার রোমাবলি ছলে॥

২২১ কত সরু ডমরু কেশরিমধ্যখান।
হর গৌরী কর পদে আছে পরিমাণ॥

২২২ কে বলে অনঙ্গ অঙ্গ দেখা নাহি যায়।
দেখুক যে আঁখি ধরে বিদ্যার মাজায়॥

What could Kama's arrows do to rival her sidelong   215
    glances? Millions upon
millions of *kālakūṭas* could not equal their sharp
    pungency.
What good would rubbing a pearl necklace with vermilion   216
    do,
when her gleaming teeth make one forget one's prayers?
When the gods and demons continued to battle over the   217
    drink of immortality,
a frightened Vidhi hid it between her lips.
Lotus-born Brahma had gracefully modeled lotus stalks,   218
    but at the sight of Vidya's
delicate arms, he was ashamed, and studded them with
    thorns and plunged them deep into water.
How much pointier are her breasts than the summit of   219
    Mount Meru?[29]
The *kadamba* flower trembles and the pomegranate
    absconds.
Kama himself, evading her breasts, which possess the   220
    power of Shambhu,[30]
dove deep into her navel and assumed his disguise as her
    pubic hair.
Her waist is as thin as a lion's or an hourglass-shaped   221
    drum,
the signs of Hara and Gauri are manifest on her hands and
    feet.
Who could say that the body of Ananga cannot be seen?   222
Let anyone gifted with sight behold Vidya's narrow waist.

২২৩ মেদিনী হইল মাটি নিতম্ব দেখিয়া।
অদ্যাপি কাঁপিয়া উঠে থাকিয়া থাকিয়া ॥
২২৪ করিকর রামরম্ভা দেখি তার উরু।
সুবলনি শিখিবারে মানিলেক গুরু ॥
২২৫ যে জন না দেখিয়াছে বিদ্যার চলন।
সেই বলে ভাল চলে মরাল বারণ ॥
২২৬ জিনিয়া হরিদ্রা চাঁপা সোনার বরণ।
অনলে পুড়িছে করি তার দরশন ॥
২২৭ রূপের সমতা দিতে আছিল তড়িত।
কি বলিব ভয়ে স্থির নহে কদাচিত ॥
২২৮ বসন ভূষণ পরি যদি বেশ করে।
রতি সহ কত কোটি কাম ঝুরে মরে ॥
২২৯ ভ্রমর ঝঙ্কার শিখে কঙ্কণঝঙ্কারে।
পড়ায় পঞ্চম স্বর ভাষে কোকিলারে ॥
২৩০ কিঞ্চিত কহিনু রূপ দেখেছি যেমন।
গুণের কি কব কথা না বুঝি তেমন ॥
২৩১ সবে এক কথা জানি তার প্রতিজ্ঞায়।
যে জন বিচারে জিনে বরিবেক তায় ॥
২৩২ দেশে দেশে এই কথা লয়ে গেল দূত।
আসিয়া হারিয়া গেল কত রাজসুত ॥

The earth beneath our feet crumbled to dust at the sight of 223
her heavy buttocks.
Even today, the earth still quakes from time to time.
Beholding her full, smooth thighs, the elephant trunk and 224
the banana tree
took her as their guru to give them a lesson in shapeliness.
Only one who has not seen Vidya's gait would say 225
that the goose and the elephant walk gracefully.
The color of gold surpasses the champac flower and 226
turmeric in brilliance,
but next to Vidya, gold subsumes itself in flames.
Her beauty can be likened to flickers of flashing lightning, 227
yet lightning is erratic while Vidya wavers not.
When she bedecks herself in alluring attire and jewelry, 228
the tears of millions of incarnations of Kama and Rati
stream with delight.
Bees learn to buzz melodiously upon hearing her jingling 229
bracelets,
while her voice instructs the female cuckoos in five
captivating notes.
I have not said nearly enough of her magnificence, merely 230
what I have seen of it.
And what shall I relate of her virtues? For they are far
beyond my comprehension.
I know only one thing, and that is her resolve. 231
She will only marry the man who outreasons her in debate.
Messengers had been dispatched to announce it from one 232
land to another.
A multitude of kings' sons have come and left in defeat.

২৩৩ ইথে বুঝি রূপসম নিরুপমা গুণে।
আসে যায় রাজপুত্র যে যেখানে শুনে॥

২৩৪ সীতা বিয়া মত হৈল ধনুর্ভঙ্গ পণ।
ভেবে মরে রাজা রাণী হইবে কেমন॥

২৩৫ বৎসর পনর ষোল হৈল বয়ঃক্রম।
লক্ষ্মী সরস্বতী পতি আইলে রহে ভ্রম॥

২৩৬ রাজপুত্র বট বাছা রূপ বড় বটে।
বিচারে জিনিতে পার তবে বড় ঘটে॥

২৩৭ যদি কহ কহি রাজা রাণীর সাক্ষাত।
রায় বলে কেন মাসী বাড়াও উৎপাত॥

২৩৮ দেখি আগে বিদ্যার বিদ্যায় কত দৌড়।
কি জানি হারায় বিদ্যা হাসিবেক গৌড়॥

২৩৯ নিত্য নিত্য মালা তুমি বিদ্যারে যোগাও।
এক দিন মোর গাঁথা মালা লয়ে যাও॥

২৪০ মালা মাঝে পত্র দিব তাহে বুঝা শুঝা।
বেড়া নেড়ে যেন গৃহস্থের মন বুঝা॥

From this I infer that, just like her beauty, her virtues are 233
    unrivaled.
However they may have challenged her intellect, princes
    have continued to come and go.
Vidya's wager resembles Sita's, in which only Sita's hero 234
    could sever
the divine bow.[31] Our king and queen have fretted over
    what might come.
Now fifteen or sixteen years of age, Vidya has peaked and 235
    her perfection
sustains the illusion that the husband of Lakshmi and
    Sarasvati* will at last arrive.
You are the son of a king, my child, and undeniably 236
    handsome.
If you can conquer her in debate, you will fulfill our grand
    design.
I shall speak to the king and the queen if you like." 237
"Auntie," replied Ray, "let us not complicate the situation.
Allow me first to apprehend the extent of Vidya's 238
    knowledge.
She may in fact prevail over me, causing Gaur† to mock
    me.
But you supply her with flower garlands every day. 239
So, one day soon, bring her a garland strung by me.
In the middle of it, I shall tie a letter explaining myself. 240
I will understand her mind only by how she responds
and shall frame further plans only then. 241

---

* Vishnu.
† The ancient name for Bengal.

71

২৪১ বুঝিলে তাহার ভাব তবে করি শ্রম।
বিক্রমে কি ফল ক্রমে ক্রমে বুঝি ক্রম॥

২৪২ ভাল বলি হাস্যমুখে হীরা দিল সায়।
গাঁথিনু বড়িশে মাছ আর কোথা যায়॥

২৪৩ বোলে চালে গেল দিবা বিভাবরী ঘুমে।
ভারত পড়িলা ভোরে মালা গাঁথা ধুমে॥

২৪৪ কৃষ্ণচন্দ্র আজ্ঞায় ভারতচন্দ্র গায়।
হরি হরি বল সবে পালা হৈল সায়॥

মাল্যরচনা

২৪৫ কি এ মনোহর   দেখিতে সুন্দর
        গাঁথয়ে সুন্দর মালিকা।
গাঁথে বিনা গুণে   শোভে নানা গুণে
        কামমধুব্রতপালিকা॥

Can one effect a result from might? The method must be
    gradual, I think."
"Very well," said Hira, who complied with her definitive   242
    grin.
"I have hooked the fish well," she thought, "so how can it
    escape?"

The two passed the rest of the day chatting and then slept   243
    through the night.
At dawn, Bharat busied himself with his garland stringing.

Krishnachandra gave the instruction, and so   244
    Bharatchandra sings,
"All of you chant 'Hari, Hari!'" This episode is now
    concluded.

THE STRINGING OF THE GARLAND

How enchanting is   245
this garland that Sundar strings.
Strung without thread, exuding fragrance and beauty,
it fosters the sweet worship of Kama.

২৪৬ মালিনী আনিল ফুলের ভার
আনন্দ নন্দন বনের সার
বিবিধ বন্ধন জানে কুমার
সহায় হইলা কালিকা।
কুসুমআকর কিঙ্কর তায়
মলয় পবন গুণ যোগায়
ভ্রমর ভ্রমরী গুনগুনায়
ভুলিবে ভূপতিবালিকা॥
২৪৭ পূজিতে গিরিশ গিরিশবালা
বেল আমলকী পাতের মালা
নবরবি ছবি জবা উজালা
কমল কুমুদ মল্লিকা।
অশোক কিংশুক মধুটগর
চম্পক পুন্নাগ নাগকেশর
গন্ধরাজ জুতি ঝাঁটি মনোহর
বাসক বক সেফালিকা॥
২৪৮ বান্ধুলী পিউলী মালতী জাতি
কুন্দ কৃষ্ণকেলি দনার পাঁতি
গুলাব সেউতী দেশী বিলাতী
আচু কুরচীর জালিকা।
ধুতূরা অতসী অপরাজিতা
চন্দ্র সূর্য্য মুখী অতি শোভিতা
ভারত রচিল ফুলকবিতা
কবিতারসের শালিকা॥

The flower-woman carried in a bushel of flowers,   246
the best from the grove of Indra's paradise.
The prince was accustomed to many ways of stringing,
yet Kalika* descended to divinely assist him.
The one born from a lotus† came to his aid,
and so the garland itself drifted up from a soft zephyr.
The vibrating buzzing of the male and female bees
would captivate the daughter of the king.
To worship Girish‡ and Girish's wife, there were   247
profusions of quince and cherry plum leaves,
bright hibiscus, an image of the rising sun,
red and white lotuses, jasmines,
asoka, guelder roses, sweet crape jasmines,
champacs, white lilies, *nāgakeśars,*
charming gardenias, jasmines, amaranths,
acanthuses, hummingbird-tree blossoms, coral jasmines,
red *bāndhulīs,* yellow *piulīs,* and varieties of white   248
    jasmines,
*kṛṣṇakeli*s, a row of *danās,*
native and foreign roses, local white roses,
flowering *ācus* trees, small fruits of *kuracīs,*
thorn apples, linseed flowers, *aparajitas,*
beautiful chrysanthemums, and bright sunflowers.

Bharat, the songbird of poetic emotions,
composed a poem of flowers.

———

* The goddess Kali.
† Brahma.
‡ Shiva.

পুষ্পময় কাম ও শ্লোকরচনা

২৪৯   ভাল মালা গাঁথে ভাল মালিয়া রে।
        বনমালি মেঘমালি কালিয়া রে॥

২৫০   মোহন মালার ছাঁদে   রতি কাম পড়ে ফাঁদে
        বিরহ অনল দেই জ্বালিয়া রে।
      যে দিকে যখন চায়   ফুল বরষিয়া যায়
        মোহ করে প্রেমমধু ঢালিয়া রে॥

২৫১   নাসা তিলফুল পরে   অঙ্গুলি চম্পক ধরে
        নয়নকমল কামে টালিয়া রে।
      দশন কুন্দের দাপে   অধর বান্ধুলী চাপে
        ভারত ভুলিল ভাল ভালিয়া রে॥

২৫২   ভাবে রায় মালায় কি হবে কারিকরি।
    অন্যের অদৃষ্ট কিছু কারিকরি করি॥

২৫৩   পাতা কৌটা মত কৌটা কৈল কেয়াফুলে।
    সাজাইল থরে থরে মল্লিকা বকুলে॥

২৫৪   তার মাঝে গড়িল ফুলের ফুলধনু।
    তার পাশে গড়ে রতি ফুলময় তনু॥

২৫৫   গড়িয়া অপরাজিতা থরে কৈল চুল।
    মুখানি গড়িল দিয়া কমলের ফুল॥

SUNDAR CREATES A FLOWERY KAMA,
AND COMPOSES A STANZA

This gentle gardener strings together a gorgeous garland.   249
He, the dark one, is decked in a festoon of wildflowers, a
    ring of clouds.
Rati and Kama, beguiled by the enchanting garland,   250
enflame the heart with the fire of separation.
Where and whenever one looks, flowers fall from the sky
    like rain.
They captivate all, showering their sweet essence of love.
His nose is a sesame flower, his fingers champacs,   251
and his eyes, lotuses enticing Kama. His teeth shine
    brightly
white like jasmines, his lips conceal crimson *bāndhulī*
    flowers.
Bewitched, Bharat looks on.

Ray contemplated how to string the garland.   252
"I must create something that no one has ever seen," he
    thought.
And so Sundar fashioned a casket of screw-pine flowers   253
    just as he would one made
of leaves. Inside the casket, in which he arranged layers
    upon layers of jasmine and *bakul,*
he drew an image of the god with the flowery bow at the   254
    center,
and, next to it, laid the body of Rati, created with flowers.
With a row of Asian pigeonwings Ray designed the hair,   255
and the face he speckled with lotuses.

২৫৬ তিলফুলে কৈল নাসা অধর বান্ধুলী।
চাঁপার পাকড়ী দিয়া গড়িল অঙ্গুলী ॥

২৫৭ নয়ন সুন্দর কৈল ইন্দীবর দিয়া।
মৃণালে গরিল ভুজ কাঁটা ফেলাইয়া ॥

২৫৮ কনকচম্পকে তনু সকল গড়িয়া।
গড়িল চরণপদ্ম স্থলপদ্ম দিয়া ॥

২৫৯ গড়িল পারুল ফুলে তূণ মনোহর।
বোঁটা সহ রঙ্গণে পুরিয়া দিল শর ॥

২৬০ ফুল ধনু ফুল গুণ ফুলময় বাণ।
দুই হাতে দিল তার পূরিয়া সন্ধান ॥

২৬১ থুইল কৌটায় কল করিয়া এমনি।
ফুটিবে বিদ্যার বুকে ছুটিবে যখনি ॥

২৬২ চিত্র কাব্যে এক শ্লোক লিখি কেয়াপাতে।
নিজ পরিচয় দিয়া থুইল তাহাতে ॥

২৬৩ বসুধা বসুনা লোকে বন্দতে মন্দজার্তিজম্।
করভোরু রতিপ্রজ্ঞে দ্বিতীয়ে পঞ্চমেহপ্যহম্ ॥

২৬৪ লোকে যদি কোন লোক মন্দজাতি হয়।
বসু হেতু বসুন্ধরা তাহারে বন্দয় ॥

Rati's nose was a sesame flower, her lips *bāndhulīs,*   256
and with champac petals he molded her fingers.

Sundar brought Rati's eyes to life with comely blue   257
    lotuses.
After removing the thorns from lotus stalks, he fashioned
    them as her arms,

Rati's entire body composed of golden champacs,   258
her lotus feet made of lilies.

Sundar used trumpet flowers to craft a regal quiver,   259
filled with *raṅgaṇ* flowers, their leaf-stalks for the shafts.

Completing his work, he laid a flower bow,   260
flower bowstring, and flower arrows in Rati's two hands.

Devising a spring, he placed it inside the casket. Once   261
    opened,
Rati's body would spring forth, the flower arrow striking
    Vidya's chest.

On a screw-pine leaf, Sundar composed a stanza in an   262
    image-poem,
encoding his name, and inserted it inside.

"The earth may honor a man, even one of inferior birth,   263
with wealth, O woman with thighs like an elephant's
    trunk,
and deeply knowledgeable in love.
I am in the second and fifth.[32]

"The earth honors a man, even one of inferior birth,   264
who possesses the treasure of the earth.

২৬৫ করিসুতশুণ্ড সম ঊরুবর শোভা।
রতির পণ্ডিতা শুন আমি তার লোভা॥
২৬৬ লিখিনু যে শ্লোক তিন পদে দেখ তার।
দ্বিতীয়পঞ্চমাক্ষর গণ দুই বার॥
২৬৭ একত্র করিয়া পড় মোর নাম পাবে।
অপর সুধাবে যাহা মালিনী শুনাবে॥
২৬৮ শ্লোক রাখি কৌটা ঢাকি হীরারে গছায়।
কহিল সকল কল দেখাইতে চায়॥
২৬৯ বেলা হৈল উচুর প্রচুর ভয় মনে।
ফুল লয়ে গেল হীরা রাজার ভবনে॥
২৭০ নিজ গাঁথা মালা দিল আর সবাকারে।
সুন্দরের গাঁথা মালা দিলেক বিদ্যারে॥
২৭১ বসিয়া রয়েছে বিদ্যা পূজার আসনে।
ভারত হীরারে কয় ঘূর্ণিতলোচনে॥

মালিনীকে তিরস্কার

২৭২ শুন লো মালিনি কি তোর রীতি।
কিঞ্চিত হৃদয়ে না হয় ভীতি॥

"Hear me. I am in earnest and covet the one whose thighs   265
    are as shapely
as a young elephant's trunk, the one who knows all about
    love.
Recall the first three quarters of the verse I composed,   266
and count twice its second and fifth letters.
Read them together and you will know my name.[33]   267
The flower-woman will relay to you whatever else you
    wish to know."

After apprising Hira of the spring and asking her to show   268
    it to Vidya,
Sundar hid his brief stanza inside the casket, covered it,
    and handed it to Hira.
As evening drew near, Hira grew nervous about the late   269
    hour,
and so she rushed to the king's palace with the flowers.
Hira proffered to Vidya the garland Sundar had made,   270
and to the others at court she bestowed the garlands she
    had strung.

"Vidya is already seated for prayer and has been waiting,"   271
Bharat tells Hira, rolling his cross-eyes.

THE FLOWER-WOMAN IS REPROACHED

"Oh, flower-woman, these ways of yours!   272
Have you not an ounce of fear in your heart?

২৭৩ এত বেলা হৈল পূজা না করি।
ক্ষুধায় তৃষ্ণায় জ্বলিয়া মরি॥

২৭৪ বুক বাড়িয়াছে কার সোহাগে।
কালি শিখাইব মায়ের আগে॥

২৭৫ বুড়া হলি তবু না গেল ঠাট।
রাঁড় হয়ে যেন ষাঁড়ের নাট॥

২৭৬ রাত্রে ছিল বুঝি বঁধুর ধুম।
এত ক্ষণে তেঁই ভাঙ্গিল ঘুম॥

২৭৭ দেখ দেখি চেয়ে কতেক বেলা।
মেয়ে পেয়ে বুঝি করিস হেলা॥

২৭৮ কি করিবে তোরে আমার গালি।
বাপারে কহিয়া শিখাব কালি॥

২৭৯ হীরা থর থর কাঁপিছে ডরে।
ঝর ঝর জল নয়নে ঝরে॥

২৮০ কাঁদি কহে শুন রাজকুমারি।
ক্ষম অপরাধ আমি তোমারি॥

২৮১ চিকণ গাঁথনে বাড়িল বেলা।
তোমার কাজে কি আমার হেলা॥

২৮২ বুঝিতে নারিনু বিধির ফন্দ।
করিনু ভাল রে হইল মন্দ॥

২৮৩ ভ্রম বাড়িবারে করিনু শ্রম।
শ্রম বৃথা হৈল ঘটিল ভ্রম॥

২৮৪ বিনয়েতে বিদ্যা হইল বশ।
অস্ত গেল রোষ উদয় রস॥

82

It is so late and I have still not yet worshiped. 273
I am dying of hunger and thirst.
Whose favor endows you with this audacity of yours? 274
Tomorrow I will inform my mother of your impertinence.
Despite your old age, you are still up to mischief. 275
Though a widow, you act like a bull.[34]
Perhaps you have risen so late this morning 276
because you romped around all night with your lover.
Just see how late it is. 277
You slight me, I think, because I am a young girl.
But what effect do my reproaches even have on you? 278
Tomorrow I shall teach you a lesson by telling Father."

Hearing this, Hira became so anxious that she trembled, 279
her eyes beginning to flood with tears.
Weeping, she begged, "I implore you, princess. 280
Forgive my offense. I am at your service, mistress.
I have not neglected you, 281
too much time has been spent in stringing garlands.
I could not comprehend the mind of fate. 282
Though I am late, I had only good intentions.
I labored but only to compound my own misjudgment. 283
My efforts have been in vain and I know I erred."

Vidya was conquered by such humility, and her anger 284
subsided like the setting sun. But her curiosity rose.

২৮৫ বিদ্যা কহে দেখি চিকণ হার ।
এ গাঁথনি আই নহে তোমার ॥

২৮৬ পুন কি যৌবন ফিরি আইল ।
কিবা কোন বঁধু শিখায়ে দিল ॥

২৮৭ হীরা কহে তিতি আঁখির নীরে ।
যৌবন জীবন গেলে কি ফিরে ॥

২৮৮ নহে ক্ষীণ মাজা কুচ কঠোর ।
কি দেখিয়া বন্ধু আসিবে মোর ॥

২৮৯ ছাড় আই বলা জানি সকল ।
গোড়ায় কাটিয়া মাথায় জল ॥

২৯০ বড়র পিরিতি বালির বাঁধ ।
ক্ষণে হাতে দড়ি ক্ষণেকে চাঁদ ॥

২৯১ কৌটায় কি আছে দেখ খুলিয়া ।
থাকিয়া কি ফল যাই চলিয়া ॥

২৯২ বিদ্যা খোলে কৌটা কল ছুটিল ।
শর হেন ফুল বুকে ফুটিল ॥

২৯৩ শিহরিল ধনী দেখিয়া কল ।
শ্লোক পড়ি আরো হৈল বিকল ॥

২৯৪ ডগমগ তনু রসের ভরে ।
ভারত হীরারে জিজ্ঞাসা করে ॥

"Let me see this fine garland," Vidya demanded of her.   285
"Granny, this stringing cannot have been done by you.
Has your youth returned?   286
Or perhaps another friend of yours has schooled you?"
Wet with her tears, Hira replied,   287
"Does youth, once lost, ever return?
My waist is no longer slender, my breasts no longer firm.   288
How could I attract a lover?
Please, call me granny no more. I know how it can happen.   289
A plant is slashed at the root and later one pours water on
    the top.
The favor of important people is like a dike full of sand.   290
    One moment
you may bind our hands with rope, and the next, place the
    moon in them.
Go ahead. Open the box and look inside, mistress.   291
What good would it do for me to stay now? I shall take my
    leave."

The device worked well as Vidya lifted the lid of the   292
    casket.
Like a dart, the flower arrow pricked her breast, and
the lovely girl shuddered when struck by this ploy.   293
She read the stanza, which only further baffled her,
but her body instantly overflowed with love.   294

Bharat poses a question to Hira.

মালিনীকে বিনয়

২৯৫   কহ ও লো হীরা   তোরে মোর কিরা
     বিকল করিলি কলে।
     গড়িল যে জন   সে জন কেমন
     বিশেষ কহ না ছলে ॥

২৯৬   হীরা কহে শুন   কেন পুন পুন
     হান সোহাগের শূল।
     কহিয়া কি ফল   বুঝিনু সকল
     আপন বুদ্ধির ভুল ॥

২৯৭   এ রূপ তোমার   যৌবনের ভার
     অদ্যাপি না হৈল বিয়া।
     কোথা পাব বর   ভাবি নিরন্তর
     বিদরে আমার হিয়া ॥

২৯৮   যে জিনে বিচারে   বরিবা তাহারে
     কোন্‌ মেয়ে হেন কহে।
     যে তোমা হারাবে   তারে কবে পাবে
     যৌবন তাহে কি রহে ॥

২৯৯   যৌবনে রমণ   নহিল ঘটন
     বুড়াইলে পাবে ভালে।
     নিদাঘ জ্বালায়   তরু জ্বলে যায়
     কি করে বরিষাকালে ॥

HUMBLE WORDS
TO THE FLOWER-WOMAN

"Oh, explain this to me, Hira.   295
You have bewildered me with this ruse.
Who has created it?
Tell me truly. Pray, do not deceive me."

Hira replied, "Why do you continue to   296
drive the pike of emotion through me?
What is the use of saying, 'I have understood everything'?
It is but a flaw in your own intelligence.

Despite your beauty and the pressure on you to wed,   297
you have still not married.
Where can I find you a husband? It pains my heart
to think of it so often.

'I will marry whoever defeats me in debate.'   298
What young woman says that?
When do you think you will find a man who can conquer
        you?
Can youth last that long?

If you do not find love in youth,   299
do you think it will be given you when you are old?
How can trees burned by the summer heat
thrive through the monsoons?

৩০০ দেখিয়া তোমায়   এই ভাবনায়
        নাহি রুচে অন্ন জল ।
    পাইয়া সুজন   রাজার নন্দন
        রাখিনু করিয়া ছল ॥

৩০১ কাঞ্চীপুর ধাম   গুণসিন্ধু নাম
        মহারাজ রাজেশ্বর ।
    তাঁহার তনয়   ভুবন বিজয়
        সুকবি নাম সুন্দর ॥

৩০২ বঞ্চি বাপ মায়   একেলা বেড়ায়
        করিয়া দিগবিজয় ।
    পথে দেখা পেয়ে   রেখেছি ভুলায়ে
        স্নেহে মাসী মাসী কয় ॥

৩০৩ অশেষ প্রকারে   কহিনু তাহারে
        তোমার পণের মর্ম্ম ।
    শুনিয়া হাসিল   ইঙ্গিতে ভাষিল
        নারী জিনা কোন্ কর্ম্ম ॥

৩০৪ বুঝিতে তোমার   আচার বিচার
        সে কৈল এ ফুলখেলা ।
    নিজ পরিচয়   শ্লোক চিত্রময়
        লিখিতে বাড়িল বেলা ॥

৩০৫ তোমার লাগিয়া   নাগর রাখিয়া
        গালি লাভ হৈল মোর ।
    যাহার লাগিয়া   চুরি করে গিয়া
        সেই জন কহে চোর ॥

Whenever I see you, this anxiety I feel   300
surpasses even my hunger for rice, my thirst for water.

But hear me now, I have found a good man, the son of a
    king,
and I have kept him through my artifice.
He resides at Kanchipur. The name   301
of that king, a king among kings, is Gunasindhu.
This man I speak of, Sundar, is Gunasindhu's son,
an illustrious poet capable of reigning over the world.
Having left his mother and father, he roams about alone   302
dominating all quarters of the globe. I could set him on his
    way,
but have kept him under false pretense, for you, my lady.
He affectionately calls me auntie,
and I have told him   303
the value of your wager.
Upon hearing of it, he laughed it off.
'Is defeating a woman ever difficult?' said he.
He played a game with these flowers,   304
to hear tell of your reaction, to discern your character.
In writing the stanzas you found, he labored
to give his identity in the poem.
But while I have secured a paramour for you,   305
insults are all that I have garnered.
Beware, my child, for the one for whom
you commit a theft will also call you a thief."

৩০৬ হীরা এত বলি   ছলে যায় চলি
         আঁচল ধরিল ধনী।
    মাথার কিরায়   হীরায় ফিরায়
         মণি ধরে যেন ফণী॥

৩০৭ থাক বঁধু লয়ে   এই কথা কয়ে
         অপরাধ হৈল মোর।
    কৈতে পারি যেই   কহিয়াছি তেঁই
         আমি লো নাতিনী তোর॥

৩০৮ কামানল জ্বেলে   যেতে চাহ টেলে
         নাতিনীঘাতিনী বুড়ী।
    কেমনে পা চলে   মা ভাল মা বলে
         বাপার ভাল শাশুড়ী॥

৩০৯ এস বৈস এয়ো   হৌক মেনে যেয়ো
         বল সে কেমন জন।
    কি কথা কহিলে   কি ফেরে ফেলিলে
         উড়ু উড়ু করে মন॥

৩১০ দেখিয়া কাতরা   হীরা মনোহরা
         কহিছে কানের কাছে।
    রূপের নাগর   গুণের সাগর
         আর কি তেমন আছে॥

With this, Hira made to leave,   306
but the beautiful girl quickly caught hold of the hem of her
    sari.
Swearing on her head, Vidya compelled Hira to come
    back.
Vidya was like a serpent holding its jewel.
"When I said that you slept with a lover   307
I committed an offense.
But as your granddaughter,[35]
I am permitted to say what I feel.
Now after having lit love's fire within me, you wish to leave   308
    me.
You, an old woman, conspire to be the end of your
    granddaughter.
How can you walk away? Oh, mothers are loving just
    because they are mothers.
Even the mother-in-law is more affectionate than a father.
Come, be seated, Granny. Tell me what you know.   309
Enlighten me. What kind of person is he?
You have so perplexed me.
Now I am impatient to know."

Seeing that she was so eager, the wily Hira   310
began to whisper to her in hushed tones.
"Sundar is a dashing suitor, an ocean of virtues.
There is none other like him, my lady.

৩১১ বদনমণ্ডল চাঁদ নিরমল
ঈষদ গোঁফের রেখা।
বিকচ কমলে যেন কুতূহলে
ভ্রমরপাঁতির দেখা॥
৩১২ গৃধিনীগঞ্জিত মুকুতারঞ্জিত
রতিপতি শ্রুতিমূলে।
ফাঁস জড়াইয়া গুণ গুড়াঁইয়া
থুলা ভুরু ধনু হুলে॥
৩১৩ অধরবিম্বুর খাইতে মধুর
চঞ্চল খঞ্জন আঁখি।
মধ্যে দিয়া থাক বাড়াইল নাক
মদনের শুকপাখি॥
৩১৪ আজানুলম্বিত বাহু সুবলিত
কামের কনকআশা।
রসের আলয় কপাট হৃদয়
ফণিমণিপরকাশা॥
৩১৫ যুবতীর মন সফরীজীবন
নাভি সরোবর তার।
ত্রিবলিবন্ধন দেখয়ে যে জন
তার কি মোচন আর॥
৩১৬ দেখিয়া সে ঠাম জিয়ে মোর কাম
এত যে হৈয়াছি বুড়া।
মাসী বলে সেই রক্ষা হেতু এই
ভারত রসের চূড়া॥

His face, like a gleaming, pure moon 311
marked by his thin moustache,
blooms like a full-blown lotus
lined with fine black bees.
His ears, adorned with pearls, shame those of the female 312
vulture.[36]
Rati's husband has rolled up his noose,
unstrung his bow-string, and rested his bow
at the base of his eyebrows.
To taste his lips like the red *bimba* fruit is to savor honey's 313
sweetness.
His eyes are as lively as those of the wagtail.
At the center of his visage, his nose protrudes
like the beak of Madan's parrot.
His strong, well-furrowed arms, 314
like Kama's golden scepters, extend to his knees.
Sundar's heart is the door to the abode of ardor
where the jewel of the serpent lies.
His navel is a pond where dwell fish— 315
the hearts of young women.
Can a woman who sees the three folds of his waist
later find any release?
Though I have grown old, 316
his beauty has awakened my own erotic desire.
But he calls me auntie—that disguise at least will protect
me."

For Bharat, this is the peak of passion.

বিদ্যাসুন্দরের দর্শন

৩১৭   কি বলিলি মালিনি ফিরে বল বল ।
        রসে তনু ডগমগ মন টল টল ॥

৩১৮   শিহরিল কলেবর   তনু কাঁপে থর থর
      হিয়া হৈল জ্বর জ্বর আঁখি ছল ছল ।
    তেয়াগিয়া লোকলাজ   কুলের মাথায় বাজ
       ভজিব সে ব্রজরাজ লয়ে চল চল ॥

৩১৯   রহিতে না পারি ঘরে   আকুল পরাণ করে
      চিত না ধৈরজ ধরে পিক কল কল ।
     দেখিব সে শ্যামরায়   বিকাইব রাঙ্গা পায়
       ভারত ভাবিয়া তায় ভাবে ঢল ঢল ॥

৩২০   বিদ্যা বলে ওলো হীরা মোর দিব্য তোরে ।
      কোন মতে দেখাইতে পার নাকি মোরে ॥

৩২১   অনুমানে বুঝিলাম জিনিবেন তিনি ।
      হারাইলে হারাইব হারিলে সে জিনি ॥

৩২২   যত গুলা এসেছিল করি মোর আশা ।
      রাজার তনয় বটে রাজবংশে চাসা ॥

৩২৩   সে সব লোকেতে মন মজে কি বিদ্যার ।
      বিদ্যাপতি এই তারা দাস অবিদ্যার ॥

৩২৪   জিনিবেক যে জন সে জন বুঝি এই ।
      বিধি নিধি নাহি দিলে আর কেবা দেই ॥

৩২৫   ভাবিয়া মরিয়াছিনু প্রতিজ্ঞা করিয়া ।
      কার মনে ছিল আই মোর হবে বিয়া ॥

VIDYA AND SUNDAR
BEHOLD ONE ANOTHER

What did you say, flower-woman? Oh, tell me again.   317
Consumed with love, I am restless,
I tremble and shake intensely.   318
My heart is anxious, my eyes moist with tears.
Shaming myself, I throw a thunderbolt on my lineage.
I will pray to Krishna, king of Vraj. Take me with you. Let
    us go.
I am so agitated, I cannot remain at home.   319
My heart loses patience when the cuckoo utters its sweet
    warble.
I must see Shyamray* and prostrate myself at his red feet.
Bharat, contemplating this, is on the point of fainting.

"Dear Hira," implored Vidya, "I beseech you.   320
Couldn't you show him to me?
I believe that he, this Sundar, shall be my victor.   321
If he loses, I lose. If he wins, I win.
All who have already come and aspired to win me over   322
were sons of kings, and yet were like mere peasants in a
    royal lineage.
Could Vidya's heart ever be won by such princes?   323
Could Vidya's husband ever be any one of those slaves of
    ignorance?
The winner shall be this prince, I know it.   324
Who else could grant me this treasure if not Vidhi?
After I had made this vow of mine, I was rife with worry.   325
Who would have thought, Granny, that I would ever wed?

* "The dark-hued king," Krishna.

95

৩২৬ এত দিনে শিব বুঝি হৈলা অনুকূল।
ফুটাইল ভগবতী বিবাহের ফুল॥

৩২৭ হীরারে শিরোপা দিলা হীরাময় হার।
বুঝাইয়া বুঝিয়া কহিবে সমাচার॥

৩২৮ কেমন প্রকারে তাঁরে দেখাবে আমায়।
ভাবহ মালিনী আই তাহার উপায়॥

৩২৯ মোর বালাখানার সমুখে রথ আছে।
দাঁড়াইতে তাঁহারে কহিবে তার কাছে॥

৩৩০ তুমি আসি আমারে কহিবে সমাচার।
সেই ছলে দরশন করিব তাঁহার॥

৩৩১ পুষ্প ময় রতি কাম দিয়াছিলা রায়।
কি দিব উত্তর বিদ্যা ভাবয়ে উপায়॥

৩৩২ কাম গ্রহণের ছলে কাম রাখে সতী।
রতিদান ছলে তারে পাঠাইলা রতি॥

৩৩৩ চিত্রকাব্যে সুন্দর সুন্দর নাম দেখি।
বিদ্যা বিদ্যা নামে চিত্রকাব্য দিলা লেখি॥

৩৩৪ সবিতা পদ্যাম্বুজানাং ভুবি তে নাদ্যপি সমঃ।
দিবি দেবাদ্যা বদন্তি দ্বিতীয়ে পঞ্চমেহপ্যহম্॥

I have waited so long, and Shiva has at last bestowed his 326
 favor on me.
The goddess Bhagavati has allowed my wedding bouquet
 to blossom."

Vidya rewarded Hira with a diamond-studded necklace. 327
"You have understood and made yourself understood.
 Now you must convey
my desires to him. Granny, hear me now about how 328
you should present him to me.
Opposite my upstairs veranda is a chariot. 329
Instruct him to stand beside it.
Then, come to me and inform me of his arrival. 330
Thanks to this scheme I will finally see Sundar."

Affected by the flower figures of Rati and Kama that Ray 331
 had given her,
Vidya wondered what to give him in return.
In keeping the Kama figure, this pure woman accepted 332
 Ray's love,
and by returning the Rati to him, she conveyed her passion
 for him.
In the image-poem Vidya glimpsed the name of the 333
handsome Sundar, so she wrote her name in another verse.

"To the lotuses of poetry you are the sun, 334
and the gods in heaven say
you have no equal on earth.
I am in the second and fifth.[37]

৩৩৫ কবিতাকমলে রবি তুমি মহাশয়।
নরলোকে সম নাহি দেবলোকে কয়॥

৩৩৬ লিখিনু যে শ্লোক তিন পদে দেখ তার।
দ্বিতীয়পঞ্চমাক্ষরে গণ তিন বার॥

৩৩৭ তিন অর্থে তিন বার মোর নাম পাবে।
অপর সুধাবে যাহা মালিনী শুনাবে॥

৩৩৮ এইরূপে মালিনীরে করিয়া বিদায়।
বড় ভক্তি ভাবে বিদ্যা বসিলা পূজায়॥

৩৩৯ পূজা না হইতে মাগে আগে ভাগে বর।
দেবীরে করিতে ধ্যান দেখয়ে সুন্দর॥

৩৪০ পাদ্য অর্ঘ্য আচমন আসন ভূষণ।
দেবীরে অর্পিতে করে বরে সমর্পণ॥

৩৪১ সুগন্ধ সুগন্ধি মালা দেবীগলে দিতে।
বরের গলায় দিনু এই লয় চিতে॥

৩৪২ দেবীপ্রদক্ষিণে বুঝে বরপ্রদক্ষিণ।
আকুল হইল পূজা হয় অঙ্গহীন॥

৩৪৩ ব্যস্ত দেখি তারে কালী কহেন আকাশে।
আসিয়াছে তোর বর মালিনীর বাসে॥

"To the lotus of poetry, you are the sun, my lord,   335
and the gods say that you have no equal in the world of
    men.

"I have composed this stanza with three special parts," she   336
    wrote.
"Count thrice the second and the fifth syllables.
Then you will discern my name in three different ways.[38]   337
The flower-woman shall answer whatever else you ask."

After giving leave to the flower-woman,   338
Vidya sat in worship and prayer.
Before she had finished, she beseeched the goddess for a   339
    boon.
But while meditating on the goddess, Vidya kept picturing
    Sundar.
Oblations, purifications, ornaments, a throne, water for   340
    bathing Kali's feet.
Though she made all these offerings to the goddess, she
    imagined giving them to her would-be groom.
When she hung a fragrant garland around the goddess's   341
    neck,
she imagined it adorning her beloved.
As she walked around the goddess's image, Vidya dreamed   342
    of taking turns around a fire
with her husband, but grew distraught when she realized
    her devotion was in vain.[39]
Witnessing her distress, goddess Kali called down to her   343
    from the heavens.
"Your husband has reached the flower-woman's house.

৩৪৪ পূজা না হইল বলি না করিহ ভয়।
সকলি পাইনু আমি আমি বিশ্বময় ॥
৩৪৫ আকাশবাণীতে হাতে পাইল আকাশ।
বুঝিলা কালিকা মোর পূরাইলা আশ ॥
৩৪৬ ওথায় মালিনী গিয়া আপনার ঘরে।
কহিল সকল কথা কুমার সুন্দরে ॥
৩৪৭ শুন বাপা তোমারে দেখিবে অকপটে।
কহিল সঙ্কেতস্থান রথের নিকটে ॥
৩৪৮ এত বলি সুন্দরে লইয়া হীরা যায়।
রাখিয়া রথের কাছে কহিল বিদ্যায় ॥
৩৪৯ আথিবিথি সুন্দরে দেখিতে ধনী ধায়।
অঙ্গুলী হেলায়ে হীরা দুঁহারে দেখায় ॥
৩৫০ অনিমিষে বিনোদিনী দেখিছে বিনোদ।
বিনোদের বিনোদিনী দেখিয়া প্রমোদ ॥
৩৫১ শুভ ক্ষণে দরশন হইল দুজনে।
কে জানে যে জানাজানি সুজনে সুজনে ॥
৩৫২ বিপরীত বিপরীত উপমা কি কব।
ঊর্দ্ধে কুমূদিনি হেটে কুমুদবান্ধব ॥

Do not fret over your wandering mind.   344
I receive all blessings, as I am the whole world."
On hearing the words of the goddess, Vidya felt as if joy   345
were within her grasp. She realized at once that Kalika had
    granted her wish.

In the meantime, the flower-woman had returned home   346
and narrated all to Prince Sundar.
"My son, Vidya is ready to see you forthwith.   347
She has asked that you rendezvous with her near her
    chariot."
After imparting this message, Hira brought Sundar to the   348
    site where the two lovers
would tryst. She placed him beside the chariot and
    informed Vidya of his arrival.
In confused haste, the beautiful girl rushed to see Sundar,   349
and Hira pointed her finger to both to introduce one to the
    other.
Without a flutter of an eyelid, the beautiful one gazed at   350
    the handsome one.
At once the handsome one was filled with rapture at the
    sight of Vidya.
They breathlessly beheld each other in that auspicious   351
    moment. How do
we know what these two virtuous youths felt and thought
    upon meeting?
What metaphors can I use?   352
One glorious lotus at last met another.

৩৫৩ দুহার নয়নফাঁদে ঠেকিয়া দুজনে।
দুজনে পড়িল বান্ধা দুজনের মনে॥
৩৫৪ মনে মনে মনমালা বদল করিয়া।
ঘরে গেলা দুঁহে দুঁহা হৃদয় লইয়া॥
৩৫৫ আঁখি পালটিয়া ঘরে যাওয়া হৈল কাল।
ভারত জানয়ে প্রেম এমনি জঞ্জাল॥

সুন্দরসমাগমের পরামর্শ

৩৫৬ প্রভাতে কুসুম লয়ে হীরা গেল দ্রুত হয়ে
সুন্দর রহিল পথ চেয়ে।

বিদ্যার পোহায় রাতি ঐ কথা নানাজাতি
পুরুষের আটগুণ মেয়ে॥
৩৫৭ হীরা বলে ঠাকুরাণি কিবা কর কানাকানি
শুভ কর্ম্ম শীঘ্র হৈলে ভাল।

আপনি সচেষ্ট হও রাজারে রাণীরে কও
আন্ধার ঘরেতে কর আল॥
৩৫৮ বিদ্যা বলে চুপ চুপ যদি ইহা শুনে ভূপ
তবে বিয়া হয় কি না হয়।

গুণসিন্ধু মহারাজ তার পুত্র হেন সাজ
ব্যাপার না হইবে প্রত্যয়॥

Both youths were clasped in the lock of each other's eyes,   353
both felt bound to the other's heart.
The two imagined exchanging garlands,   354
then each returned home possessing the other.
Departing after having beheld each other so intensely felt   355
    fatal to the pair.

Bharat comprehends well how love is such a painful affair.

DISCUSSION ABOUT SUNDAR'S COMING

In the morning, Hira exited the palace quickly with her   356
    flowers,
as Sundar eagerly awaited her return.
Early that morning Vidya had been muttering to herself
about the eight superiorities of women over men.
"My lady," asked Hira, "why are you whispering?   357
The sooner this auspicious wedding, the better.
Make every attempt to speak to the king and the queen.
Brighten up this room, shrouded in darkness."
"Hush," whispered Vidya. "If the king hears of this,   358
I fear the wedding may not take place.
Gunasindhu is a great king, but his son has arrived
in disguise. His true identity may not be believed.

৩৫৯   তাঁহারে আনিতে ভাট   গিয়াছে তাঁহার পাট
      তিনি এলে আসিত সে ভাট।
     লস্কর আসিত সঙ্গে   শব্দ হৈত রাঢ়ে বঙ্গে
      হাটের দুয়ারে কি কপাট॥

৩৬০   এমনি বুঝিলে বাপা   অমনি রহিবে চাপা
      অন্য দেশে যাইবে কুমার।
     সর্ব্ব কর্ম্ম হবে নট   তুমি ত সুবুদ্ধি বট
      তবে বল কি হবে আমার॥

৩৬১   তেঁই বলি চুপে চুপে   বিয়া হয় কোনরূপে
      শেষে কালী যা করে তা হবে।
     হীরা কহে শিহরিয়া   লুকায়ে করিবে বিয়া
      এ কি কথা ছাপা ত না রবে॥

৩৬২   ঠক ফিরে পায় পায়   রাণী বাঘিনীর প্রায়
      নরপতি প্রলয়ের কাল।
     কোতোয়াল ধূমকেতু   কেবল অনর্থহেতু
      তিলেকেতে পাড়িবে জঞ্জাল॥

৩৬৩   তোমার টুটিবে মান   মোর যাবে জাতি প্রাণ
      দেশে দেশে কলঙ্ক রটিবে।
     সখীরা ঠেকিবে দায়   তুমি কি কহিবে মায়
      ভাব দেখি কেমন ঘটিবে॥

Our herald had gone to his father's court to fetch him,   359
so the prince would have brought him on his journey, no?
Soldiers would have marched on, and their din would have
    been heard
in Rarh and Banga. Is there a lock on the marketplace
    gate?
If my father suspects us, then our union   360
will be doomed and the prince forced to flee.
Our plan would be blighted. But you have good sense.
So, tell me. What would my fate be then?
I implore you. Let us marry in secret.   361
In the end, that would be Kali's course."

Hira shuddered, then replied, "Why?
If you marry secretly, it will not remain unknown.
Knaves skulk about at every step. The queen is a tigress   362
and the king like death at the end of time.
Dhumketu, the police chief, perpetually a source of
    trouble,
could create havoc for you in a mere moment. Your
    reputation
would be finished, and I would lose my caste status, not to   363
    mention my life.
Your disgrace would proliferate, spreading from one
    country to the next.
You would put your maidservants' lives in peril. And what
    would
you tell your mother? Just think of all that could be
    destroyed.

৩৬৪ দ্বারী আছে দ্বারে দ্বারে   কেমনে আনিবে তারে
              ভাবি কিছু না পাই উপায়।
       লোকে হবে জানাজানি   আমা লয়ে টানাটানি
              মজাইবে পরের বাছায়॥

৩৬৫ এই সহচরীগণ   এক ধিঙ্গী এক জন
              উদ্দেশেতে করি নমস্কার।
       মুখে এক মনে আর   কেবল ক্ষুরের ধার
              ঠারে ঠোরে করিবে প্রচার॥

৩৬৬ বিদ্যা বলে কেন হীরা   ইহা কহ ফিরা ফিরা
              সখীগণে তোমার কি ভয়।
       মোর খায় মোর পরে   যাহা বলি তাহা করে
              মোর মতছাড়া কভু নয়॥

৩৬৭ যত সখীগণ কয়   কেন হীরা কর ভয়
              দাসী কোথা ঠাকুরাণী ছাড়া।
       বিরহিণী ঠাকুরাণী   ঠাকুর মিলাবে আনি
              কিবা সুখ ইহা হৈতে বাড়া॥

৩৬৮ কেবা দুই মাথা ধরে   গুপ্ত কথা ব্যক্ত করে
              ঠাকুর পাবেন ঠাকুরাণী।
       সলিল চন্দন চুয়া   কুসুম তাম্বূল গুয়া
              যোগাইব এই মাত্র জানি॥

With guards posted at every door, how could you even   364
    smuggle him in?

I keep puzzling over it, but can find no way.

People will come to know. They will tug at me for the
    truth.

And you will bring dishonor to someone else's child.

Each one of your handmaids is self-willed.   365

They all bow only to promote their own worth at court.

Sharp as razors' edges, they say one thing to appease you
    but think another entirely.

Through unflattering innuendos and insinuations, be sure
    that they will spread your news."

"Hira," replied Vidya, "why repeat yourself so many   366
    times?

And why be so intimidated by my companions?

They eat the food and wear the clothes I give them.

They do as I say and never act against my wishes."

All the handmaids echoed in chorus, "Why are you afraid,   367
    Hira?

What are maidservants without their mistress?

When a mistress is separated from her lover, what could
    give

us greater happiness than to bring a master to her?

Who among us could have two heads upon her shoulders   368
    to reveal

the secret that our mistress has a master?

Anticipating his arrival, we shall fetch water at once,

sandalwood cream, perfume, flowers, betel leaves, and
    nuts."

৩৬৯ বিদ্যা বলে চল চল বুঝাইয়া গিয়া বল
তিনি ভাবিবেন পথ তার।
কালী কুলাইবে যবে ঘটনা হইবে তবে
নারিকেলে জলের সঞ্চার॥

৩৭০ কৈও কৈও কবিবরে কোনরূপে মোর ঘরে
আসিতে পারেন যদি তিনি।
তবে পণে আমি হারি হইব তাঁহার নারী
কৃষ্ণ যেন হরিলা রুক্মিণী॥

৩৭১ বেষ্টিত ভূপতিজাল বর আইল শিশুপাল
পিতা ভ্রাতা তাহে পুষ্টি ছিল।
রুক্মিণীর কৃষ্ণে মন শূন্য হৈতে নারায়ণ
হরিলেন তেঁই সে হইল॥

৩৭২ তেমনি আমার মন তাঁহে চাহে অনুক্ষণ
ভয় করি বাপ ভাই মায়।
রুক্মিণীর মত করি হরি হয়ে লউন হরি
এই নিবেদন তাঁর পায়॥

"Off you go," Vidya urged Hira. "Instruct Sundar   369
to settle on a safe route to enter court.

He will find the right clandestine path when Kali makes a
    way for it.

Then, you see, milk shall collect in the coconut.

Beseech him, please. Tell the noblest of poets   370
to find a means to visit my quarters.

In much the same way Krishna abducted Rukmini,

I shall lose my wager and become Sundar's bride.

Shishupal, though in competition with many kings, had   371
    become a suitor[40]

to Rukmini. Her father and brothers had held him in their
    favor.

But Rukmini had her mind set on Krishna. Hence her
    beloved

Narayan* arose from the void to carry her off.[41]

In the same way, my heart ceaselessly yearns for Sundar,   372

but I fear my father and brothers, my mother's
    disapproval.

So I shall be Rukmini, and he, as Hari, shall abduct me.

Such is my supplication at his feet."

---

* Vishnu-Krishna.

৩৭৩   এত বলি চারুশীলা   হীরারে বিদায় দিলা
        হীরা গিয়া সুন্দরে কহিল।
        রায় বলে এ কি কথা   কেমনে যাইব তথা
        ভারতের ভাবনা হইল ॥

সন্ধিখনন

৩৭৪   জয় চামুণ্ডে জয় চামুণ্ডে জয় চামুণ্ডে জয় চামুণ্ডে।
        করকলিতাসিবরাভয়মুণ্ডে ॥
৩৭৫   লকলকরসনে   কড়মড়দশনে
        রণভুবি খণ্ডিতসুররিপুমুণ্ডে।
        অটঅটহাসে   কটমটভাষে
        নখরবিদারিতরিপুকরিশুণ্ডে ॥

It was then that the girl with the graceful manner gave
    Hira leave.

373

And so the old woman departed and relayed all Vidya had
    said to Sundar.

Ray replied, "My, what a plan. But however will I reach
    her?"

Bharat has grown fretful.

THE DIGGING OF
THE UNDERGROUND TUNNEL

Victory to Kali Chamunda.

374

With hand gestures Kali demonstrates the signs of
    bestowing boons,

of removing fear. As she holds an excellent sword and

375

    human heads, Kali's teeth gnash over her lolling
    tongue.

In the celestial battlefield she holds the cleft skulls of her
    enemies.

Issuing a terrifying cackle and uttering angry
    pronouncements,

Kali wrenches away the trunks of enemies' elephants with
    her nails,

৩৭৬ লটপটকেশে সুবিকটবেশে
হুতদনুজাহুতিমুখশিখিকুণ্ডে।
কলিমলমথনং হরিগুণকথনং
বিরচয় ভারতকবিবরতুণ্ডে॥

৩৭৭ সুন্দর উপায় কিছু না পান ভাবিয়া।
যাইব বিদ্যার ঘরে কেমন করিয়া॥
৩৭৮ কোটাল দুরন্ত থানা দুয়ারে দুয়ারে।
পাখি এড়াইতে নারে মানুষে কি পারে॥
৩৭৯ আকাশ পাতাল ভাবি না পেয়ে উপায়।
কালীর চরণ ভাবি বসিলা পূজায়॥
৩৮০ মনোনীত মালিনী যোগায় উপহার।
পূজা সমাপিয়া স্তুতি করয়ে কুমার॥
৩৮১ কালের কামিনী কালী কপালমালিকা।
কাতর কিঙ্করে কৃপা কর গো কালিকা॥
৩৮২ ক্ষেমঙ্করী ক্ষেম কর ক্ষীণেরে ক্ষমিয়া।
ক্ষুদ্ধ হই ক্ষোভ পাই ক্ষীণাঙ্গী ভাবিয়া॥
৩৮৩ স্তবে তুষ্টা ভগবতী প্রসন্না হইয়া।
সন্ধি কাটিবারে দিলা উপায় করিয়া॥

her disheveled hair hanging loosely, giving her a wild,   376
    fierce air. Grasping
the severed heads of Danu's sons by their hair, she offers
    them as oblations at the altar.[42]
Bharat, the best of poets, celebrates
the glory of Hari, who destroys the filth of the Kali age.[43]

Sundar considered his predicament but saw no solution.   377
"How shall I reach Vidya's quarters?
With a vigilant police chief, a police post at every gate,   378
even a bird could not escape their notice. So how could a
    man?"
Search as he might, he was unable to find a way.   379
Hence Sundar sat for worship, meditating on Kali's feet.
The oh-so-amiable flower-woman had supplied the   380
    articles for his rite,
and after it was complete, the prince praised the goddess.
"Kali, charming wife of Kala,* you who don a garland of   381
    skulls,
bestow your grace on your afflicted servant, Kalika.
Kshemankari, do good by the weak. Forgive me. I am so   382
    distressed
and suffer ceaseless reveries on the slender-waisted girl."
Bhagavati, pleased with Sundar's praise, felt satisfied,   383
and offered him the means to dig a tunnel.

---

* Shiva.
† Vishvakarma, artisan of the gods.

৩৮৪   তাম্রপত্রে সন্ধিমন্ত্র বিশেষ লিখিয়া ।
      শূন্য হৈতে সিঁদকাঠি দিলা ফেলাইয়া ॥

৩৮৫   পূজা করি সিঁদকাঠি লইলেন রায় ।
      মন্ত্র পড়ি ফুঁক দিয়া মাটিতে ভেজায় ॥

৩৮৬   অরে অরে কাঠি তোরে বিশাই গড়িল ।
      সিঁদকাঠি বিঁধ কর কালিকা কহিল ॥

৩৮৭   আথর পাথর কাট কেটে ফেল হাড় ।
      ইট কাট কাঠ কাট মেদিনী পাহাড় ॥

৩৮৮   বিদ্যার মন্দিরে আর মালিনীর ঘরে ।
      মাটি কাটি পথ কর অনাদ্যার বরে ॥

৩৮৯   সুড়ঙ্গের মাটি কাটি উড়ে যাবে বায় ।
      হাড়ীঝি চণ্ডীর বরে কামাখ্যাআজ্ঞায় ॥

On a copper plate, she inscribed the correct formula for   384
    digging
a hole, and, from the void, threw him a pillaged pickax.
When he had finished his worship, Ray took the ax in   385
    hand, recited
the mantra, blew blessings upon the tool, and drove it into
    the soil.

"Oh, pickax, Vishai† fashioned you,   386
and Kalika has commanded you. Dig a hole, you burglar's
    tool.
Slice through big blocks of stones, bash and liquidate   387
    bones,
cut bricks, cut wood, cut earth and hills.
By the boon of Anadya,* break up the ground and build a   388
    path
from the flower-woman's house to Vidya's abode. After
    digging
the underground tunnel, let the wind blow the   389
    construction dust away. By the favor
of Chandi, the *hāṛī's* daughter, and on order of goddess
    Kamakhya,† let it be so."⁴⁴

---

* The primeval goddess, Shakti.
† Kali.

৩৯০ কালিকার প্রভাবে মন্ত্রের দেখ রঙ্গ।
মালিনীবিদ্যার ঘরে হইল সুড়ঙ্গ ॥

৩৯১ ঊর্দ্ধে পাঁচ হাত আড়ে অর্দ্ধেক তাহার।
স্থলে স্থলে মণি জ্বলে হরে অন্ধকার ॥

৩৯২ সুন্দরের চোর নাম তাই সে হইল।
অন্নদামঙ্গল দ্বিজ ভারত রচিল ॥

বিদ্যার বিরহ ও সুন্দরের উপস্থিতি

৩৯৩ বিদ্যার নিবাস   যাইতে উল্লাস
সুন্দর সুন্দর সাজে।
কি কহিব শোভা   রতিমনোলোভা
মদন মোহিত লাজে ॥

৩৯৪ চলিল সুন্দর   রূপ মনোহর
ধরিয়া বরের বেশ।
নবীন নাগর   প্রেমের সাগর
রসিক রসের শেষ ॥

৩৯৫ ঊরু গুরু গুরু   হিয়া দুরু দুরু
কাঁপয়ে আবেশ রসে।
ক্ষণে আগে যায়   ক্ষণে পাছে চায়
অবশ অঙ্গ অলসে ॥

Behold the wonder of this mantra. By the power of Kalika, 390
    an underground tunnel
materialized, connecting the flower-woman's house to
    Vidya's quarters.
Five cubits in height and half as many in width, the tunnel 391
shimmered with the brilliance of precious stones,
    dispelling darkness.
But it was on account of this opulent passageway that 392
    Sundar would be called a thief.

The twice-born Bharat composed *In Praise of Annada*.

VIDYA SUFFERS THEIR SEPARATION, AS SUNDAR ARRIVES

Aroused by the idea of his impending venture to Vidya, 393
Sundar dressed himself handsomely.
How could words portray his allure, which could captivate
    Rati.
Madan himself would quiver at Sundar's charms.
Sundar walked on, bewitching others 394
dressed as a bridegroom.
This young paramour was an ocean of love,
eager to indulge in lovemaking, the ultimate pleasure.
With heavy thighs, rapid heartbeats, 395
Sundar trembled, emboldened by passion.
He advanced a moment, then looked back,
his body numb, bereft of fortitude.

৩৯৬ ক্ষণেক চমকে ক্ষণেক থমকে
না জানি কি হবে গেলে।
চোরের আচার দেখিয়া আমার
না জানি কি খেলা খেলে॥
৩৯৭ ওথায় সুন্দরী লয়ে সহচরী
ভাবয়ে মন আকুল।
করিয়া কেমন আসিবে সে জন
ঘুচিবে দুখের শূল॥
৩৯৮ দুয়ার যতেক দুয়ারী ততেক
পাখি এড়াইতে নারে।
আকাশ বিমানে যদি কেহ আনে
কি জানি নারে কি পারে॥
৩৯৯ কি করি বল না আলো সুলোচনা
কেমনে আনিবে তারে।
তারে না দেখিয়া বিদরয়ে হিয়া
যে দুখ তা কব কারে॥
৪০০ চাঁদের মণ্ডল বরিষে গরল
চন্দন আগুনকণা।
কর্পূর তাম্বূল লাগে যেন শূল
গীত নাট ঝনঝনা॥
৪০১ ফুলের মালায় সূচের জ্বালায়
তনু হৈল জর জর।
মন্দ মন্দ বায় বজ্জরের ঘায়
অঙ্গ কাঁপে থর থর॥

One moment he was dazed, the next he stopped,   396
    wondering,
"What might befall me if I venture on?
If I pose as a thief,
I could never know what ruse Vidya may concoct."

At the same time the lovely princess found herself   397
also distressed, lost in thought, among her many maids.
"Oh, how will Sundar reach me and remove from me
the pike of longing that pierces me so?
With the palace gates so densely attended by guards,   398
not a bird can pass through without notice.
If only someone could drive him here by a celestial
    carriage.
But what could I know of what is possible or not?
Please, tell me, dear Sulochana.   399
How could you bring him here to me?
For want of the sight of Sundar, my heart is rent.
To whom can I voice my sorrow?
The crescent moon weeps poison on me,   400
sandalwood cream is like flecks of fire on my skin.
Camphor and betel leaves prick me like arrows,
while song and dance are nothing but earsplitting blares.
With flower garlands stinging me like needles,   401
my body is utterly sore.
The soft breeze claps like thunder,
my limbs shaking violently.

৪০২ কোকিল হুঙ্কারে   ভ্রমর ঝঙ্কারে
কানে হানে যেন তীর ।
যত অলঙ্কার   জ্বলন্ত অঙ্গার
পোড়ায় মোর শরীর ॥

৪০৩ এ নীল কাপড়   হানিছে কামড়
যেমন কালসাপিনী ।
শয্যা হৈল শাল   সজ্জা হৈল কাল
কেমনে জীবে পাপিনী ॥

৪০৪ রজনী বাড়িছে   যে পোড়া পুড়িছে
কি ছার বিছার জ্বালা ।
বৎসর তিলেকে   প্রলয় পলকে
কেমনে বাঁচিবে বালা ॥

৪০৫ ক্ষণেক শয্যায়   ক্ষণেক ধরায়
ক্ষণেক সখীর কোলে ।
ক্ষণে মোহ যায়   সখীরা জাগায়
বঁধু এল এই বোলে ॥

৪০৬ এরূপে কামিনী   কাটিছে যামিনী
সুন্দর হেন সময় ।
সুড়ঙ্গ হইতে   উঠিলা ত্বরিতে
ভূমিতে চাঁদ উদয় ॥

The warbling of the cuckoo and the buzzing of bees   402
drive shafts into my ears.
All my jewelry burns to cinders
that set my body afire.
This blue sari bites me bitterly   403
like a deadly female serpent.
My bed is a pike for impalement, my outfit is deadly,
how can I who is a sinner survive?
The night wears on, the burnt one still burning.   404
A scorpion's sting is such unbearable pain.
How will I, Vidya, such a young woman, carry on when an
    instant seems a year,
when destruction may ensue in only the time it takes to
    bat an eye?"

Restless, Vidya lay for a moment on her bed, then on the   405
    ground,
then in the arms of a handmaid.
For a moment, her obsession ceased and she slept. Then
    the maids
woke her with the words, "My lady, your lover is coming!"
This was how the comely princess passed the night.   406
At that very moment, Sundar
lifted himself swiftly from the underground tunnel,
just as the moon rises above the earth.

৪০৭   দেখি সখীগণ   চমকিত মন
              বিদ্যার হইল ভয়।
       হংসীর মণ্ডল   যেমন চঞ্চল
              রাজহংস দেখি হয়॥

৪০৮   এ কি লো এ কি লো এ কি কি দেখি লো
              এ চাহে উহার পানে।
       দেব কি দানব   নাগ কি মানব
              কেমনে এল এখানে॥

৪০৯   কপাট না নড়ে   গুঁড়াটি না পড়ে
              কেমনে আইল নর।
       ভারত বুঝায়   না চিন ইহায়
              সুন্দর বিদ্যার বর॥

সুন্দরের পরিচয়

৪১০   এ কি দেখি অপরূপ।   দেখ লো সই।
              ভুবনমোহন রূপ॥

৪১১   কোন্ পথ দিয়া   কেমন করিয়া
              আইল নাগর ভূপ।
       এ জন যেমন   না দেখি এমন
              মদনমোহন কূপ॥

The sudden sight of Sundar startled   407
the princess's companions and frightened Vidya.
Like a flock of female geese,
they gathered, restless at the sight of a gander.
"Oh, what is this? What is this? What am I seeing?"   408
she uttered, looking at him.
"Is he a god, a demon, a serpent deity, a man?
How is it that he has come here?
The latch on the door is still in place, and not a speck of   409
    dust
seems to have drifted in. How could this man have
    entered?"

Bharat explains, "You do not yet know him.
He is Sundar, Vidya's bridegroom."

SUNDAR REVEALS HIS TRUE IDENTITY

Whose handsome face is this on which we gaze?   410
Oh, my dear ladies, what enchanting allure he has.
From where, by which path,   411
has this brave man arrived?
I have never before seen a man like him,
Madanmohan,* emerge from the underground.

---

* Krishna, who infatuates Kama.

৪১২ থাকে সব ঠাঁই কেহ দেখে নাই
বেদেতে কহে অনূপ।
ভারতের নিধি মিলাইল বিধি
না কহিও চুপ চুপ॥

৪১৩ বিদ্যার আজ্ঞায় সখী সুলোচনা কয়।
কে তুমি আইলা এথা দেহ পরিচয়॥
৪১৪ দেবতা গন্ধর্ব্ব যক্ষ কিবা নাগ নর।
সত্য কহ নারী মোরা পাইয়াছি ডর॥
৪১৫ সুন্দর বলেন রামা কেন কর ডর।
দেব উপদেব নহি দেখ আমি নর॥
৪১৬ কাঞ্চীপুরে গুণসিন্ধু রাজা মহাশয়।
সুন্দর আমার নাম তাঁহার তনয়॥
৪১৭ আসিয়াছি তোমার ঠাকুরঝির পাশে।
বাসা করিয়াছি হীরা মালিনীর বাসে॥
৪১৮ প্রতিজ্ঞার কথা লয়ে গিয়াছিল ভাট।
সুত্রপাঠ শুনিয়া দেখিতে আইনু নাট॥
৪১৯ বিচার হইবে কি প্রথমে অবিচার।
আহূত অতিথি এলে নাহি পুরস্কার॥

Though none can see him, he is omnipresent.   412
The Vedas reveal him to be peerless.
He is Bharat's treasure, procured by Vidhi.
Silence, all. Do not utter a word of his true personage.
On Vidya's command, her companion Sulochana   413
    examined Sundar.
"Who are you, sir? Pray, announce yourself.
May you be a god, a celestial musician, a demigod, a   414
    serpent deity? Or are you a man?
We are all women here. Tell us the truth lest you terrify
    us."
"Ladies," replied Sundar, "why must you be so afraid of   415
    me?
Look at me. I am simply a man, neither god nor demigod.
I am Sundar, the son   416
of Gunasindhu, king at Kanchipur.
I have come to meet your master's daughter.   417
Since I arrived, I have been staying with Hira, the old
    flower-woman.
A while back, a messenger had come to Kanchipur to tell   418
    of Vidya's vow.
I heard his account of her and hastened here to see her for
    myself.
But what fate will betide me, will there be judgment or   419
    misjudgment?
Cannot even an uninvited guest still reap his reward?

৪২০ আসিয়াছি আশ্বাসে বিশ্বাস হৈলে বসি ।
শুনি সিংহাসন দিতে কহিলা রূপসী ॥

৪২১ বসিয়া চতুর কহে চাতুরীর সার ।
অপরূপ দেখিনু বিদ্যার দরবার ॥

৪২২ তড়িত ধরিয়া রাখে কাপড়ের ফাঁদে ।
তারাগণ লুকাইতে চাহে পূর্ণ চাঁদে ॥

৪২৩ অঞ্চলে ঢাকিতে চাহে কমলের গন্ধ ।
মাণিকের ছটা কি কাপড়ে পায় বন্ধ ॥

৪২৪ দেখা মাত্র জিনিয়াছি কহিতে ডরাই ।
দেশের বিচারে পাছে হারায়ে হারাই ॥

৪২৫ কথায় যে জিনে সুধা মুখে সুধাকর ।
হাসিতে তড়িত জিনে পয়োধরে হর ॥

৪২৬ জিনিলেক এত জনে যে জন বিচারে ।
দেখ লো লজ্জার হাতে সেই জন হারে ॥

৪২৭ হারিয়া লজ্জার হাতে কথা নাহি যার ।
সে কেন প্রতিজ্ঞা করে করিতে বিচার ॥

৪২৮ রতির সহিত দেখা হইবে যখন ।
কে বা হারে কে বা জিনে বুঝিব তখন ॥

I am full of hope and will stay on if you put your trust in   420
     me."

Having heard Sundar's speech, the beautiful princess
     ordered a throne for him.
Seating himself, the clever one spoke again, with utmost   421
     finesse.
"I have beheld the splendorous court of Vidya.
She ensconces bolts of lightning in the folds of her sari   422
just as the stars conceal the full moon.
The subtle perfume of a lotus emanates from the loose end   423
     of her wrap.
Can even the gleam of a ruby match her regal attire?
Upon beholding Vidya I have defeated her, I am sorry to   424
     say,
lest I lose, a victim of the local prejudice. For me, Vidya's
     words
are sweeter than ambrosia, her lovely face more   425
     resplendent than the moon.
Her radiant smile outshines lightning, her breasts are
     more voluptuous than Hara.[45]
Though Vidya has prevailed over so many men in debate   426
     before,
she succumbs now to shyness.
For one so overwhelmed by timidity,   427
why promise to contest another in debate?
When we see Rati, goddess of love,   428
I will then know the victor."

৪২৯ অধোমুখী সুমুখী অধিক পেয়ে লাজ।
সাক্ষী হৈও সখীগণ কহে যুবরাজ ॥

৪৩০ সখী বলে মহাশয় তুমি কবিবর।
আমার কি সাধ্য দিতে তোমার উত্তর ॥

৪৩১ উত্তমে উত্তম মিলে অধম অধমে।
কোথায় মিলন হয় অধম উত্তমে ॥

৪৩২ আমি যদি কথা কহি একে হবে আর।
পড়িলে ভেড়ার শৃঙ্গে ভাঙ্গে হীরাধার ॥

৪৩৩ কি কব ঠাকুরঝিরে ধরিয়াছে লাজ।
নহিলে উত্তর ভাল পেতে যুবরাজ ॥

৪৩৪ শুনিয়া ঈষদ হাসি কহিছে সুন্দর।
বলহ ঠাকুরঝিরে কি দেন উত্তর ॥

৪৩৫ সখী সম্বোধনে বিদ্যা কহে মৃদু স্বরে।
মন চুরি কৈল চোর সিঁদ দিয়া ঘরে ॥

৪৩৬ চোরবিদ্যাবিচার আমার নহে পণ।
চোর সহ বিচার কি করে সাধু জন ॥

৪৩৭ সুন্দর বলেন ভাল বিচার এ দেশে।
উলটিয়া চোর গৃহী বান্ধে বুঝি শেষে ॥

৪৩৮ কটাক্ষেতে মন চুরি করিলেক যেই।
মাটি কাটি তপাসিতে চোর বলে সেই ॥

৪৩৯ চোর ধরি নিজ ধন নাহি লয় কেবা।
আমি নিজ চোরে দিব বাকি আছে যেবা ॥

The comely one, growing more bashful, lowered her head,   429
  turned away.

"Here, handmaids, what say you?" asked the prince.

One of the princess's companions replied, "My lord, you   430
  are

the finest of poets. How can I give you an answer?

The best among you begets with the best, the lowest with   431
  the low.

So, pray tell, when would either mix with the other?

If I say anything more it may be taken the wrong way.   432

Keenness of mind is dulled by the company of fools.[46]

What else can I say? My princess has grown quiet,   433

or else the prince would have his proper answer."

Sundar listened, smirking a bit, then replied,   434

"Prompt your master's daughter for her answer."

Upon her maidservant's call, Vidya responded but softly,   435

"This thief stole my heart upon his intrusion.

My wager was not about debating the science of robbery.   436

How can I, one of virtue and dignity, spar with a thief?"

"So, thus are the judgments in this country," said Sundar.   437
    "I wonder, might a thief,

reversing the order of things, bind the householder?

This gorgeous young woman, whose sidelong glances stole   438
   my heart, calls me

a thief even after I have dug a tunnel through such
  strenuous exertion.

Does one not recoup one's own wealth after capturing a   439
  thief?

As for me, I shall offer this thief whatever is left of me."

৪৪০ এইরূপে দুজনে কথার পাঁচাপাঁচি।
কি করি দুজনে মনে করে আঁচাআঁচি ॥
৪৪১ হেন কালে ময়ূর ডাকিল গৃহপাশে।
কি ডাকে বলিয়া বিদ্যা সখীরে জিজ্ঞাসে ॥
৪৪২ শুনিয়া সুন্দর রায় ইঙ্গিতে বুঝিল।
সখী উপলক্ষমাত্র মোরে জিজ্ঞাসিল ॥
৪৪৩ ইহার উত্তর দিতে হৈল ত্বরা করি।
কহিছে ভারত শ্লোক শুন লো সুন্দরি ॥

বিদ্যাসুন্দরের বিচার

৪৪৪ গোমধ্যমধ্যে মৃগগোধরে হে
সহস্রগোভূষণকিঙ্করাণাম্।
নাদেন গোভৃচ্ছিখরেষু মত্তা
নদন্তি গোকর্ণশরীরভক্ষাঃ ॥

৪৪৫ গো শব্দ নানার্থ অভিধানে দেখ ধনি।
এ শ্লোকে গো শব্দে সিংহ লোচন ধরণী ॥
৪৪৬ সিংহের মাজার সম মাজার বলন।
মৃগের লোচন সম তোমার লোচন ॥

Both prince and princess carried on bickering and   440
    bantering, and
shy about what might come next, continued their
    playacting.
Just then, a peacock called, close by the estate.   441
"What is that calling?" Vidya turned to her companions.
Sundar Ray understood the hint.   442
"Ah, this is but one of her wiles. Vidya is really asking me."
Sundar moved eagerly to give his answer.   443

Bharat says, "Listen closely to Sundar's stanzas, oh,
    beautiful one."

VIDYA AND SUNDAR
BEGIN THEIR DEBATE

"Oh woman with the slender waist of a *go*, the *go* of a   444
    doe,[47]
intoxicated by the thundering
of those servants of the god adorned with a thousand *go*,
the peacocks, who feed on the bodies of *go*-eared ones,
cry out upon the peaks of the *go*-bearing mountains.[48]

Consider, my dear one, the several meanings of the word   445
    go in the lexicon.
In this stanza, *go* means lion, eye, and earth.
The width of your waist is as trim as a lion's,   446
your eyes as gentle as those of a doe.

৪৪৭ সহস্রলোচন ইন্দ্র দেবরাজ ধীর।
তাহার কিঙ্কর মেঘ গরজে গভীর॥
৪৪৮ মেঘের শুনিয়া নাদ মাতি কামশরে।
পর্ব্বত ধরণীধর তাহার শিখরে॥
৪৪৯ লোচনশ্রবণ পদে বুঝহ ভুজঙ্গ।
তাহার ভক্ষক ডাকে ময়ূর বিহঙ্গ॥
৪৫০ শুনিয়া আনন্দে ধনী নানার্থ ঘটায়।
বঝিলাম মহাকবি শ্লোকের ছটায়॥
৪৫১ কিন্তু এক সন্দেহ ভাঙ্গিতে হয় আশ।
এখনি করিল কিবা আছিল অভ্যাস॥
৪৫২ পুন জিজ্ঞাসিলে যদি পুন ইহা পড়ে।
তবে ত অভ্যাস ছিল এ কথা নড়ে॥
৪৫৩ এত ভাবি কহে বিদ্যা সখীসম্বোধনে।
না শুনিনু না বুঝিনু ছিনু অন্যমনে॥
৪৫৪ সুন্দর বলেন যদি তুমি দেহ মন।
যত বল তত পারি নূতন রচন॥

৪৫৫ স্বযোনিভক্ষধ্বজসম্ভবানাং
শ্রুত্বা নিনাদং গিরিগহ্বরেষু।
তমোহরিবিম্বপ্রতিবিম্বধারী
রুরাব কান্তে পবনাশনাশঃ॥

The thousand-eyed Indra, king of the gods in the heavens,   447
    rests calmly
while his attendants, the clouds, roar grimly.
Amid the thunder, lovestruck by Kama's arrows,   448
the earth builds the mountain to its apex.
In the verse, consider that 'go-eared' signifies snakes,   449
and that peacocks, feeding upon them, are calling."

Upon hearing this, the beautiful one dug deeper in the   450
    meaning.
"The beauty of this stanza reveals the poet's greatness.
But I have one doubt I wish to dispel.   451
Is he the true author, who composed this stanza on the
    spot,
or was it recited from memory? If he can recite it again   452
    when prompted,
then surely he had committed it to memory."
After some consideration, Vidya turned to her   453
    companions,
"I myself am not sure, for I was listening absentmindedly."
"If you pay attention," replied Sundar,   454
I will compose as many new poems as you wish.[49]

"*Hearing in the mountain caves the roar of clouds,*   455
those born from the banners of fire, the peacock,
the destroyer of those who live on air and who bears the
    reflection
of the disk of the darkness-destroying one, cries aloud, my
    beloved.

৪৫৬ আপনার জন্মস্থান ভক্ষয়ে অনল।
তার ধ্বজ ধূম উঠে গগনমণ্ডল ॥
৪৫৭ তাহাতে জনমে মেঘ শুনি তার নাদ।
পর্ব্বতগহ্বরে বিরহীর পরমাদ ॥
৪৫৮ পবন অশন করে জানহ ভুজঙ্গ।
তাহারে আহার করে ময়ূর বিহঙ্গ ॥
৪৫৯ তমঃ অন্ধকার তার অরি চাঁদ এই।
যার পিচ্ছে চাঁদছাঁদ ডাকিলেক সেই ॥
৪৬০ শ্লোক শুনি সুন্দরীর রসে মন টলে।
ইহার অধিক আর হারি কারে বলে ॥
৪৬১ পণ্ডিতে পণ্ডিতে কথা রসের তরঙ্গ।
প্রসঙ্গে প্রসঙ্গে উঠে শাস্ত্রের প্রসঙ্গ ॥
৪৬২ ব্যাকরণ অভিধান সাহিত্য নাটক।
অলঙ্কার আদি সাধ্য সাধন সাধক ॥
৪৬৩ মধ্যবর্ত্তী হইলা মদন পঞ্চানন।
যার সঙ্গে ছয় ঋতু ছয় দরশন ॥
৪৬৪ কোকিল ভ্রমর চন্দ্র মলয় পবন।
ময়ূর চকোর আদি সঙ্গে পড়োগণ ॥

"Fire consumes its own source, as   456
its flag, the smoke, rolls up into the sky.

Clouds are born hence. Feeling their ominous   457
    reverberation,

the lovesick one suffers alone in a mountain cave.

"Know that snakes feed on air,   458
and the peacock eats the snake.

Our clear, bright moon above is the enemy of obscurity   459
    and gloom,

and the calling bird radiates with the gleam of the glowing
    moon on its feathers."

Upon hearing this stanza, the girl's mind was moved.   460
How can that be named anything other than defeat?

From one pandit to another, words are waves of poetic   461
    emotions.

They debated one topic, then another, on this and that,
    then on the scriptures.

From there they turned to grammar, lexicography,   462
    literature, drama,

rhetoric, and the like, capability, ascetic practice, austere
    endeavor.

Madan and Panchanan* became their moderators,   463
then came the six seasons and the six philosophical
    systems.

Pupils, bees, moon, and southern wind,   464
peacock, cuckoo, *chakor,* and other birds were all brought
    into their debate.

---

* "Five-faced," Shiva.

৪৬৫ আত্মতত্ত্বে পূর্ব্বপক্ষ করিলা সুন্দর।
সিদ্ধান্ত করিতে বিদ্যা হইলা ফাঁফর ॥
৪৬৬ বিচারের কোটি মনে ছিল লক্ষ লক্ষ।
কিছু স্ফূর্ত্তি না হয় সিদ্ধান্ত পূর্ব্বপক্ষ ॥
৪৬৭ বেদান্ত একাত্মবাদী দ্ব্যাত্মবাদী তর্ক।
মীমাংসায় মীমাংসার না হয় সম্পর্ক ॥
৪৬৮ বৈশেষিকে বিশেষ কহিতে কিছু নারে।
পাতঞ্জলে মাথায় অঞ্জলি বান্ধি হারে ॥
৪৬৯ সাঙ্খ্যেতে কি হবে সঙ্খ্যা আত্মনিরূপণ।
পুরাণ সংহিতা স্মৃতি মনু বিজ্ঞ নন।
৪৭০ শ্রুতি বিনা উপায় না পায় সমাধার।
স্ত্রীলোকে করিতে নারে শ্রুতির বিচার ॥
৪৭১ শ্রুতির বিচারে বিদ্যা অবাক্ হইল।
মধ্যবর্ত্তী ভট্টাচার্য্য হারি কয়ে দিল ॥
৪৭২ দুই এক কথা যদি আনয়ে ভাবিয়া।
মধ্যস্থ মুদ্দাই হয়ে দেয় ভুলাইয়া ॥
৪৭৩ সুন্দর কহেন রামা কি হৈল সিদ্ধান্ত।
বিদ্যা বলে সেই সত্য যে কহে বেদান্ত ॥
৪৭৪ অন্য শাস্ত্র যে সব সে সব কাঁটাবন।
তত্ত্বন্ত বাসরায়ণে প্রমাণ লিখন ॥

Sundar made the proposition concerning knowledge of 465
    the self,

while Vidya was hesitant to give a conclusion.

In her mind there were millions upon millions of 466
    arguments she could declare,

but there was no fun, neither in conclusion nor in
    proposition.

While Vedanta is monistic, and logic dualistic, 467

Mimamsa often wavers between the two.[50]

Vidya could say little about Vaisheshika; as regards 468
    Pātañjala, she admitted defeat.[51]

Unable to grasp the value of self-examination from
    Sankhya, she joined

her hands upon her head, her mind racing, ready to accept 469
    defeat.

Not versed in the Puranas, the *saṃhitās, smṛti,* or in the
    Laws of Manu,[52]

Vidya could reach no conclusion without knowledge of 470
    śruti:[53]

women were not allowed to debate about revelation.

So when she began to discuss *śruti* but ran out of things to 471
    say,

the mediating *bhaṭṭācārya* declared that she had lost.

As Vidya tried time and again to speak up, 472

Sundar, both opponent and arbiter, pressed her.

"But, my lady," asked Sundar, "what is your conclusion?" 473

"The truth is in the Vedanta," replied Vidya.

"All other scriptures are bushes full of prickly thorns. 474

The proof is in the writings of Badarayana Vyasa."[54]

৪৭৫ রায় বলে এক আত্মা তবে তুমি আমি।
বিদ্যা বলে হারিলাম তুমি মোর স্বামী॥
৪৭৬ শুভ ক্ষণে নিজ হার খুলি নৃপবালা।
হরগৌরী সাক্ষী করি দিলা বরমালা॥
৪৭৭ ত্রস্ত হয়ে কহিছে ভারতচন্দ্র রায়।
বিয়া কর বরকন্যা রাত্রি বয়ে যায়॥

বিদ্যাসুন্দরের কৌতুকারম্ভ

৪৭৮ নব নাগরী নাগর বিহরে।
লাজভয়ে আর কি করে॥
৪৭৯ সময় পাইল মদনে মাতিল
কোকিল কোকিলা কুহরে।
রসে গর গর অধরে অধর
ভ্রমর ভ্রমরী গুঞ্জরে॥
৪৮০ সখীগণ সঙ্গে গায় নানা রঙ্গে
অনঙ্গের অঙ্গ সঞ্চরে।
রাধাকৃষ্ণে রাস হাস পরিহাস
ভারত উল্লাস অন্তরে॥

"In that case," said Ray, "we are one soul, one atman, you 475
and I."

"Alas, I am defeated," Vidya conceded. "Now you are my
husband."

At this auspicious moment, with Hara and Gauri as their 476
witnesses,

Vidya unclasped her necklace, proffering it to Sundar as a
marriage garland.

A startled Bharatchandra Ray declares, 477

"Then make haste to marry, bride and groom, for night is
almost over."

THE BEGINNING OF VIDYA
AND SUNDAR'S LOVE SPORT

It was thus that our hero and heroine became lovers. 478

What role could fear and shyness play any longer?

The pair took their time with each other, overwhelmed by 479
Madan,

by the warbling of a cuckoo and his mate.

Hearing the buzzing of a honeybee couple,

the two were beside themselves with passion, one's lips
devouring the other's.

Vidya's companions sang delightful serenades, 480

at the appearance of the bodily movements of Ananga, the
one without body.

Bharat's heart is enthralled

by Radha and Krishna's dance, by their giggling and glee.

৪৮১ বিবাহ নহিলে হয় কেমনে বিহার।
গান্ধর্ব্ব বিবাহ হৈল মনে আঁখি ঠার॥

৪৮২ কন্যাকর্ত্তা হৈল কন্যা বরকর্ত্তা বর।
পুরোহিত ভট্টাচার্য্য হৈল পঞ্চশর॥

৪৮৩ কন্যাযাত্র বরযাত্র ঋতু ছয় জন।
বাদ্য করে বাদ্যকর কিঙ্কিণী কঙ্কণ॥

৪৮৪ নৃত্য করে বেশরে নূপুরে গীত গায়।
আপনি আসিয়া রতি এয়ো হৈলা তায়॥

৪৮৫ ধিক ধিক অধিক আছিল সখী তায়।
নিশ্বাস আতসবাজী উত্তাপে পলায়॥

৪৮৬ নয়ন অধর কর জঘন চরণ।
দুহার কুটুম্ব সুখে করিছে ভোজন॥

৪৮৭ বুঝহ চতুর এই প্রচ্ছন্নবিহার।
ইতঃপর কহি শুন প্রকাশ ইহার॥

৪৮৮ পালঙ্কে বসিলা সুখে যুবক যুবতী।
শোভা দেখি পায় পড়ে রতি রতিপতি॥

৪৮৯ গোলাব আতর চুয়া কেশর কস্তূরী।
চন্দনাদি গন্ধ সখী রাখে বাটি পূরি॥

৪৯০ মল্লিকা মালতী চাঁপা আদি পুষ্পমালা।
রাখে সহচরী পূরি কনকের থালা॥

Can there be lovemaking outside of marriage?   481
Theirs was a secret *gāndharva* marriage, consummated
    through sidelong glances.[55]

The bride and groom were the only two to give themselves   482
    away.
Kama, who carries five arrows, acted as the *bhaṭṭācārya*
    priest,

the six seasons serving as attendants to the bride and   483
    groom.
Their anklets and bracelets provided their wedding tune.

As nose rings danced, and anklets serenaded the couple,   484
Rati revealed herself as the wife whose husband is alive.[56]

"Oh my," muttered the many handmaids   485
who quickly fled, their breath as hot as fire.

The new couple's eyes, lips, hands, loins, and legs mingled   486
together, as they feasted happily on each other.

Hear, you clever ones, of this secret affair.   487
Listen closely. I shall tell you everything presently.

This young man and woman were seated together on the   488
    divan.
Beholding the beauty of the one and the other, Rati and
    Rati's husband fell at their feet.

Vidya's companions brought in bowls of rosewater,   489
    perfume,
saffron, musk, sandalwood, jasmine, and other pleasant
    aromas.

Garlands of jasmines, champacs,   490
and other flowers coated golden trays,

৪৯১   ক্ষীর চিনি মিছিরি সন্দেশ নানাজাতি ।
      নানা দ্রব্য রাখে নারিকেল রাজবাতি ॥

৪৯২   শীতল গঙ্গার জল কর্পূরবাসিত ।
      পাখা মৌরছল শ্বেত চামর ললিত ॥

৪৯৩   মিঠা পান মিঠা গুয়া চূন পাথরিয়া ।
      রাখে ছুটা বিড়া বাঁধি খিলি সাজাইয়া ॥

৪৯৪   রাখে লঙ্গ এলাচি জয়িত্রী জায়ফল ।
      উদ্দীপন আলম্বন সম্ভোগের বল ॥

৪৯৫   প্রথম বৈশাখ শুক্লপক্ষ ত্রয়োদশী ।
      সুগন্ধ মারুত মন্দ নিরমল শশী ॥

৪৯৬   কোকিল কোকিলামুখে মুখ আরোপিয়া ।
      কুহু কুহু রব করে মদনে মাতিয়া ॥

৪৯৭   মুখে মুখে মধুকর মধুকরবধূ ।
      গুন গুন গুঞ্জরে মাতিয়া পিয়া মধু ॥

৪৯৮   চন্দ্রের অমৃত পিয়া মাতিয়া চকোর ।
      চকোরী সহিত খেলে কামরসে ভোর ॥

৪৯৯   বিদ্যার ইঙ্গিত পেয়ে সহচরীগণ ।
      আরম্ভ করিল গীত যন্ত্রের বাজন ॥

৫০০   মন্দিরা বাজায় কেহ বাজায় মৃদঙ্গ ।
      আলাপি বসন্ত ছয় রাগিণীর সঙ্গ ॥

as platter after platter was filled with confections of soft-   491
    kernel coconut,
sweetened milk, sugar, candies, and sweetmeats of various
    sorts.
The maids carried in cool Ganga water imbued with   492
    camphor,
fans of peacock feathers, beautiful ivory-colored fly
    whisks.
Along with bundles of prepared quids of betel   493
made of sweet betel leaves and nuts and slaked lime,
they brought in cloves, cardamom, mace, and nutmeg   494
that stimulate and invigorate lovemaking.

It was the beginning of Vaishakha, the thirteenth day of   495
    the bright fortnight,
and a fragrant breeze blew across a flawless moon.
The male cuckoo moved his bill to the female's   496
as they made their cooing sounds, lovestruck by Madan.
Mouth to mouth, the male bee and his companion   497
drank in honey, entranced by their own buzzing.
Bewitched by his female, the male *chakor* bird, imbibing   498
    the moon's nectar,
played with his companion, fully engrossed in the emotion
    of Kama.
Taking a hint from Vidya, her attendants   499
began to sing and serenade them on their instruments.
One played the cymbals, another a drum.   500
They performed the introduction of *vasanta*, the spring
    raga, and the six *rāgiṇīs*,

৫০১ বাণী বাঁশী তম্বুরা রবার কপিনাশ।
বাজাইয়া সপ্তস্বরা স্বরের প্রকাশ॥

৫০২ অঙ্গুলে ঘুঙ্ঘুর বাজে বাজায় মোচঙ্গ।
সম্ভোগশৃঙ্গাররসে লেগে গেল রঙ্গ॥

৫০৩ প্রস্তার মূর্চ্ছনা গ্রামে শ্রুতি মিশাইয়া।
সঙ্গীতে পণ্ডিত কবি মোহিত শুনিয়া॥

৫০৪ মোহিত সখীর গীতে হারাইয়া জ্ঞান।
বীণা বাজাইয়া রায় আরম্ভিলা গান॥

৫০৫ সুন্দরের গান শুনি সুন্দরী মোহিলা।
মিশায়ে বীণার স্বরে গাইতে লাগিলা॥

৫০৬ দুজনের গানেতে মোহিত দুই জন।
আলিঙ্গন প্রেমরসে মাতিল মদন॥

৫০৭ কামমদে মাতাল দেখিয়া দুই জনে।
যন্ত্র তন্ত্র ফেলায়ে পলায় সখীগণে॥

৫০৮ লাজে পলাইল লাজ ভয়ে ভাঙ্গে ভয়।
লোভেতে আইল লোভ গুণাকর কয়॥

as all played melodies on the vina, flute,   501
tamboura, *rebāb, kapināś,* and *saptasvarā.*[57]
As bells chimed and the *mocaṅga* was played,[58]   502
the royal couple commenced their love affair.
Following a quarter note in a soft tremorous voice with a   503
    quarter note in pitch,
the singers overwhelmed the poet, a gifted musician
    himself.
Enchanted by the singing of Vidya's companions, Ray was   504
    almost fainting
when he suddenly picked up the vina and began to sing.
Then the lovely one, mesmerized by Sundar's singing,   505
joined in unison with the tune on the vina.
With both transfixed by the other's voice,   506
Madan went wild with the pleasures of love's embrace.
On realizing that both were drunk from the wine of Kama,   507
Vidya's maids set down their instruments, quietly
    scuttling off.

"All bashfulness and fear now dissolved,   508
temptation will beget temptation," pronounces Gunakar.

বিহারারম্ভ

৫০৯ নৃপনন্দন কামরসে রসিয়া।
পরিধানধুতি পড়িছে খসিয়া॥
তরুণী ধরিয়া হৃদয়ে লইল।
নলিনা যেন মত্ত করী ধরিল॥
৫১১ মুখ চুম্বই চাঁদ চকোর হয়ে।
ধনি বারই অঞ্চল ঝাঁপি লয়ে॥
৫১২ কুচপদ্মকলি কবিরাজ করে।
ধরিতে তরুণী পুলকে শিহরে॥
৫১৩ নৃপনন্দন পিন্ধনবাস হরে।
রমণী অমনি প্রিয়হাত ধরে॥
৫১৪ বিনয়ে করপদ্ম করে ধরিয়া।
কহিছে তরুণী করুণা করিয়া॥
৫১৫ ক্ষম হে পতি হে বঁধু হে প্রিয় হে।
নবযৌবন জোরের যোগ্য নহে॥
৫১৬ রতি কেমন এমন জানি কবে।
প্রভু আজি ক্ষমা কর কালি হবে॥
৫১৭ তুমি কামরণে রণপণ্ডিত হে।
করুণা কর না কর পীড়িত হে॥
৫১৮ রস লাভ হবে রহিয়া ফুটিলে।
বল কি হইবে কলিকা দলিলে॥
৫১৯ যদি না রহিতে তুমি পার বঁধু।
পরফুল্ল ফুলে কর পান মধু॥

VIDYA AND SUNDAR'S
LOVEMAKING BEGINS

The king's son basked in love and desire, 509
his dhoti slackening and easing down his body.

Sundar pulled the young maiden to his chest 510
like a besotted elephant holding a fragrant lotus.

Like a *chakor* bird, he began to lightly peck at her 511
    moonlike face,

but the lovely maiden quickly picked up her sari to prevent
    him.

Moving swiftly, the king of poets cupped his hands around 512
    the lotus buds of her breasts,

as the young woman quivered with delight.

The prince began to undress the princess, 513
but at once she stopped the hands of her beloved.

Gently clasping his lotus hand in her own, 514
the young woman softly pleaded with him.

"Forgive me, my husband, my beloved, my friend. 515
But it isn't right to use violence on someone so young.

When could I get to know what lovemaking is? 516
My lord, excuse me for today, let it be tomorrow.

You are a seasoned warrior in the battle of love, 517
but, pray, let me be for now, distress me not.

Perhaps it's best that your *rasa* simmer overnight. 518
Pray tell, what will happen if you trample on the bud?

If you are unable to restrain yourself, then 519
drink honey instead from a fully blossomed flower.

৫২০   রস না হইবে করিলে রগড়া ।
      অলি নাহি করে মুকুলে ঝগড়া ॥

৫২১   নখ আঁচড় লাগিল দেখ কুচে ।
      জ্বলিছে রুধিরে দুখ নাহি ঘুচে ॥

৫২২   গুণসাগর নাগর আগর হে ।
      নট না কর না কর না কর হে ॥

৫২৩   শুনি সুন্দর সুন্দরীরে কহিছে ।
      তনু মোর মনোজশরে দহিছে ॥

৫২৪   তুহি পঙ্কজিনী মুহি ভাস্কর লো ।
      ভয় না কর না কর না কর লো ॥

৫২৫   কুচশম্ভুশিরে নখচন্দ্রকলা ।
      বড় শোভিল ছাড়হ ঠাট ছলা ॥

৫২৬   কুচহেমঘটে নখরক্তছটা ।
      বলিহারি সুরঙ্গপ্রবালঘটা ॥

৫২৭   ভয় না টুটিবে ভয় না তুড়িলে ।
      রস ইক্ষু কি দেই দয়া করিলে ॥

৫২৮   বলিয়া ছলিয়া সহলে সহলে ।
      রসিয়া পশিলা ভ্রমরা কমলে ॥

৫২৯   রতিরঙ্গরণে মজিলা দুজনে ।
      দ্বিজ ভারত তোটকছন্দ ভণে ॥

How can one enjoy the roughness of love?   520
The bee does not commit war on the flower bud.
Your nails have left scratch marks on my breasts.   521
They sting and bleed continuously, the pain is endless.
Oh, ocean of virtues, most gallant among men,   522
I beseech you, do not mistreat me."
Sundar listened and replied to the beautiful one,   523
"My body burns from the love god's arrows.
You are a lotus pond and I am the sun.   524
I beseech you, do not fear me, princess.
My nails are moonbeams reflecting upon the Shiva lingam   525
    of your breasts.[59]
They are ever so beautiful. So do away with your tricks and
    deceits.
The blood from my nails gleams on the golden pitchers of   526
    your breasts
just as the glittering coral shimmers in the underground
    tunnel.
Doesn't the sugarcane give of its sap if tapped well?   527
Your fear will not dissipate if you do not dispel it yourself."

As he coaxed Vidya gently,   528
her flower buds opened, and the bee entered the lotus.
Both lovers quickly lost themselves to the throes of   529
    lovemaking.

The twice-born Bharat composes in the *toṭaka* meter.[60]

বিহার

৫৩০   খেলে রে সুন্দর সুন্দরী রঙ্গে ।

বিষম কুসুমশর   খর শর জর জর

তর তর থর থর অঙ্গে ॥

৫৩১   রতিমদপাগর   নাগরী নাগর

নিরখি নিরখি দুই ঠাটে ।

রাখিতে নিজ ঘর   রতি রতিনায়ক

কুলপিল কুলুপ কপাটে ॥

৫৩২   ঝম্পই সঘন   নিতম্বধরাধর

অধর ধরাধরি দন্তে ।

জঘন ঘনপর   হৃদয় হৃদয় মিলি

মাতিল সমর দুরন্তে ॥

৫৩৩   ঝন ঝন কঙ্কণ   রণ রণ নূপুর

ঘুনু ঘুনু ঘঙ্ঘুর বোলে ।

লটপট কুন্তল   কুণ্ডল ঝলমল

পুলকিত ললিত কপোলে ॥

৫৩৪   শ্বাসপবন ঘন   ঘন ঘন খেলই

হেলই সঘন নিতম্বে ।

দংশই দশন   দশন মধুরাধর

দুহ তনু দুহ অবলম্বে ॥

LOVEMAKING

Eager for each other, this handsome young man and   530
  woman fervently romped about.
Pfftk pfftk. Pierced by the god of love's sharp flower
  arrows,
their limbs trembled in the throes of ecstasy. *Twitch
  twitch.*
Love-crazed by the wine of sexual union, the lover and his   531
  beloved
locked eyes, gazing at each other.
Secluding themselves, Vidya-Rati and her lover
fixed a padlock to their door.
Without rest, they grasped each other's hips,   532
taking hold of the other's lips by their teeth.
Their hips pressed close, their hearts united,
they were maddened in their mischievous fight.
As their bangles and anklets jingled *tinkle tinkle,*   533
the string of bells tied around them sounded sweetly.
  Ding ding.
Vidya's locks flapped about loosely, *swish swish,* as
  Sundar's earrings sparkled.
Sundar was mesmerized by the look of her rosy cheeks.

Their lovemaking was incessant, they played constantly,   534
their buttocks swinging to and fro to the dance of their
  hips.
As their gleaming teeth bit into the other's honeyed lips,
each one embraced the other's body.

৫৩৫ দুহ ভুজ পাশহি   দুহ জন বন্ধন
সম রস অবশ দু অঙ্গে।
দুহ তনু ঝম্পন   কম্পন ঘন ঘন
উথলিল মদনতরঙ্গে॥

৫৩৬ নববয় নাগর   নাগরী নববয়
চিরদিন ভূক পিয়াসা।
সমর কড়া কড়   অঝড় ঝড়াঝড়
তাবত যাবত আশা॥

৫৩৭ পূরণ আহুতি   অনল নিভায়ল
রতিপতি হোম নিবাড়ে।
বরষিল মেঘ   ধরণী ভেল শীতল
ঝড় দল বাদল ছাড়ে॥

৫৩৮ চুম্বন চুচুকৃতি   শীৎকৃতি শিহরণ
কোকিল কুহরে গলায়ে।
সম অবলম্বন   বালিশ আলিশ
মুদ্রিত নয়ন ছলায়ে॥

৫৩৯ অলস অবশ দুহ   অঙ্গ অচেতন
ক্ষণ রহি চেতন পায়ে।
উপজিল হাস   বাস পরি সম্ভ্রম
রসবতী বাহিরে যায়ে॥

৫৪০ সহচরীগণ যদি   সন্নিধি আইল
নম্রমুখী অতি লাজে।
ভারতচন্দ্র   কহে সুন সুন্দরি
লাজ করো কোন কাজে॥

Vidya and Sundar's arms bound them,   535
as a powerful mutual ardor numbed their bodies.
Both lovers made love, trembling unceasingly,
surging intensely with the billowing waves of Madan.
As royals, Vidya and Sundar had long had   536
the hunger and thirst for one like the other.

But, though their love was passionate and immediate,
there was yet more to come for this couple.
With a final oblation of love, the final offerings to Rati's   537
    husband were made,
as the fire in their hearts was extinguished for now.
Clouds issued their rains, and the earth cooled down,
the storm between them finally subsiding.
Thus ceased the sounds of kisses, the sighs of pleasure,   538
    their endless quivering,
and the throaty music of the cuckoo's cooing.
Exhausted, both took the shelter of pillows,
feigned closing their eyes.
But soon Vidya and Sundar became listless and indolent,   539
their limbs devoid of sensations. After a time, they came
    to their senses.
The witty woman sent out laughter, arranged decently
her garments, and went out of the room.
When her maids approached her,   540
she bowed her head bashfully.

Bharatchandra says, "Oh, beautiful one,
what is there to be so bashful about?"

সুন্দরের বিদায় ও মালিনীকে প্রতারণা

৫৪১   শুন শুন সুনাগর রায়।
       আপনার মণি মন বেচিনু তোমায় ॥

৫৪২   তুমি বাড়াইলে প্রীতি   মোর তাহে নাহি ভীতি
       রহে যেন রীতি নীতি নহে বড় দায়।
       চুপে চুপে এসো যেয়ো   আর দিকে নাহি ধেয়ো
       সদা এক ভাবে চেয়ো এই রাধিকায় ॥

৫৪৩   তুমি হে প্রেমের বশ   তেঁই কৈনু প্রেমরস
       না লইও অপযশ বঞ্চিয়া আমায়।
       মোর সঙ্গে প্রীতি আছে   না কহিও কারো কাছে
       ভারত দেখিবে পাছে না ভুলায়ো তায় ॥

৫৪৪   রসিক রসিকা সুখে যুবক যুবতী।
       বসিলা পালঙ্কে জিনি রতি রতিপতি ॥

৫৪৫   সুগন্ধে লেপিত অঙ্গ সুগন্ধমালায়।
       মিষ্ট জল পান করি জলপান খায় ॥

৫৪৬   সহচরী চামর ব্যঞ্জন করে অঙ্গে।
       রজনী হইল সাঙ্গ অনঙ্গপ্রসঙ্গে ॥

৫৪৭   আসি বলি বাসায় বিদায় হৈলা রায়।
       কুমুদ মুদিল আঁখি চন্দ্র অস্ত যায় ॥

৫৪৮   বিদ্যা বলে কেমনে বলিব যাহ প্রাণ।
       পলকে পলকে মোর প্রলয় সমান ॥

SUNDAR TAKES LEAVE
AND DECEIVES THE FLOWER-WOMAN

Hear me, Ray, noble one,   541
I sold you the jewel of my heart.
It is you who fostered our love, so I fear not.   542
But let habits and customs be, your manner remain
    unchanged.
Come and go only in secret, stray not from the path,
always see Radhika* this way.
You are under love's hold. I made love to you, my lord.   543
Do not disgrace yourself by deceiving me.
Do not reveal to anyone the love we share.
Bharat will see to it that you remain faithful to me.

Utterly contented, the young man and woman, *rasik* and   544
    rasikā,[61]
rested on the bed after outperforming Rati and her lord.
Their bodies fragranced with perfume and scented   545
    garlands,
the pair sipped sweet water and took a light repast.
Vidya's handmaids busied themselves fanning the two,   546
as they ended the night talking of their love.
"I shall come again," said Ray, taking his leave to return to   547
    the flower-woman's abode.
"The lotuses have closed their eyelids, and the moon is
    fading."
"How may I grant you leave, my love," replied Vidya,   548
"for each instant will feel like the end of the world.

———

* Radha, Krishna's beloved.

৫৪৯ এ নয়নচকোর ও মুখসুধাকর।
না দেখে কেমনে রবে এ চারি প্রহর॥

৫৫০ বিরহ দহন দাহে যদি থাকে প্রাণ।
রজনীতে করিব ও মুখসুধাপান॥

৫৫১ রায় বলে আমি দেহ তুমি সে জীবন।
বিচ্ছেদ তখন হবে যখন মরণ॥

৫৫২ যে কথা কহিলে তুমি ও কথা আমার।
তোমার কি আমার কি ভাব আর বার॥

৫৫৩ এত বলি বিদায় হইলা থুথি ধরি।
মালিনীরে না কহিও কহিলা সুন্দরী॥

৫৫৪ পদ্মবন প্রমুদিত সমুদিত রবি।
মালিনীর নিকেতনে দেখা দিলা কবি॥

৫৫৫ করিয়া প্রভাতক্রিয়া দামোদরতীরে।
স্নান পূজা করি গেলা হীরার মন্দিরে॥

৫৫৬ মালিনী তুলিয়া ফুল গাঁথিলেক মালা।
রাজবাড়ী গেল সাজাইয়া সাজি ডালা॥

৫৫৭ যোগায়ে যোগান ফুল মালা সবাকার।
বিদ্যার মন্দিরে গেল বিদ্যুত আকার॥

৫৫৮ স্নান করি বসিয়াছে বিদ্যা বিনোদিনী।
নিকটে রাখিয়া মালা বসিলা মালিনী॥

You are the *chakor* of my eyes, the nectar of my mouth. 549
How will I survive this long day without you?
If I endure the burning fire of separation, 550
can I then drink the nectar of your lips at night?"
"I am our body," replied Ray, "but you are its life. 551
Only in death will we separate.
The words that have parted your lips are my words. 552
Think again, dear Vidya, whether there can be a yours or a
    mine."
Having said this, Sundar held Vidya's chin in his palm, and 553
    then took his leave.
"Do not you utter a word to the flower-woman," ordered
    the beautiful one.

When the poet at last reached the flower-woman's house, 554
the lotuses had bloomed and the sun had risen.
Sundar performed his morning ablutions on the banks 555
of the Damodar and returned to Hira's place.
When he arrived, the flower-woman had already departed 556
    for the palace,
having plucked flowers, strung garlands, and arranged
    them in baskets and trays.
Once there, she supplied flower garlands to all. 557
But when her task was complete, she sped like lightning to
    Vidya's quarters.

Vidya, the beautiful woman, was sitting after her bath. 558
Resting a few garlands at her side, the flower-woman sat
    beside Vidya.

৫৫৯   সখীগণে সুন্দরী কহিলা আঁখিঠারে।
      রাত্রির সংবাদ কেহ না কহ ইহারে॥

৫৬০   বুঝিয়াছি কালি মাগী পাইয়াছে ভয়।
      ভাবিয়া উত্তরকাল মায়ে পাছে কয়॥

৫৬১   ভবিষ্যত ভাবি কেবা বর্ত্তমানে মরে।
      প্রসবের ভয় তবু পতিসঙ্গ করে॥

৫৬২   বিদ্যা বলে আগো আই জিজ্ঞাসি তোমায়।
      আনিতে এথায় তাঁরে কি কৈলা উপায়॥

৫৬৩   হীরা বলে আমি ঠেকিলাম ভাল দায়।
      কেমনে আনিতে বল শুনে ভয় পায়॥

৫৬৪   তারে গিয়া কহিলাম তোমার বচনে।
      সে বলে বিদেশী আমি যাইব কেমনে॥

৫৬৫   কোন মতে কোন পথে কেমনে আনিবে।
      কে দেখিবে কে শুনিবে বিপাকে মজিবে॥

৫৬৬   কি জানি কি বুঝিয়াছ কি আছে কপালে।
      মজাইবে মিছা কাজে পরের ছাবালে॥

৫৬৭   মিছা ভয় করিয়া না কহ বাপ মায়।
      আমি কহিবারে চাহি মানা কর তায়॥

Winking at her companions, the beautiful maiden cued them   559
to keep quiet about her nocturnal tryst with Sundar.
Vidya thought to herself, "Yesterday this miserable hag   560
feared for her own station,
so to secure her status here, she would dare tell my mother
of our affair.
But whoever perishes in the present while thinking of the   561
future?
In spite of her fear of childbirth, a woman still unites with
her husband."

"Pray tell me, Granny," said Vidya.   562
"Have you found a way to bring Sundar to me?"
"Vidya, for me this task is a tremendous burden," replied   563
Hira.
"How can you ask me to bring him here? I cringe to hear
of it.
I had gone to him and told him all that you had said.   564
'But I am a foreigner,' he replied, 'How could I even
venture there?
How, by which path, will you take me?'   565
Trouble will befall anyone who bears witness or hears of it.
What can I know of your mind, of what the future holds in   566
store?
You will bring disgrace by a stupid action upon someone
else's child.
Do not fear in vain. Go and apprise your mother and   567
father,
for you have prevented me from telling them.

৫৬৮ বুঝিয়া আপনি কর যেবা মনে ভায়।
ধর্ম্ম জানে আমি নাহি এ সব কথায় ॥

৫৬৯ বিদায় হইয়া হীরা নিবাসে আইল।
পূর্ব্বমত বাজার করিয়া আনি দিল ॥

৫৭০ রন্ধন ভোজন করি বসিলা সুন্দর।
মালিনীরে কন কথা সহাস অন্তর ॥

৫৭১ বাঁচাও হিতাশী মাসী উপায় বলিয়া।
যাইব বিদ্যার ঘরে কেমন করিয়া ॥

৫৭২ হীরা বলে রাজপুত্র বট বিদ্যাবান।
কেমনে যাইবা দেখি কর অনুমান ॥

৫৭৩ হাজার হাজার লোকে রাখে যার পুরী।
কেমনে তাহার ঘরে হইবেক চুরি ॥

৫৭৪ আগু পাছু সাত পাঁচ ভেবে করি মানা।
মৃগ হয়ে দিবে কি সিংহের ঘরে হানা ॥

৫৭৫ রাজাকে রাণীকে কয়ে ঘটাইতে পারি।
চুপে চুপে কোন রূপে আমি ইহা নারি ॥

৫৭৬ কোন পথে কোন মতে কেবা লয়ে যাবে।
কি পাকে বিপাকে ঠেকি পরাণ হারাবে ॥

৫৭৭ লুকায়ে করিতে কাজ দুজনারি সাধ।
হায় বিধি ছেলেখেলা এ কি পরমাদ ॥

৫৭৮ আপনি মজিবে আরো মোরে মজাইবে।
কার ঘাড়ে দুটা মাথা এ কর্ম্ম করিবে ॥

Do what you think best once it is clear to you.   568
Only God knows. As for me, I shall stay out of it."

Having taken leave, Hira returned home,   569
and, just as before, brought some goods from the market.
Sundar cooked, ate, and then, seating himself   570
and chuckling, prompted the flower-woman once more.
"Help me, my dear auntie. Please tell me,   571
how may I reach Vidya's quarters?"
"My prince," replied Hira, "it is you, is it not, who are   572
    exceptionally clever.
You must tell *me* how you will go.
How could a thief steal into the quarters of one   573
whose palace is guarded by a thousand watchmen?
Having considered this plan from every angle, I had   574
    forbidden you.
Can a deer attack a lion in its den?
I can make it happen by narrating your plight to the king   575
    and the queen,
but by no means can I abet you covertly.
By whatever path, by whatever means, by hook or by   576
    crook,
whoever takes you will get caught and perish.
Both of you insist your affair take place only under the   577
    cover of darkness.
Alas, Vidhi! There is such peril in this unthinking ploy.
You will be ruined and take me down with you.   578
Only one with two heads on his shoulders can accomplish
    the deed."

৫৭৯   এত বলি মালিনী আপন কাজে যায় ।
সুড়ঙ্গ কিরূপে ছাপে ভাবিছেন রায় ॥

৫৮০   বোলে চালে গেল দিবা আইল যামিনী ।
বৈকালি সামগ্রী আনি দিলেক মালিনী ॥

৫৮১   সুন্দর বলেন মাসী বুঝিনু সকল ।
যত কথা কহিছিলে কথা সে কেবল ॥

৫৮২   বিদ্যার সহিত নাহি মিলাইয়া দিলে ।
ভুলাইয়া ভাল মালা গাঁথাইয়া নিলে ॥

৫৮৩   যত আশা ভরসা সকল হৈল মিছা ।
এখন দেখাও ভয় জুজু হাপা বিছা ॥

৫৮৪   সে কহে বিস্তর মিছা যে কহে বিস্তর ।
মেয়ের আশ্বাসে রহে সে বড় পামর ॥

৫৮৫   শেষে ফাঁকি আগে দিয়া কথার কোলানী ।
বুঝা গেল ভাল মাসী ভাগিনা ভুলানী ॥

৫৮৬   মূঢ় নর যে করে নরের উপাসনা ।
দৈব বিনা কোন কর্ম্ম না হয় ঘটনা ॥

৫৮৭   কুণ্ড কাটিয়াছি মাসী তোমার মন্দিরে ।
একটি সাধন আছে সাধিব কালীরে ॥

৫৮৮   রজনীতে তুমি মোর না কর সন্ধান ।
যাবত সাধন মোর নহে সমাধান ॥

৫৮৯   এত বলি দুই দ্বারে খিল লাগাইয়া ।
বিদ্যার মন্দিরে গেলা শুকেরে কহিয়া ॥

Having said this, the flower-woman carried on with her work,   579

while Ray pondered a way to conceal the tunnel.

The day passed in glib talk and other witticisms. As night fell,   580

the flower-woman came by and brought more provisions.

"Auntie," said Sundar, "I understand everything now.   581

All you have said to me was mere chatter.

You have not succeeded in uniting me with Vidya.   582

You tricked me into stringing an elaborate garland,

only to dash all my hopes and trust in you.   583

Now you seek to frighten me off with nightmares, imaginary beasts,

sentries like scorpions. But she who says much utters many falsehoods. 584

Ever so foolish is the man who trusts a woman.

Though you may seduce us with affectionate words, your deception always reigns   585

in the end. It is clear to me now. The good aunt has outwitted her nephew.

So ignorant is one who offers his prayers to another human being.   586

Without divine help no wish can see the light of day.

In your house I will undertake austere penance   587

for propitiating Kali.

Until I complete my rituals,   588

do not look for me at night."

Upon saying this, Sundar bolted the doors to his room, whispered a few words   589

to his parrot, and darted off to rendezvous with Vidya.

৫৯০ বুঝহ চতুর সব কি এ চতুরালি ।
কুটনীরে ফাঁকি দিয়া করে নাগরালি ॥

৫৯১ যেমন নাগর ধূর্ত্ত তেমনি নাগরী ।
সেবার কারণ মাত্র জানে সহচরী ॥

৫৯২ গীত বাদ্য কৌতুকে মজিয়া গেল মন ।
মত্ত দেখি দু জনে পলায় সখীগণ ॥

৫৯৩ ভারত কহিছে ভাল চুরি কৈলি চোর ।
সাধু লোক চোর হয় চুরি শুনে তোর ॥

বিপরীত বিহারারম্ভ

৫৯৪ সুন্দরীর করে ধরি   সুন্দর বিনয় করি
কহে শুন শুন প্রাণেশ্বরি ।
আজি দিনে দুপ্রহরে   দেখিলাম সরোবরে
কমলিনী বান্ধিয়াছে করী ॥

৫৯৫ গিরি অধোমুখে কাঁদে   এ কথা কহিতে চাঁদে
কুমুদিনী উঠিল আকাশে ।
সে রস দেখিতে শশী   ভূতলে পড়িল খসি
খঞ্জন চকোর মিলি হাসে ॥

My, clever people, behold all this cleverness!   590
Sundar carries on his love affair after deceiving his
    procuress.
Meanwhile, the princess has been as savvy as her prince.   591
With only her handmaids abreast of their romantic
    interlude,
she cues them to flee once again at the sight of the lovers   592
    embracing each other,
their minds immersed in songs, music, and pleasantries.

Bharat says, "Oh, thief, you have made a good theft.   593
Honest people will become thieves once they learn of your
    stealing."

THE BEGINNING
OF INVERSE LOVEMAKING

Taking his beautiful one by the hand, Sundar artfully says,   594
"Hear this, love of my life.
Late this morning, I saw white and red lotuses in a lake
that had threaded themselves together to bind up an
    elephant.
Mountains wept, their summits shrugged, as the lotuses   595
    rose up
to the heavens to tell of their conquest to the moon.
In response, the moon descended upon the earth,
the wagtail and the *chakor* chuckling gaily.

৫৯৬ কি দেখিনু আহা আহা আর কি দেখিব তাহা
কি জানি ঘটাবে বিধি কবে।
তুমি কন্যা এ রাজার তোমারি এ অধিকার
দেখাও যদ্যপি দেখি তবে॥
৫৯৭ বিদ্যা বলে মহাশয় এ না কি সম্ভব হয়
রায় বলে দেখিনু প্রত্যক্ষ।
এ দুঃখে যদ্যপি তার এখনি দেখাতে পার
কি কর সিদ্ধান্ত পূর্ব্বপক্ষ॥
৫৯৮ সুন্দরী বুঝিয়া ছলে মুচকি হাসিয়া বলে
বড় অসম্ভব মহাশয়।
শিলা জলে ভাসি যায় বানরে সঙ্গীত গায়
দেখিলেও না হয় প্রত্যয়॥
৫৯৯ রায় বলে আমি করী তুমি কমলিনীশ্বরী
বান্ধহ মৃণালভুজপাশে।
আমি চাঁদ পড়ি ভূমি ফুল্ল কুমুদিনী তুমি
উঠ মোর হৃদয় আকাশে॥
৬০০ নয়ন খঞ্জন মোর নয়ন চকোর তোর
দুহে মিলি হাসিবে এখনি।
ঘাম ছলে কুচগিরি কাঁদিবেক ধীরি ধীরি
করি দেখ বুঝিবে তখনি॥

Oh lord, what a sight I beheld. Will I ever see it again?   596
Who knows when Vidhi will again make it come to pass?
But you are a princess capable of such power.
I can only behold it again if you bring it about."

"My lord, how could that even be possible?" Vidya asked.   597
"I have seen it with my own eyes," replied Sundar.
"Deliver me from my agony, and reveal it once again.
Tell me what you decide."
The beautiful one at once realized Sundar's designs, and   598
    smirked.
"My lord, that cannot be.
Even if one sees such sights, like stones floating in a pond,
or monkeys singing ballads, one would not believe one's
    eyes."
"But, my dear, I am that elephant," Ray replied, "and you,   599
    the queen among lotuses.
You bind me in the stalks of your lotus arms.
I am the moon fallen over the earth, you, a lotus in full
    bloom.
It is you who soars up to the heavens on the wings of my
    heart.
My eyes are those of the wagtail, yours, the *chakor's*.   600
They will delight just now in beholding each other.
The hills of your breasts will softly weep drops of sweat.
Do this for me, and you will know me at once."

৬০১ শুনি মনে মনে ধনী বাখানে নাগরমণি
  বিনা মূলে কিনিলে আমারে।
অন্তরে না সহে ব্যাজ বাইরে বাড়ায় লাজ
  এড় মেনে হারিনু তোমারে ॥

৬০২ পুরুষের ভার যাহা নারী না কি পারে তাহা
  তুলিতে আপন ভার ভারি।
আজি জানিলাম দড় পুরুষ নির্লজ্জ বড়
  লাজে বাধে নৈলে কৈতে পারি ॥

৬০৩ শিখিয়াছ যার কাছে তাহারি এ গুণ আছে
  সে মেনে কেমন মেয়ে বটে।
ভাল পড়া পেয়েছিল ভাল পড়া পড়াইল
  লাভে হৈতে মোরে ফের ঘটে ॥

৬০৪ লাজ নাহি চল চল কেমনে এমন বল
  পুরুষের এত কেন ঠাট।
যার কর্ম্ম তারে সাজে অন্য লোকে লাঠি বাজে
  কে কোথা দেখেছে হেন নাট ॥

৬০৫ চেতাইল বুঝি চেত যৌবনে অলস এত
  বুড়া হৈলে না জানি কি হবে।
ক্ষমা কর ধরি পায় বিফলে রজনী যায়
  নিদ্রা যাও নিদ্রা যাই তবে ॥

The lovely maiden listened, inwardly praising the jewel of   601
    a gallant.

"But you have bought me without paying a price."

Privately, the princess had no hesitation, but outwardly
    she was the embodiment of shyness.

"Take leave of me, my lord. I have indeed lost to you.

Can a woman bear the weight of a man?" she asked.   602

"A woman finds it strenuous enough to lift her own
    weight.

Today I have come to know for myself how shameless men
    really are.

Perhaps I could speak otherwise, if modesty did not
    hinder me.

The woman from whom you learned lovemaking must be   603
    experienced.

Certainly, she must be quite the woman.

You have taught each other well.

As for me, it is corruption, rather than education, that I
    fear.

How can you goad me with your unabashed assurances?   604

Why must men use such artifice?

The deed that seduces one is for another like the strike of
    a staff.

Who has seen such a spectacle as you have staged?

You are ever indolent in your youth, my lord. Stimulate   605
    your mind instead.

If not, what will your intellect be in old age?

The night slips away in vain. Forgive me, I beseech you.

Take rest now, and I shall sleep as well.

৬০৬ আমারে বুঝাও ভাবে   এ কর্ম্মে কি সুখ পাবে
      আমি কিছু না পাই ভাবিয়া।
      হৃদয়ের রাজা হয়ে   চোর হেন হেঁটে রয়ে
      কিবা লাভ নিগ্রহ সহিয়া॥

৬০৭ করিয়া সুখের নিধি   পুরুষে গড়িল বিধি
      দুঃখ হেতু গরিল তরুণী।
      তাহা করি বিপরীত   কেন চাহ বিপরীত
      এ কি বিপরীত কথা শুনি॥

৬০৮ রায় বলে পুন পুন   সাধিলে যদি না শুন
      অরণ্যে রোদনে কিবা ফল।
      কথায় বুঝিনু কাজ   আমা হৈতে প্রিয় লাজ
      লাজ লয়ে করহ কৌশল॥

৬০৯ দিয়াছি যে আলিঙ্গন   করিয়াছি যে চুম্বন
      সে সব ফিরিয়া মোরে দেহ।
      কল্যাণ করুন কালী   নাহি দিও গালাগালি
      দেশে যাই মনে রেখ স্নেহ॥

৬১০ হাসি ঢলে পড়ে ধনী   কি বলিলা গুণমণি
      ফিরে দিব চুম্ব আলিঙ্গ।
      এ কি কথা বিপরীত   দুই মতে বিপরীত
      দায়ে কাটে কুমুড়া যেমন॥

But pray tell me what happiness this act may bring.   606
I cannot understand any of this.
Though the king of my heart, you hover over me like a
    lurking thief.
What do you gain by exerting such pressure on me?
Vidhi has created stores of happiness for men,   607
but has designed young women for suffering.
Why do you wish to make love in the reverse way, with me
    on top?
Such an unusual word, 'reverse.'"[62]

"I ask you, what is the point of asking for anything?" Ray   608
    repeated over and over.
"What use is weeping in the wilderness?
I realize now that modesty is dearer to you than I am.
You have only teased me with your coyness.
I have embraced you, kissed you, loved you,   609
so now you must return my affections.
May Kali favor you, but you, do not abuse me.
Thus I shall return home anon, but keep me in your heart,
    my lady."

The beautiful maiden fell over with laughter. "What have   610
    you said, my lord?
I should return your embraces and kisses?
And what is this word 'reverse'? Two opinions can be
    inverse
like a pumpkin cutting a blade.[63]

৬১১ না দেখি না শুনি কভু যদি ইহা হবে প্রভু
না পারিব থাকিতে প্রদীপ।
ভারত দিলেন সায় যে কর্ম্ম করিবে তায়
অপ্রদীপে হইবে প্রদীপ॥

বিপরীত বিহার

৬১২ মাতিল বিদ্যা বিপরীত রঙ্গে।
সুন্দর পড়িলা প্রেমতরঙ্গে॥
৬১৩ আলু থালু লাজে কবরী খসি।
জলদের আড়ে লুকায় শশী॥
৬১৪ লাজের মাথায় হানিয়া বাজ।
সাধয়ে রামা বিপরীত কাজ॥
৬১৫ ঘন অবিলম্ব নিতম্ব দোলে।
ঘুনু ঘনু ঘন ঘুঙুর বোলে॥
৬১৬ আবেশে ছাঁদি ধরে ভুজযুগে।
মুখ পূরে মুখ কর্পূর পূগে॥
৬১৭ ঝন ঝন ঝন কঙ্কণ বাজে।
রন রন রন নূপুর গাজে॥
৬১৮ দংশয়ে পতির অধরদলে।
কপোত কোকিলা কুহরে গলে॥

I have neither seen nor heard this, but should I agree, my 611
    lord,
I will not be able to carry on under the blaze of a lamp."

Bharat concurs. For the deed that these two will perform,
their fire will radiate well without need of a lamp.

LOVEMAKING WITH VIDYA ON TOP

Vidya was enthralled with their lovemaking, 612
as waves of love engulfed Sundar.
In the act of love, Vidya's hair grew wild and disheveled— 613
the moon hiding behind the cover of clouds.
A thunderbolt had struck the heart of her bashfulness, as 614
    the beautiful woman
fell into the throes of their encounter, straddling him on
    top.[64]
Without any hesitation, loins and buttocks moved in 615
    rhythm,
their anklets repeatedly jingling *ting ting*.
Rapt in ardor, their arms tightly bound one another's 616
and a mouth filled the other's mouth with betel and
    camphor.
As her bracelets clanked ceaselessly *clang clang*, 617
her anklets sounded sweetly *ting ting*.
With sounds of pigeons and cuckoos cooing from her 618
    throat,
Vidya bit her husband's petal-like lower lip.

৬১৯ উথলিল কামরস জলধি।
কত মত সুখ নাহি অবধি॥

৬২০ ঘন ঘন ভুরুকামান টানে।
জর জর করে কটাক্ষবাণে॥

৬২১ থর থর ধনী আবেশে কাঁপে।
অধীরা হইয়া অধর চাপে॥

৬২২ ঝর ঝর ঝরে অঙ্গের ঘাম।
কোথায় বসন ভূষণ দাম॥

৬২৩ তনু লোমাঞ্চিত শীৎকার মুখে।
কাঁপিয়া কাঁপিয়া চাপয়ে সুখে॥

৬২৪ অটল আছিল টলিল রসে।
অবশ হইয়া পড়ে অলসে॥

৬২৫ পড়িল দেখিয়া উঠে নাগর।
আহা মরি বলি চুম্বে অধর॥

৬২৬ অবশ দুহে মুখমধু খেয়ে।
উঠিল ক্ষণেকে চেতন পেয়ে॥

৬২৭ জর জর দুই বীরের ঘায়।
রতি লয়ে রতিপতি পলায়॥

৬২৮ এইরূপে নিত্য করে বিহার।
ভারত ভারতী রসের সার॥

৬২৯ কৃষ্ণচন্দ্রাজ্ঞায় ভারত গায়।
হরি বল পালা হইল সায়॥

The couple had never felt such myriad pleasures,   619
Kama's bliss surged like the ocean.

As the bow of Vidya's eyebrows arched,   620
she released the arrows of her sidelong looks *pfft pfft*.

Beside herself with elation, she took hold of Sundar's   621
lower lip.

The gorgeous woman trembled in amorous frenzy *ahh
ahh*.

Sweat oozed in incessant drops *drip drip*.   622
Where had all her clothes and jewelry gone?

Her body was covered in goosebumps, her lips voicing   623
sounds

of intense pleasure, she trembled and shook, swooning

in delightful exhaustion, succumbing to an ecstatic love.   624
Bereft of her senses, Vidya sank limply to the bed,

as her paramour arose, seeing her fall.   625
"Oh, my love!" Sundar exclaimed, embracing her, and
kissed her lips.

Benumbed, each ate the honey from the other's mouth.   626
After resting a while, our two heroes again awoke and
arose.

Wounded by the blows inflicted by the two heroes,   627
the husband of Rati fled away with Rati.

The couple carried on each day making love.   628
Bharat and Bharati are the essence of *rasa*.

Bharat sings on the instruction of Krishnachandra.   629
Call "Hari!" This episode is now over.

সুন্দরের সন্ন্যাসিবেশে রাজদর্শন

৬৩০   বড় রসিয়া নাগর হে।
       গভীর গুণসাগর হে॥

৬৩১   কখন ব্রাহ্মণ ভাট ব্রহ্মচারী
       কখন বৈরাগী যোগী দণ্ডধারী
       কখন গৃহস্থ কখন ভিখারী
       অবধূত জটাধর হে।
       কখন ঘেটেল কখন কাঁড়ারী
       কখন খেটেল কখন ভাঁড়ারী
       কখন লুঠেরা কখন পসারী
       কভু চোর কভু চর হে॥

৬৩২   কখন নাপিত কখন কাঁসারী
       কখন সেকরা কখন শাঁখারী
       কখন তামুলী তাঁতী মণিহারী
       তেলী মালী বাজীকর হে।
       কখন নাটক কখন চেটক
       কখন ঘটক কখন পাঠক
       কখন গায়ক কখন গণক
       ভারতের মনোহর হে॥

DISGUISED AS AN ASCETIC,
SUNDAR SETS OFF TO MEET THE KING

Oh gallant man! You are an expert at lovemaking, hey!   630
You are an ocean of excellent qualities, hey!
At times he poses as a Brahman, a messenger, a young   631
    celibate,
a Vaishnava ascetic, a yogi, an ascetic bearing a staff,
at times a householder, at times a beggar,
a Shaiva ascetic and a dreadlocked ascetic.
At times a ferryman, a steersman,
a workman, a merchant,
a shopkeeper, a plunderer,
and at any time a thief and a spy.
At times a barber, a brazier,   632
a goldsmith, a conch-shell dealer,
a betel seller, a weaver, a dealer in fancy goods,
an oil merchant, a gardener, a juggler.
At times an actor, at times a servant,
a matchmaker, a narrator,
a singer, an astrologer,
you are the one who enchants Bharat, hey!

৬৩৩ এইরূপে কবি কোলে করিয়া কামিনী ।
কামরসে করে ক্রীড়া প্রত্যহ যামিনী ॥

৬৩৪ কৌতুকে কামিনী লয়ে যামিনী পোহায় ।
দিবসে কি রসে রব ভাবয়ে উপায় ॥

৬৩৫ টাকা লয়ে বাজার বেসাতি করে হীরা ।
লেখা জোখা তাহার জিজ্ঞাসা নাহি ফিরা ॥

৬৩৬ রন্ধন ভোজন করি ক্ষণেক শুইয়া ।
নগরভ্রমণে যায় দ্বারে কুঁজি দিয়া ॥

৬৩৭ আগে হৈতে বহু রূপ জানে যুবরাজ ।
নাটুয়ার মত সঙ্গে আছে কত সাজ ॥

৬৩৮ কখন সন্ন্যাসী ভাঁড় ভাট দণ্ডধারী ।
বেদে বাজীকর বৈদ্য বেণে ব্রহ্মচারী ॥

৬৩৯ রায় বলে কার্য্যসিদ্ধি হইল আমার ।
এখন উচিত দেখা করিতে রাজার ॥

৬৪০ দেখিব রাজার সভা সভাসদগণ ।
আচার বিচার রীত চরিত্র কেমন ॥

৬৪১ সন্ন্যাসীর বেশে গেলে আদর পাইব ।
বিদ্যার প্রসঙ্গে নানা কৌতুক করিব ॥

And thus, the poet, taking his ladylove into his embrace,   633
enjoyed the pleasures of physical love.

As each night came to a close, he frolicked with his   634
    beloved,

pondering how to content himself during the day.

Hira was trading in the market with his money,   635
he never asked the accounts in return.

After cooking, taking his repast, and resting a while,   636
Sundar bolted up his quarters and roamed about the city.

As he had done once before, the prince knew to disguise   637
    himself

and, like an expert thespian, toted with him many
    costumes.

From time to time he posed as a *sannyāsin,* a court jester,   638
    a herald, a staff-bearing ascetic,

a gypsy, a juggler, a physician, a trader, and a young
    ascetic.

"At last I have accomplished what I set out for," thought   639
    Ray.

"Now it is time for me to go and meet the king.

I must see the royal court and the courtiers,   640
what their conduct and behavior, customs and characters,
    are like.

How will they receive me, I wonder.   641
I will be warmly received if I go dressed as an ascetic.
About Vidya I will crack all manner of quips."[65]

৬৪২ সাত পাঁচ ভাবি সন্ন্যাসীর বেশ ধরে।
পরচুল জটাভার ভস্ম কলেবরে ॥

৬৪৩ করে করে কমণ্ডলু স্ফটিকের মালা।
বিভূতির গোলা হাতে কান্ধে মৃগছালা ॥

৬৪৪ কটিতে কৌপীন ডোর রাঙ্গা বহির্ব্বাস।
মুখে শিবনাম তেজ সূর্য্যের প্রকাশ ॥

৬৪৫ উপনীত হৈলা গিয়া রাজার সভায়।
উঠিয়া প্রণাম করে বীরসিংহ রায় ॥

৬৪৬ নারায়ণ নারায়ণ স্মরে কবিরায়।
শ্বশুরে প্রণাম করে এ ত বড় দায় ॥

৬৪৭ আর সবে প্রণমিল লুটিয়া ধরণী।
বিছাইয়া মৃগছালা বসিলা আপনি ॥

৬৪৮ সভাসদ জিজ্ঞাসয়ে শুনহ গোসাঁই।
কোথা হৈতে আসন আসন কোন্ ঠাঁই ॥

৬৪৯ নগরে আইলা কবে কোথা উত্তরিলা।
জিজ্ঞাসা করেন রাজা কি হেতু আইলা ॥

৬৫০ সন্ন্যাসী কহেন থাকি বদরিকাশ্রমে।
আসিয়াছি যাব গঙ্গাসাগরসঙ্গমে ॥

Smearing ash across his body and donning a wig of
    dreadlocks,
Sundar carried on under the guise of a *sannyāsin*
    pondering this and that.
642

He bore a water pot, clumps of ash, and a rosary
of crystal beads, with a deerskin draped over his
    shoulders.
643

A single thread holding a loincloth to his waist, a red shawl
    wrapped around him,
Sundar's anointed body glowed like the sunrise as he
    invoked the name of Shiva.
644

As he presented himself at court before the king's
    assembly,
Virsimha Ray rose up and welcomed him.
645

"Narayan, Narayan," the poet invoked.
"What a scene this is, my father-in-law bowing down to
    me," Sundar thought,
646

as the rest of the court bowed to him in kind.
Sundar knelt to spread his deerskin and seated himself
    atop it.
647

The king's men examined him. "Where do you hail from,
    sir?
Where do you live? When did you arrive?
648

Where are you staying?"
"Why is it that you have come?" the king asked.
649

The ascetic replied, "I reside at Badarikashram,* my lord.
I have come here en route to the place where the Ganga
    meets the sea.
650

---

* A Vishnu temple in the Himalayas.

৬৫১ এ দেশে আসিয়া এক শুনিনু সংবাদ ।
আইলাম বাপারে করিতে আশীর্ব্বাদ ॥

৬৫২ রাজার তনয়া না কি বড় বিদ্যাবতী ।
শুনিলাম রূপে লক্ষ্মী গুণে সরস্বতী ॥

৬৫৩ করিয়াছে প্রতিজ্ঞা সকলে বলে এই ।
যে জন বিচারে জিনে পতি হবে সেই ॥

৬৫৪ অনেকে আসিয়া না কি গিয়াছে হারিয়া ।
দেখিতে আইনু বড় কৌতুক শুনিয়া ॥

৬৫৫ বুঝিব কেমন বিদ্যা বিদ্যায় অভ্যাস ।
নারীর এমন পণ এ কি সর্ব্বনাশ ॥

৬৫৬ বিচারে তাহার ঠাঁই আমি যদি হারি ।
ছাড়িয়া সন্ন্যাসধর্ম্ম দাস হব তারি ॥

৬৫৭ গুরুকাছে মাথা মুড়ায়েছি একবার ।
তারে গুরু মানিয়া মুড়াব জটাভার ॥

৬৫৮ সে যদি বিচারে হারে তবে রবে নাম ।
সন্ন্যাসী আপনি তাহে নাহি কিছু কাম ॥

৬৫৯ তবে যদি সঙ্গে দেহ প্রতিজ্ঞার দায় ।
নিযুক্ত করিয়া দিব শিবের সেবায় ॥

৬৬০ ধরাইব জটা ভস্ম পরাইব ছাল ।
গলায় রুদ্রাক্ষ হাতে স্ফটিকের মাল ॥

Upon my arrival here, I heard just one piece of news,   651
and I have come expressly to bless you, my king.

I have heard tell that your daughter is learned beyond   652
   compare,
that she boasts the beauty of Lakshmi, the wisdom of
   Sarasvati.

All have told of the princess's vow   653
to take as her husband whoever conquers her in debate.

There have been many men, it seems, who have skulked   654
   off, overrun by her wit.
So, curious about her, I have come to see her talents for
   myself.

I cannot fathom a girl's justification for such a pledge,   655
my lord, and, upon my word, I will challenge her
   scholarship.

If I happen to fail that contest, I shall   656
forsake my ascetic ways to become slave to her.

Once long ago, I had shaved my head for my guru,   657
and I would do so again should she triumph over me.

But if I defeat her, I will be famous the world over.   658
As an ascetic, I am devoid of desires, my lord.

But if you vow to deliver your princess to me,   659
I will make a Shiva worshiper of her,

have her grow dreadlocks, anoint her with ash, drape her   660
   in deerskin. Around her neck
she will don a rosary of *rudrākṣa* and carry a string of
   crystal beads.

৬৬১ তীর্থব্রতে লয়ে যাব দেশদেশান্তরে।
     এমন প্রতিজ্ঞা যেন নরী নাহি করে॥

৬৬২ কানাকানি করে পাত্র মিত্র সভাসদ।
     রাজা বলে এ কি আর ঘটিল আপদ॥

৬৬৩ তেজঃপুঞ্জ দারুণ সন্ন্যাসী দেখি এটা।
     হারাইলে ইহার মুড়াবে জটা কেটা॥

৬৬৪ হারিলে ইহাকে না কি বিদ্যা দেয়া যায়।
     গুণ হয়ে দোষ হৈল বিদ্যার বিদ্যায়॥

৬৬৫ সন্ন্যাসী কহেন কিবা ভাবহ এখন।
     ভাবিতে উচিত ছিল প্রতিজ্ঞা যখন॥

৬৬৬ রাজা বলে গোসাঁই বাসায় আজি চল।
     করা যাবে যুক্তিমত কালি যেবা বল॥

৬৬৭ সভাসদে জিন আগে করিয়া বিচার।
     তবে সে বিচারযোগ্য হইবা বিদ্যার॥

৬৬৮ সে দিন বিদায় কৈল এমনি কহিয়া।
     বিদ্যারে কহিছে রাজা অন্তঃপুরে গিয়া॥

৬৬৯ হায় কেন মাটি খেয়ে পড়ানু বিদ্যায়।
     বিপাক ঘটিল মোরে তোর প্রতিজ্ঞায়॥

৬৭০ যত রাজপুত্র আনি পলায় হারিয়া।
     অভাগী বিদ্যার ভাগ্যে বুঝি নাহি বিয়া॥

Following the vow of pilgrimage, I will take her along from 661
 place to place
to deter any woman from proclaiming such a vow ever
 again."

In hushed tones the king's men whispered to one another. 662
"What new calamity is this?" exclaimed the king.
"This ascetic must be a lord of intellect. 663
Should my Vidya defeat him, who will make him shave his
 dreadlocks?
Or, should she lose, how could I relinquish Vidya to him? 664
Knowledge is so much her attribute that it has become her
 shortcoming."
"What say you, my lord? Had you not considered such a 665
 challenge
when Vidya made her vow?" the ascetic asked.
"Sir," commanded the king, "go forth, go home. 666
Tomorrow we shall hold the contest you have called.
Debate my men first, sir. Then, if you win, 667
you will prove yourself worthy of challenging Vidya."

The king left Sundar with these words, 668
then rushed to Vidya's quarters to have words with her.
"Alas, Vidya, why had I insisted upon educating you? 669
Such catastrophe has ensued from this vow of yours.
All the princes I had summoned here departed upon their 670
 failures.
Perhaps marriage is not your destiny, my unfortunate
 child.

185

৬৭১ এসেছে সন্ন্যাসী এক করিতে বিচার।
হারাইবা হারিবা হইল দুই ভার॥
৬৭২ বিদ্যা বলে আমার বিচারে কাজ নাই।
এমনি থাকিব আমি যে করে গোসাঁই॥
৬৭৩ সন্ন্যাসীর রজনীতে বিদ্যা লয়ে রঙ্গ।
দিবসে রাজার কাছে বিদ্যার প্রসঙ্গ॥
৬৭৪ সভাসদ সকলেরে জিনিয়া বিচারে।
সন্ন্যাসী প্রত্যহ কহে আনহ বিদ্যারে॥
৬৭৫ প্রত্যহ কহেন রাজা আজি নহে কালি।
তেজস্বী দেখিয়া ভয় পাছে দেয় গালি॥
৬৭৬ এইরূপে ধূর্ত্তরাজ করে ধূর্ত্তপনা।
বহুরূপ চিনিতে না পারে কোন জনা॥
৬৭৭ ভারত কহিছে ভাল চোরের চলনি।
রাজা রাজচক্রবর্ত্তী চোরচূড়ামণি॥

বিদ্যা সহ সুন্দরের রহস্য

৬৭৮ নাগরি কেন নাগরে হেলিলে।
জানিয়া আনিয়া মণি টানিয়া ফেলিলে॥

Now comes an ascetic who has challenged you to a match   671
    of wits.

Whether you win or lose, misery will befall us either way."

"There is no need for me to debate, Father," answered   672
    Vidya.

"I shall remain as I am, however God responds."

Though that day the mysterious ascetic had brought   673
    himself before the king,

that night he made passionate love to Vidya.

At court the ascetic prevailed over all in debate.   674

Every day he would say, "Bring Vidya forth,"

and every day the king would reply, "Not today.   675
    Tomorrow, sir."

But the ascetic's curses were feared, so powerful was he.

Thus the prince of artifice played his artful games   676

and assumed many guises so none would know him.

Bharat proclaims, "So brilliant is the behavior of the thief.   677

Our king is a king among kings and our thief supreme
    among thieves."

SUNDAR TOYS WITH VIDYA

Oh, woman, why have you forsaken this charming man?   678

Knowing him to be a jewel, you summoned him here, but
    then cast him aside.

৬৭৯ আপনি নাগর রায়   সাধিল ধরিয়া পায়
মঙ্গল কলস হায় চরণে ঠেলিলে।
পুরুষ পরশমণি   যারে ছোঁবে সেই ধনী
মণি ছাড়া যেন ফণী তেমনি ঠেকিলে ॥

৬৮০ নলিনী করিয়া হেলা   ভ্রমরে না দেয় খেলা
সে করে কুমুদে মেলা কি খেলা খেলিলে।
মান তারে পরিহার   সাধি আন আর বার
গুমানে কি করে আর ভারত দেখিলে ॥

৬৮১ এক দিন সুন্দরে কহিলা বিদ্যা হাসি।
আসিয়াছে বড় এক পণ্ডিত সন্ন্যাসী ॥

৬৮২ আমারে লইতে চাহে জিনিয়া বিচারে।
শুনিনু বাপার মুখে জিনিল সভারে ॥

৬৮৩ রায় বলে কি বলিলা আর বলো নাই।
আমি জানি পরম পণ্ডিত সে গোসাঁই ॥

৬৮৪ যবে আমি এথা আসি দেখা তার সঙ্গে।
হারিয়াছি তার ঠাঁই শাস্ত্রের প্রসঙ্গে ॥

Ray, you had held her feet, but,   679
alas, with your own feet you pushed away this fine-figured
    woman.
As man is a touchstone, the woman is blessed from his
    touch.
But it seems you were touched by a snake without its
    jewel.
Water lilies, slighting the bee, do not let it play around   680
    them
so the bee mixes with the lotus and what game does it
    play?
Forget your tiff with him, seduce him again if you can.
How Bharat has seen the effects of love's pride!

Finally, one day Vidya approached Sundar, grinning in   681
    jest.
"I have heard tell of an ascetic, a great pandit, who has
    come.
He seeks to win me, abscond with me, upon conquering   682
    me in debate.
My father relays that he has already won at court."
"Alas, do not repeat one word of what you have said," Ray   683
    retorted.
"I can attest for a fact that this master of intellect is a
    superior pandit.
I encountered the man when I first arrived here,   684
having been defeated by him on the subject of scripture.

৬৮৫ কি জানি বিচারে জিনে না জানি কি হয়।
যে বুঝি চোরের ধন বাটপাড়ে লয় ॥

৬৮৬ বিদ্যা বলে আমার তাহাতে নাই কাজ।
রায় বলে কি করিবে দিলে মহারাজ ॥

৬৮৭ আমার অধিক পাবে পণ্ডিত কিশোর।
তোমার কি ক্ষতি হবে যে ক্ষতি সে মোর ॥

৬৮৮ পুরাতন ফেলাইয়া নূতন পাইবে।
ফিরে যদি দেখা হয় ফিরে কি চাহিবে ॥

৬৮৯ বিদ্যা বলে এড় মেনে ঠাট কর কত।
নারীর কপাল নহে পুরুষের মত ॥

৬৯০ পুরাতন ফেলাইয়া নূতনেতে মন।
পুরুষে যেমন পারে নারী কি তেমন ॥

৬৯১ এরূপে দুজনে ঠাট কথায় কথায়।
কতেক কহিব আর পুথি বেড়ে যায় ॥

৬৯২ এইরূপে রজনাতে করিয়া বিহার।
প্রভাতে হীরার ঘরে গেলেন কুমার ॥

৬৯৩ স্নান পূজা হেতু গেলা দামোদরতীরে।
ফুল লয়ে গেল হীরা রাজার মন্দিরে ॥

৬৯৪ সন্ন্যাসীর কথা শুনি রাণীর মহলে।
আসিয়া বিদ্যার কাছে কহে নানা ছলে ॥

If he were to dominate you in debate, we would be 685
doomed.

The highway robber could run off with the wealth of the
thief."

Vidya retorted, "Ha, well, that is of no concern to me." 686

"What would you do if the king gives you away to him?"
Ray questioned her.

"You would wed a man who proves to be a better pandit 687
than me.

What would your loss be? You must know the loss will be
mine alone.

Will you so easily discard the old for the new?" 688

Will you even know me, should we meet again?"

"Let it go, my lord," said Vidya. "You are too cunning for 689
all your talk.

The fate of a woman is not equal to a man's.

It is men who discard the old, set their hearts on the new. 690

How could you think that we women do the same?"

The two carried on bantering back and forth. 691

How much can I relate? The pages of this book would
thicken all the more.

And so the couple carried on thus, bickering and making 692
love throughout

the night. At dawn the prince would return to Hira's place,

then carry on to the banks of the Damodar to bathe and 693
worship.

Toting her baskets of flowers, Hira set off for the palace.

While in the queen's quarters, she heard tell of the ascetic 694
and approached Vidya, teasing her about him.

৬৯৫ কি শুনিনু কহ গো নাতিনী ঠাকুরাণি।
সত্য মিথ্যা ধর্ম্ম জানে লোকে কানাকানি॥
৬৯৬ কান্দিয়া কহিতে পোড়ামুখে আসে হাসি।
বর না কি আসিয়াছে একটা সন্ন্যাসী॥
৬৯৭ দাড়ি তার তোমার বেণীর না কি বড়।
সন্ধ্যা হৈল ঘরে ঘরে ঘুঁটে করে জড়॥
৬৯৮ আমি যদি দেখা পাই জিজ্ঞাসিব তায়।
তামাক আফিঙ্গ গাঁজা ভাঙ্গ কত খায়॥
৬৯৯ ছাই মাখে শরীরে চন্দনে বলে ছার।
দাঁড়াইলে পায় না কি পড়ে জটাভার॥
৭০০ কিবা ঢুলু ঢুলু আঁখি খাইয়া ধুতূরা।
দেখাইবে বারাণসী প্রয়াগ মথুরা॥
৭০১ এত দিনে বাছিয়া মিলিল ভাল বর।
দেখিয়া জুড়াবে আঁখি সদা দিগম্বর॥
৭০২ পরাইবে বাঘছাল ছাই মাখাইবে।
লয়ে যাবে দেশে দেশে সিদ্ধি ঘুটাইবে॥
৭০৩ হরগৌরী বিবাহের হইল কৌতুক।
হায় বিধি কহিতে শুনিতে ফাটে বুক॥
৭০৪ যে বিধি করিল চাঁদে রাহুর আহার।
সেই বুঝি ঘটাইল সন্ন্যাসী তোমার॥

"What is this I hear, mistress granddaughter?   695
Everyone is chattering about it. Is it true?"
She cried as she spoke, but underneath it all the wicked   696
    woman sniggered to herself.
"A suitor has come for you, an ascetic, it seems,
with a beard rivaling the length of your braids.   697
In the evening, he goes door to door collecting cow-dung
    cakes.
When at last I meet this ascetic, I will beg to know   698
how much tobacco, opium, and cannabis he consumes.
Smearing his body with ash, he calls sandalwood cream   699
    rubbish.
It seems when he stands, his dreadlocks fall to his feet,
his eyes heavy with the drowsiness that comes with taking   700
    datura.[66]
He will show you the holy cities, Varanasi, Prayag, and
    Mathura.
Having taken so long to choose, you have at last found a   701
    fitting husband,
my dear. You will be satisfied at the sight of him,
    perpetually naked.
Dressing you in tiger skin and smearing you with ash, this   702
    ascetic
will lead you hither and thither, put you to work stirring
    hemp.
Alas, my heart breaks when I hear or tell that.   703
But there was fun also in the marriage of Hara with Gauri.
Perhaps it was Vidhi, whose demon Rahu had swallowed   704
    the moon,[67]
who has summoned this ascetic for you.

৭০৫   ময়ূর চকোর শুক চাতকে না পায়।
       হায় বিধি পাকা আম দাঁড়কাকে খায় ॥

৭০৬   কেমন সুন্দর বর আমি দিনু আনি।
       না কহিয়া বাপ মায়ে হারাইলা জানি ॥

৭০৭   তোমা হেন রসবতী তার ভাগ্যে নাই।
       কি কব তোমারে তারে না দিল গোসাঁই ॥

৭০৮   থাকহ সন্ন্যাসী লয়ে সন্ন্যাসিনী হয়ে।
       সে যাউক সন্ন্যাসী হয়ে হাতে খোলা লয়ে ॥

৭০৯   বিদ্যা বলে বটে আই বলিলা বিস্তর।
       এনেছিলা বটে বর পরম সুন্দর ॥

৭১০   নিত্য নিত্য বলি বটে আনি দেহ তারে।
       দেখিয়া পড়েছ ভুলে নার ছাড়িবারে ॥

৭১১   সেই সে আমার পতি যত দিনে পাই।
       সন্ন্যাসীর কপালে তোমার মুখে ছাই ॥

৭১২   অদ্যাপি নাতিনী বলি কর পরিহাস।
       মর লো নির্লজ্জ আই তুই ত মাসাস ॥

৭১৩   আধবুড়া হৈলি তবু ঠাট ঘাটে নাই।
       পেয়েছ অভাবে ভাল নাতিনীজামাই ॥

Where peacock, *chakor*, parrot, and *cātaka* have tried but   705
    failed,[68]
it is the raven that at last snatched the ripe mango.
Oh, what a handsome groom I had bestowed on you.   706
But, I fear, by keeping him from your father and mother,
    you have lost him.
He must not be fated to wed one as full of hot and cold as   707
    you.
What can I say of it? God did not give you to him.
Instead, remain with this *sannyāsin* and become his   708
    sannyāsinī, letting
this one slip away disguised as an ascetic carrying an
    earthen bowl."

"My, Granny," replied Vidya, "you have said your piece   709
    here.
At last you had brought for me an attractive suitor.
I kept begging you to bring him to me,   710
but you would forget yourself at the sight of him, unable
    to ever
let go of him yourself. He is my husband, whom I have   711
    waited for so long—
I curse you and this ascetic.
Even now you poke fun at me, calling me your   712
    granddaughter.
A curse on you. Though now old,
you are still coquettish, like a mother-in-law's sister.   713
But despite your own desire of him, you have instead
    garnered a grandson-in-law.

৭১৪ কেমনে আনিবে তারে ভাবহ উপায়।
এত বলি মালিনীরে করিলা বিদায় ॥

৭১৫ হাসিতে হাসিতে হীরা নিবাসে আইল।
সুন্দরের সমাচার কহিতে লাগিল ॥

৭১৬ শুন বাপা শুনিলাম রাজার বাড়ীতে।
সন্ন্যাসী এসেছে এক বিদ্যারে লইতে ॥

৭১৭ জিনিয়াছে রাজসভা বিদ্যা আছে বাকি।
আজি কালি লইবে তোমারে দিয়া ফাঁকি ॥

৭১৮ এমন কামিনী পেয়ে নারিলে লইতে।
তোমারে উচিত হয় সন্ন্যাসী হইতে ॥

৭১৮ তখনি কহিনু রাজা রাণীরে কহিতে।
কি বুঝে করিলে মানা নারিনু বুঝিতে ॥

৭২০ এখন সন্ন্যাসী যদি জিনে লয়ে যায়।
চেয়ে রবে ভেল ভেল ভেলকীর প্রায় ॥

৭২১ সুন্দর বলেন মাসী এ কি বিপরীত।
বিদ্যা কি বলিল শুনি বলহ নিশ্চিত ॥

৭২২ হীরা বলে সে মেনে তোমারি দিকে আছে।
এখনো কহিল লয়ে যেতে তার কাছে ॥

৭২৩ সুন্দর বলেন মাসী ভাব কেন তবে।
এ বড় আনন্দ মাসী আইশাশ হবে ॥

৭২৪ ভারত কহিছে হীরা ভয় কর কারে।
বিদ্যারে সুন্দর বিনা কেবা লৈতে পারে ॥

Now, how will you bring him to me? Think on my   714
    command and do not fail."

Upon saying this, Vidya dismissed the flower-woman.
Cackling uncontrollably, Hira returned home,   715
regaling Sundar with her news.
"Listen, my son, to what I heard at the palace today.   716
A *sannyāsin* has arrived to win Vidya and whisk her away.
He has won at court, though Vidya remains to be defeated.   717
As early as today or tomorrow, he could seize her from
    under you.
Such a beautiful woman was just within your grasp, and   718
    yet
you missed her. Perhaps you should become an ascetic
    yourself.
I cannot fathom why you had not taken my advice   719
to present yourself to the king and queen.
If the ascetic prevails and steals Vidya away,   720
you will become confounded and go mad, as if under an
    illusion."
"Oh, what tragedy has befallen us, aunt," Sundar replied.   721
"Tell me. What exactly did Vidya say?"
"Her heart is yours, my son," replied Hira.   722
"Just now she begged me to bring you to her."
"No need for concern then," Sundar sighed.   723
"What a great joy, Auntie, you will be a grandmother-in-
    law!"

Bharat says, "Whom do you fear, Hira?   724
Who can win Vidya if not Sundar himself?"

দিবাবিহার ও মানভঙ্গ

৭২৫ এক দিন দিবাভাগে কবি বিদ্যাঅনুরাগে
বিদ্যার মন্দিরে উপনীত।
দুয়ারে কপাট দিয়া বিদ্যা আছে ঘুমাইয়া
দেখিয়া সুন্দর আনন্দিত ॥
৭২৬ রজনীর জাগরণে নিদ্রা যায় অচেতনে
সখীগণ ঘুমায় বাহিরে।
দিবসে ভুঞ্জিতে রতি সুন্দর চঞ্চলমতি
অলি কি পদ্মিনী পাইলে ফিরে ॥
৭২৭ মত্ত হৈলা যুবরাজ জাগিতে না সহে ব্যাজ
আরম্ভিলা মদনের যাগ।
না ভাঙ্গে নিদ্রার ঘোর কামরসে হয়ে ভোর
স্বপ্নবোধে বাড়ে অনুরাগ ॥
৭২৮ দিবসে রজনীজ্ঞান চুম্ব আলিঙ্গন দান
বন্ধে বন্ধে বিবিধ বন্ধান।
নিদ্রাবেশে সুখ যত জাগ্রতে কি হয় তত
বুঝ লোক যে জান সন্ধান ॥
৭২৯ সাঙ্গ হৈল রতিরঙ্গ সুখে হৈল নিদ্রাভঙ্গ
রাঙ্গা আঁখি ঘূর্ণিত অলসে।
বাহিরে আসিয়া ধনী দেখে আছে দিনমণি
ভাবে এ কি হইল দিবসে ॥

LOVE AND PLAY IN DAYTIME
AND THE END OF A PIQUE

That day, in stark sunlight and a fit of passion, the poet   725
went to Vidya's apartment.
The door to her quarters was closed and Vidya was resting
    peacefully.
This serene sight elated Sundar.
Keeping her awake at night made for a drowsy Vidya   726
    during day.
As her handmaids slept outside the door,
Sundar was eager to make love to Vidya in the light of day.
Does the bee ever retreat once it has entered the lotus?
The prince was in a frenzy and could not wait to wake her,   727
and at once began the sacrifice offered to Madan.
Still in deep sleep, Vidya fell into the throes of Kama's
    pleasure—
passion ensues when experienced in dream.
Mistaking day for night, Vidya embraced Sundar, kissed   728
    him,
and bound him this way and that.
Is pleasure in dream as satisfying as it is when awake?
I leave this for my readers to discover on their own.

Finally, their lovemaking complete, Vidya woke in   729
rapturous delight, her wild eyes flickering languorously.
Stepping out, the beautiful woman beheld beaming rays of
    sunshine,
and wondered, "Is it so? Did we make love in daytime?"

৭৩০ আতিবিতি ঘরে যায়   সুন্দরে দেখিতে পায়
অভিমানে উপজিল মান।
দিবসে নিদ্রার ঘোরে   আলুথালু পেয়ে মোরে
এ কর্ম্ম কেবল অপমান॥

৭৩১ ঘৃণা লজ্জা দয়া ধর্ম্ম   নাহি বুঝে মর্ম্ম কর্ম্ম
নিদারুণ পুরুষের মন।
এত ভাবি মনোদুখে   মৌন হয়ে হেঁটমুখে
ত্যজে হার কুণ্ডল কঙ্কণ॥

৭৩২ সুন্দর বুঝিল মর্ম্ম   ঘাটি হৈল এই কর্ম্ম
কেন কৈনু হইয়া পাগল।
করিনু সুখের লাগি   হইনু দুঃখের ভাগী
অমৃতে উঠিল হলাহল॥

৭৩৩ কি করি ভাবেন কবি   অস্তগিরি গেল রবি
রাত্রি হৈল চন্দ্রের উদয়।
করিবারে মানভঙ্গ   কবি করে কত রঙ্গ
ক্রোধে উপরোধ কোথা রয়॥

৭৩৪ ছল করি কহে কবি   হের যে উদিত রবি
বিফলে রজনী গেল রামা।
তোর ক্রোধানল লয়ে   চন্দ্র আইল সূর্য্য হয়ে
হের দেখ পোড়াইছে আমা॥

Vidya rushed back to her room where Sundar lay strewn   730
    across her bed.
Her pride sent her into a resentful fury.
"Ah! You took advantage of me while I slept.
This is nothing short of an insult.
Oh, a man's heart is cruel indeed,   731
it does not understand shame, dharma, nor compassion."
Despondent, Vidya lowered her head and silently
removed her necklace, earrings, bangles.
Sundar understood the matter: "I know what I did was   732
    wrong.
So why did I do it? I had become so wild with desire,
I did it for the pleasure of it. But regret is my one
    condition now.
It was poison that bubbled up in me, not nectar."

As the poet pondered what to do, the sun set behind the   733
    mountain,
night rose, and the moon shone in the dark sky.
In an attempt to appease her, the poet cut many pleasant
    jokes,
though the shadow of her rage left his efforts in vain.
He attempted to coax her. "Look yonder, the sun has risen.   734
The night came and went to no purpose, I think, my
    beautiful.
For riding high on the fire of your anger, the moon has
    risen disguised as the sun.
See, my lady, I have been burned by that sun

৭৩৫ কেবল বিষের ডালি   কোকিল পাড়িছে গালি
    ভ্রমর হুঙ্কার দিছে তায়।
সেই কথা দূত হয়ে   ঘরে ঘরে ফেরে কয়ে
    মন্দ মন্দ মলয়ের বায় ॥

৭৩৬ ফুল হাসে মোর দুখে   সুগন্ধ প্রফুল্লমুখে
    সব শত্রু লাগিল বিবাদে।
ভরসা তোমার সবে   তুমি না রাখিলে তবে
    কে রাখিবে এমন প্রমাদে ॥

৭৩৭ অপরাধ করিয়াছি   হজুরে হাজির আছি
    ভুজপাশে বান্ধি কর দণ্ড।
বুকে চাপ কুচগিরি   নখাঘাতে চিরি চিরি
    দশনে করহ খণ্ড খণ্ড ॥

৭৩৮ আঁটিয়া কুন্তল ধর   নিতম্ব প্রহার কর
    আর আর যেবা মনে লয়।
কেন রৈলে মৌনী হয়ে   গালি দেহ কটু কয়ে
    ক্রোধ কৈলে গালি দিতে হয় ॥

৭৩৯ এরূপে সুন্দর যত   চাতুরি কহেন কত
    বিদ্যা বলে ঠেকেছেন দায়।
জানেন বিস্তর ঠাট   দেখাইব তার নাট
    কথা কব ধরাইয়া পায় ॥

৭৪০ ভাবে কবি মহাশয়   লঘু মধ্য মান নয়
    সে হইলে ভাঙ্গিত কথায়।
গুরু মান বুঝি ভাবে   চরণে ধরিলে যাবে
    দেখি আগে কত দূর যায় ॥

with its rays of poison. The cuckoo coos insults   735
as the bumblebee buzzes menacingly.
That babble is repeated the world over
in the gentle breeze of the southern wind.
Flowers' perfumed petals cheerfully laugh at my sorrow,   736
all my enemies have joined in the quarrel.
You must save me, Vidya,
from my downfall, or else who will?
I am the offender. I stand, vulnerable, before my   737
    sovereign.
Punish me by binding me in the noose of your arms,
press your breasts to my chest, scratch me again and again
    with your nails,
and with your teeth tear me into pieces,
grasp me by my hair, spank my behind,   738
do whatever you wish to me.
Why are you silent, my lady? Give me a tongue-lashing,
a dressing down, as you do when angry."

As Sundar connived this way and that,   739
Vidya said inwardly, "What a trap you have made for
    yourself.
But I shall show you what drama truly is.
I am resolved to reply only after I have made you hold my
    feet."
The illustrious poet thought, "Her displeasure with me   740
    must be intense,
for if it weren't, my speech would have cleared it up.
Her wrath goes deep, it seems,
but will she brighten if I hold her feet? Let me see."

৭৪১ চতুর কুমার ভাবে জীব বাক্যে মান যাবে
হাঁচিলেন নাকে কাঠি দিয়া।
চতুরা কুমারী ভাবে জীব মান যাবে কৈলে
জীব কব কথা না কহিয়া॥

৭৪২ জীব বুঝাবার তরে আপন আয়তি ধরে
তুলি পরে কনককুণ্ডল।
দেখি ক্রিয়া বিদগ্ধায় বাখানে সুন্দররায়
পায়ে ধরি ভাঙ্গিল কন্দল॥

৭৪৩ হৃদে ধরে রাঙ্গাপদ হ্রদে যেন কোকনদ
নূপুর ভ্রমর ধ্বনি করে॥
ভারত কহিছে সার বলিহারি যাই তার
হেন পদ মাথায় যে ধরে॥

সারীশুক বিবাহ ও পুনর্ব্বিবাহ

৭৪৪ তোমারে ভাল জানি হে নাগর।
কহিলে বিরস হবে সরস অন্তর॥

The clever prince feigned a sneeze, in hopes that   741
the princess would break her silence, wish him a long
    life.[69]

But the cleverer woman thought, "If I say, 'May you live
    long!' the quarrel will end.

Instead, I shall reveal my mind without uttering a word."

So that he would understand her, she hooked on her gold   742
    earrings,

the unmistakable signs of a woman wed, of prosperity and
    well-wishing.

Sundar Ray, seeing this clever gesture, praised his beloved
    and

took hold of her feet, finally putting an end to their
    quarrel.

He placed her lac-reddened feet on his heart as if they   743
    were red lotuses

floating atop a pond. Her anklets sounded like the
    humming of bees.

Bharat applauds Sundar. "I bow to him
who holds such lovely feet to his heart."

THE WEDDING OF THE PARROT
WITH THE MYNAH, AND
THE SECOND MARRIAGE

I know you well, you, gallant man!   744
Should I tell it, it would be insipid, for the true savor is
    inside.

৭৪৫ যেমন আপন রীতি পরে দেখ সেই নীতি
ধরম করম প্রতি কিছু নাহি ডর।
আগে ভাল বল যারে পিছে মন্দ বল তারে
এ কথা কহিব কারে কে বুঝিবে পর॥
৭৪৬ আদর কাজের বেলা তার পরে অবহেলা
জান কত খেলাদেলা গুণের সাগর।
কথা কহ কতমত ভুলায়ে রাখিবে কত
তোমার চরিত্র[৩] যত ভারতগোচর॥

৭৪৭ চতুর চতুরা পেয়ে চাতুরীর মেলা।
নিত্য নিত্য নূতন নূতন রসে খেলা॥
৭৪৮ সর্ব্বদা বিরল থাকে দুজনার ঘর।
কোন বাধা নাহি পথ মাটির ভিতর॥
৭৪৯ সুন্দর সুড়ঙ্গপথ দেখায়ে বিদ্যারে।
লয়ে গেলা এক দিন হীরার আগারে॥
৭৫০ কুমারের পড়া শুক দেখিয়া কুমারী।
ফিরে আসি লয়ে গেলা আপনার সারী॥
৭৫১ সারী শুকে বিয়া দিলা আনন্দে দুজন।
বেহাই বেহানী বলে বাড়ে সম্ভাষণ॥
৭৫২ একাকী আছিল শুক একা ছিল সারী।
দুহে দুহা পেয়ে হৈল মদনবিহারী॥
৭৫৩ সারীশুকবিহার দেখিয়া বাড়ে রাগ।
সেইখানে একবার হৈল কামযাগ॥

Such behavior of yours! Yet in others you ask for moral   745
    principles.
You honor neither dharma nor religion.
At first you say that someone is good, later that he is bad.
To whom shall I tell this? Who else can fathom your
    nature?
At first you caress, then, later, neglect.   746
Oh, ocean of virtues, no one but you knows such flirtation
    and foreplay.
You speak so well, my lord. How long will you keep me
    under your spell?
Oh, but Bharat knows what you are made of.

The clever prince won his clever princess   747
through his grand schemes and artful coquetry.
No one ever found them out as he shuttled   748
back and forth through the tunnel to tryst.
But, at last, one day Sundar took Vidya   749
through the tunnel to Hira's house.
The princess met the prince's trained parrot,   750
only to return home to fetch her own bird, a mynah.[70]
Wedding the parrot to the mynah, the royal pair became   751
joint parents-in-law, addressing each other accordingly.
The parrot had been alone, as had the mynah,   752
but together they enjoyed lovemaking, as their parents
    had done.
Glimpsing the birds' lovemaking, Sundar and Vidya's   753
    passion rose.
At once, they succumbed to Kama.

৭৫৪ সাড়া পেয়ে হীরা বলে কি শুনিতে পাই।
সুন্দর বলেন শুকে দাড়িম খায়াই॥

৭৫৫ কপাটেতে খিল আঁটা দেখিতে কে পায়।
ভেকে ভুলাইয়া পদ্মে ভৃঙ্গ মধু খায়॥

৭৫৬ দুজনে আইলা পুন বিদ্যার আগার।
এইরূপে নানা মতে করেন বিহার॥

৭৫৭ সুন্দরীর ছিল দিবাসম্ভোগের ক্রোধ।
এক দিন মনে কৈল দিব তার শোধ॥

৭৫৮ দিবসে সুন্দর ছিলা বাসায় নিদ্রায়।
সুড়ঙ্গের পথে বিদ্যা আইলা তথায়॥

৭৫৯ নিদ্রায় অবশ দেখি রাজার নন্দন।
ধীরে ধীরে তার মুখে করিল চুম্বন॥

৭৬০ সিন্দূর চন্দন সতী পতিভালে দিয়া।
দ্রুত গেলা চিহ্ন রাখি নয়ন চুম্বিয়া॥

৭৬১ নারীর পরশ পেয়ে নিদ্রা হৈল ভঙ্গ।
শিহরিল কলেবর মাতিল অনঙ্গ॥

৭৬২ আতিবিতি গেল রায় বিদ্যার ভবন।
দেখে বিদ্যা খাটে বসি দেখিছে দর্পণ॥

Hira, who heard all their moans and sighs, asked, "What is 754
    all that racket?"

"It is my parrot, auntie. I have fed him a pomegranate,"
    Sundar called back to her.

With the latch on his door so secure, who could know for 755
    sure?

A pity for the frog that the bee is the one to sip honey from
    the lotus.

After both had returned to Vidya's quarters, 756
they made love again that evening.

But the beautiful one, still upset with Sundar's deceit, 757
thought, "I will yet give him his just deserts."

And so the next day, as Sundar slumbered at the flower- 758
    woman's,

Vidya made her way through the underground tunnel.

Upon arriving, she found him sleeping 759
and very softly kissed his lips.

Smearing vermilion and sandalwood cream across her 760
    husband's forehead,

she kissed his eyelids, then quickly departed, leaving only
    those traces behind.

But the woman's touch broke Sundar's sleep, and as he 761
    yawned

and stretched, Ananga rose deep within him, filling him

with unbridled desire. Ray rushed through the passage to 762
    the palace,

where he found Vidya sitting on her bed, gazing into a
    mirror.

৭৬৩ সুন্দরে দেখিয়া বিদ্যা হাসি দেই লাজ।
এস এস প্রাণনাম এ কি দেখি সাজ॥

৭৬৪ কে দিয়াছে কপালেতে সিন্দূর চন্দন।
নয়নে পানের পিক দিল কোন্ জন॥

৭৬৫ দর্পণে দেখহ প্রভু সত্য হয় নয়।
দর্পণে দেখিয়া কবি হইলা বিস্ময়॥

৭৬৬ বিদ্যা বলে প্রাণনাথ বুঝিনু আভাস।
মালিনীর বাড়ী বুঝি দিনে হয় রাস॥

৭৬৭ নূতন নূতন বুঝি আনি দেয় হীরা।
কত দিনে মোরে বুঝি না চাহিবে ফিরা॥

৭৬৮ আমি হৈনু বাসি ফুল ফুরাইল মধু।
কেবল কথায় না কি রাখা যায় বঁধু॥

৭৬৯ অনুকূল পতি যদি হয় প্রতিকূল।
ধৃষ্ট শঠ দক্ষিণ না হয় তার তুল॥

৭৭০ এ বার বৎসর যদি কামে তনু দহে।
তবু যেন লম্পটের সঙ্গে সঙ্গ নহে॥

৭৭১ পরনারীমুখে মুখ দেয় যেই জন।
তার মুখে মুখ দেয় সে নারী কেমন॥

৭৭২ পরের উচ্ছিষ্ট খেতে যার হয় রুচি।
তারে যে পরশ করে সে হয় অশুচি॥

৭৭৩ সুন্দর কহেন রামা কত ভৎস আর।
তোমা বিনা জানি যদি শপথ তোমার॥

At the sight of Sundar, Vidya laughed and put him to shame: 763

"Come, my beloved. What is this disguise you are wearing?

Who has stained your forehead with vermilion and sandalwood cream?   764

Who has applied betel juice to your eyelids?

Look into this mirror, my lord. See for yourself."   765

The poet glanced in a mirror as a look of astonishment painted his face.

Then Vidya nodded. "My beloved, I can see what all this means.   766

A *rāsa* dance is held daily at the flower-woman's place.

Hira, I think, always brings you new girls,   767

so you will perhaps not want me again for quite some days.

I am now a faded flower, with no more honey left to give.   768

Can words be enough to keep a lover?

If a well-disposed husband grows hostile,   769

he has no equal as an arrogant, deceitful lover of many women.

Should passion burn in my body for a dozen years,   770

even then, I would have nothing to do with this libertine.

What kind of woman would put her lips on a man   771

who has laid his on those of another woman?

Impure is the woman who touches a man   772

fond of having the leftovers of another."

"My lady," replied Sundar, "how many more reproaches must I endure?   773

I swear I have known none but you.

৭৭৪ তোমারি সিন্দূর এই তোমারি চন্দন।
তোমারি পানের পিকে রেঙ্গেছে নয়ন॥
৭৭৫ এমনি তোমার দাগে দেগেছি কপাল।
ধুইলে না যাবে ধোয়া জীব যত কাল॥
৭৭৬ এমনি তোমার পানে রেঙ্গেছি নয়নে।
তোমা বিনা নাহি দেখি জাগ্রত স্বপনে॥
৭৭৭ আপন চিহ্নেতে কেন হইলা খণ্ডিতা।
লাভে হৈতে হৈলা দেখী কলহান্তরিতা॥
৭৭৮ ভাবি দেখ বাসসজ্জা নিত্য নিত্য হও।
উৎকণ্ঠিতা বিপ্রলব্ধা এক দিনো নও॥
৭৭৯ কখন না হইল করিতে অভিসার।
স্বাধীনভর্ত্তৃকা কেবা সমান তোমার॥
৭৮০ প্রোষিতভর্ত্তৃকা হৈতে বুঝি সাধ যায়।
নহে কেন মিছা দোষ দেখাহ আমায়॥
৭৮১ তোমা ছাড়ি যাব যদি অন্যের নিকটে।
তবে কেন তোমা লাগি আইনু সঙ্কটে॥
৭৮২ তুষ্ট হৈলা রাজসুতা শুনিয়া বিনয়।
মিছা কথা সিঁচা জল কত ক্ষণ রয়॥

This is your vermilion, your sandalwood cream across my   774
    brow,
your betel juice that has colored my eyelids.
My forehead is so dyed by your marks   775
that they will never wash out so long as I live.
My eyes have only further reddened gazing at you.   776
Waking or dreaming, I see no one but you.
Why have you grown to be a *khaṇḍitā,* a woman so jealous   777
    and angry at the sight of the marks you yourself have
    made?[71]
You have become a *kalahāntaritā,* who denies her lover
    after every quarrel.
Reflect on this, and remain a *vāsasajjā,* who is always   778
    dressed for me, available to me;
neither an *utkaṇṭhitā,* who is anxious, nor a *vipralabdhā,*
    who is disappointed.
As you never before were an *abhisārikā,* a woman who   779
    goes for a tryst,
no *svādhīnabharttṛkā,* no mistress of independent spirit,
    can rival you.
Do you wish to be a *proṣitabhartṛkā,* a woman pining for   780
    her absent lover?[72]
Why would you falsely accuse me of such offenses?
If it were my desire to leave you and lie with another,   781
why, then, have I faced such great danger to come to you?"

Delighted by Sundar's confession, the princess beamed.   782
Can deceit ever really be kept hidden?

৭৮৩ ভাঙ্গিল কন্দল দুহে মাতিল অনঙ্গে।
রজনী হইল সাঙ্গ অনঙ্গপ্রসঙ্গে ॥

৭৮৪ প্রভাতে হীরার ঘরে গেলেন কুমার।
এইরূপে বহু দিন করয়ে বিহার ॥

৭৮৫ বিদ্যার হইল ঋতু সখীরা জানিল।
বিয়া মত পুনর্ব্বিয়া সুন্দর করিল ॥

৭৮৬ খুদমাগা কাদাখেঁড়ু নারিনু রচিতে।
পুথি বেড়ে যায় বড় খেদ রৈল চিতে ॥

৭৮৭ অন্নপূর্ণামঙ্গল রচিলা কবিবর।
শ্রীযুত ভারতচন্দ্র রায় গুণাকর ॥

বিদ্যার গর্ভ

৭৮৮ আ লো আমার প্রাণ কেমন লো করে।
কি হৈল আমারে।
যে করে আমার প্রাণ কহিব কাহারে ॥

৭৮৯ লুকায়ে পিরীতি কৈনু   কুলকলঙ্কিনী হৈনু
আকুল পরাণ মোর অকূল পাথারে।
সুজন নাগর পেয়ে   আগু পাছু নাহি চেয়ে
আপনি করিনু প্রীতি কি দূষিব তারে ॥

Their quarrel ended as one embraced the other, each 783
    possessed by yearning,
the night culminating once again in their lovemaking.
In the morning, the prince returned to Hira's house. 784
For many days and nights, they made love in this way.
When her companions came to know that Vidya had at 785
    last become a woman,
Sundar prepared for her *punarbbiyā* just as he had for their
    first ceremony.[73]
I cannot fathom narrating the *khudmāgā* and *kādākhẽru* 786
    rituals,[74]
the manuscript then would swell even more. I am sorry for
    that.

The foremost of poets, the fortunate Bharatchandra Ray 787
    Gunakar,
composed *In Praise of Annapurna*.

VIDYA CONCEIVES A CHILD

Oh, my beloved, how strange I feel. 788
What is happening to me?
Whom shall I tell of my condition?
By making love in secret I have brought dishonor upon my 789
    house.
Alas, I lie floating on a shoreless ocean.
Though this handsome prince pursued me, it was I who
    thought neither of my past nor future.
It was I who made love. How can blame fall on him?

৭৯০ লোকে হৈল জানাজানি সখীগণে কানাকানি
আপনা বেচিয়া এত সহিতে কে পারে।
যায় যাক জাতি কুল কে চাহে তাহার মূল
ভারতে সে ধন্য শ্যাম ভাল বাসে যারে॥

৭৯১ এইরূপে ধূর্ত্তপনা করিয়া সুন্দর।
করিলা বিস্তর খেলা কহিতে বিস্তর॥
৭৯২ দেখহ কালীর খেলা হইতে প্রকাশ।
গর্ভবতী হৈলা বিদ্যা দুই তিন মাস॥
৭৯৩ উদর আকাশে সুতচাঁদের উদয়।
কমল মুদিল মুখ রজঃ দূর হয়॥
৭৯৪ ক্ষীণ মাজা দিন পেয়ে দিনে দিনে উচ।
অভিমানে কালামুখ নম্রমুখ কুচ॥
৭৯৫ স্তনে ক্ষীর দেখি নীর হইল রুধির।
কাল পেয়ে শিরতোলা দিল যত শির॥
৭৯৬ হরিদ্রা তড়িত চাঁপা সুবর্ণের শাপে।
বরণ পাণ্ডুর বুঝি সম তার তাপে॥
৭৯৭ দোহাই না মানে হাই কথা নাই তায়।
উদরে কি হৈল বলি দেখাইতে চায়॥
৭৯৮ অধর বান্ধুলি মুখ কমল আশায়।
দুই গণ্ডে গণ্ডগোল অলি মাছি তায়॥
৭৯৯ সর্ব্বদা ওয়াক ছর্দ্দি মুখে উঠে জল।
কত সাধ খেতে সাদ সুস্বাদু অম্বল॥

People have come to know—there is obviously talk among   790
    my maids.
For selling oneself, out of love to man, how can one suffer
    so much?
Let caste and lineage be lost, why bother with them?

The woman who is loved by Shyam is exalted in Bharat.

And so Sundar carried on as he had always,   791
hatching more plots than one can tell.
But Kali's design would soon be revealed.   792
Vidya was now two or three months pregnant.
In the sky of her belly, the moon of a son had risen.   793
Her bleeding ceased, the lotus closed.
Vidya's thin waist became thicker day by day,   794
her wounded dignity darkened and lowered her breasts.
As her breasts filled with milk, her royal blood turned to   795
    water,
the veins in her limbs became gradually prominent.
Vidya's complexion lightened to a pale hue, as if cursed   796
by lightning, gold, turmeric, and champac flowers.
Her yawns would listen to no appeal,   797
they were eager to see what was growing beneath her
    waist.[75]
Her lips had been like *bāndhuli* flowers, her face a budding   798
    lotus,
on her two cheeks bees and flies had been buzzing.
Her violent morning sickness gave rise to   799
cravings, for something sweet, something sour.

৮০০   মাটি খেয়ে যেমন এমন কৈল কাজ।
পোড়া মাটি খেতে রুচি সারিতে সে লাজ॥

৮০১   জাগিয়া জাগিয়া যত হয়েছে বিহার।
অবিরত নিদ্রা বুঝি শুধিতে সে ধার॥

৮০২   নিদ্রা না হইত পূর্ব্বে অপূর্ব্ব শয্যায়।
আঁচল পাতিয়া নিদ্রা আনন্দে ধরায়॥

৮০৩   বসিলে উঠিতে নারে সর্ব্বদা অলস।
শরীরে সামর্থ্য নাহি মুখে নাহি রস॥

৮০৪   গর্ভ দেখি সখীগণ করে কানাকানি।
কি হইবে না জানি শুনিলে রাজা রাণী॥

৮০৫   হায় কেন মাটি খেয়ে এখানে রহিনু।
না খাইনু না ছুঁইনু বিপাকে মরিনু॥

৮০৬   ইহার হইল সুখ তারো হৈল সুখ।
হতভাগী মো সবার ভাগ্যে আছে দুখ॥

৮০৭   পূর্ব্বেতে এ সব কথা হীরা কয়েছিল।
লোচনী লোচনখাগী প্রমাদ পাড়িল॥

৮০৮   লুকায়ে এ সব কথা রাখা না কি যায়।
লোকে বলে পাপ কাপ কদিন লুকায়॥

৮০৯   চল গিয়া রাণীরে কহিব সমাচার।
যায় যাবে যার খুন গর্দ্দান তাহার॥

Having eaten the clay she so craved, 800
she felt ashamed of giving in to the urge.[76]

Unceasingly tired, she paid back in sleep the hours 801
she had spent with Sundar in lovemaking.

Though before, she had rarely rested, not even in her 802
    luxurious bed,

now she slept soundly on the ground, lying upon the end
    of her sari.

Whenever she sat down she could not get up again, 803
everlastingly exhausted, perpetually parched.

Seeing her condition develop, her handmaids continued to 804
    prattle,

"My, what will come when the king and the queen hear of
    this?

Lord, why did we do nothing when we knew better? 805
We have fasted and abstained, and yet woe awaits us, I
    fear.

She took pleasure in it and he enjoyed it too, 806
but, for the rest of us, misfortune is our sorry lot.

Hira had warned us. 807
Lochani,* the wide-eyed one, has ruined herself and
    invoked tragedy.

Can one possibly keep such secrets? 808
How long can sin and deceit be concealed?

Let us make haste and unburden ourselves to the queen. 809
Let whoever committed the murder be beheaded."

---

* A name for the maid Sulochana.

৮১০ ভারত কহিছে এ দাসীর খাসা গুণ।
আগে দিয়া ভরসা পশ্চাতে করে খুন ॥

গর্ভসংবাদ শ্রবণে রাণীর তিরস্কার

৮১১ যত সখীগণ   বিরস বদন
রাণীর নিকটে যায়।
করি জোড়পাণি   নিবেদয়ে বাণী
প্রণাম করিয়া পায় ॥

৮১২ ঠাকুরকন্যার   যে দেখি আকার
পাণ্ডুবর্ণ পেট ভারি।
গর্ভের লক্ষণ   এ ব্যাধি কেমন
ঠাহরিতে কিছু নারি ॥

৮১৩ দেখিলে আপনি   যে হৌক তখনি
সকলি হবে বিদিত।
শুনি চমকিয়া   চলে শিহরিয়া
মহিষী যেন তড়িত ॥

৮১৪ আকুল কুন্তলে   বিদ্যার মহলে
উত্তরিলা পাটরাণী।
উদর ডাগর   দেখি হৈল ডর
রাণীর না সরে বাণী ॥

220

Bharat says, "My, these maidservants possess excellent   810
    qualities, indeed.
At first they give hope and later they kill."

THE QUEEN'S REPROACHES
UPON HEARING THE NEWS

Each maid, assuming her own downtrodden expression,   811
marched on to meet the queen.
Bowing down and joining hands,
they humbly beseeched her.
"My lady, your daughter   812
has grown pale and heavy.
Though we know not how her condition came about,
there are signs she is with child.
See her yourself, my lady, and   813
whatever it may be, all will be known to you."
This grand, majestic queen stood shaking, shocked to the
    bone,
before fleeing furiously to the princess's quarters.
Her hair disheveled, the fearsome queen   814
stormed into Vidya's apartment.
Glimpsing Vidya's big belly, the queen
shuddered, unable to utter a word.

৮১৫ প্রণমিতে মারে বিদ্যা নাহি পারে
লজ্জায় পেটের দায়।
কাপড়ে ঢাকিয়া প্রণমে বসিয়া
বৈস বৈস বলে মায়॥

৮১৬ গালে হাত দিয়া মাটিতে বসিয়া
অধোমুখে ভাবে রাণী।
গর্ভের লক্ষণ করি নিরীক্ষণ
কহে ভালে কর হানি॥

৮১৭ ও লো নিশঙ্কিনী কুলকলঙ্কিনী
সাপিনী পাপকারিণী।
শাঁখিনীর প্রায় হরিয়া কাহায়
আনিলি ডাকি ডাকিনী॥

৮১৮ ডরে মোর ঘরে বায়ু না সঞ্চরে
ইহার ঘটক কেবা।
সাপের বাসায় ভেকেরে নাচায়
কেমন কুট্টিনী সে বা॥

৮১৯ না মিলিল দড়ি না মিলিল কড়ি
কলসী কিনিতে তোরে।
আই মা কি লাজ কেমনে এ কাজ
করিলি খাইয়া মোরে॥

৮২০ রাজা মহারাজ তাঁরে দিলি লাজ
কলঙ্ক দেশে বিদেশে।
কি ছাই পড়িলি কি পণ করিলি
প্রমাদ পাড়িলি শেষে॥

Mortified, Vidya could not bend 815
to kneel before her mother.
Quickly gathering up her sari, she moved to
conceal her belly and bow, urging her mother to sit.
The great queen seated herself, 816
and deep in thought, head downcast, put a hand on her
  cheek.
"I see the signs of pregnancy," the queen cried out with
  contempt,
striking her forehead.
"Oh, you brazen one, you have disgraced your good name. 817
You snake, you sinner!
Oh, you, female ghoul, whom did you beguile
and bring to you with your calls of a demoness?
The wind itself is too afraid to enter into these rooms. 818
So who is the go-between?
Which procuress is this who coaxed
the frog to dance in the snake's hole?
Could you find no rope with which to hang yourself? Had 819
  you
no money to buy a pitcher of water to drown yourself
  with?
You will bring such shame on us all. Oh daughter, how
  could you do this?
You have utterly destroyed me, Vidya.
You have shamed your king, the maharaja. 820
His dishonor will be known the world over.
What a vow to have taken, your education for naught.
Oh, what disaster you have begotten!

৮২১ এল কত জন   রাজার নন্দন
      বিবাহ করিতে তোরে।
জিনিয়া বিচারে   না বরিলি কারে
      শেষে মিটে গেলি চোরে॥

৮২২ শুনি তোর পণ   রাজপুত্রগণ
      অদ্যাপি আইসে যায়।
শুনিলে এমন   হইবে কেমন
      বল কি তার উপায়॥

৮২৩ সন্ন্যাসীটা আছে   ভূপতির কাছে
      নিত্য আসে তোর পাকে।
কি কব রাজায়   না দিল তাহায়
      তবে কি এ পাপ থাকে॥

৮২৪ আমি জানি ধন্যা   বিদ্যা মোর কন্যা
      ধন্য ধন্য সর্ব্ব ঠাঁই।
রূপগুণযুত   যোগ্য রাজসুত
      হইবে মোর জামাই॥

৮২৫ রাজার ঘরণী   রাজার জননী
      রাজার শাশুড়ী হব।
যত কৈনু সাধ   সব হৈল বাদ
      অপবাদ কত সব॥

৮২৬ বিদ্যার মা ছলে   যদি কেহ বলে
      তখনি খাইব বিষ।
প্রবেশিব জলে   কাতি দিব গলে
      পৃথিবী বিদার দিস॥

So many princes had come and gone,   821
desirous to win you.
How many of them have you prevailed over in debate and
    married none.
And at last you settled for a thief in the night.
Knowing the vow you have taken,   822
even today princes come and go.
What will befall us now if they hear that?
Speak to me, Vidya.
What of this ascetic who appeals   823
to the king to give you his hand?
Had your father given you away to him,
would you still have committed this unholy sin?
I thought I was blessed with you, Vidya, my daughter,   824
yourself blessed and revered everywhere.
I thought that, endowed with beauty and intellect,
you would make a worthy prince my son-in-law,
that you would become the wife of a king, the mother of   825
    a king,
that I would become the mother-in-law of a king.
But now, all my hopes and wishes have vanished,
there is nothing left for us but slander and disrepute.
If anyone, even in jest, calls me Vidya's mother   826
I will swallow poison,
drown myself, slit my throat,
jump into a chasm in the earth.

৮২৭ আ লো সখীগণ   তোরা বা কেমন
রক্ষক আছিলি ভালে।
সকলে মিলিয়া   কুটিনী হইয়া
চূণ কালি দিলি গালে॥

৮২৮ তোরা ত সঙ্গিনী   এ রঙ্গে রঙ্গিণী
এই রসে ছিলি সবে।
ভুলালি আমায়   দানি ভাঁড়া যায়
সঙ্গী ভাঁড়া যায় কবে॥

৮২৯ থাক থাক থাক   কাটাইব নাক
আগে ত রাজারে কহি।
মাথা মুড়াইব   শালে চড়াইব
ভারত কহিছে সহি॥

বিদ্যার অনুনয়

৮৩০ রাণী যত কহে   বিদ্যা মৌনে রহে
লাজে ভয়ে জড় সড়।
ভাবিয়া কান্দিয়া   কহে বিনাইয়া
ধূর্ত্তের চাতুরী বড়॥

৮৩১ নিবেদয়ে ধনী   শুন গো জননি
কত কহ করে ছল।
কিছু জানি নাই   জানেন গোসাঁই
ভাল মন্দ ফলাফল॥

226

Oh, maids, what chaperones   827
you all have been,
all of you procuresses,
who have flooded me with disgrace.
You were her colluders in this wicked game,   828
all of you involved in this illicit affair.
You have deceived me. One can dupe the tax collector,
but how can one cheat one's companions?
Oh, let it be thus. I shall cut off your noses,   829
nosy girls, but, first, I shall tell the king.
Beware, for your heads will yet be shaved, and I will have
     you impaled."

Bharat nods in approval.

VIDYA'S ENTREATY

Silent as the queen condemned her,   830
Vidya cowered in fear and humility.
As she wept, she narrated at length
the deceitful one's great talent for artifice.
The lovely one pleaded, "Oh, Mother,   831
you have said so much and so well.
I know nothing. Only God knows
our fates, whether providential or pitiful.

৮৩২ চৌদিকে প্রহরী   সঙ্গে সহচরী
            বঞ্চি এ বন্দীর মত।
      নাহি কোন ভোগ   মিথ্যা অনুযোগ
            মা হইয়া কহ কত॥

৮৩৩ রাজার নন্দিনী   চিরবিরহিণী
            মোর সমা কেবা আছে।
      বাপে না জিজ্ঞাসে   মায়ে না সম্ভাষে
            দাঁড়াইব কার কাছে॥

৮৩৪ কি করি বাঁচিয়া   ভাবিয়া ভাবিয়া
            গুল্ম হইল বুঝি পেটে।
      মুখে উঠে জল   অঙ্গে নাহি বল
            চাহিতে না পারি হেটে॥

৮৩৫ সবে এক জানি   শুন ঠাকুরাণি
            প্রত্যহ দেখি স্বপন।
      একই সুন্দর   দেব কি কিন্নর
            বলে করে আলিঙ্গন॥

৮৩৬ চোর বলি তারে   চাহি ধরিবারে
            তপাসি ঘুমের ঘোরে।
      নিদ্রাভঙ্গে চাই   দেখিতে না পাই
            নিত্য এই জ্বালা মোরে॥

৮৩৭ পুরুষে স্বপনে   নারীর ঘটনে
            মিথ্যায় সত্যের ভান।
      দেখে নিদ্রাভঙ্গে   মিথ্যা রতিরঙ্গে
            বসনে রেতনিশান॥

With guards always surrounding us,   832
my maids and I are like prisoners.
I take no pleasure, just endure false accusations
that, though you be my mother, you besmirch me with.
Here I am the king's only daughter, always on my own.   833
Is there anyone on earth like me?
Secluded from both my parents,
whom shall I importune?
My life is of no avail. I constantly worry how I can survive.   834
A shrub, it seems, came into my belly.
Anything I try to keep down, water even, comes back up
and, unable to bend, I cannot even glimpse my feet.
I know only one thing, *ṭhākurāṇi*.[77]   835
Every night the same dream comes to me,
the same handsome man, god, or celestial musician,
who forcibly embraces me, Mother.
Taking him for a thief, I try to seize him,   836
grasping for him endlessly in my deep sleep.
Awaking, I look around but he has left no trace.
Night after night I face this same conundrum.
In a dream, a man is a chance happening for a woman,   837
a falsehood with the pretense of truth.
But awaking after such a dream,
I discover a stain of semen on my night-robe.

৮৩৮   তেমনি আমারে   স্বপনবিহারে
        পুরুষ সহিতে ভেট।
মিথ্যা পতিসঙ্গ   মিথ্যা রতিরঙ্গ
        সত্য বুঝি হবে পেট॥
৮৩৯   বাক্যের কৌশলে   রাণী ক্রোধে জ্বলে
        রাজারে কহিতে যায়।
ভারত ভাষায়   সকলে হাসায়
        ছায়ে ভাঁড়াইল মায়॥

রাজার বিদ্যাগর্ভ শ্রবণ

৮৪০   ক্রোধে রাণী ধায় রড়ে   আঁচল ধরায় পড়ে
        আলু থালু কবরীবন্ধন।
চক্ষু ঘুরে যেন চাক   হাতনাড়া ঘন ডাক
        চমকে সকল পুরজন॥

In this way, in the love-play of my dream,   838
I have the visit of a man.
I know neither a husband's company nor lovemaking with
    another,
but the truth of this misdeed lies in my belly."
At such a devious answer, the queen burst into a rage   839
and fled at once to apprise the king.

Bharat teases the mind with his words in the local
    language.[78] Without a shadow of a doubt,
this young woman prevaricated, giving her mother
    nothing but shadow.

THE KING HEARS
OF VIDYA'S PREGNANCY

As the queen raced to tell the king of their daughter's   840
    deceit,
she dragged her sari, careening through the palace, her
    hair wild in her rage.
Her eyes turned this way and that, like a potter's wheel,
    moving about her hands,
all the palace residents astonished by her wails and
    bellows.

৮৪১   শয়নমন্দিরে রায়   বৈকালিক নিদ্রা যায়
সহচরী চামর ঢুলায় ।
রাণী আইল ক্রোধমনে   নূপুরের ঝনঝনে
উঠি বৈসে বীরসিংহ রায় ॥

৮৪২   রাণীর দেখিয়া হাল   জিজ্ঞাসয়ে মহীপাল
কেন কেন কহ সবিশেষ ।
রাণী বলে মহারাজ   কি কব কহিতে লাজ
কলঙ্কে পুরিল সব দেশ ॥

৮৪৩   ঘরে আইবড় মেয়ে   কখন না দেখ চেয়ে
বিবাহের না ভাব উপায় ।
অনায়াসে পাবে সুখ   দেখিবে নাতির মুখ
এড়াইলে ঝির বিয়াদায় ॥

৮৪৪   কি কহিব হায় হায়   জ্বলন্ত আগুনপ্রায়
আইবড় এত বড় মেয়ে ।
কেমনে বিবাহ হবে   লোকধর্ম্ম কিসে রবে
দিনেক দেখিতে হয় চেয়ে ॥

৮৪৫   উচ্চ মাথা হৈল হেঁট   বিদ্যার হয়েছে পেট
কালামুখ দেখাইবে কারে ।
যেমনি আছিল গর্ব্ব   তেমনি হইল খর্ব্ব
অহঙ্কারে গেলে ছারখারে ॥

The king had been dozing on his divan,   841
a maidservant flicking a fly whisk about the room
until the queen burst in like a windstorm. Virsimha Ray,
    rousing
to the sound of her anklets jingling, started and sat up
    quickly.

Sensing the queen's agitated state, the king demanded,   842
"Yes, my dear, what is it? What has happened? Tell me."
"Oh, my lord," said the queen, "what can I say? I am
    ashamed to tell you
our whole country has been blackened by the hand of our
    only daughter.

You never even give a glance at our unmarried daughter,   843
nor consider how we shall wed her to a prince befitting of
    her.
If we could but marry her once and for all,
you could delight in seeing the face of your firstborn
    grandson.

Mighty God, such an old, unmarried girl,   844
such a rippling, blazing fire.
How can we marry her now and keep the local custom?
Go, take a good, long look at her for yourself
and climb down from that pedestal, for our Vidya is   845
    pregnant.
How will you show your blackened face now?
Your pride that was so high has now been brought so low.
Your dignity is now totally ruined.

৮৪৬ বিদ্যার কি দিব দোষ তারে বৃথা করি রোষ
বিয়া হৈলে হৈত কত ছেলে।
যৌবনে কামের জ্বালা কদিন সহিবে বালা
কথায় রাখিব কত ঠেলে॥

৮৪৭ সদা মত্ত থাক রাগে কোন ভার নাহি লাগে
উপযুক্ত প্রহরী কোটাল।
এক ভস্ম আর ছার দোষ গুণ কব কার
আমি মৈলে ফুরায় জঞ্জাল॥

৮৪৮ যে জন আপনা বুঝে পরদুঃখ তারে শুঝে
সকলে আপন ভাবে জানে।
রাণী গেলা এত বলে বীরসিংহ ক্রোধে জ্বলে
বার দিল বাহির দেয়ানে॥

৮৪৯ কালান্তকালের কাল ক্রোধে কহে মহীপাল
কে আছে রে আন তো কোটালে।
উকীল আছিল যারা কীলে সারা হৈল তারা
কোটালের যে থাকে কপালে॥

How can I blame Vidya? I cannot be cross with her. 846
Had she married she would have borne so many sons.
How long should a young woman suffer the pangs of
    desire?
How long can I console her with mere words?
You, constantly consumed with your own concerns, never 847
    take responsibility.
But, oh, how worthy a guardian is your police chief.
One amounts to ash, another to dust. Difficult, is it not, to
    know
whom to blame and whom to praise? Oh, if only I could
    perish, then all this torment would cease.
He who understands his own sorrow understands that of 848
    others.
One comprehends another through oneself."

The queen took her leave, as King Virsimha seethed with
    rage.
Rushing to court, evoking, it almost seemed,
the terror and trepidation that come at the end of the 849
    world,
the king roared ominously, "You there, go and fetch the
    police chief!"
His faultless staff, enduring wallops and welts, felt the
    brunt
of his righteous indignation. What would be the police
    chief's fate?

৮৫০ হুঙ্কারে হুকুম পায়   শত শত খোজা ধায়
খানেজাদ চেলা চোপদার।
কীল লাথি লাঠি হুড়া   চর্ম্ম উড়ে হাড় গুঁড়া
এনে ফেলে মৃতের আকার॥
৮৫১ ক্ষণেকে সম্বিত পেয়ে   জোড়হাতে রহে চেয়ে
ভারত কহিছে কহে রায়।
যেমন নিমক খালি   হালাল করিলি ভালি
মাথা কাটি তবে দুঃখ যায়॥

কোটালে শাসন

৮৫২ রাজা কহে শুন রে কোটাল।
নিমকহারাম বেটা   আজি বাঁচাইবে কেটা
দেখিবি করিব যেই হাল॥
৮৫৩ রাজ্য কৈলি ছারখার   তল্লাস কে করে তার
পাত্র মিত্র গোবরগণেশ।
আপনি ডাকাতি করি   প্রজার সর্ব্বস্ব হরি
হয়েছিস দ্বিতীয় ধনেশ॥

Demands were bawled as hundreds of eunuchs,   850
slaves, and servants fled, grasping clubs to defend
    themselves.
Kicking and screaming, skin flying, bones crushed to
    powder,
they seized the police chief and brought him in, as good as
    dead. At last coming
to his senses, the police chief gazed up at them all, hands   851
    clasped to implore for his fate.

Bharat repeats the words of the king.
"You who have reaped the reward of my favor have cost
    me my good name,
my kingdom. It is only just that I have your head."

THE POLICE CHIEF'S PUNISHMENT

"Hear me well," said the king to his police chief,   852
    Dhumketu.
"You ungrateful scoundrel, who will come and save you
    now?
Just wait and see what is in store for you.
You have squandered my kingdom away with your   853
    negligence.
My counselors and friends, all are lazy and good for
    nothing.
Having looted and robbed my subjects of their livelihoods,
you have become wealthy beyond compare.

৮৫৪ লুঠিলি সকল দেশ   মোর পুরী ছিল শেষ
        তাহে চুরি করিলি আরম্ভ।
জান বাচ্চা এক খাদে   গাড়িব হারামজাদে
        তবে সে জানিবি মোর দম্ভ॥

৮৫৫ তোর জিম্মা মোর পুরী   বিদ্যার মন্দিরে চুরি
        কি কহিব কহিতে সরম।
মাতালে কোটালি দিয়া   পাইনু আপন কিয়া
        দূর গেল ধরম ভরম॥

৮৫৬ প্রাণ রাখিবার হেতু   নিবেদয়ে ধূমকেতু
        অবধান কর মহারাজ।
সাত দিন ক্ষম মোরে   ধরি আনি দিব চোরে
        প্রাণ রাখ গরীবনেবাজ॥

৮৫৭ পাত্র মিত্র দিল সায়   ভাল ভাল বলি রায়
        নাজীরের হাবালে করিল।
কোটাল বিনয়ে কয়   মহল হাবালে হয়
        ভাল বলি রাজা সায় দিল॥

৮৫৮ রাজার হুকুম পায়   আগে আগে খোজা ধায়
        সমাচার কহিল দোপটে।
বিদ্যা সখীগণ লয়ে   বারি হৈলা দ্রুত হয়ে
        রহিলেন রাণীর নিকটে॥

238

With my entire country plundered, only my palace   854
    remains,
though I see now you have begun to steal from me too.
You wretched rogue, I will throw you and your children
    into a pit.
Only then will you know my power.
Under your charge, a theft took place in Vidya's rooms,   855
What shall I say? It is a shame to say it.
Oh, I certainly got my due by appointing a drunkard as
    head of police.
But I have been robbed, too, of my dignity, my dharma."

To save himself from a dreadful end, Dhumketu humbly   856
    pleaded with the king.
"Oh, Maharaja, please. Grant me but a week's time,
and I will catch the thief for you.
Please spare me, my lord, protector of the poor."
As his counselors nodded in agreement, the king voiced   857
    his consent.
Dhumketu was placed in the custody of the head law clerk,
    but the police chief
adamantly declared, "My lord, may the palace be placed
    under my charge."
The king at last consented to this as well,
and upon receiving the king's order, the eunuchs all   858
raced ahead to offer up to all what they already knew.

Vidya and her handmaids hastily emerged from her room,
huddling near the queen as the police chief

৮৫৯ কোটাল বিদ্যার ঘরে সুরাখ সন্ধান করে
কোন্ পথে আসে যায় চোর।
কি করিব কোথা যাব কেমনে চোরেরে পাব
কেমনে বাঁচিবে প্রাণ মোর॥

৮৬০ কি জানি কেমন চোর কাল হয়ে এল মোর
দেবতা গন্ধৰ্ব্ব যক্ষ নাগ।
হেন বুঝি অভিপ্রায় শূন্যে শূন্যে আসে যায়
কেমনে পাইব তার লাগ॥

৮৬১ পূৰ্ব্ব শুভাশুভ ফলে জনম ধরণীতলে
কে পারে করিতে অন্যমত।
পরে করি গেল সুখ আমার কপালে দুখ
ধন্য রে কোটালি খেদমত॥

৮৬২ রসময়ী রাজকন্যা রূপগুণময়ী ধন্যা
চোর বুঝি উপযুক্ত তাঁর।
দুজনে ভুঞ্জিল সুখ আমার কপালে দুখ
এ বড় বিধির অবিচার॥

৮৬৩ কূট বুদ্ধি কোটালের কিছু নাহি পায় টের
ভাবে বসি বিষণ্ণ হইয়া।
ঘরের ভিতরে গিয়া শয্যা ফেলে টান দিয়া
দশ দিক দেখে নিরখিয়া॥

began to search for a gap in Vidya's room 859
through which the thief could have arrived and
    absconded.
"Oh, where shall I go? How might I capture him?
However can I save myself?
I know not what type of thief he may be, this one who has 860
    brought about my doom.
Can he be a god, celestial musician, earth demigod,
    serpent demigod?
Or perhaps he flies in and out of Vidya's quarters.
How, then, may I ensnare him?
Born of the seeds of good or bad karma, we enter this 861
    world
full of flaws or perfection. There is no escape from our
    fates.
One may have lived a life of ease, but as for me, I face only
    sorrow now.
Oh, blessed be my police service!
Endowed with such beauty and talent is this stunning, 862
    sensuous princess.
I am sure this thief must suit her.
Such a cunning pair has prevailed at my expense.
What great injustice Vidhi has begotten."
Though the police chief professed the sharpest of 863
    intellects,
he was unable to settle on anything, and ruminated
    bleakly.
Then, suddenly, barging into the room, he pushed away
    the bedding,
examining every corner of Vidya's quarters.

৮৬৪ কপালে আঘাত হানি   পালঙ্ক ফেলিতে টানি
দেখিলেক সুড়ঙ্গের পথ।
ভারত সরস ভণে   কোটাল সানন্দ মনে
কালী পুরাইলা মনোরথ ॥

কোটালের চোর অনুসন্ধান

৮৬৫ এ বড় চতুর চোর।
গোকুলে নন্দকিশোর ॥

৮৬৬ নারিনু রাখিতে   দেখিতে দেখিতে
চিত চুরি কৈল মোর।
সে দেখে সবারে   কে দেখে তাহারে
লম্পট কাল কঠোর ॥

৮৬৭ ফেরে পাকে পাকে   কাছে কাছে থাকে
চাঁদের যেন চকোর।
নাচিয়া গাইয়া   বাঁশী বাজাইয়া
ভারতে করিল ভোর ॥

৮৬৮ দেখিয়া সুড়ঙ্গ পথ কহিছে কোটাল।
দেখ রে দেখ রে ভাই এ আর জঞ্জাল ॥

৮৬৯ নাহি জানি বিদ্যার কেমন অনুরাগ।
পাতাল সুড়ঙ্গে বুঝি আসে যায় নাগ ॥

242

When he slid the bed aside, it was then that he finally   864
    spotted a gap in the floor,
revealing the secret tunnel. The police chief smacked his
    brow.

Bharat narrates pleasantly, "The police chief was relieved
    at last,
for Kali had saved his reputation."

THE POLICE CHIEF
SEARCHES FOR THE THIEF

This thief, this Nandakishor in Gokul, is so very clever.[79]   865
He had stolen my heart so quickly.
I failed to save it from him.   866
He sees all, but who can behold him,
this dark, heartless lecher?
He roams around, and yet strays not from me,   867
just as the *chakor* hovers near the moon.
Dancing, singing, playing the flute,
he has enthralled Bharat.

Upon discovering the tunnel, the police chief warned,   868
"There is yet a further problem, my brothers.
I don't know what Vidya's object of passion is like.   869
But it must be a *nāga,* a serpent demigod from the
    underworld, I fear, that comes and goes

৮৭০ নিত্য নিত্য আসে যায় আজি আসিবেক।
দেখা পেতে পারি কিন্তু কেবা ধরিবেক॥
৮৭১ হরিষ বিষাদে হৈল একত্র মিলন।
আমারে ঘটিল দুর্য্যোধনের মরণ॥
৮৭২ না ধরিলে রাজা বধে ধরিলে ভুজঙ্গ।
সীতার হরণে যেন মারীচ কুরঙ্গ॥
৮৭৩ কেহ বলে ডাক দিয়া আন সাপুড়িয়া।
এখনি ধরিবে সাপ কাঁদনি গাইয়া॥
৮৭৪ কেহ বলে এ কি কথা পাগলের প্রায়।
বিপত্তি পড়িলে বুঝি বুদ্ধিসুদ্ধি যায়॥
৮৭৫ এমন গর্ত্তের সাপ না জানি কেমন।
এত দিনে ধরে খাইত কত লোক জন॥
৮৭৬ আর জন বলে ভাই সাপ মেনে নয়।
ভূঁয়েসের গাড়া এটা এ কথা নিশ্চয়॥
৮৭৭ আর জন বলে বুঝি শেয়ালের গাড়া।
ভেকো বলি কেহ হাসে কেহ দেই তাড়া॥
৮৭৮ তাহারে নির্ব্বোধ বলি আর জন কয়।
সিঁধেলে দিয়াছে সিঁধ মোর মনে লয়॥
৮৭৯ ধূমকেতু তার প্রতি কহিছে রুষিয়া।
মেঝায় দিলেক সিঁধ কোথায় বসিয়া॥

by night through this tunnel. He will come again today, I   870
   suspect.
Should we glimpse him, who could catch him?
Triumph and despair have met on this day.   871
The like of Duryodhan's death shall visit me.[80]
Should this thief escape, the king will murder me. But if   872
   I succeed, the snake will have me.
I am but an unknowing cog in the wheel of this plot, like
   the deer Marich at Sita's abduction."[81]
Someone suggested, "Summon a snake charmer here.   873
Have him sing a lament and at once catch the snake."
Another declared, "Is this not insanity?   874
When we find ourselves in dire straits, we lose our sense,
   it seems.
I cannot even fathom such a serpent emerging from this   875
   hole.
Would it not have devoured throngs of people already?"
One conjectured, "Ah, the culprit cannot be a serpent.   876
This must be the lair of a beast prowling the
   underground."
Yet another surmised, "Nay, this must be the den of a   877
   jackal."
"Idiot!" exclaimed another one laughing, rebuked by
   another.
He was yet refuted by another, who said,   878
"No, it must be a thief who has dug this tunnel."

Exasperated, Dhumketu demanded,   879
"And where must he have been sitting when he bore this
   hole in the floor?

৮৮০ যত জনে যত বল মোরে নাহি ভায়।
আমার কেবল কালসাপ আসে যায়॥

৮৮১ ধরিতে এ কালসাপে পারে কার বাপে।
আমি এই পথে যাব ধরি খাক সাপে॥

৮৮২ ধরিতে নারিয়া চোরে আমি হৈনু চোর।
রাজার হজুরে যাওয়া সাধ্য নহে মোর॥

৮৮৩ যে মারি খেয়েছি আজি চোরের অধিক।
এ ছার চাকরি করি ধিক ধিক ধিক॥

৮৮৪ এত বলি কোটাল সুড়ঙ্গে যেতে চায়।
ভীমকেতু ছোট ভাই ধরি রাখে তায়॥

৮৮৫ যমকেতু নামে তার আর সহোদর।
দর্প করি কহে কেন হইলে কাতর॥

৮৮৬ সাপ নর কিন্নর গন্ধর্ব্ব যদি হয়।
সুরাখ পেয়েছি পাব আর কারে ভয়॥

৮৮৭ পেয়েছে বিদ্যার লোভ আসিবে অবশ্য।
নারীবেশে থাক সবে করিয়া রহস্য॥

৮৮৮ লোভের নিকটে যদি ফাঁদ পাতা যায়।
পশু পক্ষী সাপ মাছ কে কোথা এড়ায়॥

৮৮৯ দেব উপদেব পড়ে তন্ত্রমন্ত্রফাঁদে।
নিরাকার ব্রহ্ম দেহফাঁদে পড়ি কাঁদে॥

None of this makes sense. 880
To me, it seems it could only be a black cobra
sliding in and out. But who could ensnare it? 881
Let this snake strangle me, gobble me up. I will go to
    defeat this way.
As I cannot capture the thief, I have become a thief myself, 882
Alas, I cannot yet face His Majesty,
for today I have been struck more severely than a thief. 883
What a miserable post I have! Oh, what woe has befallen
    me."

With this, the police chief started for the tunnel, 884
but his younger brother, Bhimketu, held him back.
Yet another of his brothers, Yamketu, 885
urged him, "Why so distressed, brother?
Whether this thief be snake, man, celestial singer or 886
    musician,
we have still discovered his burrow. We will yet catch him.
    Why fear
the inevitable? If this thief is indeed desirous of Vidya, he 887
    is certain to return.
Now, all of you, cleverly disguise yourselves as womenfolk.
If we lay a trap surrounding his object of desire, 888
then neither animal nor bird, nor snake, nor fish can
    escape.
Even gods and demigods fall prey to the spell of charms, 889
    incantations, artful ploys.
Recall Brahma, the formless one who wept upon being
    contained in a body.

৮৯০ সাপ সাপ বলি যদি মনে ভয় আছে।
সাপুড়ে গরুড়মণি আনি রাখ কাছে॥
৮৯১ যেমন থাকিত বিদ্যা সখীগণ লয়ে।
নারীবেশে থাক সবে সেই মত হয়ে॥
৮৯২ ইথে মৃত্যু বরঞ্চ বিষয় জানা চাই।
বিনা যুদ্ধে ভঙ্গ দেওয়া কাপুরুষতাই॥
৮৯৩ এখন সে চোর নাহি জানে সমাচার।
আজি যদি জেনে যায় না আসিবে আর॥
৮৯৪ বেলাবেলি আয়োজন করহ ইহার।
কালকেতু বলে দাদা এই যুক্তি সার॥
৮৯৫ ভারতবিরাটপর্ব্বে কহিয়াছে ব্যাস।
এইরূপে ভীম কৈল কীচকের নাশ॥

কোটালগণের স্ত্রীবেশ

৮৯৬ চল সবে চোর ধরি গিয়া।
রমণীমণ্ডলফাঁদ দিয়া॥

Should you feel overcome by fear, keep on repeating 890
    'serpent,'
bring the Garuda gem of a snake charmer and keep it near
    you.[82]

Just as Vidya rests here by day with her companions, 891
    remain, all of you
in women's dress, totally in character, so as not to raise
    suspicion.

We must uncover the truth of this affair, otherwise death 892
    is better.
You would all be cowards to flee without putting up a fight.

So far this thief knows nothing of us. 893
But if he happens to hear your true voices, he will vanish,
    never to return.

Hence, get yourselves ready while there is still daylight." 894
Kalketu concurred, "Dear elder brother, you are ever so
    wise."

Vyasa had narrated how, in the *Virāṭaparvan* of the 895
    Mahabharata,
Bhima vanquished Kichaka.[83]

THE POLICEMEN DISGUISE
THEMSELVES AS WOMEN

Come, all. Thanks to these women who have left 896
such a clever trap, we shall await our mystery thief.

৮৯৭ তেয়াগিয়া ভয় লাজ সকলে করহ সাজ
সে বড় লম্পট কপটিয়া ।
জানে নানামত খেলা দিবস দুপুর বেলা
চুরি করে বাঁশী বাজাইয়া ॥

৮৯৮ সে বটে বসনচোরা তাহারে ধরিয়া মোরা
পীত ধড়া লইব কাড়িয়া ।
সদা ফিরে বাঁকা হয়ে আজি সোজা করি লয়ে
ভারত রহিবে পহরিয়া ॥

৮৯৯ যুক্তি বটে বলি ধূমকেতু দিল সায় ।
মহাবেগে আট ভাই আট দিকে ধায় ॥

৯০০ নাটশালা হইতে আনিল আয়োজন ।
ধরিল নারীর বেশ ভাই দশ জন ॥

৯০১ চন্দ্রকেতু ছোট ভাই পরম সুন্দর ।
সে ধরে বিদ্যার বেশ অভেদ বিস্তর ॥

৯০২ কাঠের গঠিত কুচ ঢাকে কাঁচুলিতে ।
কাপড়ের উচ্চ পেট ঢাকে ঘাঘুরীতে ॥

৯০৩ সূর্য্যকেতু সুলোচনা হেমকেতু হিমী ।
জয়কেতু জয়াবতী ভীমকেতু ভীমী ॥

৯০৪ কালকেতু কালী হৈল উগ্রকেতু উমী ।
যমকেতু যমী হৈল রুদ্রকেতু রুমী ॥

৯০৫ ধূমকেতু আপনি হইল ধামধূমী ।
তিন জন সাপুড়ে মালতী চাঁপী সুমী ॥

Cast off your fears and embarrassments, all. Costume   897
    yourselves as women.

What expert liar and libertine is this wily thief.

So crafty and cunning, at noon

he tempts and teases with his flute playing.

He is, without doubt, the one who disrobes women,[84]   898

but the joke will be on him when we strip him of his yellow
    loincloth.

Though he always moves slightly bent, today we will
    straighten him out.

In the name of vigilance, Bharat attentively stands guard.

Having accepted his brother's sound advice,   899

Dhumketu raced with his seven brothers in eight different
    directions.

Bringing what was needed from the dancing hall,   900

the brothers used the materials to disguise themselves as
    women.

Chandraketu, the youngest and handsomest,   901

costumed himself as Vidya without much effort.

He fastened to himself a wooden bosom with bodice   902

and hid a rotund sack of cloth under a bulky skirt.

Suryaketu became Sulochana. Hemketu, Himi.   903

Jayketu, Jayavati. Bhimketu, Bhimi.

Kalketu became Kali. Ugraketu, Umi.   904

Yamketu became Yami. Rudraketu, Rumi.

And Dhumketu himself became Dhamdhumi,   905

while three snake charmers called themselves Malati,
    Chanpi, and Sumi.

৯০৬ বীণা বাঁশী আদি লয়ে গীত বাদ্য রঙ্গ।
গন্ধ মাল্য উপভোগে মোহিত অনঙ্গ॥

৯০৭ চাঁদড় ঈশার মূল বোঝা বোঝা আনে।
মণি মন্ত্র মহৌষধি যে বা যত জানে॥

৯০৮ শরীর পাঁচিয়া সবে ঔষধ বসায়।
যার গন্ধে মাথা গুঁজি বাসুকি পলায়॥

৯০৯ এইরূপে তের জন রহে গৃহমাঝে।
আর সবে আট দিকে রহে নানা সাজে॥

৯১০ থানায় থানায় নিয়োজিল হরকরা।
হুঁস্যার খবরদার পহরি পহরা॥

৯১১ সোনারায় রূপারায় নায়েব কোটাল।
ফাটকে বসিল যেন কালান্তের কাল॥

৯১২ হীরু নীলু কাশী বাঁশী চারি জমাদার।
আগুলিল শহর পনার চারি দ্বার॥

৯১৩ সাত গড়ে চারি সাতে আটাইশ দ্বার।
আঁটিয়া বসিল আটাইশ জমাদার॥

৯১৪ তবকী ধানুকী ঢালী রায়বেঁশে মাল।
কাহনে কাহনে লেখা দেখিতে করাল॥

৯১৫ পঞ্চ শব্দে বাদ্য বাজে চতুরঙ্গ দল।
ধূলায় দিবসে নিশা ক্ষিতি টলমল॥

The vina and flute made for an alluring song and dance.   906
Taking a whiff of the perfumed garlands, Ananga grew
    intoxicated.
The roots of *cādaṛ* and *īśāṛ* were carried in in great   907
    quantity,[85]
along with precious stones, magic formulas, great
    medicines—whatever science each had mastered.
They all anointed their bodies with these medicines,   908
scents that would make Vasuki flinch and slither away.
While the others were stationed at eight lookout points   909
    around the palace,
thirteen men quietly staked out Vidya's quarters.
At every outpost, messengers and sentries,   910
wide awake and watchful, were installed.
Sonaray and Ruparay, rent collectors, and police chiefs all   911
    perched at the main gate,
ever equipped for the inevitable, as if waiting to face down
    death at the end of time.
Hiru, Nilu, Kashi, and Banshi, the four police constables,   912
vigilantly guarded the four gates of the city.
At the four doors of each of the seven forts,   913
twenty-eight constables sat attentively.
A fearsome sight were the countless *kāhans* of gunmen,   914
    archers,[86]
shield bearers, and *māls,* who roared and clacked their
    bamboo staffs.
The king's fourfold army band played a resounding piece   915
in five notes as the kicked-up dust turned day to night.

৯১৬ খেদাবাঘ বেড়ায় করিয়া ধুমধাম।
খেদাইয়া বাঘ ধরি খেদাবাঘ নাম॥
৯১৭ ধায় রায়বাঘিনী সে কোটালের পিসী।
এমনি কুহক জানে দিনে হয় নিশি॥
৯১৮ রাঙ্গা শাড়ী রাঙ্গা শাঁখা জবামালা গলে।
সিন্দূর কপালভরা খাঁড়া করতলে॥
৯১৯ এইরূপে তার সঙ্গে সাত শত মেয়ে।
ঘরে ঘরে নানা বেশে ফিরে চোর চেয়ে॥
৯২০ পাড়া পাড়া ঘরে ঘরে কোটালের চর।
করিল দারুণ ধুম কাঁপিল শহর॥
৯২১ উদাসীন বেপারী বিদেশী যারে পায়।
লুটে লয়ে বেড়ি দিয়া ফাটকে ফেলায়॥
৯২২ বিশেষতঃ পড়ো যদি দেখিবারে পায়।
খুঙ্গী পুথি লইয়া ফাটকে আটকায়॥
৯২৩ ক্ষণমাত্রে শহরে হইল হাহাকার।
ফাটক হইল জরাসন্ধকারাগার॥

Khedabagh walked around, making a lot of noise. 916
He got the name Khedabagh after catching a tiger at the
  end of a hunt.
Galloping about the town was the police chief's aunt, a 917
  tigress herself,
whose knowledge of black magic alone could trigger the
  shift of daylight to night.
Wearing a red sari and conch-shell bangles, around her 918
  neck a garland of hibiscus,
vermilion smeared across her forehead, the tigress aunt
  held in hand a scimitar.
With a team of seven hundred girls, dressed in every 919
  fashion,
she knocked on every door, searching for the thief.
The police chief's spies were dispatched to every 920
  neighborhood, every house,
the search creating tremendous uproar as the city was torn
  apart.
Plundering those they caught, be they ascetics, merchants, 921
  or foreigners,
the police bound them in chains before dragging them to
  prison.
If they happened to spot a student, 922
they would seize his box and books, lock him up.
Before long one could hear the piercing cries of weeping in 923
  town,
as the town prison had come to resemble that of King
  Jarasandha.[87]

৯২৪ কৃষ্ণচন্দ্র আদেশে ভারতচন্দ্র গায়।
হরি হরি বল সবে পালা হৈল সায় ॥

চোর ধরা

৯২৫ আজি ধরা গেল চোরচূড়ামণি।
মোরা জেগে আছি সকল রমণী ॥

৯২৬ ভাঙ্গা গেল যত ভূর   চাতুরী হইল চূর
এড়াইতে নারিবে এমনি।
প্রকাশিয়া ভারি ভুরি   অনেক করেছ চুরি
আজি ধরি শিখাব তেমনি ॥

৯২৭ হৃদি কারাগার ঘোরে   বান্ধিয়া মনের ডোরে
গছাইব পরাণে এখনি।
সকলেরে ফাঁকি দেহ   ধরিতে না পারে কেহ
ভারত না ছাড়িবে অমনি ॥

৯২৮ ওথায় ভাবেন বিদ্যা এ কি পরমাদ।
না জানিলা প্রাণনাথ এ সব সংবাদ ॥

৯২৯ না জানি আমার লোভে আসিবেন ঘরে।
হায় প্রভু কোটালের পড়িলা চাতরে ॥

৯৩০ এথায় মদনে মত্ত কুমার সুন্দর।
সুড়ঙ্গের পথে গেলা কুমারীর ঘর ॥

On Krishnachandra's instruction, Bharatchandra sings. 924
Call "Hari, Hari!" This episode is now over.

CAPTURING THE THIEF

Only today has Krishna, crown jewel of thieves, been 925
    caught red-handed. We, the women, are all awake.
We women know your wiles have all failed,
your cunning reduced to naught. 926
No longer will you evade us so easily.
You have stolen from us all, you made a show of your
    importance.
But now we shall capture you, teach you a fitting lesson.
In showing you how we have suffered in the dark jail of our 927
    hearts,
we shall compel you to accept our lives at once.
So elusive, you have until now dodged everyone.
But Bharat will not let you escape so easily.

Vidya sat ruminating, "Alas, what tragedy 928
that my beloved is unaware of all these developments.
Enamored of me, he may yet come to my room, beckon to 929
    me.
Oh, my lord and master will surely fall into the police
    chief's trap."
Nevertheless, Prince Sundar, lovestruck by Madan's spell, 930
made for the palace, emerging from the tunnel into
    Vidya's quarters.

৯৩১ পালঙ্কে বসিয়া চন্দ্রকেতু যেন চাঁদ।
ধরিতে সুন্দরচাঁদে বিদ্যারূপ ফাঁদ॥
৯৩২ হাসিয়া হাসিয়া কবি বসিলেন পাশে।
চন্দ্রকেতু হাসিয়া বধন ঢাকে বাসে॥
৯৩৩ কামকথা কহে কবি কামিনী জানিয়া।
চন্দ্রকেতু মান করে ঘোমটা টানিয়া॥
৯৩৪ কামে মত্ত কবিবর বুঝিতে না পারে।
হাতে ধরে পায়ে ধরে মান ভাঙ্গিবারে॥
৯৩৫ আঁখি ঠারে চন্দ্রকেতু নাহি কহে বাণী।
সুন্দর আঁচলে ধরি করে টানাটানি॥
৯৩৬ সূর্য্যকেতু বলে এটা যে দেখি গোঁয়ার।
কি জানি চাঁদেরে ধরি একে করে আর॥
৯৩৭ ধূমকেতু ধামধূমী ধুমধাম চায়।
সুড়ঙ্গের পথে এক পাথর চাপায়॥

Leaning against the bedstead, Chandraketu, disguising   931
    himself as the lovely Vidya,

beamed with the glowing beauty of the moon to ensnare
    the seductive Sundar.

Grinning widely, the poet ambled over, sitting himself   932
    beside him,

as Chandraketu demurely smiled back, masking his face
    with the end of his sari.

Taking Chandraketu for the pretty princess, the poet   933
    flirted

while Chandraketu, as if pouting, veiled himself
    completely.

The prince, supreme among poets, and wild with desire,   934

gripped the impostor's hands and feet to put an end to his
    coyness.

Chandraketu returned the poet's sidelong glances but said   935
    nothing

as Sundar took the end of his sari, tugging at it again and
    again.

Suryaketu whispered, "This thief must be some foolish   936
    villager, I think.

But who knows what he will do now that he has pinned
    down our dear brother."

Dhumketu, dressed as Dhamdhumi, seizing the moment   937
    to capture the culprit,

blocked the entrance to the tunnel with a large rock.

৯৩৮ সভয়ে নিরখি সবে দেখয়ে সুন্দরে।
দেবতা গন্ধর্ব্ব যক্ষ ভুজঙ্গের ডরে॥

৯৩৯ চক্ষুর নিমিষ আছে দেহে আছে ছায়া।
বুঝিল মানুষ বটে নহে কোন মায়া॥

৯৪০ ধরিব মানুষ বটে হইল ভরসা।
কি জানি কি হয় ভয়ে না পারে সহসা॥

৯৪১ চন্দ্রকেতু ঘরের বাহিরে যেতে চায়।
কোথা যাহ বলিয়া সুন্দর ধরে তায়॥

৯৪২ বদন চুম্বন করি স্তনে হাত দিল।
খসিল কাঠের কুচ কাঁচুলি ছিঁড়িল॥

৯৪৩ কামমদে মত্ত কবি তবু নহে জ্ঞান।
সাবাসি সাবাসি রে সাবাসি ফুলবাণ॥

৯৪৪ আজি কেন বিদ্যা হেন ভাবেন সুন্দর।
পাঁজা করি চন্দ্রকেতু ধরিল সত্বর॥

Intimidated by Sundar, all feared him, not knowing if he was   938

really a god, celestial musician, earth demigod, or serpent in human form.

But his darting eyes, the long shadow his body cast, revealed him   939

to be not some illusive maya, but a real man of flesh and blood.

And so they all knew and asserted with grit, "By hook or by crook we shall seize this man."   940

Quietly, though, they fretted, wondering what would be if their fear overcame them.

When Chandraketu moved to be released, Sundar gripped him tightly once again.   941

"Where do you think you're going?" Sundar teased, detaining him.

He kissed Chandraketu, moving his hand to his wooden breasts,   942

which suddenly tumbled down, ripping the bodice that bore them.

Wild with desire, the poet, still entranced, did not stop at first to think what had just passed.   943

Bravo to the god of love's arrows that have infatuated this doomed prince!

But Sundar did begin to wonder at Vidya's odd nature. Without hesitation,   944

Chandraketu seized his moment, quickly wrapping his arms around the prince.

৯৪৫ তখনি অমনি ধরে আর বার জন।
রায় বলে বিপরীত এ আর কেমন ॥

৯৪৬ ধামধূমী বলে শুন ঠাকুরজামাই।
হুকুম ঠাকুরঝির ছাড়ি দিব নাই ॥

৯৪৭ এত জুম আজ্ঞা বিনা বুকে হাত দিলা।
ভাঙ্গিয়া ফেলিলা কুচ কাঁচুলি ছিঁড়িলা ॥

৯৪৮ দেখিয়া কাঠের কুচ চমকে কুমার।
মর্ম্ম বুঝি কোটালে বাখানে বার বার ॥

৯৪৯ ভারত কহিছে চোর চতুরের চূড়া।
কোটালের ফাঁদেতে গুমান হৈল গুঁড়া ॥

কোটালের উৎসব ও সুন্দরের আক্ষেপ

৯৫০ কোতোয়াল যেন কাল খাঁড়া ঢাল ঝাঁকে।
ধরি বাণ খরশাণ হান হান হাঁকে ॥

৯৫১ চোর ধরি হরি হরি শব্দ করি কয়।
কে আমারে আর পারে আর কারে ভয় ॥

Immediately, twelve others rushed to detain the thief.   945
"What is all this?" Ray gasped.

"Hear me, you ruthless rogue!" replied Dhamdhumi.   946
"By order of the princess, we are to keep you captive.

Without permission, you have fondled   947
our dear princess's chest, injured her breasts, torn her
    bodice."

Stunned at the sight of the wooden pair of breasts, at last   948
    Sundar woke
from his rapt reverie, bowing to the clever police chief
    over and over.

Bharat says, "Oh, how the pride of this thief, crown jewel   949
    of the clever,
has been reduced to naught by our police chief's cunning
    ruse."

THE POLICE CHIEF'S ELATION IS
SUNDAR'S DESPAIR

The police chief, fearsome as death itself, flourished a   950
    scimitar and shield.
Gripping a sharp arrow, he barked his order to his men.
    "Strike! Strike!"

Having quickly detained the thief, he called, "Hari! Hari!"   951
then uttered, "Who can hold his own against me? Whom
    do I fear?"

৯৫২ জয় কালি ভাল ভালি যত ঢালী গাজে।
দেই লম্ফ ভূমিকম্প জগঝম্প বাজে॥
৯৫৩ ডাকে ঠাট কাট কাট মালসাট মারে।
কম্পমান বৰ্দ্ধমান বলমান ভারে॥
৯৫৪ হাঁকে হাঁকে ঝাঁকে ঝাঁকে ডাকে ডাকে জাগে।
ভাই মোর দায় তোর পাছে চোর ভাগে॥
৯৫৫ করে ধুম অতি জুম নাহি ঘুম নেত্রে।
হাতকড়ি পায় দড়ি মারে ছড়ি বেত্রে॥
৯৫৬ নঠশীল মারে কীল লাগে খিল দাঁতে।
ভয়ে মূক কাঁপে বুক লাগে হুক আঁতে॥
৯৫৭ কোন বীর শোষে তীর দেখি ধীর কাঁপে।
খরধার তরবার যমধার দাপে॥
৯৫৮ কোতোয়াল বলে কাল রাখ জালরূপে।
ছাড় শোর হৈলে ভোর দিব চোর ভূপে॥
৯৫৯ সব দল মহাবল খল খল হাসে।
গেল দুখ হৈল সুখ শত মুখ ভাষে॥

Jumping up and down, triggering an earthquake, beating   952
    their big *jagajhamp* drums,
all the shield bearers proclaimed, "Victory to Kali!"

Slapping their arms in challenge, the soldiers called   953
    thunderously to crush him,
as the city of Bardhaman shook from the ruckus these
    strong men made.

Roaring repeatedly, they awoke multitudes with their   954
    cries.
"Brother, it is your responsibility, nab that thief before he
    escapes!"

With a show of babble and brawn, of great might,   955
they handcuffed the culprit, bound his legs with rope, beat
    him with sticks and canes.

Some of them blasted his face with their fists, causing his   956
    jaw to lock, as Sundar froze
through sheer shock and terror, his heart pounding, his
    stomach turning over and over.

As they all brandished their whetted swords with the wind   957
    and fire of their rage,
one sucked on his arrow, a sight that would make anyone
    shudder.

"Don't let go, keep him bound up," ordered the police   958
    chief.
"But stop all this racket. Tomorrow at dawn, we shall
    deliver this thief to the king."

As the whole troop of soldiers erupted in celebration,   959
many of them proclaimed, "At last our sorrows have
    ended. Let us rejoice!"

৯৬০ সুন্দরেরে শত ফেরে সবে ঘেরে জোরে।
ভাবে রায় হায় হায় এ কি দায় মোরে॥

৯৬১ মরি মেন লোভে যেন কৈনু হেন কাজ।
স্ত্রীর দায় প্রাণ যায় কৈতে পায় লাজ॥

৯৬২ কত বরে বিয়া করে কেবা ধরে কারে।
কেবা গণে রোষমনে কত জনে মারে॥

৯৬৩ হরি হরি মরি মরি কিবা করি জীয়া।
কটু কহে নাহি সহে তাপে দহে হিয়া॥

৯৬৪ রাজা কালি দিবে গালি চূণ কালি গালে।
কিবা সেই মাথা নেই কিবা দেই শালে॥

৯৬৫ দরবার সব তার চাব কার পানে।
গেলে প্রাণ পাই ত্রাণ ভগবান জানে॥

৯৬৬ যার লাগি দুখভাগী সে অভাগী চায়।
এ সময় কথা কয় তবু ভয় যায়॥

৯৬৭ তার সমা নিরুপমা প্রিয়তমা কেবা।
দেখা নৈল মনে রৈল যত কৈল সেবা॥

৯৬৮ সে আমার আমি তার কেবা আর আছে।
সেই সার কেবা আর যাব কার কাছে॥

Hundreds took turns around Sundar, surrounding him   960
    menacingly.

"Alas, what miserable misfortune has befallen me," Ray
    ruminated.

"Let me die, it is as if I had done such a thing out of greed.   961
What a shame to meet death for the sake of a wife.

So many grooms marry, but who bothers to apprehend any   962
    of them?

Who is assaulted so ferociously, and by so many, as I am?

Oh, Hari, woe is me. I am dying. What to do to save my   963
    life? These men speak so harshly

I cannot bear it. The grief of lost love, of impending death
    burns my heart.

Tomorrow the king will slander me, smear lime and black   964
    across my face,

either behead me or impale me.

All the men at court are his own. Whom could I beseech?   965

Only God knows if I lose my life whether I shall obtain
    salvation.

If only the fair woman who shares my sorrow knew of this,   966

she would whisper her sweet words to me, dissolve the
    dread in my heart.

None can equal her, my incomparable beloved.   967

Though I see her not, I think endlessly of her alone.

She is mine, I am hers. Whom else do we have?   968

Oh, perfect Vidya. Whom else could I love? To whom else
    shall I make supplication?

৯৬৯ দিক্ দশ গুণে বশ মহাযশ দেশে।
করিলাম বদকাম বদনাম শেষে॥

৯৭০ ছাড়ি বাপ করি পাপ পরিতাপ পাই।
অহর্নিশ বিমরিষ পেলে বিষ খাই॥

৯৭১ এই মত শত শত ভাবে কত তাপ।
নত শির যেন ধীর হড়পীর সাপ॥

৯৭২ ভারতের গোবিন্দের চরণের আশ।
পরিণাম হরিনাম আর কামপাশ॥

সুড়ঙ্গদর্শন

৯৭৩ সুড়ঙ্গের লৈতে টের কোটালের সায়।
জন সাতে ধরি হাতে নামি তাতে যায়॥

৯৭৪ ঘোরতম নিরুপম কূপসম খানা।
কেহ ডরে পাছু সরে কেহ করে মানা॥

৯৭৫ স্থলে স্থলে মণি জ্বলে দেখি বলে ভাল।
চল ভাই সবে যাই দেখা পাই আল॥

Though my virtues have conquered the ten directions, and   969
    famed as I am in my own country,
I have erred and, sadly, sullied my own name.
Having deserted my father, I have sinned and now must   970
    repent day and night.
Now in the depths of despair, I would take poison, could I
    only procure some."
So remorseful was Sundar that he ruminated on this   971
    thought a hundred times over,
his head drooping downward like a snake's in a snake
    charmer's basket.

Bharat places his hopes in Krishna Govinda's feet.   972
We conclude, in the name of Hari, that amorous desire is
    a snare.

INVESTIGATING THE
UNDERGROUND PASSAGE

Seven men, taking each other by the hand, were sent down   973
by their police chief to search the underground tunnel.
A most unusual tunnel, it was dark and dank, much like a   974
    well.
When one of them, daunted by the blackness, moved to
    retreat, another thrust him forward.
But they all soon came across precious stones that glowed   975
    and glimmered along the walls.
"Ah, let's proceed, guided by this sparkling light," one
    remarked when first glimpsing them.

৯৭৬ পায় পায় সবে যায় কাঁপে কায় ডরে।
তোলে শির যত বীর মালিনীর ঘরে॥

৯৭৭ উঠি ঘরে ধুম করে হীরা ডরে জাগে।
ধরি তারে অন্ধকারে সবে মারে রাগে॥

৯৭৮ আলো জ্বালি যত ঢালী গালাগালি করে।
কহে চোর ঘরে তোর দে লো মোর তরে॥

৯৭৯ সুড়ঙ্গের পথে ফের কোটালের তরে।
কহে গিয়া বার্ত্তা দিয়া তুষ্ট হিয়া করে॥

৯৮০ কোতোয়াল শুনি ভাল খাঁড়া ঢাল ধরে।
ছুটে বীর যেন তীর মালিনীর ঘরে॥

৯৮১ আগুসরে চুলে ধরে দর্প করে কয়।
কথা জোর বল চোর কেবা তোর হয়॥

৯৮২ দেই গালি বলে শালী কোথা পালি চোরে।
কেটা সেটা কার বেটা বল কেটা মোরে॥

৯৮৩ ভারতের রচিতের অমৃতের ভার।
ভাষাগীত সুললিত অতুলিত সার॥

Step by step, they all advanced, shaking fearfully,   976
    unnerved by the unknown.
At last, they reached their exit, the flower-woman's house.
As they entered thunderously, Hira started up from her   977
    slumber, totally terrified.
Arresting her in the darkness, they beat her shamelessly.
    Then, lighting torches
throughout the room, the shield bearers all shot   978
    accusations at her.
"We know a thief lives here, old woman. It's time to turn
    him in."
But, unable to extract anything from the woman, they   979
    returned
through the tunnel and relayed to their chief the news,
    putting joy in his heart.
Fisting his scimitar and shield, this police chief raced   980
with the speed of an arrow to the flower-woman's house.
Standing at last before her, he seized her by the hair,   981
    grilling her relentlessly.
"Tell us now, you witch, where have you found this thief?"
He berated her, "You hag, how did you first come across   982
    him?
Who is he? Who is his father? I demand to know."

Bharat is tasked with creating the nectar of an enchanting   983
    song,
in the people's language, of unparalleled esteem.

মালিনীনিগ্রহ

৯৮৪ মালিনী কীল খাইয়া   বলিছে দোহাই দিয়া।
আমারে যেমন   মারিলি তেমন
        পাইবি তাহার কিয়া ॥

৯৮৫ নষ্টের এ বড় গুণ   পিঠেতে মাখয়ে চূণ।
কি দোষ পাইয়া   অরে কোটালিয়া
        মারিয়া করিলি খুন ॥

৯৮৬ এ তিন প্রহর রাতি   ডাকিয়া কর ডাকাতি।
দোহাই রাজার   লুঠিলি আগার
        ধরিয়া খাইলি জাতি ॥

৯৮৭ কোটাল হাসিয়া কয়   কহিতে লাজ না হয়।
হেদে বুড়ী শালী   বলে জাতি খালি
        শুনিয়া লাগয়ে ভয় ॥

৯৮৮ হীরা বলে অরে বেটা   তোরে ভয় করে কেটা।
তোর গুণপনা   জানে সর্ব্বজনা
        পাসরিলি বটে সেটা ॥

৯৮৯ কোটাল কহিছে রাগি   কি বলে রে বুড়া মাগী।
ঘরে পোষে চোর   আরো কহে জোর
        এ বড় কুটিনী ঘাগী ॥

৯৯০ হীরা কহে পুন জোরে   কুটিনী বলিলে মোরে।
রাজার মালিনী   বলিলি কুটিনী
        কালি শিখাইব তোরে ॥

272

HARASSMENT OF THE FLOWER-WOMAN

Enduring blow after blow, the flower-woman pleaded for 984
    mercy.
"You will feel the effects
of the ways you have treated me.
The deceitful are wont 985
to smear others' backs with lime.
What sin of mine, oh, police chief, have you found
to give you the right to beat me to death?
It is you who have sinned and have thieved tonight. 986
In the name of the king, you have ransacked my home,
seized me, and destroyed my caste."
"Have you no shame to speak this way?" The police chief 987
    laughed her off.
"My, my, old hag. What a claim to assert that I have
    destroyed your caste.
Oh, how panicked I am to hear this!" he chuckled.
"You are without doubt a first-class scoundrel," Hira 988
    scolded.
"You scoundrel, you, who is afraid of you?
Everyone knows how good you are,
you have forgotten that, for sure."
"What has this witch accused me of now?" the police chief 989
    retorted.
"She keeps a thief in her house and dares raise her voice to
    me.
She must be none other than an experienced procuress."
"A procuress, you call me?" Hira fumed with rage again. 990
"You think the king's flower-woman a procuress?
Oh, I shall teach you well tomorrow.

৯৯১ যুবতী বেটী বহূড়ী না রাখি আপনি বুড়ী।
কার বহূ বেটী কারে দিনু ভেটী
যে বলে সে হবে কুড়ী॥
৯৯২ লোকের ঝি বহূ লয়ে সদা থাক মত্ত হয়ে।
তোর ঘরে যত সকলি অসত
আমি দিতে পারি কয়ে॥
৯৯৩ ধূমকেতু ক্রোধে ফুলে ভুমে পাড়ে ধরি চুলে।
কুটিনী গস্তানী বড় যে মস্তানী
উভে উভে দিব শূলে॥
৯৯৪ আমারে হেন উত্তর এখন না হয় ডর।
রাজার নন্দিনী হয়েছে গর্ভিণী
তুই দিলি চোরা বর॥
৯৯৫ হীরারে হইল ভয় কানে হাত দিয়া কয়।
আমি জানি নাই জানেন গোসাঁই
যতো ধর্ম্মস্ততো জয়॥
৯৯৬ শুনিয়া কোটাল টানে সুড়ঙ্গের কাছে আনে।
এই পথ দিয়া চুরি কৈল গিয়া
মালিনী বলে কে জানে॥

An old woman myself, I keep neither young women,   991
married women, nor daughters.

Whose daughter or wife have I ever given away and to
    whom?

Whoever slanders me so shall become a leper.   992

But you. It is you who are mad for others' daughters and
    wives.

I can easily tell all the wickedness you engender."

Swelling with fury, Dhumketu shoved her to the ground   993
    and held her by the hair.

"Procuress, harlot, woman of ill repute.

I shall see both your heads, yours and this vile thief's,
    upon the stakes.

You have the audacity to answer me like this, and even   994
    now you're unafraid.

The king's daughter is with child, did you know?

It is you who delivered her a thief for a husband."

Hira cringed, covering her ears with her hands, and   995
    proclaimed,

"I know nothing of that. Only God knows that truth.

May dharma be victorious!"

Upon hearing these words, the police chief dragged her to   996
    the tunnel.

"He entered by this passageway to steal!"

"How do you know this?" the flower-woman gasped,
    taken aback.

৯৯৭ মালিনী বুঝিল মৰ্ম্ম   কোটালে জানায় ধৰ্ম্ম।
হোমকুণ্ড বলি   বুঝি মোরে ছলি
সুন্দরের এই কৰ্ম্ম॥

৯৯৮ হাতে লোতে ধরিয়াছে   আর কি উপায় আছে।
যার ঘরে সিঁধ   সে কি যায় নিদ
ইহা কব কার কাছে॥

৯৯৯ কোটাল জিজ্ঞাসা করে   হীরার কথা না সরে।
চোরের যে ছিল   লুঠিয়া লইল
যে ছিল হীরার ঘরে॥

১০০০ খুঙ্গী পুথি রত্নভারে   দিতে হবে সরকারে।
পিঞ্জর সহিত   লয় হরষিত
পড়া শুক সারিকারে॥

১০০১ মালিনী অবাক ত্রাসে   কোটাল মুচকি হাসে।
সুড়ঙ্গে ফেলিয়া   পায়ু ছেঁছুড়িয়া
লইল চোরের পাশে॥

১০০২ সুন্দর কহেন হাসি   এস গো মাসি হিতাশী।
মালিনী রুষিয়া   বলে গালি দিয়া
কে তুই কে তোর মাসী॥

But, getting the point, she informed the police chief of the   997
     religious practice:
"Sundar has deceived me into believing he spent his nights
     in prayer.
But this must all be his handiwork.
Now the great Sundar has been caught. And there is   998
     nothing I can do.
Can one whose home has been trespassed ever rest easy
     again?
To whom shall I explain that?"

Though the police chief further interrogated her, Hira   999
     refused to speak.
And so Dhumketu removed and investigated all the thief's
     possessions
he had stowed in Hira's house. Sundar's box, manuscripts,
and jewels would all be delivered to their master, the king.   1000
The police chief carried by hand the trained parrot
and its companion, the mynah, with their cage.
But sheer terror rendered the flower-woman speechless,   1001
     as the police chief grinned.
Heaving her inside the tunnel, lugging her forcibly by the
     legs,
Dhumketu dragged Hira to the thief.
When they arrived, Sundar smiled. "Ah, come, my dear   1002
     auntie."
"Who are you? Who am I to you?"
Hira furiously reproached him.

১০০৩ কি ছার কপাল মোর   আমি মাসী হব তোর।
মাসী মাসী কয়ে   ছিলি বাসা লয়ে
কে জানে সিঁধেল চোর ॥

১০০৪ যজ্ঞকুণ্ড ছল পাতি   সিঁধ কাট সারা রাতি।
আই মা কি লাজ   করিলি যে কাজ
ভাগ্যে বাঁচে মোর জাতি ॥

১০০৫ যত দিন আর জীব   কারেহ না বাসা দিব।
গিয়া তিন কাল   শেষে এই হাল
খত বা নাকে লিখিব ॥

১০০৬ অরে বাছা ধূমকেতু   মা বাপের পুণ্যহেতু।
কেটে ফেল চোরে   ছাড়ি দেহ মোরে
ধর্ম্মের বাঁধহ সেতু ॥

১০০৭ সুন্দর হাসি আকুল   মাসী সকলের মূল।
বিদ্যার মাশাশ   মোর আইশাশ
পড়ি দিয়াছিল ফুল ॥

১০০৮ কৌতুক না বুঝে হীরা   পুনঃ পুনঃ করে কিরা।
কি বলে ডেগরা   বড় যে চেগরা
ঐ কথা ফিরা ফিরা ॥

"What miserable fate would be mine if I were really your   1003
    aunt.

Always calling me 'auntie'! You took rooms in my house,
    and I trusted you.

How could I have known you to be such a house-breaker?

On the pretense of a false sacrificial pit, you were really   1004
    breaking and entering the palace each night.

Oh, for shame! Considering what you have done,

I will be lucky not to become an outcaste.

For the rest of my days, I shall never trust anyone in my   1005
    house again.

Most of my life has passed and, at last, I end it in this
    wretched condition.

I shall rub my nose on the ground as punishment.

Oh, Dhumketu, my son, so that your parents gain merit,   1006

tear this thief to pieces, and then let me be.

Build a bridge to dharma."

Sundar laughed uproariously. "Auntie, you are but the   1007
    root of it all.

As Vidya's aunt-in-law, my grandmother-in-law,

you introduced us, made Vidya's flower bloom."

Hira swore repeatedly as she did not understand the joke.   1008

"What is this clever one saying, my lord? Oh, he is such a
    rakish man."

Again and again she repeated these words.

১০০৯ কোটাল কহে এ নয়   দুহারে থাকিতে হয়।
রাজার নিকটে   যাহার যে ঘটে
ভারত উচিত কয় ॥

বিদ্যার আক্ষেপ

১০১০   প্রভাত হইল বিভাবরী
বিদ্যারে কহিল সহচরী।
সুন্দর পড়েছে ধরা   শুনি বিদ্যা পড়ে ধরা
সখী তোলে ধরাধরি করি ॥

১০১১   কাঁদে বিদ্যা আকুলকুন্তলে
ধরা তিতে নয়নের জলে।
কপালে কঙ্কণ হানে   অধীর রুধিরবানে
কি হৈল কি হৈল ঘন বলে ॥

১০১২   হায় রে বিধাতা নিদারুণ
কোন্ দোষে হইলি বিগুণ।
আগে দিয়া নানা দুখ   মধ্যে দিনকত সুখ
শেষে দুখ বাড়ালি দ্বিগুণ ॥

১০১৩   রমণীর রমণ পরাণ
তাহা বিনা কেবা আছে আন।
সে পরাণ ছাড়া হয়ে   যে রহে পরাণ লয়ে
ধিক ধিক তাহার পরাণ ॥

And so the police chief insisted, "Let us trust neither. Both   1009
    shall remain in our custody.
Let us see what happens to each of them when we bring
    them before the king."

Bharat concludes, "Oh, I wholeheartedly concur."

VIDYA'S LAMENT

That dark night was followed by daybreak,   1010
and her maids said to Vidya:
"My lady, your sweetheart Sundar has been captured."
Upon hearing this, Vidya fell to the floor. Taking hold of
    her,
her handmaids propped her up. Her long hair disheveled,
Vidya wept, and the earth was watered by her tears.   1011
Scraping her forehead with her bangles,
Vidya was beside herself, blood streaming from her brow.
"What happened? Oh, what happened?" She repeated.
"Alas, how cruel you are, Vidhata.   1012
What fault of mine has made you so hostile?
At first, you inflicted on me much pain, then granted me
a few days' happiness, but now you have doubled my
    sorrow.
A young man makes a young woman's life.   1013
What else is there for her but that?
Oh, lord. Once a woman is deprived of her beloved,
she is defiled if she meets not death herself.

১০১৪ হায় হায় কি কব বিধিরে
সম্পদ ঘটায় ধীরে ধীরে।
শিরোমণি মস্তকের মণিহার হৃদয়ের
দিয়া লয় সুখের নিধিরে॥
১০১৫ কাঁদে বিদ্যা বিনিয়া বিনিয়া
শ্বাস বহে অনল জিনিয়া।
ইহা কব কার কছে এখানো পরাণ আছে
বঁধুয়ার বন্ধন শুনিয়া॥
১০১৬ প্রভু মোর গুণের সাগর
রসময় রূপের নাগর।
রসিকের শিরোমণি বিলাসধনের ধনী
নৃত্য গীত বাদ্যের আকর॥
১০১৭ জননী ডাকিনী হইল মোর
মোর প্রাণনাথে বলে চোর।
বাপ অনর্থের হেতু ধূমকেতু ধূমকেতু
বিধাতার হৃদয় কঠোর॥
১০১৮ চোর ধরা গেল শুনি রাণী
অন্তঃপুরে করে কানাকানি।
দেখিবারে ধায় রড়ে কোঠার উপরে চড়ে
কাঁদে দেখি চোরের মুখানি॥
১০১৯ রাণী বলে কাহার বাছনি
মরে যাই লইয়া নিছনি।
কিবা অপরূপ রূপ মদনমোহন কূপ
ধন্য ধন্য ইহার জননী॥

Alas, what can I now beseech of Vidhi? 1014
He makes good fortune come but slowly, only to be
    returned.
A gem for the crown, a jeweled necklace for the heart.
Vidhi grants this treasure of happiness only to take it
    back."

Vidya wailed as she spoke, 1015
her breath hotter than fire.
"To whom shall I tell it: I am still alive
Though I have learned of my lover's arrest.
My lord is an ocean of marvelous merits, 1016
a handsome lover full of joy and desire.
He is the crown jewel of all lovers, rich in the wealth of
    amorous sports,
a wealth of dance, song, music.
But my mother has become a she-demon, 1017
having named my beloved a thief,
and my father, he is the source of every mishap. But
    Dhumketu is a real comet.[88]
Vidhata's heart is most cruel indeed."

Upon hearing that the thief had been caught, 1018
the queen spoke in hushed tones in her own quarters,
then made haste to see him for herself. In the upper room,
shedding tears when she saw the thief's exquisite face,
the queen gasped, "Oh, whose child is he? 1019
Let me die for him and take away all his misfortune.
What a vision he is, a treasure trove of Madan's charms.
Blessed, blessed be his mother.

১০২০   কি কহিব বিদ্যার কপাল
         পেয়েছিল মনোমত ভাল।
আপনার মাথা খেয়ে   মোরে না কহিল মেয়ে
         তবে কেন হইবে জঞ্জাল ॥

১০২১   হায় হায় হায় রে গোসাঁই
         পেয়েছিনু সুন্দর জামাই।
রাজার হয়েছে ক্রোধ   না মানিবে উপরোধ
         এ মরিলে বিদ্যা জীবে নাই ॥

১০২২   এইরূপে পুরবধূগণ
         সুন্দরে বাখানে জনে জন।
কোটাল সত্বর হয়ে   চলিল দুজনে লয়ে
         ভেট দিতে যেখানে রাজন ॥

১০২৩   চোর লয়ে কোতোয়াল যায়
         দেখিতে সকল লোক ধায়।
বালক যুবক জরা   কানা খোঁড়া করে ত্বরা
         গবাক্ষেতে কুলবধূ চায় ॥

১০২৪   কেহ বলে এ চোর কেমন
         এখনি করিল চুরি মন।
বিদ্যারে কে মন্দ বলে   ভারত কহিছে ছলে
         পতি নিন্দে আপন আপন ॥

What shall I say of Vidya's destiny?   1020
She had won a man after her own heart,
but brought ruin upon herself by not telling me.
If she had not, this tragedy should never have occurred.
Oh, God, alas!   1021
I would have had such a handsome son-in-law.
As the king is now so incensed, he will never yield to any
    appeal,
yet Vidya will perish should her lover die."

While all the women of the town carried on in the same   1022
    way,
praising Sundar to each other,
the police chief led Sundar and Hira
to the site where the king would meet them.
All the bystanders followed quickly on their heels   1023
to behold the police chief taking the thief with him.
Young and old men, the blind and the lame, and children
    all hurried along,
while virtuous married women peered out from small
    windows at the procession.
One of them uttered, "Oh, what a thief! He stole my heart   1024
    just now."

"Another blamed Vidya," Bharat says in jest.
"Every woman reviles her own husband."[89]

নারীগণের পতিনিন্দা

১০২৫ কারে কব লো যে দুখ আমার।

সে কেমনে রবে ঘরে এত জ্বালা যার॥

১০২৬ বাঁধা আছি কুলফাঁদে   পরাণ সতত কাঁদে

না দেখিয়া শ্যামচাঁদে দিবসে আঁধার।

ঘরে গুরু দুরাশয়   সদা কলঙ্কিনী কয়

পাপ ননদিনী ভয় কত সব আর॥

১০২৭ শ্যাম অখিলের পতি   তারে বলে উপপতি

পোড়া লোক পাপ মতি না বুঝে বিচার।

পতি সে পুরুষাধম   শ্যাম সে পুরুষোত্তম

ভারতের সে নিয়ম কৃষ্ণচন্দ্র সার॥

১০২৮   চোর দেখি রামাগণ বলে হরি হরি।

আহা মরি চোরের বালাই লয়ে মরি॥

১০২৯   কিবা বুক কিবা মুখ কিবা নাক কান।

কিবা নয়নের ঠার কাড়ি লয় প্রাণ॥

১০৩০   ভূষন লয়েছে কাড়ি হাতে পায়ে দড়ি।

কেমনে এমন গায়ে মারিয়াছে ছড়ি॥

১০৩১   দেখ দেখ কোটালিয়া করিছে প্রহার।

হায় বিধি চাঁদে কৈল রাহুর আহার॥

THE WOMEN REVILE THEIR HUSBANDS

To whom shall I tell of my sorrow? 1025
How can a woman who suffers so remain calmly at home?
Bound by the chains of my lineage, I ceaselessly weep. 1026
Daylight is dark without the dusky moon, Shyamchand.*
At home, my evil elders besmirch me with accusations that
    I have lost my chastity,
my wicked sisters-in-law hound me, and there is yet more
    to fear.
Shyam, the lord of the universe, is yet also a paramour. 1027
The wicked do not judge justly. While my worthless
    husband
is the worst among men, Shyam is the Supreme Being.
Bharat's law is that Krishnachandra reigns supreme.

At first clapping their eyes on the thief, the women 1028
    exclaimed, "Hari, Hari!
Oh, may we perish, taking with us all this handsome
    thief's misfortune.
Be it his face, chest, nose, ears, or the beckoning 1029
of his dazzling eyes, he has utterly bewitched us, stolen
    our hearts.
Having snatched away his jewels, bound his hands and feet 1030
    with rope,
these barbarians keep thrashing him. How could they,
    such a handsome man as he?
Witness this policeman thrashing our hero. 1031
Alas, this sight is reminiscent of Vidhi making Rahu
    swallow the moon.

* Krishna.

287

১০৩২ এ বড় বিষম চোর না দেখি এমন।
দিনে কোটালের কাছে চুরি করে মন॥

১০৩৩ বিদ্যারে করিয়া চুরি এ হইল চোরা।
ইহারে যদ্যপি পাই চুরি করি মোরা॥

১০৩৪ দেখিয়া ইহার রূপ ঘরে যেতে নারি।
মনোমত পতি নহে সহিতে না পারি॥

১০৩৫ আপন আপন পতি নিন্দিয়া নিন্দিয়া।
পরস্পর কহে সবে কান্দিয়া কান্দিয়া॥

১০৩৬ এক রামা বলে সই শুন মোর দুখ।
আমারে মিলিল পতি কালা কালামুখ॥

১০৩৭ সাধ করি শিখিলাম কাব্যরস যত।
কালার কপালে পড়ি সব হৈল হত॥

১০৩৮ বুঝাই চোরের মত চুপ করি ঠারে।
আলোতে কিঞ্চিৎ ভাল প্রমাদ আঁধারে॥

১০৩৯ নৈলে নয় তেঁই করি কষ্টেতে শয়ন।
রোগী যেন নিম খায় মুদিয়া নয়ন॥

১০৪০ আর রামা বলে সই এ ত বরং সুখ।
মোর দুখ শুনিলে পলাবে তোর দুখ॥

288

He is a most formidable thief, like no other,   1032
who right before the eyes of the police steals our hearts in
    an instant.
He has stolen Vidya and become a thief,   1033
but, if we get hold of him, we would want to steal him.
Having beheld his resplendence, we cannot, will not,   1034
    return home.
We do not have husbands to our liking, something
    unbearable to us."

Each wife carried on railing against her husband,   1035
complaining to one another, crying and crying.
One woman carped, "Oh, friends, hear these woes of   1036
    mine.
I am resigned to marriage with a deaf man.
Though I had learned and practiced all the poetic   1037
    emotions, the *rasas,*
my talents are all lost on my husband.
When I talk to him, he stares at me blankly, like a dolt.   1038
I can suffer through the daylight hours, but cannot abide
    the dark of night.
Helpless, I lie beside him, as I must, it can't be helped,   1039
and just close my eyes like a patient taking her bitter
    neem."
Another wife interjected, "Oh, but, my friend, that is   1040
    nothing, I tell you.
Hear my lamentations, which will make your own
    tribulations seem trivial.

১০৪১   মন্দভাগা অন্ধ পতি দ্বন্দ্বে মাত্র ভাল।
        গোরা ছিনু ভাবিতে ভাবিতে হৈনু কাল॥

১০৪২   ভরা পূরা যৌবন উদাসে বাসি শূন্য।
        আঁধলারে দেখাইলে নাহি পাপ পুণ্য॥

১০৪২   আর রামা বলে সই এ মাথার চূড়া।
        আমি এই যুবতী আমার পতি বুড়া॥

১০৪৪   বদনে রদন লড়ে অদনে বঞ্চিত।
        সে মুখচুম্বনে সুখ না হয় কিঞ্চিত॥

১০৪৫   আমার আবেশ দৈবে কোন কালে নয়।
        ধর্ম্ম ভাবি তাহার আবেশ যদি হয়॥

১০৪৬   ঝাঁপনি কাঁপনি সারা কেবল উৎপাত।
        অধর দংশিতে চায় ভেঙ্গে যায় দাঁত॥

১০৪৭   গড়াগড়ি যায় বুড়া দাঁতের জ্বালায়।
        কাজের মাথায় বাজ বাঁচাইতে দায়॥

১০৪৮   আর রামা বলে বুড়া মাথার ঠাকুর।
        মোর দুঃখ শুনি তোর দুঃখ যাবে দূর॥

১০৪৯   কি কব পতির কথা লাজে মাথা হেঁট।
        মোটা সোটা মোর পতি বড় ভুড়ো পেট॥

It is my dreadful lot to have a blind husband whose only   1041
    skill is to quarrel.

Though I had been fair-skinned, anxiety has made me
    black.

Though I am in the prime of my youth, I live in emptiness,   1042
    indifference.

But to a blind man, neither beauty nor flaws can be
    shown."

Yet another woman uttered, "My, he sounds as radiant as a   1043
    crown jewel. Now hear

my lot, friends. You see how young I am, but my miserable
    husband is so very old.

His teeth rattle so much in his mouth that he cannot eat   1044
    anything.

I take absolutely no pleasure in kissing him on the lips

and haven't even the slightest bit of passion for him.   1045

If there is any from his end, I think it only my duty.

His twitching and trembling are nothing if not a nuisance,   1046

and when he wants to bite my lips he breaks his teeth.

The old man writhes constantly in pain from toothaches.   1047

The thunderbolt falls on the top of the act; it is difficult to
    keep it alive."

Another wife spoke up, "I can tell you, an old man sounds   1048
    just wonderful.

Just hear my woes, and yours will surely pale in
    comparison.

What can I tell you of my husband? I cower in shame   1049

at him, undeniably obese, bearing a truly enormous belly.

১০৫০ অন্যের শুনিয়া সুখ দুঃখে পোড়ে মন।
একেবারে নহে কভু চুম্ব আলিঙ্গন ॥
১০৫১ বদনে চুম্বিতে চাহে আরম্ভিয়া হেটে।
আঁটিয়া ধরিতে চাহে ঠেলে ফেলে পেটে ॥
১০৫২ একে আরম্ভিতে হয় আরে অবসর।
ইতো ভ্রষ্টস্ততো নষ্ট ন পূর্ব্ব ন পর ॥
১০৫৩ আর রামা বলে ইথে না বলিহ মন্দ।
না চাপিতে চাপ পাও এ বড় আনন্দ ॥
১০৫৪ বামন বঞ্জুর পতি কৈতে লাজ পায়।
তপাসিয়া নাহি পাই কোলেতে লুকায় ॥
১০৫৫ তাপেতে হইনু জরা না পূরিল সাধ।
হাত ছোট আম বড় এ বড় প্রমাদ ॥
১০৫৬ আর রামা বলে সই না ভাবিহ দুখ।
কোলশোভা হয়ে থাকে এহ বড় সুখ ॥
১০৫৭ রাজসভাসদ পতি বৈদ্যবৃত্তি করে।
ভোজনের কালে মাত্র দেখা পাই ঘরে ॥
১০৫৮ নাড়ী ধরি স্থানে স্থানে করয়ে ভ্রমণ।
আমি কাঁপি কামজ্বরে সে বলে উল্বণ ॥
১০৫৯ চতুর্ম্মুখ খাইতে বলে শুনে দুঃখ পায়।
বজ্জর পড়ুক চতুর্ম্মুখের মাথায় ॥

Regret scorches my heart when I hear of others' pleasures   1050
    in marriage.
Never can he kiss me and hold me at the same time.
When he moves to kiss me, he can lower his face to mine,   1051
but when he embraces me, his colossal belly nudges me
    away.
When he moves to do one thing, he must leave off doing   1052
    the other.
I committed a blunder and brought my ruin. I can neither
    move forward nor backward."
Another woman said, "Don't say that it is bad,   1053
it is a great joy, you are pressed without pressing.
As for my husband, he is a crooked dwarf. I am loath to   1054
    even mention it.
He is so small he hides in my lap.
My desires have gone unfulfilled, deprivation has aged me.   1055
It is a great mistake to try to grasp more than the hand can
    hold."
Another wife remarked, "Oh, how could that be pitiable?   1056
It must be so delightful to have him rest in your lap.
My husband, you see, is a courtier who practices medicine   1057
and comes home only at mealtimes.
He goes door to door, feeling people's pulses,   1058
but when I tremble from the fever of love, he calls it
    rheumatism.
He simply tells me to take a pill of *caturmukh*.[90] I hate to   1059
    hear him say this.
Let the thunder fall upon the head of this *caturmukh*."

১০৬০ আর রামা বলে সই কিছু ভাল বটে।
নাড়ী ধরিবার বেলা হাতে ধরা ঘটে ॥

১০৬১ রাজসভাসদ পতি ব্রাহ্মণপণ্ডিত।
না ছোঁয় তরুণী তৈল আমিষে বঞ্চিত ॥

১০৬২ ঋতু হৈলে একবার সম্ভবে সম্ভাষ।
তাহে যদি পর্ব্ব হয় তবে সর্ব্বনাশ ॥

১০৬৩ আর রামা বলে হৌক তথাপি পণ্ডিত।
বরমেকাহুতিঃ কালে না করে বঞ্চিত ॥

১০৬৪ অবিজ্ঞ সর্ব্বজ্ঞ পতি গণক রাজার।
বারবেলা কালবেলা সদা সঙ্গে তার ॥

১০৬৫ পাপরাশি পাপগ্রহ পাপতিথি তারা।
অভাগারে এক দিন না ছাড়িবে পারা ॥

১০৬৬ সর্ব্বদা আঙ্গুল পাঁজি করি কাল কাটে।
তাহাতে কি হয় মোর কৈতে বুক ফাটে ॥

১০৬৭ আর রামা বলে মন্দ না বলিহ তায়।
পাইলে উত্তম ক্ষণ অবশ্য যোগায় ॥

Another wife bemoaned, "Oh, friend, but surely you find   1060
    some pleasure in that.

When he feels your pulse, at least he holds your hand.

For my part, my husband is also a courtier, a Brahman well   1061
    versed in the scriptures

who touches neither young women nor oil and consumes
    only vegetables.

When my period is over, there is time to consummate our   1062
    love but once a month,

but should that day fall on a festival, I must go celibate."

Another woman added, "So be it, but still he is a pandit, a   1063
    learned man

who does not deprive you when it is time for the desired
    oblation.

My all-knowing, wiseacre of a husband is the royal   1064
    astrologer.

For him, there are always inauspicious days and
    inauspicious times,

an unfavorable zodiac sign, an unfavorable planet, an   1065
    unfavorable day.

Ill-aligned stars give me no rest, not even for a day. How
    unfortunate I am!

He passes each day fingering the almanac, making   1066
    calculations.

But how does that avail me? It is heartbreaking to tell of
    it."

Another woman replied, "That is hardly anything to   1067
    complain of.

Surely he satisfies you when he determines the auspicious
    times.

১০৬৮ পাঁতিলেখা রাজার মুনশী মোর পতি।
দোয়াতে কলম দিয়া বলে হৈল রতি॥

১০৬৯ কেটে ফেলে পাঠ যদি দেখে তকরার।
দোকর করিবে কাজ বালাই তাহার॥

১০৭০ আর রামা বলে সই ভাল ত মুনশী।
বখশী আমার পতি সদাই খুনশী॥

১০৭১ কিঞ্চিত কশুর নাহি কশুর কাটিতে।
বেহিসাবে এক বিন্দু না পারি লইতে॥

১০৭২ পরের হাজির গরহাজির লিখিতে।
ঘরে গরহাজিরী সে না পায় দেখিতে॥

১০৭৩ ফেরেব ফিকিরে ফেরে ফাঁকি ফুঁকি লেখে।
কেবল আমার গুণে পুত্রমুখ দেখে॥

১০৭৪ আর রামা বলে সই এ ত গুণ বড়।
উকীল আমার পতি কিল খেতে দড়॥

১০৭৫ স্ত্রীলোকের মত পড়ি মারি খেতে পারে।
সবে গুণ যত দোষ মিথ্যা কয়ে সারে॥

১০৭৬ আর রামা বলে সই এ ত ভাল শুনি।
আমার আরজবেগী পতি বড় গুণী॥

My husband, you see, is the scribe who takes down the
    king's letters. When he   1068
dips his pen into the inkpot, he says that it is making love.
Striking out any repetitions in texts, he reads and rereads   1069
all his work. May the consequences of neglecting me
    overtake him."
Another woman said, "But having a scribe for husband   1070
    must be favorable,
so calm and quiet. My husband, the army paymaster, is
    always angry.
He cannot abide a single fault, and so any flaws must be   1071
    corrected.
I cannot take even a paisa unaccounted for.
Though he be diligent to record the payment of dues, and   1072
    attendance or absence
of others, he fails to see that he himself is absent at home.
While he busies himself investigating financial fraud and   1073
    errors in accounting,
it is thanks only to me that he sees our son."
Another wife sniveled, "Oh, but that is such a laudable   1074
    quality.
Sigh. My husband is a pleader, who bears blow after blow,
taking his beating lying down, just like a woman.   1075
But his only quality is that he saves his own hide time and
    again with lie after lie."
One woman replied, "A man of estimable character   1076
    indeed.
My husband, a scribe who scribbles briefs, is also ever so
    virtuous.

১০৭৭ আরজীর আটি ফরিয়াদিগণ সঙ্গে।
বাথানিয়া গাই মত ফিরে অঙ্গভঙ্গে॥
১০৭৮ আমি ফরিয়াদী ফরিয়াদীর মিশালে।
করিতে না পারে নিশা টালে টোলে টালে॥
১০৭৯ আর রামা বলে সই এ বুঝি উত্তম।
খাজাঞ্চি আমার পতি সবারি অধম॥
১০৮০ চাঁদমুখা টাকা দেই সোনামুখে লয়।
গণি দিতে ছাইমুখো অধোমুখ হয়॥
১০৮১ পরধন পরে দিতে যার এই হাল।
তার ঠাঁই পানিফোঁটা পাইতে জঞ্জাল॥
১০৮২ কহে আর রসবতী গালভরা পান।
পোদ্দার আমার পতি কৃপণপ্রধান॥
১০৮৩ কোলে নিধি খরচ করিতে হয় খুন।
চিনির বলদ সবে একখানি গুণ॥
১০৮৪ আমারে ভুলায় লোক রাঙ্গ তামা দিয়া।
সে দেই তাহার শোধ হাত বদলিয়া॥

Forever toting a bundle of briefs and trailed by plaintiff   1077
    after plaintiff,
he gesticulates this way and that, and moves about like a
    cow in a cow pen.
You see, I am but a plaintiff amid a sea of plaintiffs.   1078
Always making promises, he fails to perform, denying me
    night after night."
Another woman broke in, "Listen to this: 1079
For my part, my husband, a cashier, is the most deplorable
    of men.
He pockets coins with a golden face and gives them with a   1080
    moonlike face,
and then, when he renders accounts, the pathetic man
    shamefully skulks off.
How onerous to procure even a drop of water from one   1081
who carries on so when he gives to someone the wealth of
    another."
Another witty woman, her mouth brimming with betel,   1082
    burst out,
"My husband is a money changer, one who could rival all
    the misers.
Though he holds in trust a small treasure, spending money   1083
    is like death to him.
Protective of his capital, like an ox and ox-cart bearing
    sugar, he has but one virtue:
When people defraud me with counterfeit tin or copper,   1084
he takes his revenge by inflicting those on others."

১০৮৫ আর রামা বলে সই এ বড় সুধীর।
অভাগীর পতি হিসাবের মুহরীর ॥

১০৮৬ শেষ রেতে আসে সারা রাতি লিখে পড়ে।
খায়াইতে জাগাইতে হয় দিয়া কড়ে ॥

১০৮৭ গোঁজা বিদ্যা না জানে হিসাবে দেই গোঁজা।
নিকাশে তাহার গোঁজা তারে হয় গোঁজা ॥

১০৮৮ আর রামা বলে সই এ বটে গভীর।
অভাগীর পতি নিকাশের মুহরীর ॥

১০৮৯ মফঃসল সরবরা কেমন না জানে।
অধিক যে দেখে তাহা রদ দিয়া টানে ॥

১০৯০ জমা লেখে বাকী দেখে খরচেতে ভয়।
পরে কৈলে খরচ তাহারে কটু কয় ॥

১০৯১ আর রামা বলে সই এ বড় রসিক।
অভাগীর পতি বাজেজমার মালিক ॥

১০৯২ যম সম ধরিতে পরের বাজেজমা।
নিজ ঘরে বাজেজমা না জানে অধমা ॥

Another woman replied, "Oh, how very wise and   1085
    fortunate you are.

Listen to this. The husband of this luckless wife is an
    accountant.

All night long he makes his records, returning home only   1086
    early morning.

I have to shake him to wake him, then feed him.

What's more, he squares away his accounts with spurious   1087
    entries,

and in the end cannot show his face."

Another woman said, "My friends, hear how serious this   1088
    is.

So unlucky am I, I have been blessed with a banking clerk
    for a groom.

He cannot fathom the supply of the countryside.   1089

Should he calculate a surplus, he simply ignores it.

Though he notes the credit, he is too cautious to spend   1090
    such a hefty balance.

Should someone else do so, he gives him endless grief for
    it."

Another woman replied, "My, your husband is a smart   1091
    man indeed.

I, for my part, have been so unfortunate to have a property
    manager for a spouse.

Just as Yama takes life for death, my husband seizes the   1092
    properties of others,

but, despicable as he is, he ignores property in his own
    household.

১০৯৩ সবে তার এক গুণে প্রাণ ঝুরে মরে।
বঁধু এলে তার ডরে কেহ নাহি ধরে॥

১০৯৪ আর রামা বলে সই এ ত বড় গুণ।
দপ্তরী আমার পতি তার গতি শুন॥

১০৯৫ সদা ভাবে কোন ফর্দ্দ কেমনে গড়ায়।
পড়াভাগ্য নিজে নাহি অন্যেরে পড়ায়॥

১০৯৬ হেটে ফর্দ্দ হারায়ে উপরে হাতড়ায়।
পরের কলমে সদা দোয়াতি যোগায়॥

১০৯৭ আর রামা বলে সই এ ত শুনি ফাল।
ঘড়েল পতির জ্বালে আমি হৈনু ভাল॥

১০৯৮ রাত্রি দিন আট পর ঘড়ি পিটে মরে।
তার ঘড়ি কে বাজায় তল্লাস না করে॥

১০৯৯ রাতি নাহি পোহাইতে দুঘড়ি বাজায়।
আপনি না পারে আরো বন্ধুরে খেদায়॥

১১০০ আর রামা বলে আমি কুলীনের মেয়ে।
যৌবন বহিয়া গেল বর চেয়ে চেয়ে॥

১১০১ যদি বা হইল বিয়া কত দিন বই।
বয়স বুঝিলে তার বড় দিদি হই॥

১১০২ বিয়াকালে পণ্ডিতে পণ্ডিতে বাদ লাগে।
পুনর্ব্বিয়া হবে কিবা বিয়া হবে আগে॥

He has only one saving grace for which I am grateful: 1093
when my lover comes, no one catches him for fear of my
      husband."

Another woman remarked, "My, what an admirable   1094
      virtue.

Just listen to how my husband, the recordkeeper, carries
      on.

Ever painstaking about how to keep records,   1095
he is still illiterate and employs others to read on his
      behalf.

Should he lose a list downstairs, he gropes around blindly   1096
      for it upstairs.

Though he cannot read or write, he teaches others.

For other people's pen, he always procures an inkstand."

Another woman moaned, "My friend, that is nothing to   1097
      concern yourself over.

My husband, the timekeeper, has made me black.

Round the clock, his body aches striking the clock gong,   1098
but he does not know who strikes his own gong.

Before the night ends, he gives double strokes,   1099
he cannot do it himself, and drives away my friend."[91]

Another woman whimpered, "I hail from a *kulīna* family,   1100
and my youth has been wasted waiting for a groom.

When my wedding at last took place, after so long,   1101
I could have been his elder sister, so much older was I.

At my wedding, the pandits quarreled among themselves   1102
about whether this must be my second marriage or the
      first.

১১০৩ বিবাহ করেছে সেটা কিছু ঘাটি ষাটি।
জাতির যেমন হৌক কুলে বড় আঁটি॥
১১০৪ দু চারি বৎসরে যদি আসে এক বার।
শয়ন করিয়া বলে কি দিবি ব্যভার॥
১১০৫ সূতাবেচা[4] কড়ি যদি দিতে পারি তায়।
তবে মিষ্ট মুখ নহে রুষ্ট হয়ে যায়॥
১১০৬ তা সবার দুঃখ শুনি কহে এক সতী।
অপূর্ব্ব আমার দুঃখ কর অবগতি॥
১১০৭ মহাকবি মোর পতি কত রস জানে।
কহিলে বিরস কথা সরস বাখানে॥
১১০৮ পেটে অন্ন হেটে বস্ত্র যোগাইতে নারে।
চালে খড় বাড়ে মাটি শ্লোক পড়ি সারে॥
১১০৯ কামশাস্ত্র জানে কত কাব্য অলঙ্কার।
কত মতে করে রতি বলিহারি তার॥
১১১০ শাঁখা সোনা রাঙ্গা শাড়ী না পরিনু কভু।
কেবল কাব্যের গুণে বিহারের প্রভু॥
১১১১ ভাবে বুঝি এই চোর কবি হৈতে পারে।
তেঁই চুরি করি বিদ্যা ভজিল ইহারে॥

My husband has married just short of *sixty* times. 1103
Regardless of his caste, he is fastidious about upholding
    his good name.
Should he lie with me only once every few years, 1104
he would ask, 'What parting gifts will you be giving me?'[92]
If, by selling yarn, I can hand him some cowrie shells, 1105
then he utters sweet words. But, if not, he is disgruntled."

Having heard the women tell of their grief, the most 1106
    innocent among them spoke up.
"Ladies, hear my misery, one you have never heard before.
My husband is a gifted poet, divinely versed in so many 1107
    rasas, his speech
ever so sweet. Even when I censure him, he replies with
    compliments.
Though he provides me neither rice to fill my belly nor 1108
    garments to furnish my wardrobe,
by reciting verse he procures straw to thatch our roof and
    clay to construct the walls of our home.
He knows by heart the *Kāmasūtra,* countless poems and 1109
    much rhetoric.
And, ladies, he makes love in so many seductive ways.
    'Bravo!' I tell him.
I may never don a conch-shell bracelet, gold bangle, or 1110
    crimson sari,
but thanks to his talent in verse, he is the lord of
    lovemaking.
Though he has stolen my heart, I surmise 1111
that this thief is also a poet, for Vidya worships him."

১১১২   গোদা কুঁজো কুরুণ্ডে প্রভৃতি আর যত।
      সকলের রমণী সকলে নিন্দে কত ॥

১১১৩   দ্রুত হয়ে চোর লয়ে চলিল কোটাল।
      ভারত কহিছে গেল যথা মহীপাল ॥

রাজসভায় চোর আনয়ন

১১১৪   কি শোভা কংসের সভায়।
      আইলা নাগর শ্যামরায় ॥

১১১৫   কংসের গায়ন যারা   যে বীণা বাজায় তারা
      বীণা সে গোবিন্দগুণ গায়।
    বীরগণ আছে যত   বলে কংস হৌক হত
      হেন জনে বধিবারে চায় ॥

১১১৬   ধীরগণ মনে ভাবে   পাপ তাপ আজি যাবে
      লুটিব এ চরণধূলায়।
    ভারত কহিছে কংস   কৃষ্ণের প্রধান অংশ
      শত্রুভাবে মিত্রপদ পায় ॥

১১১৭   বার দিয়া বসিয়াছে বীরসিংহ রায়।
      পাত্র মিত্র সভাসদ বসিয়া সভায় ॥

১১১৮   ছত্র দণ্ড আড়ানী চামর মৌরছল।
      গোলামগর্দ্দিসে খাড়া গোলাম সকল ॥

All the husbands—with their hunchbacks, elephantiasis,   1112
  swollen testes,
and so on—were severely vilified by their wives.
Quickly the police chief stole the thief away.   1113

Bharat concludes, "On they go to meet the king."

THE THIEF IS BROUGHT
BEFORE THE COURT

What glory lies at Kamsa's court?   1114
Here comes the gallant Shyamray,
the musicians of Kamsa serenading   1115
the virtues of Govinda on the vina and other instruments.
As the brave ones present proclaim, "Let Kamsa be killed!
Such a mighty man must be slain!"
the sage ones meditate, "Let all our sins and suffering be   1116
  washed away today.
We shall prostrate ourselves in the dust of His feet."
Bharat says, "As Kamsa is a part of Krishna,
he obtains the position of a friend in the guise of an
  enemy."[93]

Seated at his throne, Virsimha Ray   1117
presided over all his counselors, friends, and courtiers
  present.
Parasols, scepters, peacock fans, and fly whisks lent   1118
  decoration
to everything in sight, as slaves stood aside in one corner.

307

১১১৯ পাঠক কথক কবি ব্রাহ্মণ পণ্ডিত।
অধ্যাপক ভট্টাচার্য্য গুরু পুরোহিত ॥
১১২০ পাঁচ পুত্র চারি ভাই ভাইপুত্র দশ।
ভাগিনীজামাই সাত ভাগিনা ষোড়শ ॥
১১২১ জামাই বেহাই শ্যালা মাতুল সকল।
জ্ঞাতি বন্ধু কুটুম্ব বসিয়া দল বল ॥
১১২২ সমুখে সেপাই সব কাতারে কাতার।
যোড় হাতে বুকে ধরে ঢাল তলবার ॥
১১২৩ ঘড়িয়াল দুই পাশে হাতে বালী ঘড়ি।
সারি সারি চোপদার হাতে হেমছড়ি ॥
১১২৪ মুশাহেব বসিয়া সকল বরাবর।
আজ্ঞা বিনা কারো মুখে না সরে উত্তর ॥
১১২৫ মুনশী বখশী বৈদ্য কানগোই কাজি।
আর আর যে সব লোকের রাজা রাজি ॥
১১২৬ রবাব তুম্বুরা বীণা বাজায়ে মৃদঙ্গ।
নটী কালোয়াত গান গায় নানারঙ্গ ॥
১১২৭ ভাঁড়ে করে ভাঁড়াই নর্ত্তকে নাচে গায়।
নকীব সেলাম গাহে সেলাম জানায় ॥

The king was attended by messengers, scribes, narrators,   1119
poets, pandits, professors, priests, Brahmans,
    bhaṭṭācāryas, and gurus.
A remarkable host of kin stood present. Five sons, four   1120
    brothers, ten nephews,
and sons-in-law, seven sisters' sons-in-law, sixteen sisters'
    sons,
sons' parents-in-law, brothers-in-law, maternal uncles,   1121
kinsmen, relatives by marriage, close friends, all seated in
    groups.
Row after row, soldiers stood tall before the king.   1122
They held swords in hand, shields to their chests.
Timekeepers remained on both sides, each holding an   1123
    hourglass,
mace bearers with golden staffs filed in in line,
panegyrists sat beside one another.   1124
None uttered a word without permission.
Physicians, secretaries, paymasters, revenue and   1125
    administrative officers,
all those favored by the king attended him.
A variety of *rebābs,* tambouras, vinas, and *mṛdaṅgas*   1126
    carried a regal tune,
as dancing girls and classical singers performed
    beautifully.
Jesters provoked laughs, dancers pranced and sang,   1127
heralds cried their salutations to one and all.

১১২৮ উজ্ববক কজলবাস হাবশী জল্লাদ।
আশাওল মল্ল ঢালী চেলা খানেজাদ॥
১১২৯ সমুখে ফিরায় ঘোড়া চাবুকসোয়ার।
মাহুত হাতীর কাঁধে জানায় জোহার॥
১১৩০ রাবণের প্রতাপে বসেছে মহীপাল।
হেন কালে চোর লয়ে দিলেক কোটাল॥
১১৩১ সারী শুক খুঙ্গী পুথি মালিনী সহিত।
হাজীর করিল চোরে নাজীরবিদিত॥
১১৩২ নারীবেশে দশ ভাই করে দণ্ডবত।
নকীব ফুকারে মহারাজ সেলামত॥
১১৩৩ নিবেদিল চোর ধরিবার সমাচার।
শিরোপা পাইল হাতী ঘোড়া হাতিয়ার॥
১১৩৪ হেঁটমুখে আড়চক্ষে চোরে দেখে রায়।
রাজপুত্র হবে রূপ লক্ষণে জানায়॥
১১৩৫ বাছিয়া দিয়াছে বিধি কন্যাযোগ্য বর।
কিন্তু চুরি করিয়াছে শুনিতে দুষ্কর॥

There were Uzbeks, Kajalbas,* Abyssinians, and 1128
    executioners,
wrestlers, shield bearers, pages, slaves, and slaves' sons.
Horses paraded before the king, with their excellent 1129
    riders.
Mahouts rode the backs of elephants, delivering their
    salutations.
Seated atop his throne, emanating the power of Ravana, 1130
    the king
presided over this royal show as the police chief brought
    forth the thief.

Introduced by the royal head clerk, the thief, carrying his 1131
    box and manuscripts,
accompanied by his parrot and mynah and the flower-
    woman, was paraded in.
Dhumketu's ten brothers, still disguised as women, 1132
    prostrated themselves,
as the herald proclaimed their salutation to the maharaja.
As news of their victorious capture was humbly given, 1133
it was rewarded with precious gifts: turbans, weapons,
    horses, and elephants.
The king, looking askance at the thief, thought to himself, 1134
"This young man's stately looks are signs of princely
    lineage.
Vidhi had chosen well, a fit husband for my daughter. 1135
But it pains me terribly to hear how he has robbed her.

---

* Soldiers from Persia.

১১৩৬ কাটিতে উচিত কিন্তু কেমনে কাটিব।
কলঙ্ক করিতে দূর কলঙ্ক করিব॥

১১৩৭ সহসা করিতে কর্ম্ম ধর্ম্মশাস্ত্রে মানা।
যে হয় করিব পিছে আগে যাউক জানা॥

১১৩৮ হীরারে জিজ্ঞাসে চক্ষু করিয়া পাকল।
এটা কেটা কার বেটা সত্য করি বল॥

১১৩৯ হীরা বলে ইহার দক্ষিণ দেশে ঘর।
পড়োবেশে এসেছিল তোমার নগর॥

১১৪০ সত্য মিথ্যা কে জানে দিয়াছে পরিচয়।
কাঞ্চীপুরে গুণসিন্ধু রাজার তনয়॥

১১৪১ বাসা করি রয়েছিল আমার আলয়।
ছেলে বলি ভাল বাসি মাসী মাসী কয়॥

১১৪২ বিচারে পণ্ডিত বড় নানা গুণ জানে।
মাটি খেয়ে কয়েছিনু বিদ্যাবিদ্যমানে॥

১১৪৩ চাহিয়াছিলেন বিদ্যা বিয়া করিবারে।
আমি কহিলাম কহ রাণীরে রাজারে॥

১১৪৪ কি জানি কি বুঝি বিদ্যা করিলেন মানা।
আনিতে কহেন চুপে কার সাধ্য আনা॥

১১৪৫ ইহা বই জানি যদি তোমারি দোহাই।
মরিলে না পাই গঙ্গা দুটি চক্ষু খাই॥

I must bring him down, destroy him. But how can I?　　1136
In ridding myself of one scandal, I shall surely beget
　　another.

As the *dharmaśāstra** forbids acting in haste,　　1137
I shall first ascertain the facts, then act later accordingly."

With an angry look, the king demanded of Hira.　　1138
"Tell me, who is this thief? Whose son is he?"

"My lord, he hails from the southern country," Hira　　1139
　　replied.

"He came to your city in the guise of a student.

But who knows whether this be true? He has since claimed　　1140
that he is the son of King Gunasindhu of Kanchipur.

Having stayed with me at my home,　　1141
the young man called me auntie, and I loved him like a son.

Without doubt he is most accomplished in debate, my　　1142
　　lord, a great pandit.

But, alas, my judgment failed me when I made mention of
　　him to sweet Vidya.

Upon hearing of him and meeting him, Vidya expressed　　1143
　　her desire to wed him.

'Then go forth and inform the king and queen,' I told her.

But she did not. What can I say? Vidya had forbidden me　　1144
　　to convey anything.

She schemed to rendezvous with him secretly. What could
　　I do?

Oh, take pity on me, my lord. I know nothing beyond this.　　1145
Or let me perish and not obtain salvation, let my fate be
　　ruined, if I knew.

———

* Hindu law codes.

313

১১৪৬ তদবধি বাসা করি আছে মোর ঘরে।
কে জানে এমন চোর সিঁধে চুরি করে॥

১১৪৭ না জানি কুটিনীপনা দুখিনী মালিনী।
চোরে বাসা দিয়া নাম হইল কুটিনী॥

১১৪৮ নষ্ট নই নষ্টসঙ্গে হয়েছে মিলন।
রাবণের দোষে যেন সিন্ধুর বন্ধন॥

১১৪৯ ধর্ম্মঅবতার তুমি রাজা মহাশয়।
বুঝিয়া বিচার কর উচিত যে হয়॥

১১৫০ রাজার হইল দয়া হীরার কথায়।
ছাড়ি দেহ কহিছে ভারতচন্দ্র রায়॥

চোরের পরিচয় জিজ্ঞাসা

১১৫১   লোকে মোরে বলে মিছা চোর।
বুঝিবে কেবা এ ঘোর॥

১১৫২ সবে চোর হয়ে   মোরে ধরি লয়ে
চোরবাদ দেই মোর।
দেখিয়া কঠোর   প্রাণ কাঁদে মোর
আমারে বলে কঠোর॥

Until now this man had remained my tenant. 1146
How could I know he was such a thief, digging a tunnel to
the palace only to plunder it?
I am only a poor old flower-woman. I know nothing of 1147
lovers' secret passageways.
So, simply because I housed a thief, I am called a
procuress?
Not so, my lord. Though a wicked man took up with me, 1148
I am not wicked myself.
Even the ocean was bound because of the sins of Ravana.[94]
But you, you are the incarnation of righteousness, my 1149
king.
Now that I have told you my part, judge me as you will."

Pitying Hira upon hearing her speech, the king vacillates. 1150
Bharatchandra Ray advises, "Let her go, my lord."

INTERROGATING THE THIEF
ABOUT HIS IDENTITY

People say that I am not really a thief. 1151
Who, then, can comprehend this paradox?
The king's men are all thieves. They seized me, 1152
and made a thief of me?
Though they call me heartless,
it is my heart that weeps helplessly at their cruelty.

১১৫৩ সবে করে পাপ   ভুঞ্জিবারে তাপ
মোর পদে দেয় ডোর।
কে মোরে জানিবে   কে মোরে চিনিবে
ভারত ভাবিয়া ভোর॥

১১৫৪ রাজা বলে কি হইবে ইহারে বধিলে।
অধিক কলঙ্ক হবে স্ত্রীবধ করিলে॥

১১৫৫ দূর কর কুটিনীরে মাথা মুড়াইয়া।
গঙ্গাপার কর গালে চূণ কালি দিয়া॥

১১৫৬ ঢেকা দিয়া কোটালের ভাই লয়ে যায়।
ধুতি খেয়ে ছেড়ে দিল মালিনী পলায়॥

১১৫৭ রাজার হীরার বাক্যে হইল সংশয়।
আরজবেগীরে কহে লহ পরিচয়॥

১১৫৮ জিজ্ঞাসে আরজবেগী কহ অরে চোর।
কি নাম কাহার বেটা বাড়ী কোথা তোর॥

১১৫৯ চোর কহে আমি রাজবংশের ছাবাল।
কেন পরিচয় চেয়ে বাড়াও জঞ্জাল॥

১১৬০ তুমি ত আরজবেগী বুঝ দেখি ভাবে।
নীচ বিনা কোথায় ডাকাতি চোর পাবে॥

Everyone commits sins, yet I alone am imprisoned.   1153
They will pay for these unjust misdeeds.
Who will know me? Who will advocate for my innocence?
Bharat is engrossed in this thought.

The king said, "What purpose will be served if I execute   1154
    him?
I suspect yet even more scandal if I slay a woman.
Shave her head, smear lime and black across her face,   1155
then banish this procuress. Paddle her across the Ganga."
One of the police chief's brothers shoved Hira and led her   1156
    away,
though just as quickly, he took a bribe from her and
    released her, letting her flee.
But, as the king had misgivings about what Hira had said,   1157
he ordered his reader of briefs to grill the thief about his
    identity.
The reader of briefs demanded, "Speak up, thief.   1158
What are you called? Whose son are you? Where do you
    hail from?"
"I am a prince," the thief answered proudly.   1159
"What intention have you by questioning my identity? As
    court secretary, you are
a clever man, I am sure. Chew on this a while and I am sure   1160
    the answer will come to you.
Where would you find a thief except among the lower
    class?

১১৬১ চোরের জানিয়া জাতি কি লাভ করিবে।
উচ্চ জাতি হৈলে বুঝি উচ্চ শালে দিবে॥

১১৬২ তাহারে জিজ্ঞাস জাতি যে করে আরজ।
তোরে দিব পরিচয় এত কি গরজ॥

১১৬৩ দেমাগ দেখিয়া রাজা বুঝিলা আশয়।
বৈদ্যেরে কহিলা তুমি চাহ পরিচয়॥

১১৬৪ বৈদ্য বলে শুন চোর আমি বৈদ্যরাজ।
মোরে পরিচয় দেহ ইথে নাহি লাজ॥

১১৬৫ চোর বলে জানিলাম তুমি বৈদ্যরাজ।
নাড়ী ধরি বুঝ জাতি কথায় কি কাজ॥

১১৬৬ মুনশী জিজ্ঞাসে আমি রাজার মুনশী।
মোরে পরিচয় দেহ ছাড়হ খুনসী॥

১১৬৭ চোর বলে মুনশীজী তুমি সে বুঝিবে।
জামাই হইলে চোর কি পাঠ লিখিবে॥

১১৬৮ বখশী জিজ্ঞাসে আমি বখশী রাজার।
মোরে পরিচয় দেহ ছাড় ফের ফার॥

১১৬৯ চোর বলে ঠেকিলাম হিসাবের দায়।
পাইবা চোরের জাতি দেখ চেহারায়॥

Why bother querying my caste if you know me to be a   1161
  thief?

Perhaps if you find me to hail from a higher caste, you
  would impale me on a higher stake?

Only a petitioner's caste should be queried.   1162

Why so eager, sir, to know my identity?"

Seeing his arrogance, the king understood his intention.   1163

He told the physician to ask his identity.

"I am the royal physician," he said.   1164

"Tell me who you are, you scoundrel. There is no shame in
  admitting that much."

"I know you are the royal physician," the thief replied,   1165
  "and I am sure you can conjecture.

my caste by feeling my pulse. It would be redundant for
  me to tell you."

"I am the royal secretary," said one.   1166

"Put aside your anger and tell us who you are."

"My esteemed and honorable secretary," the thief replied.   1167
  "Surely you must know.

If the thief is his son-in-law, what report would you
  write?" Sundar asked, pointing to the king.

"I am the royal army paymaster," said another.   1168

"For once and for all take down this facade and reveal who
  you are."

"Heed this clue," the thief replied. "I am only disguised as   1169
  a poor student.

But you can guess my caste easily by gazing upon my
  visage, my physique."

১১৭০   ব্রাহ্মণপণ্ডিতগণ পরিচয় চায়।
        চোর বলে এবার হইল বড় দায় ॥

১১৭১   বিচার করিয়া দেখ লক্ষণ লক্ষণা।
        জাতি গুণ দ্রব্য কিবা বুঝায় ব্যঞ্জনা ॥

১১৭২   এইরূপে পরিচয় যে কেহ জিজ্ঞাসে।
        বাক্‌ছলে সুন্দর উড়ায় উপহাসে ॥

১১৭৩   শেষে রাজা আপনি জিজ্ঞাসে পরিচয়।
        ভারত কহিছে এই উপযুক্ত হয় ॥

রাজার নিকট চোরের পরিচয়

১১৭৪   কহে বীরসিংহ রায় কহে বীরসিংহ রায়।
        কাটিতে বাসনা নাহি ঠেকেছে মায়ায় ॥

১১৭৫   কহ তোমার কি নাম কহ তোমার কি নাম।
        কিবা জাতি কার বেটা বাড়ী কোন্‌ গ্রাম ॥

১১৭৬   কহ সত্য পরিচয় কহ সত্য পরিচয়।
        মিথ্যা যদি কহ তবে যাবে যমালয় ॥

১১৭৭   শুনি কহিছে সুন্দর শুনি কহিছে সুন্দর।
        কালিকার কিঙ্কর কিঞ্চিত নাহি ডর ॥

At last the Brahman pandits begged to know the thief's   1170
   true personage.
And the thief replied thus, "It must be hard for you to
   guess, I am sure.
Examine the signs and the secondary meanings;   1171
suggestions can explain caste, qualities, and substances."
It was in this way that Sundar so cleverly mocked   1172
his interrogators, evading their questions with his
   cunning.
And so, finally, the king himself questioned the thief about   1173
   his identity.

Bharat nods. "This is as it should be."

THE THIEF'S IDENTITY
IS REVEALED TO THE KING

Directing his gaze at the thief, Virsimha Ray announced,   1174
"You know, I do not wish to execute you. I am
   mysteriously inclined toward you.
So, tell me. What is your name?" he asked.   1175
"What caste are you? Who is your father? Which is your
   hometown?
Do tell me your true identity,   1176
for if you lie, only Yama, god of death, shall deal with you."
Sundar listened intently, then replied,   1177
"I am the servant of Kalika, and I fear no one, nothing.

১১৭৮ শুন রাজা মহাশয় শুন রাজা মহাশয়।
চোরের কথায় কোথা কে করে প্রত্যয়॥

১১৭৯ আমি রাজার কুমার আমি রাজার কুমার।
কহিলে প্রত্যয় কেন হইবে তোমার॥

১১৮০ বিদ্যাপতি মোর নাম বিদ্যাপতি মোর নাম।
বিদ্যাধর জাতি বাড়ী বিদ্যাপুর গ্রাম॥

১১৮১ শুন শ্বশুরঠাকুর শুন শ্বশুরঠাকুর।
আমার বাপের নাম বিদ্যার শ্বশুর॥

১১৮২ তুমি ধর্ম্মঅবতার তুমি ধর্ম্মঅবতার।
অবিচারে চোর বল এ কোন্ বিচার॥

১১৮৩ বিদ্যা করেছিল পণ বিদ্যা করেছিল পণ।
সেই পতি বিচারে জিনিবে যেই জন॥

১১৮৪ পণে জাতি কেবা চায় পণে জাতি কেবা চায়।
প্রতিজ্ঞায় যেই জিনে সেই লয়ে যায়॥

১১৮৫ দেখ পুরাণপ্রসঙ্গ দেখ পুরাণপ্রসঙ্গ।
যথা যথা পণ তথা তথা এই রঙ্গ॥

১১৮৬ তুমি জিজ্ঞাস বিদ্যারে তুমি জিজ্ঞাস বিদ্যারে।
বিচারে হারিয়া পতি করিল আমারে॥

১১৮৭ আমি যে হই সে হই আমি যে হই সে হই।
জিনিয়াছি পণে বিদ্যা ছাড়িবার নই॥

১১৮৮ মোর বিদ্যা মোরে দেহ মোর বিদ্যা মোরে দেহ।
জাতি লয়ে থাক তুমি আমি যাই গেহ॥

১১৮৯ বিদ্যা মোর জাতি প্রাণ বিদ্যা মোর জাতি প্রাণ।
তপ জপ যজ্ঞ যাগ ধন ধ্যান জ্ঞান॥

Hear me, revered king. Please, hear me.   1178
Who would ever take the word of one charged as a thief?
I am the son of a king—the son of a king!—   1179
but why should you believe me?
Vidyapati* is my name,   1180
I am a *vidyādhar* hailing from Vidyapur village.[95]
Hear this, revered father-in-law of mine.   1181
My own father would call himself Vidya's father-in-law.
But you, my lord, are virtue incarnate indeed.   1182
You call me a thief without putting me on trial. What kind
    of justice is that?
Vidya had made a vow to take   1183
as her husband whoever prevails over her in debate.
Who needs to know the caste in a pledge, who?   1184
Whoever wins after a pledge takes away the prize.
So say the Puranas that this is how   1185
it must be when a wager is won.
Go, fetch Vidya and ask her whether   1186
she has lost to me in debate and made me her husband.
But hear this. No matter my identity, my caste, my   1187
    parentage,
I have won Vidya and will not give her up.
Give me my Vidya and keep your precious caste.   1188
Now I will take my leave, see myself home.
Vidya is everything to me. My life, my caste,   1189
my ascetic practices, recitations, sacrifices, rituals, riches,
    meditation, and knowledge."

---

* Literally, "Vidya's husband."

১১৯০ ক্রোধে কহে মহীপাল ক্রোধে কহে মহীপাল।
      নাহি দিল পরিচয় কাট রে কোটাল॥

১১৯১ চোর তবু কহে ছল চোর তবু কহে ছল।
      বিদ্যা না পাইলে মোর মরণ মঙ্গল॥

১১৯২ আমি বিদ্যার লাগিয়া আমি বিদ্যার লাগিয়া।
      আসিয়াছি ঘর ছাড়ি সন্ন্যাসী হইয়া॥

১১৯৩ আমি তোমার সভায় আমি তোমার সভায়।
      নিত্য আসি নিত্য তুমি ভুলাও আমায়॥

১১৯৪ তুমি নাহি দিলা যেই তুমি নাহি দিলা যেই।
      সুড়ঙ্গ করিয়া আমি গিয়াছিনু তেঁই॥

১১৯৫ শুনি সভাজন কয় শুনি সভাজন কয়।
      সেই বটে এই চোর আর কেহ নয়॥

১১৯৬ চাহে কাটিতে কোটাল চাহে কাটিতে কোটাল।
      নয়ন ঠারিয়া মানা করে মহীপাল॥

১১৯৭ চোর বিদ্যারে বর্ণিয়া চোর বিদ্যারে বর্ণিয়া।
      পড়িল পঞ্চাশ শ্লোক অভয়া ভাবিয়া॥

১১৯৮ শুনি চমকিত লোক শুনি চমকিত লোক।
      কহিছে ভারত তার গোটাকত শ্লোক॥

Incensed and irate, the king thundered,   1190
"All this talk and still not given himself up! Police chief,
    ready him for the stake!"
Still, the thief, conceited and unfazed, spoke again.   1191
"Should I not obtain Vidya, death for me will be
    auspicious.
But know that I came here, adopted   1192
the ascetic life to meet and win Vidya.
I came to your court every day, do you recall?   1193
Every day I asked for Vidya and every day you put me off.
As you did not acquiesce, I built a tunnel   1194
through which I could see her, visit her."
Upon hearing this, the courtiers were sure.   1195
"He is that very thief and none other," they declared.
The police chief wanted to kill him, but the wise king,   1196
thinking otherwise, forbade Dhumketu, gesturing him to
    step back.
Meditating on Abhaya, the thief then recited fifty   1197
    stanzas[96]
describing Vidya, and the assembly was astounded
by his remarkable performance of *rasas,* poetic talent,   1198
    double meanings.

Read on as Bharat recites a few of these stanzas.

রাজার নিকটে চোরের শ্লোকপাঠ

১১৯৯ মোর পরাণপুতলী রাধা।
সুতনু তনুর আধা॥
১২০০ দেখিতে রাধায় মন সদা ধায়
নাহি মানে কোন বাধা।
রাধা সে আমার আমি সে রাধার
আর যত সব ধাঁধা।
১২০১ রাধা সে ধেয়ান রাধা সে গেয়ান
রাধা সে মনের সাধা।
ভারত ভূতলে কভু নাহি টলে
রাধাকৃষ্ণপদে বাঁধা॥

১২০২ অদ্যাপি তাং কনকচম্পকদামগৌরীং
ফুল্লারবিন্দবদনাং তনুলোমরাজীম্।
সুপ্তোত্থিতাং মদনবিহবললালসাঙ্গীং
বিদ্যাং প্রমাদগণিতামিব চিন্তয়ামি॥

১২০৩ এখনো সে কনকচম্পকসুবরণী।
তনুলোমাবলী ফুল্লকমলবদনী॥
১২০৪ শুইয়া উঠিল কামবিহবললালসা।
প্রমাদ গণিছে মোর শুনি এই দশা॥

THE THIEF RECITES STANZAS
TO THE KING

Radha is my darling beloved,   1199
her comely body half of my own.
Nothing, no one can stop my heart   1200
as it inevitably soars to see Radha.
Radha is mine, I am hers.
All the rest is confusion.
Radha is meditation, she is wisdom,   1201
Radha is my heart's desire.
In this world, Bharat never wavers.
He is bound to Radha and Krishna's feet.[97]

"*Even now, I think of her, gleaming in garlands of gold*   1202
    champac flowers,
her lotus face blossoming, the line of down delicate at her
    waist, her body trembling and eager
for love when she wakes from sleep—like learning lost
    through negligence.

"Even now Vidya gleams with the smooth, golden   1203
    complexion of a champac flower,
her face blossoming as a lotus, silky lines, strands of hair
    contouring her body.
Upon waking, she is overwhelmed by desire, but   1204
on learning of my misery, my impending ruin, she is filled
    with unease."

১২০৫ কন্যার বর্ণনে রাজা লাজে বলে মার।
চোর বলে মহারাজ শুন আর বার॥

১২০৬ অদ্যাপি তন্মনসি সম্প্রতি বর্ত্ততে মে
রাত্রৌ ময়ি ক্ষুতবতি ক্ষিতিপালপুত্র্যা।
জীবেতি মঙ্গলবচঃ পরিহৃত্য কোপাৎ
কর্ণে কৃতং কনক পত্রমনালপন্ত্যা॥

১২০৭ এখনো সে মোর মনে আছয়ে সর্ব্বথা।
এক রাতি মোর দোষে না কহিল কথা॥
১২০৮ বিস্তর যতনে নারি কথা কহাইতে।
ছলে হাঁচিলাম জীববাক্য বলাইতে॥
১২০৯ আমি জীলে রহে তার আয়তি নিশ্চল।
জানায়ে পরিল কানে কনককুণ্ডল॥
১২১০ দগ্ধ হয় তনু তার বৈদগ্ধ্য ভাবিয়া।
ক্রিয়ায় কহিল জীব কথা না কহিয়া॥
১২১১ রাজা বলে বুঝা যাবে কেমন জামাই।
তুই মৈলে তার কি আয়তি রবে নাই॥
১২১২ ছল পেয়ে কবিরায় কহিতে লাগিলা।
সভা সাক্ষী হৈও রাজা জামাই বলিলা॥

Such description of his daughter humiliated the king, who   1205
    ordered at once that this thief be executed.
But the thief replied hastily, "Wait, great king! Hear this
    then.[98]

"Even now, my mind dwells on the night my sneezing awoke   1206
    the princess.
Flustered, she refused to say 'Jīveti, Long life!' Silently, she put
    a lucky golden leaf to her ear.

"Even now Vidya is on my mind.   1207
One night she did not speak, it was my fault.
Despite my best efforts, I could not get her to talk.   1208
I even feigned a sneeze to make her utter 'God bless you!'
But, should I survive, her condition of married woman   1209
    remains.
For expressing this, she put on her gold earrings.
Now, though, my body is in a blaze when I think of her   1210
    widowhood.
My Vidya has wished me a long life without uttering a
    word."

The king replied, "We shall see what sort of son-in-law   1211
    you are.
If you die, how is she to remain your wedded wife?"
At this, the poet interjected, "With the court as my   1212
    witness,
the king called me 'son-in-law,' did he not?

১২১৩ ভাল হই মন্দ হই বলিলা জামাই।
ধর্ম্ম সাক্ষী কাটিবারে আর পার নাই॥

১২১৪ অদ্যাপি নোজ্ঝতি হরঃকিল কালকূটং
কূর্ম্মো বিভর্ত্তি ধরণীং খলু পৃষ্ঠকেন।
অম্ভোনিধির্ব্বহতি দুর্ব্বহবাড়বাগ্নি
মঙ্গীকৃতং সুকৃতিনঃ পরিপালয়ন্তি॥

১২১৫ এখনো কণ্ঠের বিষ না ছাড়েন হর।
কমঠ বহেন পিঠে ধরণীর ভর॥
১২১৬ বারিনিধি দুর্ব্বহ বাড়বঅগ্নি বহে।
সুকৃতির অঙ্গীকার কভু মিথ্যা নহে॥
১২১৭ লজ্জা পেয়ে বীরসিংহ অধোমুখ হয়।
সভাজন কহে চোর মানুষ ত নয়॥
১২১৮ ভূপতি বুঝিলা মোর বিদ্যারে বর্ণয়।
মহাবিদ্যা স্তুতি করে গুণাকর কয়॥
১২১৯ দুই অর্থ কহি যদি পুথি বেড়ে যায়।
বুঝিবে পণ্ডিত চোরপঞ্চাশী টীকায়॥
১২২০ হেঁটমুখে ভাবে রাজা কি করি এখন।
না পাইনু পরিচয় এ বা কোন্ জন॥
১২২১ বিষয় আশয়ে বুঝি ছোট লোক নয়।
সহসা বধিলে শেষে কি জানি কি হয়॥

Whether I be virtuous or unvirtuous, he did say 'son-in-law.'   1213

As dharma is my witness, my protector, there is no way to violate that.[99]

"Even now Hara never casts out the *kālakūṭa* from his throat,   1214–1215

the tortoise still bears the weight of the earth on its back,

and the ocean carries the unbearable fires breathed by the submarine mare.   1216

The good always keep the promises they make."

Virsimha lowered his head in shame,   1217

as the courtiers sputtered, "This thief cannot be human."

But the king knew better. "This remarkable abode of virtues has described   1218

my beautiful Vidya while praising benevolent goddess Mahavidya."

Should I expound on all the double meanings, this saga would grow unfashionably thick.   1219

But in consulting the commentary of *Corapañcāśī*, pandits will comprehend.[100]

The king lowered his eyes, pondering, "What to do?   1220

What sort of a man is he, still refusing to reveal his identity?

Given his worldly possessions, he must not be of some vulgar origin.   1221

Should I execute him outright, what fate will befall me?"

১২২২ কোটালে কহিলা ঠারে লহ রে মশানে।
ভয়ে পরিচয় দিতে পারে তোর স্থানে ॥

১২২৩ এইরূপে অনিরুদ্ধ উষা হরেছিল।
তাহারে বান্ধিয়া বাণ বিপাকে পড়িল ॥

১২২৪ লক্ষ্মণা হরিয়াছিল কৃষ্ণের নন্দন।
তার দায়ে বিপাকে ঠেকিল দুর্য্যোধন ॥

১২২৫ অতএব সহসা বধিবা যুক্তি নয়।
বটে বটে গুরু পাত্র মিত্রগণ কয় ॥

১২২৬ কোটাল মশানে চলে লইয়া সুন্দর।
ভবানী ভাবেন কবি হইয়া কাতর ॥

১২২৭ রাজার সভায় সুন্দরের সারী শুক।
ভূপতিরে ভর্ৎসিবারে করিছে কৌতুক ॥

১২২৮ অন্নপূর্ণামঙ্গল রচিলা কবিবর।
শ্রীযুত ভারতচন্দ্র রায়গুণাকর ॥

Suddenly, swiftly resolving, the king motioned to his   1222
     police chief. "Ready him
for the stake. Once this thief senses imminent death, he
     will tell you who he is.

Recall how Aniruddha had stolen away with Usha,   1223
Bana shackling him in chains only to succumb to his own
     defeat.[101]

And remember Krishna's son who had abducted   1224
     Lakshmana,
daughter of Duryodhan, who on this account had
     difficulties.[102]

So we must not execute him on wild impulse."   1225
"Wise words indeed," the king's gurus, counselors, and
     friends quickly agreed.

The police chief took his cue to lead Sundar to the   1226
     execution ground,
as the poet, in deep distress, meditated on goddess
     Bhavani.

It was at that moment that Sundar's parrot and mynah,   1227
     present at court,
suddenly flew in, squawking and scolding the king.

The foremost of poets, Shriyuta Bharatchandra Ray   1228
     Gunakar,
composed *In Praise of Annapurna.*

শুকমুখে চোরের পরিচয়

১২২৯ শুকমুখে মুখ দিয়া   সারী কান্দে বিনাইয়া
সুন্দরের দুর্গতি দেখিয়া।
সারীর ক্রন্দনছাঁদে   শুক বিনাইয়া কাঁদে
সভাজন মোহিত শুনিয়া॥

১২৩০ শুক পাকসাট দিয়া   সারিকারে খেদাইয়া
নারীনিন্দাছলে নিন্দে ভূপে।
আ লো সারি দূর দূর   নারীর হৃদয় ক্রূর
পুরুষে মজায় কামকূপে॥

১২৩১ গুণসিন্ধুরাজসুত   সুন্দর সুগুণযুত
বিদ্যা লাগি মরে গুণমণি।
দস্যুকন্যা মহৌষধে   পতি করি সাধু বধে
বিদ্যা বীরসিংহের তেমনি॥

১২৩২ বিয়া কৈল লুকাইয়া   শেষে দিল ধরাইয়া
ডাকাতির দুহিতা রাক্ষসী।
আহা মরি আহা মরি   হায় হায় হরি হরি
পতিবধ কৈল পাপীয়সী॥

১২৩৩ তুই সে বিদ্যার সারী   শিখিয়াছ গুণ তারি
তুই কবে বধিবি জীবন।
যেমন দেবতা যিনি   তেমনি স্বরূপা তিনি
সেইমত ভূষণ বাহন॥

THE PARROT REVEALS THE TRUTH
OF THE THIEF'S IDENTITY

As the mynah trilled mournfully at Sundar's misfortune,　　1229
her head resting on her parrot companion,
the parrot gurgled as woefully as the mynah,
the courtiers, all-consumed in fascination, listening in.
Flapping his wings, the parrot brushed his mynah away.　　1230
Feigning blame on all females, he reproached the king.
"Ah, how shameful, mynah bird! Women's hearts are so
　　cruel,
drowning men in a well of desire.
Sundar, esteemed son of King Gunasindhu,　　1231
endowed with exceptional skill and talent, will perish on
　　account of Vidya.
So many thieves' daughters murder their good husbands
　　with poison.
Vidya, daughter of Virsimha, is no exception.
Look what she has done, marrying him secretly, and finally　　1232
　　getting him arrested.
Oh, what a vile ogress is this princess, daughter of a thief
　　among thieves.
Alas, I perish as well at the loss of my master. Oh, Hari!
This sinful woman has murdered her own husband.
So, my mynah, as Vidya's bird you have surely learned her　　1233
　　ways.
When you have your chance, will you have me killed as
　　well?
He is like a god, but she also is as handsome as he.
In the same way both are just like two jewels."

335

১২৩৪ শুকের শুনিয়া বাণী   সবে করে কানাকানি
রাজা হৈলা সন্দেহসংযুত।
মালিনী কহিল যাহা   শুকপাখী বলে তাহা
চোর বুঝি গুণসিন্ধুসুত॥

১২৩৫ রাজা কহে শুক শুন   কি কহিলা কহ পুন
চোরের কি জান পরিচয়।
গুণসিন্ধু রাজা যেই   তাহার তনয় এই
বল কিসে হইবে প্রত্যয়॥

১২৩৬ বিদ্যা নিল চুরি করি   কোটাল আনিল ধরি
পরিচয় না দেয় চাহিলে।
তুমি ত পণ্ডিত হও   কেন না কাটিব কও
কেন মোরে ডাকাতি বলিলে॥

১২৩৭ শুক বলে মহাশয়   আপনার পরিচয়
রাজপুত্র কেবা কোথা দেই।
ভাটে দেয় পরিচয়   ঘটকেরা কুল কয়
বড় মানুষের রীত এই॥

১২৩৮ নিজপরিচয় প্রভু   সুন্দর না দিবে কভু
পাখী আমি মোর কথা কিবা।
তুমি ত তাহার পাট   পাঠাইয়াছিলা ভাট
ভাটে ডাক সকলি জানিবা॥

Upon hearing the parrot, all those present began to   1234
    whisper,
throwing the king into doubt.
He thought, "But no! Could it be so? This parrot repeats
    only
what the flower-woman has relayed. The thief must be
    Gunasindhu's son."
"Listen, parrot," the king insisted, "repeat for me   1235
what you know of the thief's identity.
Provide some proof of his parentage. Can he really be King
    Gunasindhu's son?
Having mercilessly stolen my Vidya, he refuses   1236
to reveal his identity, even when captured.
So, parrot pandit, tell me. Why should I not execute him?
Why call your king a 'thief among thieves'?"
"My lord," replied the confident parrot, "does a prince   1237
    ever present himself as such?
And when his name is given, think on who gives it and
    how.
Would not a herald announce him and a genealogist tell of
    his blue blood and parentage?
Such is the way sovereigns are introduced, is it not so?
Prince Sundar will never announce himself, my lord.   1238
But I am just a mere bird. What do I know?
It was you who had sent your herald to his royal palace.
Summon that courier, and you will hear tell of that
    episode."

১২৩৯ রাজা বলে বটে হয় ভাটের সর্দ্দারে কয়
কাঞ্চীপুর কেটা গিয়াছিল।
জমাদার নিবেদিল গঙ্গ ভাট গিয়াছিল
আন বলি রাজা আজ্ঞা দিল ॥
১২৪০ ভাটেরে আনিতে দূত ধায় দশ রজপুত
ওথায় সুন্দর মহাশয়।
পঞ্চাশ মাতৃকাক্ষরে কালিকার স্তুতি করে
কবিরায় গুণাকর কয় ॥

মশানে সুন্দরের কালীস্তুতি

১২৪১ মা কালিকে।
কালি কালি কালি কালি কালি কালি কালিকে।
চণ্ডমণ্ডি মুণ্ডখণ্ডি খণ্ডমুণ্ডমালিকে ॥
১২৪২ লট্ট পট্ট দীর্ঘজট্ট মুক্তকেশজালিকে।
ধক্ক ধক্ক তক্ক তক্ক অগ্নিচন্দ্রভালিকে ॥
১২৪৩ লীহ্ লীহ্ লোলজীহ লক্ক লক্ক সাজিকে।
সৃক্ক ঢক্ক ভক্ক ভক্ক রক্তরাজিরাজিকে ॥

"That is right," the king said with a nod, immediately   1239
    summoning his chief messenger.
"Who is the herald who had gone to Kanchipur?"
One of the constables named a messenger called Ganga.
"Hence, and bring Ganga forth," commanded the king.
And so the messenger raced, alongside ten Rajputs, to   1240
    fetch the herald.

As the messenger departed, noble Sundar remained at
    court,
praising Kalika with fifty letters of the alphabet,
says the royal poet Gunakar, the abode of virtues.

ON THE EXECUTION GROUND,
SUNDAR PRAISES KALI

"To mother Kalika!   1241
To Kali, Kali, Kali, Kali!
I implore your aid, Kali, formidable goddess
who wears Chanda and Munda's severed heads as a
    garland about your neck.[103]
You, whose mass of long disheveled dreadlocks sways to   1242
    and fro,
a flame burning and moon beaming on your brow,
your terrifying tongue constantly lolling,   1243
streams of blood oozing from the corners of your
    menacing mouth,

১২৪৪ অট্ট অট্ট ঘট্ট ঘট্ট ঘোরহাসহাসিকে।
মার মার ঘোর ঘোর ছিন্ধি ভিন্ধি ভাষিকে ॥
১২৪৫ ঢক্ক ঢক্ক হক্ক হক্ক পীতরক্তহালিকে।
ধেই ধেই থেই থেই নৃত্যগীততালিকে ॥
১২৪৬ ভীতচূর্ণ কামপূর্ণ কাতিমুণ্ডধারিকে।
শম্ভূবক্ষ পাদলক্ষ পাদপদ্মচারিকে ॥
১২৪৭ খর্ব্ব খর্ব্ব দৈত্য সর্ব্ব গর্ব্বখর্ব্বকারিকে।
সিংহভাব ঘোররাব ফেরুপালপালিকে ॥
১২৪৮ এহি এহি দেহি দেহি দেবি রক্তদন্তিকে।
ভারতায় কাতরায় কৃষ্ণভক্তিমন্তিকে ॥

১২৪৯ অপর্ণা অপরাজিতা অচ্যুতঅনুজা।
অনাদ্যা অনন্তা অন্নপূর্ণা অষ্টভুজা ॥
১২৫০ আদ্যা আত্মরূপা আশা পূরাহ আসিয়া।
আনিয়াছ আপনি আমারে আজ্ঞা দিয়া ॥
১২৫১ ইচ্ছারূপা ইন্দুমূখী ইন্দ্রাণী ইন্দিরা।
ইন্দীবরনয়নী ইঙ্গিতে ইচ্ছ ইরা ॥
১২৫২ ঈশ্বরী ঈপতিজায়া ঈষদহাসিনী।
ঈদৃশী তাদৃশী নহ ঈশানঈহিনী ॥

you laugh your frightening, ear-splitting cackles.　　　　　1244
'Strike, kill them!' You holler harsh words that cut and
　　cleave.
Gulping blood in copious amounts,　　　　　　　　　　　1245
you dance, sing, and clap.

"But you remove our fear, fulfill our deepest desires, you　　1246
　　who hold in hand
human heads, your lotus feet resting upon Shambhu's
　　chest and legs.
You, who humiliate and overcome the *daityas*,*　　　　　1247
govern a pack of jackals barking belligerently and howling
　　like lions.
Come, Kali. Oh, goddess flashing and gnashing bloody　　1248
　　teeth, you who grant
his wish to anxious Bharat, you who cherish devotion to
　　Krishna.[104]

"A—Aparṇā, Aparājitā, younger sister of Acyut,　　　　　1249
Anadyā, Anantā, Annapūrṇā, Aṣṭabhujā.
Ā—Ādyā, Ātmarūpā, come and hear my supplication.　　　1250
You yourself had ordered me here to fulfill your will.
I—Icchārūpā, Indumukhī, Indrāṇī, Indirā,　　　　　　　1251
you wink for wine by batting your lovely lotus eyes.
Ī—Īśvarī, Īpatijayā, wife of Śiva, you with the sweetest of　　1252
　　smiles,
Īdṛśī, you are extraordinary, the object of Īśān's desire.

---

* Giant demons.

১২৫৩ উমা উর উরস্থল উপরে উত্থিতা।
উপকারে উর গো উরগউপবীতা॥
১২৫৪ ঊর্দ্ধজটা ঊরুরম্ভা ঊষপ্রকাশিকা।
ঊর্ম্মিতে ফেলিলা কৈলা ঊষরমৃত্তিকা॥
১২৫৫ ঋতুরূপা তুমি ঋষিঋভুক্ষের বৃদ্ধি।
ঋণিচক্রে ঋণী আছ মোরে দেহ ঋদ্ধি॥
১২৫৬ ৠকার স্বর্গের নাম তুমি ৠরূপিণী।
ৠস্বরূপা রাখ মোরে ৠবাসদায়িনী॥
১২৫৭ ঌকার বেদের নাম তুমি সে ঌকার।
ঌ পড়িলে কি হবে ঌ কি জানে তোমার॥
১২৫৮ ঌঌকার দৈত্যের মাতা ঌঌভব দানব।
ঌঌকারস্বরূপা তবু বধিলা ঌঌভব॥
১২৫৯ এণরিপুবাহিনী এ একান্তেরে চাও।
একা আনি এখানে এখন কি এড়াও॥
১২৬০ ঐশানী ঐহিক সুখে ঐকান্ত বাসনা।
ঐরাবতপতি করে ঐপদ কামনা॥

U—Umā, you who climb atop Śiva's chest,   1253
you who don a snake as your sacred thread, come to my
    aid.

Ū—Ūh, you, with long dreadlocks and thighs thick as   1254
    plantain trees, giver of light,
you threw me into these engulfing waves, making barren
    soil of me.

Ṛ—Ṛturūpā, you who are the six seasons, the Vedic   1255
    mantras, the wealth of gods and sages,
you, bound in the circle of those indebted, grant me
    prosperity.

Ṛī—Ṛīrūpiṇī, you are the name of the heaven of the *Ṛk.* [*]   1256
Ṛīsvarūpā, you are heaven itself. Protect me, you who are
    empowered to send devotees to heaven.

Lṛi—Lṛk is what you are. *Lṛi* [†] is the name of the Veda.   1257
But what use is reciting this *lṛi?* What does this *lṛi* know of
    you?

Lṛī—Lṛībhāvā is a demon, a *dānava,* mother of the *daityas,* 1258
of your own form. Yet you also killed Lṛībhāva.

E—Enaripuvāhinī, mounted on a lion, you gaze at me   1259
    unflinchingly.
Having brought me here all on my own, will you desert me
    now?

Ai—Aiṣāṇī, I still have a burning desire for worldly   1260
    pleasures,
while Indra, the elephant Airavat's master, entreats you
    for the protection of your feet.

---

[*] The *Ṛg Veda.*
[†] *Lṛi,* the ninth letter of the alphabet.

১২৬১ ওড়পুষ্পওঘ জিনি ওষ্ঠের ওজস।
      ওজোগুণ তরাবার ওপদ ওকস ॥

১২৬২ ঔৎপাতিকে ঔপসর্গে তুমি সে ঔষধ।
      ঔরসে ঔদাস্য করি ঔর্ব্বদাহে বধ ॥

১২৬৩ অংস্বরূপা অংশুময়ী অংশে কংসঅরি।
      অংহেতে অঙ্কিত অঙ্গ রাখ অঙ্কে করি ॥

১২৬৪ অঃকার কেবল ব্রহ্ম একাক্ষরকোষে।
      অঃ কি কর অঃস্পরূপা রাখ মোরে তোষে ॥

১২৬৫ কালী কালকালকান্তা করালী কালিকা।
      কাতরে করুণা কর কুণপকর্ণিকা ॥

১২৬৬ খর খড়্গ খর্পর খেটকে খলনাশা।
      খণ্ড খণ্ড কর খলে খলখলহাসা ॥

১২৬৭ গিরিজা গিরিশী গৌরী গণেশজননী।
      গয়া গঙ্গা গীতা গাথা গজারিগমনী ॥

O—Orpuṣpaoghṛ, your lips brighter than a bouquet of   1261
    hibiscus, your feet are
the refuge of the poor and distressed. Save them by virtue
    of your energy.
Au—Autpātikā, the trials and tribulations that befall us   1262
    all. You are their remedy, yet,
indifferent to your children, you kill them, letting a blazing
    fire consume them.
Aṃ—Aṃsvarūpā, Aṃśumayī, made of beams of light, you   1263
    are effulgence to Kṛṣṇa,
Kaṃsa's foe, born from a part of you. But keep my
    imperfect person in your embrace.
Aḥ—*Aḥkār* is the only absolute *brahma* in the lexicon.   1264
You who are this absolute, hear my call. Keep me
    contented.
K—Kālī, Kālikā, Karālī, Kalkakāntā, beloved of Śiva   1265
    Mahākāl,
you who don corpses for earrings, take pity on me, I am
    afflicted.
Kh—Khalanāśā, you who impale the wicked with a sharp   1266
    sword, a skull and shield,
rend the cruel to pieces with your cruel laugh.
G—Girijā, Girīśī, Gaurī, daughter of the mountain,   1267
    mother of Ganeṣ,
Gayā, Gaṅgā, thou art the song of the *Gītā*,* you wander
    about on the back of the elephant's enemy.

---

* The *Bhagavadgītā*.

345

১২৬৮ ঘনঘন ঘোর ঘটা ঘর্ঘরঘোষিণী।
ঘনঘন ঘুনুঘুনু ঘাঘর ঘণ্টিণী॥
১২৬৯ ঙকার ভৈরব আর বিষয় ঙকার।
ঙকারস্বরূপা রাখ ঙপদ আমার॥
১২৭০ চন্দ্রচূড়া চণ্ডঘণ্টা চষকচূষিকা।
চাতুরীতে চোর কৈল চাহ গো চণ্ডিকা॥
১২৭১ ছায়ারূপা ছাবালেরে ছাড় ছদ্ম ছল।
ছলে লোক ছি ছি বলে আঁখি ছল ছল॥
১২৭২ জয় জয় জয়াবতী জলদবরণী।
জয় দেহ জয়ন্তি গো জগতজননী॥
১২৭৩ ঝঞ্ঝারূপা ঝড়রূপে ঝাঁপ গো ঝটিত।
ঝর ঝর মুণ্ডমালে ঝর্ঝর শোণিত॥
১২৭৪ ঞকার ঘর্ঘরধ্বনি গায়ন ঞকার।
ঞকার করিয়া এস ঞকারে আমার॥
১২৭৫ টঙ্কিনী টমক টাঙ্গী টানিয়া টঙ্কার।
টিকি ধরি টানে গো টুটাহ টিটিকার॥
১২৭৬ ঠাকুরাণী ঠেকাইলা এ কি ঠকঠকে।
ঠেঠায় করিল ঠেঠা ঠক কৈল ঠকে॥

Gh—*Ghrrr.* Repeatedly, you proclaim your greatness with   1268
repeated, frightful noises,

as your bells and cymbals clink and clank.

Ṅ—*Ṅkār* is Bhairav and *ṅkār* signifies worldly   1269
possessions.

You, Ṅkārsvarūpā, you, the real self of *ṅkār,* keep me
stationed in Om.

C—Candracuḍā, you who wear the moon as a crown, wife   1270
of Śiva Candracūḍ, you who ring the bell of doom and
guzzle alcohol.

Caṇḍikā, by deceit they made a thief of me, but I beseech
you, look kindly upon me.

Ch—Chāyārūpā, forsake lies and false pretenses with your   1271
child.

People have misjudged me, shouting "shame!" at me,
wetting my eyes with tears.

J—Jay! Victory to Jayavatī, you of the color of clouds.   1272

Oh, Jayantī, mother of the universe, give me my due, my
victory.

Jh—Jhañjharūpā, you storm in, in the form of a tempest,   1273
blood dripping from your garland of human heads.

Ñ—*Ioñ* is a nasal sound, the rattling sound of the wheel,   1274
and the singer is *ioñkār.*[105]

Come, be an *ioñkār* unto my *ioñkār.*

Ṭ—Ṭaṅkinī, you, grasping a battle-ax, who sound the   1275
twang of a bow-string,

quash the tuft-bearing demons, goddess. Pull them by the
tufts of their hair.

Ṭh—Ṭhakurāṇī, mistress, what unrest you have provoked,   1276
which subdues the stubborn and deceives the deceiver.

১২৭৭ ডাকিনী ডমরুডম্ফে ডাকিয়া ডাগর।
ডামরবিদিত ডঙ্কা দূর কর ডর॥
১২৭৮ ঢঙ্গনাশা ঢাক ঢোল ঢেমসা বাদিনী।
ঢেসা দিয়া ঢেকা মারে ঢাক গো ঢঙ্কিনী॥
১২৭৯ ণত্ব ণয়ে জ্ঞান ণত্ব ণকারে নির্ণয়।
ণস্বরূপা রক্ষা কর ণ হইল ক্ষয়॥
১২৮০ ত্রিপুরা ত্রিগুণা ত্রিলোচনী ত্রিশূলিনী।
তাপিত তনয় তব তারহ তারিণী॥
১২৮১ থকারে পাথর তুমি থকারের মেয়ে।
থির কর থর কাঁপি ভয় পেয়ে॥
১২৮২ দাক্ষায়ণী দয়াময়ী দানবদমনী।
দুঃখ দূর কর দুর্গা দুর্গতিদলনী॥
১২৮৩ ধরিত্রী ধাতার ধাত্রী ধূর্জ্জটির ধন।
ধন ধান্য ধরা তার ধ্যানের ধারণ॥
১২৮৪ নারসিংহী নৃমুণ্ডমালিনী নারায়ণী।
নগেন্দ্রনন্দিনী নীলনলিননয়নী॥

Ḍ—*Ḍakinīs* are brought by the booming beats of your 1277
ḍamaru and *ḍampha* drums.[106]
Remove my fear with the famed beats of your kettledrum.
Ḍh—Ḍhaṅkinī, you, destroyer of falsehoods, player of 1278
ḍhemasā,[107]
you, musician of the *ḍhāk* drum and tom-tom, save me
from the violent among them.
Ṇa—*Ṇa* implies knowledge as well as decision. 1279
Oh, you who represent *ṇa*, rescue me, for my *ṇa* will soon
be extinguished.
T—Tripurā, you, possessor of the three components, three 1280
eyes and a trident,
you, the savior, save your sorrow-stricken son.
In Thakār, meaning mountains, there are many stones. 1281
You, daughter of the mountain,
calm me, defend me from my terror, for I shake violently.
D—Dayāmayī, you, the merciful, daughter of Dakṣa, you, 1282
subduer of *dānavas,*
take away my pain, oh Durgā, remover of suffering.
Dh—Dhāritrī, you, mother of Dhātā,* you are the wealth 1283
of Dhūrjaṭi Śiva.
You are his riches, his rice paddy, *dharā,* the earth. You are
the object of his meditation.
N—Narasiṃhī, Nṛmuṇḍamālinī, you, wearing a wreath of 1284
human heads. Nārāyaṇī,
Nāgendranandinī, you are the daughter of the foremost of
mountains, your eyes the bluest of lotuses.

---

* Brahma.

১২৮৫ পরমেশী পার কর পড়িয়াছি পাপে।
পতিত পবিত্র পদপ্রসঙ্গপ্রতাপে॥
১২৮৬ ফলরূপা ফলফুলপ্রিয়া ফণিপ্রিয়া।
ফাঁফর করিলা ফেরে ফাঁদেতে ফেলিয়া॥
১২৮৭ বিশালাক্ষী বিশ্বনাথবনিতা বিশেষে।
বিদ্যা দিয়া বিড়ম্বিয়া বধিলা বিদেশে॥
১২৮৮ ভীমা ভীমপ্রিয়া ভীমভীষণভাষিণী।
ভয় ভাঙ্গ ভবানি গো ভবের ভাবিনী॥
১২৮৯ মহামায়া মাহেশ্বরী মহেশমহিলা।
মোহিয়া মদনমদে মিছা মজাইলা॥
১২৯০ যশোদা যমুনা যজ্ঞরূপা যদুসুতা।
যমালয় যাই প্রায় এস যবযুতা॥
১২৯১ রক্তবীজরক্তরসে রসিতরসনা।
রাখ গো রঙ্গিণি রণে রৌরবরটনা॥
১২৯২ লহ লহ লক লক লোলে লোলজিহ্বী।
লটপট লম্বিত ললিতলটলিহি॥

P—Parameśī, supreme goddess, take me across, for I have   1285
    committed sins.

All fault is mine. Purify me with the power of your feet.

Ph—Phalarūpā, you, lover of fruits, flowers, and snakes,   1286

you bewilder me by throwing me into this appalling snare.

B—Bīsālākṣī, large-eyed one, peerless wife of Śiva   1287
    Viśvanāth.

At first, you had given me Vidyā, but now you leave me to
    perish in this foreign land.

Bh—Bhīmā, the terrible, beloved of Śiva Bhīma, who   1288
    speak in terrifying accents,

dispel my fear, oh Bhavānī, lovely wife of Śiva Bhava.

M—Mahāmāyā, Maheśvarī, wife of Lord Maheś, Śiva,   1289

you bewitched me with Madan's wine, then drowned me
    for naught.

Y—Yaśodā, bestower of fame, you are Yamunā and   1290
    sacrifice, daughter of Yadu.[108]

Please come at once to my aid, lest I soon dwell in Yama's
    abode.

R—Rasitarasanā, your tongue is juicy with the blood of the   1291
    demon Raktabīja.

Oh, Raṅginī, you who revel in war, defend me in my fight
    that announces the Raurav hell.[109]

L—*Lah lah.* Your tongue lolls hungrily,   1292

Long and flapping loosely, it licks charmingly.

---

* Karttikeya.

১২৯৩ বারাহী বৈষ্ণবী ব্রাহ্মী বালা বালা বলা ।
বদ্ধ হৈনু বর্দ্ধমানে বাঁচাও বিমলা ॥

১২৯৪ শক্তি শিবা শাকম্ভরী শশিশিরোমণি ।
শুভ কর শুভঙ্করী শমনশমনী ॥

১২৯৫ ষড়াননমাতা ষড়রাগবিহারিণী ।
ষট্পদবরণী ষড়ঋতুবিলাসিনী ॥

১২৯৬ সারদা সকলসারা সর্ব্বত্র সঞ্চার ।
সকলে সমান সদা সতের সুসার ॥

১২৯৭ হৈমবতী হেরম্বজননী হরপ্রিয়া ।
হায় হায় হত হই রাখ গো হেরিয়া ॥

১২৯৮ ক্ষেমঙ্করী ক্ষমা কর ক্ষণেক চাহিয়া ।
ক্ষুব্ধ হই ক্ষোভ পাই ক্ষীণাঙ্গী ভাবিয়া ॥

১৩০৫ সুন্দর করিলা স্তুতি পঞ্চাশ অক্ষরে ।
ভারত কহিছে কালী জানিলা অন্তরে ॥

V—Varāhī, Vimalā, you are Vaiṣṇavī, Brāhmī, Bālā, Vālā.   1293
    I repeat your names.

I have been taken captive in Bardhaman. I implore you,
    Vimalā, pure one, deliver me.

Ś—Śakti, Śivā, Śākāṃbarī, you, bearing the moon on your   1294
    brow,

Śubhaṃkarī, subduer of Śaman, hear me now, fulfill your
    auspiciousness.

Ṣ—Ṣaraṇan's* mother, you who delight in the six ragas,   1295

Ṣaṭpadavaraṇī, you, the color of the six-legged black
    bumblebee, you enjoy the six seasons.

S—Saradā, you, the essence of everything, the   1296
    all-pervading.

In your eyes all are always equal, yet you take greatest care
    of the virtuous.

H—Haimavatī, mother of Heramba,* beloved of Śiva   1297
    Hara,

cast your eyes upon me. Save me, for I am soon to be slain.
    Alas!

Kṣ—Kṣemaṅkarī, behold me just for an instant. Forgive   1298
    me, for

I suffer in pain, meditating on the slender-framed one."

In this way, Sundar praised Kali in fifty letters.   1299
Bharat says, "At last Kali has felt his praise from within."

---

* Ganesh.

353

দেবীর সুন্দরে অভয় দান

১৩০০ বরপুত্র চোর হৈল কোটাল মশানে লৈল
কালীর অন্তরে হৈল রোষ।
সাজ বলি কৈলা রব ধাইল যোগিনী সব
অট্টহাস ঘর্ঘর নির্ঘোষ॥

১৩০১ ডাকিনী হাকিনী ভূত শাঁখিনী পেতিনী দূত
ব্রহ্মদৈত্য ভৈরব বেতাল।
পিশাচ ভৈরব চলে যক্ষ রক্ষ আগুদলে
ঘণ্টাকর্ণ নন্দী মহাকাল॥

১৩০২ লোল জটা কেশপাশ অট্ট অট্ট অট্ট হাস
চক্রসম রাঙ্গা ত্রিনয়ন।
লোল জিহ্বী লক লক ভালে অগ্নি ধক ধক
কড়মড় বিকট দশন॥

১৩০৩ মুখ অতি সুবিস্তার সৃক্কেতে রক্তের ধার
শবশিশু শ্রবণে কুণ্ডল।
খড়্গ মুণ্ড বরাভয় চারি হস্ত মোহময়
গলে মুণ্ডমালা দলমল॥

THE GODDESS BESTOWS UPON SUNDAR
THE BOON OF NO FEAR

Kali filled with rage upon coming to know that the police   1300
    chief

had taken her devotee as a thief to the stake.

She boomed boldly, "Get you ready, all of you!"

At once all the yoginis came running, as terrible laughter,
    so much din, flooded the air.

Goblins, female ghouls, spirits, *hākinīs,** messengers,   1301
    demonic ghosts

of Brahmans, corpses possessed by ghosts, the spirit-
    possessed,

earth demigods, *bhairavs,* and *rakṣas*† marched on,

led by Ghantakarna, Nandi, and Mahakal.[110]

The goddess's dreadlocks loosened and fell   1302

as she roared with laughter, her three bloodshot eyes
    rolling like wheels,

her revolting tongue lolling, a fire blazing on her forehead,

as her horrible teeth ground together,

drops of blood dripping from the corners of her enormous   1303
    mouth.

As infant corpses dangled like earrings from her earlobes,

a necklace of sinister-looking skulls hanging around her
    neck,

Kali held in her hand a sword and more skulls, granting
    boons and allaying fears.

---

* Durga's handmaids.
† Demonic beings.

১৩০৪ দৈত্যনাড়ী গাঁথা থরে   কিঙ্কিণী দৈত্যের করে
অস্থিময় নানা অলঙ্কার।
রুধির মাংসের লোভে   চারি দিকে শিবা শোভে
ফে রবে ভুবন চমৎকার॥
১৩০৫ পদভরে টলমল   স্বর্গ মর্ত্ত্য রসাতল
অকালপ্রলয় নিবারণে।
শিব শবরূপ হয়ে   হৃদয়ে সে পদ লয়ে
ধ্যানে শুয়ে মুদ্রিতলোচনে॥
১৩০৬ এইরূপে বর্দ্ধমানে   রহিলা আকাশযানে
সুন্দরেরে করিয়া অভয়।
মা ভৈষীঃ মা ভৈষীঃ বেটা   তোরে বা বধিবে কেটা
তবে আজি করিব প্রলয়॥
১৩০৭ তোরে রাজা বধে যদি   রুধিরে বহাব নদী
বীরসিংহে সবংশে বধিয়া।
তোরে পুন বাঁচাইয়া   বিদ্যা দিব রাজ্য দিয়া
ভয় কি রে বিদ্যাবিনোদিয়া॥
১৩০৮ দেবীর আকাশবাণী   শুনিলা সুন্দর জ্ঞানী
আর কেহ শুনিতে না পায়।
ঊর্দ্ধমুখে কবি চায়   দেবীরে দেখিতে পায়
পুলকে পূরিল সব কায়॥

While intestines of demons had been strung as garlands,   1304
    their skeleton hands
clinking and clanking as bells do, she wore still other
    ornaments made of bone.
Salivating at the thought of blood and flesh, jackals
    hunched by her four sides,
their howlings terrifying the world over.
Beneath her feet, heaven, earth, and netherworld   1305
    trembled and quaked.
She was warding off an untimely destruction of the
    universe,
Shiva, in the form of a corpse, holding her feet to his heart,
lay in meditation, his eyes closed in concentration.
As she boldly granted Sundar the boon of no fear,   1306
Kali stood heroically in her celestial chariot in Bardhaman.
"Fear not, my son, for whoever can defeat you?
But if one ever does, I shall bring on the final dissolution.
If the king executes you, rivers of blood will flow,   1307
and I will slay Virsimha and the rest of his kin.
I shall then revive you and bestow on you Princess Vidya
    along with her kingdom.
What have you to fear, you, the beloved of Vidya!"
None but wise Sundar could hear   1308
the goddess's message from the heavens.
Raising his head, he looked up, his entire body riddled
    with goosebumps,
as he beheld the extraordinary goddess in all her gruesome
    glory.

১৩০৮ কালিকার অনুগ্রহে সুন্দর আনন্দে রহে
দূর হৈল যতেক বন্ধন।
কোটালে সৈন্যের সনে বান্ধিলেক জনে জনে
ডাকিনী যোগিনী ভূতগণ॥
১৩১০ এরূপে সুন্দর আছে ওথায় রাজার কাছে
গঙ্গ ভাট হৈল উপনীত।
ভারত সরস ভণে শুন সবে একমনে
ভাট ভূপে কথা সুললিত॥

ভাটের প্রতি রাজার উক্তি

১৩১১ গঙ্গ কহো গুণসিন্ধুমহীপতিনন্দন সুন্দর
ক্যোঁ নহি আয়া।
জো সব ভেদ বুঝায় কহা কি ধোঁ নহি তঁহা
সমুঝায় শুনায়া॥
১৩১২ কাম লিয়ে তুঝে ভেজ দিয়া সুধি ভুল গয়া
অরু মোহি ভুলায়া।
ভট্ট হো অব ভণ্ড ভয়া কবিতাই ভটাই মে
দাগ চঢ়ায়া॥
১৩১৩ য়্যার কহা বহু প্যার কিয়া গজ বাজি দিয়া
শির তাজ ধরায়া।
ঢাল দিয়া তলবার দিয়া জরপোষ কিয়া
সব কাব্য পঢ়ায়া॥

Sundar was overjoyed, and by the grace of Kalika   1309
was at last released from shackle and chain.
Female ghosts and goblins, yoginis alike, instead bound up
    all those present,
including the police chief and the king's army.
Sundar observed all of this come to pass, when, suddenly,   1310
the long-awaited herald, Ganga, appeared before the king.

Bharat pleasantly narrates, "Listen in, all of you,
the herald speaks with sweet words to the king."[111]

THE KING ADDRESSES THE HERALD

"Ganga, I demand you tell me why   1311
Sundar, King Gunasindhu's son, has not arrived?
Have you not conveyed to him
all I had instructed? Though you may be wise, I had sent
    you
on an official errand, and you have repaid me only by   1312
    deceiving me.
Once you had been a trusted envoy, but now only a
    dreadful double-crosser,
having tainted your own reputation as illustrious poet.
You had been my friend and I had loved you, trusted you,   1313
bestowed upon you elephants, horses, exquisite turbans.
I had proffered you swords, shields, bejeweled clothing,
and made you read all kinds of poetry.

১৩১৪ গামই নাম মহাকবি নাম দিয়া মণিদাম
বড়াই বড়ায়া।
কাম গয়া বরবাদ সবে অরু ভারতীকে
নহি ভেদ জনায়া॥

ভাটের উত্তর

১৩১৫ ভূপ মৈঁ তিহারি ভট্ট কাঞ্চিপূর জায়কে।
ভূপকো সমাজ মাঝ রাজপুত্র পায়কে॥
১৩১৬ হাত জোরি পত্র দীহ্ন শীষ ভূমি নায়কে।
রাজপুত্রিকী কথা বিশেষ মৈঁ সোনায়কে॥
১৩১৭ রাজপুত্র পত্র বাঁচি পূছি ভেদ ভায়কে।
এক মে হজার লাখ মৈ কহা বানায়কে॥
১৩১৮ বূঝকে সুপাত্র রাজপুত্র চিত্ত লায়কে।
আয়নে ভয়া মহাবিয়োগিচিত্ত ধায়কে॥
১৩১৯ য়্যাহি মে কহা ভয়া কঁহা গয়া ভুলায়কে।
বাপ মা মহাবিয়োগী দেখনে ন পায়কে॥
১৩২০ শোচি শোচি পাঁচ মাহ মৈঁ তঁহ গমায়কে।
আগুহী কহাহুঁ বাত বর্দ্ধমান আয়কে॥
১৩২১ য়্যাদ নাহি হৈ মহীপ মৈঁ গয়া জনায়কে।
পূছহু দিবানজীসো বখ্‌সিকে মঙ্গায়কে॥

I called you a great poet and bestowed villages on you, 1314
I inflated your pride by awarding you precious gems.
But now all has proven to be in vain. You have failed in
    your task
to inform me of Sundar's intentions toward Vidya
    Bharati."

THE HERALD ANSWERS

"Oh, my king, as your faithful herald, I had gone to 1315
    Kanchipur
and discovered the prince at court.
Bowing to him, I delivered your letter with folded hands, 1316
and told him all about the princess.
After he read the letter, the prince begged more details. 1317
I described her, exaggerating a million for one thousand.
The prince, a most steadfast suitor, heard all and, tears 1318
    welling in his eyes,
immediately fled, at once afflicted by the pangs of longing
    and love yet unfulfilled.
He was meant to come here, my lord, but disappeared 1319
    instead,
his afflicted parents did not see him.
I remained at the palace five months, mourning him, 1320
otherwise I would have come back to Bardhaman earlier.
Oh, king, perhaps you do not recall me informing you. 1321
But summon the minister or the paymaster and ask them,
    for they will remember."

১৩২২ বূঝ কে কহে মহীপ ভট্টকো মনায়কে।
চোর কৌন হৈ তু চিহ্ন দেখ দেখ যায়কে॥
১৩২৩ ভূপকে নিদেশ পায় গঙ্গ যায় ধায়কে।
চোরকো বিলোকি চিহ্ন শীষ ভূমি নায়কে॥
১৩২৪ বেগমে কহা মহীপ পাশ ভট্ট আয়কে।
সোহি এহি হৈ কুমার কাঞ্চিরাজরায়কে॥
১৩২৫ ভাগ হৈ তিহারি ভূপ আপ এহি আয়কে।
বাসমে রহা তিহারি পুত্রিকো বিহায়কে॥
১৩২৬ চোরকো মশান মে কহা দিও পঠায়কে।
ভাগ মানি আপ যায় লায়হূ মনায়কে॥
১৩২৭ ভট্টকো কহে মহীপ চিত্তমোদ লায়কে।
লায়নে চলে মশান ভারতী বনায়কে॥

"Who is this thief?" the king asked.   1322
"Go forth and see whether you recognize the likeness of
 his person."

Upon receiving the king's order, Ganga proceeded on his   1323
 task.
Inspecting the thief's features, he cocked his head to
 discern the truth.

Immediately, the messenger returned to the king,   1324
 confirming,
"My king, it is him indeed, the prince of the kingdom of
 Kanchipur.

But it is your good fortune that he first arrived here   1325
 unescorted.
Let him now wed your daughter and live among you.
Send a message to the execution ground,   1326
Or thinking that you are fortunate,
go yourself, fetch him and bring him back."

Greatly pleased by the herald's message, the king   1327
set off straight to the execution ground to save Vidya
 Bharati.

সুন্দর প্রসাদন

১৩২৮ শুনিয়া ভাটের মুখে বীরসিংহ মহাসুখে
ভাটের শিরোপা দিলা হাতী।
কুঠার বান্ধিয়া গলে আপনি মশানে চলে
পাত্র মিত্রগণ সব সাথী॥
১৩২৯ মশানেতে গিয়া রায় সুন্দরে দেখিতে পায়
ঊর্দ্ধমুখে দেবতা ধেয়ায়।
কোটাল সৈন্যের সনে বান্ধা আছে জনে জনে
কে বান্ধিলে দেখিতে না পায়॥
১৩৩০ শূন্যেতে হুঙ্কার দিয়া ভূত নাচে ধিয়া ধিয়া
ডাকিনী যোগিনী হুহুঙ্কার।
ভৈরবের ভীম রব নৃত্য গীত মহোৎসব
মশানে শ্মশান অবতার॥
১৩৩১ দেব অনুভব জানি রাজা মনে অনুমানি
সুন্দরে বিস্তর কৈলা স্তব।
না জানি করিনু দোষ দূর কর অভিরোষ
জানিনু তোমার অনুভব॥
১৩৩২ হাসিয়া সুন্দর রায় শ্বশুর জ্ঞেয়ানে তায়
কহিলেন প্রসন্নবদনে।
আপনি হইনু চোর দুঃখ নহে সুখ মোর
তুমি মাত্র দয়া রেখো মনে॥

THE KING SEEKS TO APPEASE SUNDAR

What he heard from the herald delighted the king.   1328
He rewarded him with an elephant.
Then, tethering a hatchet to some rope about his neck, the
    king and his counselors,
a large party from the court, set off for the execution
    ground.

Once the king reached the site, he spotted Sundar   1329
looking upward, contemplating the goddess.
Though they could not see who had shackled them,
the police chief and his army all remained fettered.
As ghosts in the sky with terrible shouts were dancing,   1330
yoginis and female goblins hummed and grunted
    grievously.
As *bhairavs* were making terrible noises, a festival with
    dances and songs
turned the execution site into a doleful ground for
    cremation.

The king, sensing that a deity had been hovering   1331
over the site, praised Sundar generously.
"Let go your anger. I committed a mistake unwittingly.
I have now come to realize who you are."
Relieved, Sundar Ray beamed at his father-in-law,   1332
addressing him calmly, genuinely,
"By my own will, I became a thief, I have no sorrow, only
    happiness.
But, I beg you, consider my honorable intentions and
    judge me mercifully."

১৩৩৩ নৃপ বীরসিংহ কয়   শুন বাপা মহাশয়
        কোটালের কি হবে উপায়।
    কিসে হবে বন্ধমুক্তি   বলহ তাহার যুক্তি
        সুন্দর কহেন শুন রায় ॥

১৩৩৪ বিশেষিয়া শুন কই   কালিকা আকাশে অই
        অই অনুভবে এ সকল।
    পূজা কর কালিকার   রক্ষা হবে সবাকার
        ইহ পর লোকের মঙ্গল ॥

১৩৩৫ বীরসিংহ এত শুনি   মহা পুণ্য মনে গুণি
        গুরু পুরোহিত আদি লয়ে।
    আনি নানা উপহার   পূজা কৈল অন্নদার
        স্তুতি কৈলা সাবধান হয়ে ॥

১৩৩৬ বীরসিংহ পুনঃ কয়   শুন বাপা মহাশয়
        অই যে কহিলা কালি কই।
    যদ্যপি দেখিতে পাই   তবে ত প্রত্যয় যাই
        তোমার কৃপায় ধন্য হই ॥

১৩৩৭ হাসিয়া সুন্দর রায়   অঙ্গুলে ছুঁইলা তায়
        বীরসিংহ পায় দিব্য জ্ঞান।
    দেখি কাল রাঙ্গা পায়   আনন্দে অবশ কায়
        ভবাণী করিলা অন্তর্দ্ধান ॥

১৩৩৮ ডাকিনী যোগিনীগণ   সঙ্গে গেল সর্ব্ব জন
        কোটালের বন্ধন ছাড়িয়া।
    বীরসিংহ জ্ঞান পায়   সুন্দরে লইয়া যায়
        নিজপুরে উত্তরিলা গিয়া ॥

366

King Virsimha replied, "Oh, my son,   1333
what shall we do now about the police chief?
How can he be released? Tell us a way out for him."
"Hear me, my king," Sundar replied. "Kalika is with us, in   1334
    the skies above us.
All you behold is a manifestation of her.
Offer a cult to Kalika and for all time
all will be saved and granted auspiciousness."
Hearing this, Virsimha considered himself blessed,   1335
and hence took gurus, priests, and others along to worship
    Kalika.
Bringing abundant offerings, he gave himself to Annada,
singing her praise with great devotion.
Virsimha spoke again. "My dear son,   1336
you said that Kali is with us, but where is she?
I will believe it only if I may behold her.
May I be blessed through your grace."
Smiling softly, Sundar Ray touched the king with his   1337
    finger,
and at once Virsimha gained divine perception.
Beholding the goddess's crimson feet, pure elation
    overpowered him,
and, then, just as suddenly, Bhavani disappeared.
After unshackling the police chief, the female goblins   1338
and yoginis all vanished with the goddess's own
    apparition.

Once Virsimha had regained consciousness, he led
Sundar back to his palace.

১৩৩৯ সিংহাসনে বসাইয়া   বসন ভূষণ দিয়া
          বিদ্যা আনি কৈল সমর্পণ।
      করিল বিস্তর স্তব   নানামত মহোৎসব
          হুলাহুলি দেই রামাগণ॥

১৩৪০ সুন্দর বিদ্যারে লয়ে   চোর ছিলা সাধু হয়ে
          কত দিন বিহারে রহিলা।
      পূর্ণ হৈল দশ মাস   শুভ দিন পরকাশ
          বিদ্যা সতী পুত্র প্রসবিলা॥

১৩৪১ ষষ্ঠীপূজা সমাপিলা   ছয় মাসে অন্ন দিলা
          বৎসরের হইল তনয়।
      সুন্দর বিদ্যারে কন   যাব আমি নিকেতন
          ভারত কহিছে যুক্তি হয়॥

সুন্দরের স্বদেশগমনপ্রার্থনা

১৩৪২ ওহে পরাণবঁধু যাই গীত গায়ো না।
          তিল নাহি সহে তালে বেতাল বাজায়ো না॥

He installed Sundar on his throne, gave him fine clothing   1339
    and jewels,
then called Vidya and gifted her to Sundar, blessing their
    union.
Praises were lavished upon them, various grand festivities
    held in their honor,
as married women trilled their auspicious *hulāhuli* calls.
Sundar, erstwhile a thief but once again a virtuous man,   1340
in Vidya's company remained many days in amorous
    pleasures.
Ten months passed until the auspicious day came
when Vidya, perfect wife as she was, gave birth to their
    son.
The cult of Shashthi was celebrated, the first rice fed to   1341
    the babe at six months.[112]
Then, at last, following their son's first birthday,
Sundar turned to Vidya and said, "I wish to go home."

Bharat smiles and nods, "That stands to reason."

SUNDAR REQUESTS TO RETURN HOME
Oh, beloved, I beseech you, do not sing. I want to go home.   1342
This sad music should carry no lapse in rhythm, no
    syncopated beats.

১৩৪৩ তনু মোর হৈল যন্ত্র যত শির তত তন্ত্র
আলাপে মাতিল মন মাতালে নাচায়ো না।
তুমি বল যাই যাই মোর প্রাণ বলে তাই
বারে বারে কয়ে কয়ে মূরখে শিখায়ো না॥
১৩৪৪ অপরূপ মেঘ তুমি দেখি আলো হয় ভূমি
না দেখিলে অন্ধকার আন্ধার দেখায়ো না।
ভারতীর পতি হও ভারতের ভার লও
না ঠেলিও ও ভারতী ভারতে ছাড়ায়ো না॥

১৩৪৫ সুন্দর বলেন রামা যাব নিকেতন।
তুষ্ট হয়ে কহ মোরে যেবা লয় মন॥
১৩৪৬ তোমার বাপেরে কয়ে বিদায় করহ।
যদি মোরে ভাল বাস সংহতি চলহ॥
১৩৪৭ বিদ্যা বলে হৌক প্রভু পারিব তাহারে।
বিধিকৃত স্ত্রী পুরুষ কে ছাড়ে কাহারে॥
১৩৪৮ কৃপা করি করিয়াছ যদি অনুগ্রহ।
এই দেশে প্রভু আর দিনকত রহ॥

My body has become a stringed instrument, my veins   1343
    vibrating as cords,

my mind rapt by the *ālāp*.* Do not prompt me to dance in
    a frenzy

You say you will depart, my heart says: Is it so?

Spare me your farewell, my lord. It pains me to hear you
    will desert us.

You are a bright cloud, my beloved. Your very existence   1344
    lights up the earth.

Do not leave us and lead us into obscurity. All is dark
    without you.

Become Bharati's husband, take on the onus of Bharat.

Do not jilt your true love, Bharati. Forsake not your
    faithful Bharat.

"My dear, I wish to return home," Sundar said,   1345

"but tell me your mind, my beloved.

Inform your father and take leave of him,   1346

if you truly love me, come with me."

"Very well, my lord," replied Vidya. "I shall tell you my   1347
    mind.

But, according to the rules, who leaves the other, the
    husband or the wife?

You have shown me great generosity, kindness.   1348

So, stay in my homeland, my lord, a few days more.

---

*   The introduction to a raga.

১৩৪৯ শুনিয়াছি সে দেশের কাঁই মাই কথা।
হায় বিধি সে কি দেশ গঙ্গা নাই যথা॥

১৩৫০ গঙ্গাহীন সে দেশ এ দেশ গঙ্গাতীর।
সে দেশের সুধা সম এ দেশের নীর॥

১৩৫১ বরমিহ গঙ্গাতীরে শরট করট।
ন পুনঃ গঙ্গার দূরে ভূপতি প্রকট॥

১৩৫২ সুন্দর কহেন ভাল কহিলা প্রেয়সী।
জন্মভূমি জননী স্বর্গের গরীয়সী॥

১৩৫৩ বিদ্যা বলে এত দিন ছিলা চোর হয়ে।
সাধু হয়ে দিনকত থাক আমা লয়ে॥

১৩৫৪ সুন্দর কহেন রামা না বুঝ এখন।
চোর নাম আমার না ঘুচিবে কখন॥

১৩৫৫ কালিকা তোমার চোর করিলা আমারে।
তুমি কি আমারে পার সাধু করিবারে॥

১৩৫৬ তোমার বাপের কাছে তোমারি লাগিয়া।
করিয়াছি যাতায়াত সন্ন্যাসী হইয়া॥

১৩৫৭ তুমিহ না জান তাহা না জানে মালিনী।
এমনি তোমার আমি শুন লো কামিনী॥

১৩৫৮ বিদ্যা বলে এমন সন্ন্যাসী তুমি যেই।
সন্ন্যাসিনী করিতে চাহিয়াছিলা তেঁই॥

I have heard that the common tongue of your land is
    gibberish.   1349

Alas, Vidhi, what is a country where the Ganga does not
    flow!

That country, yours, is without Ganga, this country, ours,   1350
    is on Ganga's banks,

the water of our kingdom is like nectar for that country.

By my word, I would prefer to be a lizard or a crow here,   1351
    creeping or flying along the Ganga,

than, God forbid, to be born a king or queen, or born
    anywhere away from our sacred river."

"Well said, my beloved," Sundar replied.   1352

"One's own mother and motherland are more venerable
    than heaven."

"You had come here, been here so long under the guise of a   1353
    thief," Vidya persisted,

"so stay here a few days more with me as a virtuous man."

"My dear," Sundar interrupted, "you do not understand.   1354

I will always be known as a thief in these parts.

Kalika had bewitched me, made me your thief.   1355

How will you ever be able to undo that spell, make an
    honest man of me?

For the sake of winning you, my love, I went   1356

to court many times as an ascetic.

Neither you nor that flower-woman knows   1357

how steadfastly I belong to you, my beloved."

"But you had wanted me to take on the ways of a   1358
    sannyāsinī

just as you had done while a *sannyāsin*," Vidya sparred
    with him.

১৩৫৯ পুরুষ হইয়া ঠাট তোমার এমন।
নারী হৈলে না জানি বা করিতে কেমন॥
১৩৬০ কেমনে হিয়াছিলা কেমন সন্ন্যাসী।
দেখিতে বাসনা হয় শুনি পায় হাসি॥
১৩৬১ রায় বলে সন্ন্যাসী হইতে কোন্ দায়।
তার মত সন্ন্যাসিনী পাইব কোথায়॥
১৩৬২ কোথায় পাইব আর সে সকল সাজ।
চোরদায়ে লুঠিয়া লইলা মহারাজ॥
১৩৬৩ শুনি বিদ্যা সুলোচনা সখীরে পাঠায়।
সারী শুক খুঙ্গী পুথি তখনি আনায়॥
১৩৬৪ খুঙ্গী হৈতে বাহির করিয়া সে সাজ।
পূর্ব্বমত সন্ন্যাসী হইলা যুবরাজ॥
১৩৬৫ ভারত কহিছে শুন ভারতী গোসাঁই।
পেয়েছ মনের মত ভিক্ষা ছেড়ো নাই॥

"Your performance and costume were so apt that, had you   1359
    been
a woman, I don't know what you could have done.
You became a *sannyāsin*—and what kind of *sannyāsin!*   1360
I so wish to see it. It makes me laugh just to think of it."
"How difficult do you think it is to pose as a *sannyāsin?*"   1361
    Ray jested.
"But wherever shall I find a *sannyāsinī* like you, my Vidya?
And wherever would I procure any of those costumes   1362
    again?
Your maharaja has taken them all from me."
Upon hearing this, Vidya immediately sent her handmaid,   1363
    Sulochana, to fetch
at once Sundar's box and manuscripts, calling as well for
    their pet birds, the parrot and the mynah.
To show the princess his guise, the prince removed his   1364
    costume from his box
and outfitted himself as a *sannyāsin* as he had done before.

Bharat says, "Heed me, dear Bharati and Lord.   1365
You have gotten what you wanted but halt not your
    cunning requests."

বিদ্যাসুন্দরের সন্ন্যাসিবেশ

১৩৬৬ নব নাগরী নাগর মোহনিয়া।
রতি কাম নটী নট সোহনিয়া॥
১৩৬৭ কত ভাব ধরে কত হাব করে
রস সিন্ধু তরে ভবতারণিয়া।
নূপুর রণ রণ কিঙ্কিণী কণ কণ
ঝঞ্চন ঝনন কঙ্কণিয়া॥
১৩৬৮ লপট লটপট ঝপট ঝটপট
রচিত কচজট কমনিয়া।
কুটিল কটুতর নিমিষ বিষভর
বিষমশর শর দমনিয়া॥
১৩৬৯ সখীসকল মিলত মধুমঙ্গল গাবত
ততকার তরঙ্গত সঙ্গত নাচত
ঘন বিবিধ মধুররব যন্ত্র বাজাবত
তাল মৃদঙ্গ বনী বনিয়া।
ধিধি ধিক্কট ধিক্কট ধিধিকট ধিধি ধেই
ঝিঁঝিঁতক ঝিমতক ঝিম ঝমক ঝমক ঝেঁই
তত তত্তত তা তা থু থুং থেই থেই
ভারত মানস মাননিয়া॥

১৩৭০ সন্ন্যাসীর শোভা দেখি মোহিলা কুমারী।
সন্ন্যাসিনী হইতে বাসনা হৈল তারি॥

VIDYA AND SUNDAR OUTFIT
THEMESELVES AS ASCETICS

A pair of infatuated lovers,   1366
like Rati and Kama, a handsome actor and his beautiful
    actress,
They run the gamut of their feelings, adopt different   1367
    deportments.
They are two boats sailing the ocean of emotion.
Their anklets jingling, girdles jingling,
bracelets clearly clinking and clanking,
the dreamy dreadlocks they don   1368
swish and swoosh this way and that.
With sly winks, full of venomous poison,
they evade the spellbinding arrows of Kama.
All the handmaids in chorus carol them with sweet songs,   1369
dance in unison in great, undulating waves.
They serenade the couple with sweet-sounding
instruments, beat the rhythm on the drums:
dhidhi, dhikkat, dhikkat, dhidhikat dhidhi dhei,
jhijhitak, jhimatak, jhim, jhamak, jhamak, jhei,
tata tattata, ta ta, thum, thei thei.
Bharat is entranced and enraptured.

Beguiled by the *sannyāsin's* charms, the princess   1370
felt a powerful desire to become a *sannyāsinī* herself.

১৩৭১   পূর্ব্বকথা মনে করি হৈল চমৎকার।
        নমঃ নারায়ণ বলি কৈলা নমস্কার॥

১৩৭২   রায় বলে নারায়ণি কিবা ভিক্ষা দিবা।
        বিদ্যা বলে গোসাঁই অদেয় আছে কিবা॥

১৩৭৩   ভিক্ষাছলে একবার হৈল কামযাগ।
        পুনশ্চ কহিছে কবি বাড়াইয়া রাগ॥

১৩৭৪   তোমার বাপের কাছে সভায় বসিয়া।
        শুনিয়াছি কহিয়াছি প্রতিজ্ঞা করিয়া॥

১৩৭৫   সভায় তোমার ঠাঁই হারিলে বিচারে।
        মুড়াইয়া জটাভার সেবিব তোমারে॥

১৩৭৬   জিনিলে তোমারে তীর্থব্রতে লয়ে যাব।
        বাঘছাল পরাইব বিভূতি মাখাব॥

১৩৭৭   সকলে জানিল আমি জিনিনু এখন।
        সন্ন্যাসিনী হও যদি তবে জানি পণ॥

১৩৭৮   বিদ্যা বলে উপযুক্ত যুক্তি বটে এই।
        সন্ন্যাসী যাহার পতি সন্ন্যাসিনী সেই॥

১৩৭৯   হাসিয়া ধরিলা বিদ্যা সন্ন্যাসিনীবেশ।
        জটাজুট বনাইলা বিনাইয়া কেশ॥

১৩৮০   মুখচন্দ্রে অর্দ্ধচন্দ্র সিন্দূর উপর।
        শাড়ী মেঘডম্বরে করিলা বাঘাম্বর॥

১৩৮১   ছি বলিয়া ছাই হেন চন্দন ফেলিয়া।
        সোনা অঙ্গে ছাই মাখে হাসিয়া হাসিয়া॥

Remembering all that had passed, she was thrilled. 1371
Saying, "Salutations to Narayan," she saluted him.

"Narayani," asked Ray, "what alms will you give me?" 1372
"Oh, everything, my lord. What is there that cannot be
    given to you?" she replied.

Using the excuse of almsgiving, the poet took his chance 1373
    to celebrate the ritual of love.
He turned to her again, his desire soaring.

"My dear, I had been to court, sitting near your father, 1374
I had listened to him, made him a solemn vow.

I had promised to shave my dreadlocks and serve you for 1375
    eternity
should you defeat me in debate at court.

But if I prevailed, I would lead you along in my humble 1376
    pilgrimage,
have you don a tiger skin, smear your body with ash.

Now one and all know that I have triumphed. 1377
So, adopt the life of a *sannyāsinī*, my dear. Fulfill your own
    vow."

Vidya replied, "All right, my lord. 1378
The wife of a *sannyāsin* must be a *sannyāsinī*."

Vidya then merrily went about dressing herself as an 1379
    ascetic,
plaiting her hair and tying it up in a bun of matted hair.

On her gleaming brow she painted a crescent moon and a 1380
    dot of vermilion,
exchanging her cloud-colored sari for a bright tiger skin.

Uttering "no more," Vidya discarded her sandalwood 1381
    cream as if it were rubbish,
and playfully smeared her golden body with ash.

১৩৮২ হীরা নীল পলা মুক্তা যে ছিল গলায়।
দেখিয়া রুদ্রাক্ষমালা ভয়েতে পলায় ॥

১৩৮৩ বসিলেন সন্ন্যাসিনী সন্ন্যাসীর বামে।
দেখিয়া সে সাজ লাজ হয় রতি কামে ॥

১৩৮৪ হরগৌরী বলি ভ্রম হয় পঞ্চবাণে।
ফুলধনু টান দিয়া ফুলবাণ হানে ॥

১৩৮৫ মাতিল মদনে মহাযোগী মহাভাগ।
কব কত যত মত হৈল কামযাগ ॥

১৩৮৬ পূরণ আহুতি দিয়া কহে কবিরায়।
দক্ষিণে আমারে দেহ দক্ষিণে বিদায় ॥

১৩৮৭ এ কথা শুনিয়া বিদ্যা লাগিলা ভাবিতে।
এত করিলাম তবু নারিনু রাখিতে ॥

১৩৮৮ একান্ত যদ্যপি কান্ত যাবে নিজ বাস।
মোর উপরোধে থাক আরো বার মাস ॥

১৩৮৯ বার মাসে মাসে মাসে যে সেবা পতির।
যে নারী না করে তার বিফল শরীর ॥

All her jewels, diamonds, sapphires, corals, pearls, that
    hung about her neck,
all fled at the sight of *rudrākṣa* beads.

    1382

The *sannyāsinī* at last seated herself to the left of her
    sannyāsin,
and at the sight of their costumes, Rati and Kama were
    ashamed.

    1383

Taking them for Hara and Gauri, Kama, the god with the
    five arrows,
aimed his flowery bow at them, striking them with his
    flower arrows.

    1384

The solemn, magnanimous yogi immediately became
    infatuated
by Madan's spell. Over and over, in every way, the couple
    made love to each other

    1385

as if performing a ritual. Finally, having made the
    complete oblations, the poet said,
"Reward me my priestly wages and bid me farewell to the
    south."

    1386

Hearing these words, Vidya thought to herself,
"But I have sacrificed so much, and still he leaves me?"

    1387

And so she said, "If you must perforce return home, then,
my beloved, stay here with me for another year at least.

    1388

A wife must serve her husband every month during the
    year.
Useless is the wife who does not do so."

    1389

১৩৯০ বার মাসে সুখ রামা শুনায় বিস্তর।
ভারত কহিছে তাহে ভুলে কি সুন্দর ॥

বার মাস বর্ণন

১৩৯১ কি লাগিয়া যাই কহ হে।   প্রাণনাথ।
এইখানে বার মাস রহ হে ॥

১৩৯২ বার মাসে ঋতু ছয়   লোকে তিন কাল কয়
কাল হয় এ কালে বিরহ হে।
কোকিলের কলধ্বনি   ভ্রমরের গনগনি
প্রলয় মলয় গন্ধবহ হে ॥

১৩৯৩ বিজুলী জলের ছাট   মত্ত ময়ূরের নাট
মণ্ডূকের কৌতুক দুঃসহ হে।
মজিবে কলম কুল   সাজাবে মূলার ফুল
ভারতের এ বড় নিগ্রহ হে ॥

১৩৯৪ বৈশাখে এ দেশে বড় সুখের সময়।
নানা ফুলগন্ধে মন্দ গন্ধবহ বয় ॥

Vidya then narrated in detail what pleasure would be had   1390
over the twelve months.

Bharat wonders, "Hmm, will Sundar be taken in by that?"

DESCRIPTION OF THE TWELVE MONTHS

Oh, my beloved, why do you keep saying, "I am going, I am   1391
going"?
Stay here for twelve more months, I beg you,
for all six seasons.[113] People speak of three stages in life,   1392
the most fatal of which is, alas, the moment of separation.
Even as the cuckoos call, as bees buzz, even despite
the warm, scented breeze of new life, it is the end of our
world.
Flickers of lightning, streams of water, the frenzied dance   1393
of peacocks,
the playful hopping of frogs, all these signs of spring are
ever so insufferable.
The lotuses will float in and flood peaceful waters as radish
blossoms bloom.
Oh, this is a time of unbearable affliction for Bharat.

And so the princess recited, "Vaishakha* is a month of   1394
utmost joy in this country.
A warm spring zephyr blows with the perfumes of myriad
flowers.

———

* Mid-April to mid-May.

১৩৯৫ বসাইয়া রাখিব হৃদয়সরোবরে।
      কোকিলের ডাকে কামে নিদাঘে কি করে॥

১৩৯৬ জ্যৈষ্ঠ মাসে পাকা আম্র এ দেশে বিস্তর।
      সুধা ছাড়ি খেতে আশা করে পুরন্দর॥

১৩৯৭ মল্লিকা ফুলের পাখা অগুরু মাখিয়া।
      নিদাঘে বাতাস দিব কামে জাগাইয়া॥

১৩৯৮ আষাঢ়ে নবীন মেঘে গভীর গর্জ্জন।
      বিয়োগীর যম সংযোগীর প্রাণধন॥

১৩৯৯ ক্রোধে কান্তা যদি কান্তে পিঠ দিয়া থাকে।
      জড়াইয়া ধরে ডরে জলদের ডাকে॥

১৪০০ শ্রাবণে রজনী দিনে এক উপক্রম।
      কমল কুমুদ গন্ধে কেবল নিয়ম॥

১৪০১ ঝঞ্ঝনার ঝঞ্ঝনী বিদ্যুত চকমকি।
      দেখিবে শিখীর নাদ ভেক মকমকি॥

I will keep you dearly in the deep lake of my heart, my   1395
    lord.

Oh, what all can the call of the cuckoo, love, and the
    summer heat do!

In the month of Jyaistha,* when juicy mangoes ripen and   1396
    abound in our country,

Purandar† discards his ambrosia to munch on them.

With a bouquet of jasmine flowers anointed with fragrant   1397
    aguru,[114]

I will fan you in the sultry air, arousing your love.

In Asarh‡ roaring thunder emerges from newborn clouds,   1398
    signifying

death for couples living apart, euphoria for those together,
    happily wed.

Should an incensed beloved angrily turn her back on her   1399
    lover, she will throw

herself at him, embrace him, upon hearing the foreboding
    rumbling of clouds.

In Sravan,§ night and day are much the same.   1400

Red and white lotuses emit their sweet aromas,

you will hear the call of the peacock and the croaking of   1401
    frogs

with the rumbling of thunder and the flashes of lightning.

---

* Mid-May to mid-June.
† Indra.
‡ Mid-June to mid-July.
§ Mid-July to mid-August.

১৪০২ ভাদ্র মাসে দেখিবে জলের পরিপাটী।
কোশা চড়ি বেড়াবে উজান আর ভাটি॥
১৪০৩ ঝরঝরি জলের বায়ুর খরখরি।
শুনিব দুজনে শুয়ে গলাগলি করি॥
১৪০৪ আশ্বিনে এ দেশে দুর্গাপ্রতিমাপ্রচার।
কে জানে তোমার দেশে তাহার সঞ্চার॥
১৪০৫ নদে শান্তিপুর হৈতে খেঁড়ু আনাইব।
নূতন নূতন ঠাটে খেঁড়ু শুনাইব॥
১৪০৬ কার্ত্তিকে এ দেশে হয় কালীর প্রতিমা।
দেখিবে আদ্যার মূর্ত্তি অনন্তমহিমা॥
১৪০৭ ক্রমে ক্রমে হইবেক হিমের প্রকাশ।
সে দেশে কি রস আছে এ দেশেতে রাস॥
১৪০৮ অতি বড় উগ্র অগ্রহায়ণে নীহার।
শীতের বিহিত হিত করিবে বিহার॥
১৪০৯ নূতন সুরস অন্ন দেবের দুর্লভ।
সদ্যোঘৃত সদ্যোদধি রসের বল্লভ॥

In the month of Bhadra* the rains engulf the land,   1402
and, on a swift boat, you will sail over the ebb and flow of
    the rising tide.

We can listen, nestled together in warm comfort on our   1403
    divan,
to the storms raging outside, to the restless wind.

In Asvin,† in this country, the image of Durga is made   1404
    public.
How could I know if it takes place in your country?

I shall order a performance from Shantipur of a *khēru* for   1405
    you,[115]
I shall make you listen to *khēru* songs by a new troupe of
    talented singers.

In Kartik,‡ images of Kali are brought out, erected,   1406
as you behold the image of Adya, the primeval goddess of
    boundless glory.

Little by little, frost will develop, drift down, covering the   1407
    mossy earth.
Does one see such exquisite sights in your country? Here
    we hold *rāsa* dances.

In Agrahayan§ the frost is bitingly cold, so we shall   1408
make love, and be ever so snug and satisfied in the icy
    weather.

There is a tasty new rice, rare even for the gods,   1409
with freshly made clarified butter and just-made curd, the
    favorite taste.

---

* Mid-August to mid-September.
† Mid-June to mid-July.
‡ Mid-October to mid-November.
§ Mid-November to mid-December.

১৪১০ পৌষ মাসে তিন লোক ভোগে থাকে দড়।
      দিনমান অতি অল্প রাত্রিমান বড় ॥

১৪১১ সে দেশে যে সব ভোগ জানহ বিশেষে।
      এবার করহ ভোগ যে সুখ এ দেশে ॥

১৪১২ বাঘের বিক্রম সম মাঘের হিমানী।
      ঘরের বাহির নহে যেই যুবজানি ॥

১৪১৩ শিশিরে কমলবনে বধয়ে পরাণে।
      মূলাফুলে ফুলধনু কামিজনে হানে ॥

১৪১৪ বার মাস মধ্যে মাস বিষম ফাগুন।
      মলয় পবনে জ্বালে মদন আগুন ॥

১৪১৫ কোকিলহুঙ্কার আর ভ্রমরঝঙ্কার।
      শুষ্ক তরু মঞ্জরিবে কত কব আর ॥

১৪১৬ মধুর সময় বড় চৈত্র মধুমাস।
      জানাইব নানামত মদনবিলাস ॥

১৪১৭ আপনার ঘর আর শ্বশুরের ঘর।
      ভাবিয়া দেখহ প্রভু বিশেষ বিস্তর ॥

In the month of Paus,* when days are short and the nights 1410
    are long,

the three worlds carry on their merriment.

You know too well the pleasures to be had in your country, 1411
    my lord.

So, bask now in those of my own.

The icicles and crystals of Magh† possess the strength of a 1412
    tiger,

so a young woman's husband never leaves the bedroom.

As frost kills life in a cluster of lotuses, Kama, who aims 1413
his flowery bow, strikes the lustful with radish-blossom
    arrows.

Among all months of the year, Phalgun‡ is the most 1414
    ticklish.

Madan zealously lights a fire in a warm vernal breeze.

As the cuckoos call and bees buzz about, 1415

dried-up trees put forth fresh sprouts. What more can
    I say?

The lovely month of Chaitra§ is sweet as honey. 1416

Oh, I shall show you the various ways of lovemaking, my
    lord.

Think, my lord, how big are the rooms in your own palace 1417
and how big those of your father-in-law.

---

* Mid-December to mid-January.
† Mid-January to mid-February.
‡ Mid-February to mid-March.
§ Mid-March to mid-April.

১৪১৮ অসার সংসারে সার শ্বশুরের ঘর।
ক্ষীরোদে থাকিলা হরি হিমালয়ে হর॥

১৪১৯ হাসিয়া সুন্দর কহে এ যুক্তি সুন্দর।
তেঁই পাকে বলি চল শ্বশুরের ঘর॥

১৪২০ অবাক্ হইলা বিদ্যা মহাকবি রায়।
শ্বশুর শাশুড়ী স্থানে মাগিলা বিদায়॥

১৪২১ বিস্তর নিষেধবাক্য কয়ে রাজা রাণী।
বিদায় করিলা শেষে করি যোড়পাণি॥

১৪২২ বিস্তর সামগ্রী দিলা কহিতে বিস্তর।
দাস দাসী দিলা সঙ্গে সৈন্য বহুতর॥

১৪২৩ মালিনী মাসীরে মনে পড়িল তখন।
রাজারে কহিয়া তারে দিলা নানা ধন॥

১৪২৪ ভারত কহিছে সুখে চলিলা দুজনা।
কহিব কতেক আর মেয়ের কাঁদনা॥

In this insubstantial world, the father-in-law's house is the best, 1418

Hari dwelt in the milky ocean, Hara in the Himalayas."

"You have given a beautiful speech, my love," Sundar said to her with a smile. 1419

"But now it is your turn to come with me. I say: Go to your father-in-law's place."

Vidya stood speechless, the great poet Sundar 1420

went to beg leave from his mother-in-law and father-in-law.

The king and the queen said as much as they could to prevent their departure, 1421

but, finally, they bade him farewell with joined hands.

The king bestowed upon them a great plethora of fine gifts, a list too long to relay, 1422

and dispatched a troop of soldiers, and male and female servants, to attend them.

At the last moment, Ray thought of his auntie, the old flower-woman, 1423

and asked the king to present her with suitable gifts.

Bharat says, "This charmed couple departed, embarking cheerfully on their journey. 1424

There is much I could say of the weeping of the girl."

বিদ্যা সহ সুন্দরের স্বদেশযাত্রা

১৪২৫ সুন্দর বিদ্যারে লয়ে ঘরে গেলা হৃষ্ট হয়ে
বাপ মায় প্রণাম করিলা।
রাজা রাণী তুষ্ট হয়ে পুত্রবধু পৌত্র লয়ে
মহোৎসবে মগন হইলা॥
১৪২৬ রাজা গুণসিন্ধু রায় পুলকে পূর্ণিত কায়
সুন্দরেরে রাজ্যভার দিলা।
সুন্দর আনন্দচিত লয়ে গুরু পুরোহিত
নানামতে কালীরে পূজিলা॥
১৪২৭ সুন্দরের পূজা লয়ে কালী মূর্ত্তিময়ী হয়ে
দম্পতিরে কহিতে লাগিলা।
তোরা মোর দাস দাসী শাপেতে ভূতলে আসি
আমার মঙ্গল প্রকাশিলা॥
১৪২৮ ব্রত হৈল পরকাশ এবে চল স্বর্গবাস
নানামতে আমারে তুষিলা।
এত বলি জ্ঞান দিয়া মায়াজাল ঘুচাইয়া
অষ্টমঙ্গলায় বুঝাইলা॥
১৪২৯ দেবী দিলা দিব্য জ্ঞান দুহে হৈলা জ্ঞানবান
পূর্ব্ব সর্ব্ব দেখিতে পাইলা।
দেবীর চরণ ধরি বিস্তর বিনয় করি
দুই জনে অনেক কান্দিলা॥

SUNDAR RETURNS WITH VIDYA
TO HIS NATIVE LAND

Satisfied, Sundar returned with Vidya   1425
to his homeland, prostrating himself before his mother
    and father.

The king and the queen, overjoyed upon meeting their
    daughter-in-law and grandson,
held a glorious celebration in their honor.

Feeling triumphant, King Gunasindhu Ray entrusted   1426
Sundar with the reign of his kingdom.

Surrounded by gurus and priests, Sundar gladly
worshiped Goddess Kali in various fashions.

Pleased by Sundar's veneration, Kali, assuming human   1427
    form,
addressed the happy couple.

"Both of you are my servants, having been cursed to live
    on earth,
and have made my *mangal,*

my song of beneficence, known to one and all. So, come   1428
    now with me
to the heavens, my children. You have delighted me with
    your worship."[116]

And so, lifting the snare of maya from their minds,
she told them of the *aṣṭamaṅgalā,* the eight rites of
    auspiciousness.

The goddess bestowed divine knowledge upon them both,   1429
    enlightening them,
so they became omniscient, able to see all of time.

Holding the goddess's feet, with great humility,
both of them wept a great deal.

১৪৩০ বাপ মায়ে বুঝাইয়া   পুত্রে রাজ্যভার দিয়া
দুই জনে সত্বর চলিলা।
আনন্দে দেবীর সঙ্গে   স্বর্গেতে চলিলা রঙ্গে
রাজা রাণী শোকেতে মোহিলা ॥

১৪৩১ বিদ্যা সুন্দরেরে লয়ে   কালিকা কৌতুকী হয়ে
কৈলাসশিখরে উত্তরিলা।
ইতিহাস হৈল সায়   ভারত ব্রাহ্মণ গায়
রাজা কৃষ্ণচন্দ্র আদেশিলা ॥

বিদ্যাসুন্দর কথা সমাপ্ত

After consoling Sundar's parents and installing their   1430
     young son as ruler of
the kingdom, the pair hurried to depart from earth.
Happily, they went to heaven with the goddess.
King Gunasindhu and his queen fell into an all-consuming
     grief.
Vidya took Sundar along, to the amusement of Kalika,   1431
and they alighted on the top of Mount Kailash.

The tale is finished, the Brahman Bharat has sung it,
     Raja Krishnachandra had given the instructions.
         The story of Vidya and Sundar is now over.

The Story of Man Singh

বর্দ্ধমান হইতে মানসিংহের প্রস্থান

১ জয় জয় গঙ্গে জয় গঙ্গে।
   হরিপদকমল কলমকলদঙ্গে॥

২ টলটল ঢলঢল   চলচল ছলছল
   কলকল তরলতরঙ্গে।
   পুটকিত শিরজট   বিঘটিত সুবিকট
   লটপট কমঠভুজঙ্গে॥

৩ তরুণ অরুণবর   কিরণ বরণ কর
   বিধি কর নিকরকরঙ্গে।
   ভুবন ভবন লয়   ভজন ভবিকময়
   ভারত ভবভয় ভঙ্গে॥

৪ সাঙ্গ হৈল বিদ্যাসুন্দরের সমাচার।
   মজুন্দারে মানসিংহ কৈলা পুরস্কার॥

৫ মজুন্দারে কহিলা করিব গঙ্গাস্নান।
   উত্তরিলা পূর্ব্বস্থলী নদে সন্নিধান॥

৬ আনন্দে গঙ্গার জলে স্নান দান কৈলা।
   কনক অঞ্জলি দিয়া গঙ্গা পার হৈলা॥

৭ পরম আনন্দে উত্তরিলা নবদ্বীপ।
   ভারতীর রাজধানী ক্ষিতির প্রদীপ॥

MAN SINGH DEPARTS BARDHAMAN

Victory! Victory to Ganga.   1
Hari's lovely lotus feet rest in a profusion of blossoming
    flowers
as the gentle waves ripple *lap lap* and splash *swish swish*   2
against his boat, carrying him forth across the great river.
Hari's long, dense dreadlocks reach down like rope and
    sway in disarray,
as murky snakes and turtles slither and crawl through his
    thick, fearsome hair.
Oh, you, who make sacred all water pots,   3
you welcome the rays of the young rising sun.
Dispel all worldly fears of the auspicious Bharat,
who praises the destroyer of all worldly existence.

Upon hearing the close of the tale of Vidya and Sundar,   4
Man Singh gratefully bestowed his reward on Majundar.
As he arrived at Purbasthali near the banks of the river,   5
Man Singh turned to Majundar, "I shall now bathe in the
    sacred waters of the Ganga."
Happily, he took a bath in the Ganga and offered gifts to   6
    the blessed river.
Man Singh then crossed the Ganga, carefully cupping a bit
    of gold in his hands.
When at last he reached Navadvip, capital of goddess   7
    Bharati,*
lamp of the earth, he beamed as he beheld the holy site.

---

* Sarasvati.

৮   ব্রাহ্মণ পণ্ডিত লয়ে বিচার শুনিয়া ।
       তুষ্ট কৈলা সকলেরে নানা ধন দিয়া ॥

৯   মানসিংহ জিজ্ঞাসা করিলা মজুন্দারে ।
       কোথায় তোমার ঘর দেখাও আমারে ॥

১০   মজুন্দার কহিলা সে দূর বাগোয়ান ।
       মানসিংহ কহে চল দেখিব সে স্থান ॥

১১   মজুন্দার সঙ্গে রঙ্গে খড়ে পার হয়ে ।
       বাগোয়ানে মানসিংহ যান সৈন্য লয়ে ॥

১২   মজুন্দার ঘরে গেলা বিদায় হইয়া ।
       অন্নপূর্ণা যুক্তি কৈলা বিজয়া লইয়া ॥

১৩   মানসিংহে আপনার মহিমা জানাই ।
       দুঃখ দিয়া সুখ দিলে তবে পূজা পাই ॥

১৪   তবে সে জানিবে মোরে পড়িয়া সঙ্কটে ।
       বিনা ভয় প্রীতি নাই জয়া বলে বটে ॥

১৫   ঝড় বৃষ্টি করিবারে মেঘগণে কও ।
       জল পরিপূর্ণ করি অন্ন হরি লও ॥

১৬   ভবাইর ভাণ্ডারেতে দিয়া শুভ দৃষ্টি ।
       শেষে পুন অন্ন দিবা মিটাইয়া বৃষ্টি ॥

১৭   শুনি দেবী আজ্ঞা দিলা যত জলধরে ।
       ঝড় বৃষ্টি কর মানসিংহের লস্করে ॥

He listened to discussions with learned Brahmans   8
and pleased everyone by distributing various riches.
Then the king at last questioned Majundar about himself.   9
"Where do you live? Please, take me there."
"It is far off, my lord," Majundar replied, "in a village   10
    called Bagoyan."
"I see. Let us set off then. I would dearly like to see it."

And so Man Singh and his army, in company with   11
    Majundar,
trekked through low valleys until at last they reached
    Bagoyan.
While Majundar took his leave to visit home for a brief   12
    sojourn,
the great and auspicious Annapurna designed a grand plan
    with Vijaya.
"I will make my power and glory known to Man Singh.   13
If after causing grief I grant happiness, he will worship me.
Only after confronting difficulties will he truly know me."   14
"Very wise," nodded Jaya. "Devotion rarely develops
    where fear isn't present.
Instruct the clouds to incite a storm, trigger the rains.   15
Let food and all be engulfed by the flood and washed away,
but look kindly on Bhavananda's plentiful pantry.   16
Then, at the end, after stopping the rain, provide food
    again."
On Jaya's advice, the goddess issued her order to the   17
    clouds.
"Foment a storm and let the rains pound down on Man
    Singh's soldiers."

১৮ দেবীর আদেশে ধায় যত জলধর।
রচিল ভারতচন্দ্র রায় গুণাকর॥

মানসিংহের সৈন্যে ঝড় বৃষ্টি

১৯ ঘন ঘন ঘন ঘন গাজে।
শিলা পড়ে তড় তড় ঝড় বহে ঝড় ঝড়
হড়মড় কড়মড় বাজে॥

২০ দশ দিক্ আন্ধার করিল মেঘগণ।
দুণ হয়ে বহে ঊনপঞ্চাশ পবন॥
২১ ঝঞ্ঝনার ঝঞ্ঝনি বিদ্যুত চকমকি।
হড়মড়ি মেঘের ভেকের মকমকি॥
২২ ঝড়ঝড়ি ঝড়েয় জলের ঝরঝরি।
চারি দিকে তরঙ্গ জলের তরতরি॥
২৩ থরথরি স্থাবর বজ্রের কড়মড়ি।
ঘুট ঘুট আন্ধার শিলার তড়তড়ি॥

And so, at the goddess's command, all the clouds darkened 18
and wept torrents of rain.

Bharatchandra Ray Gunakar composed *In Praise of
Annada.*

STORM AND RAIN
BESET MAN SINGH'S ARMY

Thunderous sounds daunt and deafen Man Singh's 19
company, as hail falls *clack clack*
and a gale storm blows and whistles intensely *whoo whoo*,
rumbling and roaring through the days and nights.

As the storm clouds blackened every direction, 20
the forty-nine winds gusted in, blasting the army this way
and that.
There were clattering sounds of thunder, the flashing of 21
lightning,
clapping of the clouds, and croaking of the frogs.
The storm raged on, as the unending downpour and waves 22
crashed hard and quickly,
continuing to cascade and carry them forth across the
drowned land.
The world trembled with each thunderclap, as a deep, 23
heavy darkness descended,
hailstones cracking and crashing down from a wrathful
sky.

২৪ ঝড়ে উড়ে কানাত দেখিয়া উড়ে প্রাণ।
     কুঁড়ে ঠাট ডুবিল তাম্বুতে এল বান॥

২৫ সাঁতারিয়া ফিরে ঘোড়া ডুবে মরে হাতী।
     পাঁকে গাড়া গেল গাড়ী উট তার সাথী॥

২৬ ফেলিয়া বন্দুক জামা পাগ তলবার।
     ঢাল বুকে দিয়া দিল সিপাই সাঁতার॥

২৭ খাবি খেয়ে মরে লোক হাজার হাজার।
     তল গেল মালমাত্তা উরুদু বাজার॥

২৮ বকরী বকরা মরে কুকড়ী কুকড়া।
     কুজড়ানী কোলে করি ভাসিল কুজড়া॥

২৯ ঘাসের বোঝায় বসি ঘেসেড়ানী ভাসে।
     ঘেসেড়া মরিল ডুবে তাহার হাবাসে॥

৩০ কান্দি কহে ঘেসেড়ানী হায় রে গোসাঁই।
     এমন বিপাকে আর কভু ঠেকি নাই॥

৩১ বৎসর পনর ষোল বয়স আমার।
     ক্রমে ক্রমে বদলিনু এগার ভাতার॥

Whole tents were picked up by the gale and strewn across   24
    the moonless sky
as water rushed rapidly into the army huts, entirely
    engulfing them.
Their horses treaded neck-deep through the tides, while   25
    poor elephants perished,
sinking into the depths, and carriages and camels alike
    lodged inextricably in knee-deep mud.
Discarding muskets, clothes, turbans, swords, anything   26
    that hindered their movement,
the soldiers swam for dear life, pulling their bucklers to
    their chests.
Thousands lost their lives, desperately gasping for air,   27
as the army's market was taken by the flood, subsumed in
    the deluge with all its goods.
Innocent goats, hens, and roosters perished in the   28
    oppressive onslaught of rain,
as produce vendors floated away, tightly holding their
    wives close in their arms.
Female grass cutters, perched atop their mounds of grass,   29
drifted across the waves as their despairing male
    counterparts drowned in the downpour.
One woman grass cutter burst into tears. "Alas! Oh, how   30
    woe has befallen my lot.
Never before have I met with such massive floods, such
    ominous doom.
Though I am no more than sixteen years of age,   31
I have been married no less than eleven times.

৩২ হেদে গোলামের বেটা বিদেশে আনিয়া।
    অনেকে অনাথ কৈল মোরে ডুবাইয়া॥

৩৩ ডুবে মরে মৃদঙ্গী মৃদঙ্গ বুকে করি।
    কালোয়াত ভাসিল বীণার লাউ ধরি॥

৩৪ বাপ বাপ মরি মরি হায় হায় হায়।
    উভরায় কাঁদে লোক প্রাণ যায় যায়॥

৩৫ কাঙ্গাল হইনু সবে বাঙ্গালায় এসে।
    শির বেচে টাকা করি সেহ যায় ভেসে॥

৩৬ এইরূপে লস্করে দুস্কর হৈল বৃষ্টি।
    মানসংহ বলে বিধি মজাইল সৃষ্টি॥

৩৭ গাড়ী করি এনেছিল নৌকা বহুতর।
    প্রধান সকলে বাঁচে তাহে করি ভর॥

৩৮ নৌকা চড়ি বাঁচিলেন মানসিংহ রায়।
    মজুন্দার শুনিয়া আইলা চড়ি নায়॥

৩৯ অন্নপূর্ণা ভগবতী তাহারে সহায়।
    ভাণ্ডারের দ্রব্য তার ব্যয়ে না ফুরায়॥

৪০ নায়ে ভরি লয়ে নানাজাতি দ্রব্যজাত।
    রাজা মানসিংহে গিয়া করিলা সাক্ষাত॥

My latest husband, no more than a son of a slave, dragged   32
     me here to this foreign land
only to drown me and make many orphans."
A drummer was drowning, keeping his drum on his chest.   33
An expert in classical music floated away holding the
     gourd of his vina.
"Oh, Father. Alas, I am dying!"   34
All lamented at the top of their voices, "Oh, help me. I
     perish, I die!
All of us who came to Bengal have been rendered   35
     destitute;
even the man who sold his land and made a fortune is
     floating away."

It was thus that these great rains became a most fatal affair   36
     for the king's soldiers.
Man Singh himself indignantly thundered, "Vidhi has
     drowned all creation!"
As the army had brought many boats loaded on carts,   37
all the chiefs who boarded them were saved, rafting away
     upon the tide.
Man Singh Ray saved his own life after embarking on a   38
     boat.

When Majundar heard tell of the news, he paddled to him
     at once.
Annapurna Bhagavati had come to his aid, and so the   39
     goods in his inventory
had been preserved, safeguarded from the storms.
Majundar filled his vessel with foodstuffs of various types,   40
then rowed off to meet King Man Singh.

৪১ দেখি মানসিংহ রায় তুষ্ট হৈলা বড়।
বাঙ্গালায় জানিলাম তুমি বন্ধু দড় ॥

৪২ কে কোথা বাহির হয় এমন দুর্য্যোগে।
বাঁচাইলা সকলেরে নানামত ভোগে ॥

৪৩ বাঁচাইয়া বিধি যদি দিল্লী লয়ে যায়।
অবশ্য আসিব কিছু তোমার সেবায় ॥

৪৪ এইরূপে মজুন্দার সপ্তাহ যাবত।
যোগাইলা যত দ্রব্য কি কব তাবত ॥

৪৫ মানসিংহ জিজ্ঞাসিলা কহ মজুন্দার।
কি কর্ম্ম করিলে পাব এ বিপদে পার ॥

৪৬ দৈববল কিছু বুঝি আছয়ে তোমার।
এত দ্রব্য যোগাইতে শক্তি আছে কার ॥

৪৭ মানসিংহে বিশেষ কহেন মজুন্দার।
অন্নপূর্ণা বিনা আমি নাহি জানি আর ॥

৪৮ মানসিংহ বলে তাঁর পূজার কি ক্রম।
কহিলেন মজুন্দার যে কিছু নিয়ম ॥

৪৯ অন্নপূর্ণাপূজা কৈল মানসিংহ রায়।
দূর হৈল ঝড় বৃষ্টি দেবীর কৃপায় ॥

Ever so happy to see Majundar, the king commended him.   41
"I knew that you would be my trusted ally in Bengal.

Who else would venture out to me in such horrific   42
    conditions?

You have saved one and all with these various foodstuffs.

Should Vidhi let me live and allow me to return to Delhi,   43
I shall surely repay you in kind, my friend."

For all the next week, Majundar procured all the food he   44
    could

for the surviving party. What more can I relate of this
    extraordinary story?

Man Singh then turned to his friend and questioned him.   45
    "Tell me, Majundar.

What rite shall I perform to prevent us from encountering
    this peril ever again?

I can see how divine power propels you, keeps you alive,   46
    while the rest of us suffer.

Tell me, who has the capacity to provide so many things?"

Majundar replied in earnest to Man Singh.   47

"None I am aware of other than Annapurna, my lord."

"And how do you worship her?" Man Singh inquired with   48
    bated interest.

And so Majundar expounded on the few rites of
    Annapurna's worship

as Man Singh Ray performed them, making his offerings   49
    to the goddess.

Then and there, by the grace of Annapurna, the storm
    disappeared and the rains abated.

৫০ মানসিংহ গেলা মজুন্দারের আলয় ।
দেখিলা গোবিন্দদেবে মহানন্দময় ॥

৫১ আসরফী বস্ত্র অলঙ্কার আদি যত ।
দিলেন গোবিন্দদেবে কব তাহা কত ॥

৫২ মজুন্দার সে সকল কিছু না লইলা ।
ব্রাহ্মণপণ্ডিতগণে বিতরিয়া দিলা ॥

৫৩ ইতঃপর শুন সবে ভারত রচিলা ।
সৈন্য লয়ে মানসিংহ যশোরে চলিলা ॥

মানসিংহের যশোরযাত্রা

৫৪ ধাঁ ধাঁ গুড় গুড় বাজে নাগারা ।
বাজে রবাব মৃদঙ্গ দোতারা ॥

And so the two were able to carry on to Majundar's   50
    dwelling place,
where Man Singh beheld a glorious image of the blissful
    Krishna Govindadev
and made his offerings of gold coins, jewels, clothing, and   51
    much more
to the image. How much more of this episode can I relate?
Majundar denied himself any of the offerings, but   52
instead distributed them among the Brahmans and
    pandits.

Now listen in, all of you, to the poem Bharat has   53
    composed.
After passing through Bagoyan, Man Singh and his army
    marched onward, toward Jessore.

MAN SINGH JOURNEYS TO JESSORE

As the large *nāgārā* drums resounded *dumadum*   54
    dumadum, mṛdaṅga drums sounded
a lighter *pitpat pitpat* and *rebābs* and *dotārās* serenaded the
    journeying party.

৫৫   পয়দল কলবল   ভূতল টলমল
সাজল দলবল অটল সোয়ারা ।
দামিনী তক তক   জামকী ধক ধক
ঝকমক চকমক খর তরবারা ॥

৫৬   ব্রাহ্মণ রজপুত   ক্ষত্রিয় রাহুত
মোগল মাহুত রণঅনিবারা ।
ভাঁড় কলাবত   নাচত গায়ত
ভারত অভিমত গীত সুধারা ॥

৫৭   চলে রাজা মানসিংহ যশোর নগরে ।
সাজ সাজ বলি ডঙ্কা হইল লস্করে ॥

৫৮   ঘোড়া উট হাতী পিঠে নাগারা নিশান ।
গাড়ীতে কামান চলে বাণ চন্দ্রবান ॥

৫৯   হাতীর আমারী ঘরে বসিয়া আমীর ।
আপন লস্কর লয়ে হইল বাহির ॥

৬০   আগে চলে লালপোশ খাসবরদার ।
সিফাই   সকল ঢলে কাতার কাতার ॥

Man Singh's foot soldiers made such din that the earth   55
    quaked, laymen and soldiers alike
bedecking themselves in their best attire as horsemen sat
    proudly riding their brave steeds.
As lightning flickered in the distance, the bejeweled
    garments of this regal procession
sparkled, their sharp, shiny swords gleaming, resting, ever
    at the ready, in their scabbards.
Brahmans, Rajputs, and Kshatriyas alike marched on,   56
Mughals and mahouts looked fearsome, men irresistible
    in battle.
Then came the artful band of jesters, dancers, musicians,
    and singers,
as Bharat sweetly sang a song of aromatic ambrosia.

King Man Singh and his troops paraded on to the city of   57
    Jessore.
"Dress up, dress up!" the drums were telling the soldiers.
Riders beat *nāgārā* drums as banners billowed off the   58
    backs of horses, camels, elephants.
Chariots transported bundles of guns, arrows whizzing
    through the air
and fireworks setting the sky ablaze. As noblemen sat   59
    cross-legged in their howdahs
on elephant-back, they had come out with their own
    soldiers.
Mace bearers all advanced, bedecked in red,   60
while sepoys marched ahead, row after row, in straight
    lines.

413

৬১   তবকী ধানুকী ঢালী রায়বেঁশে মাল।
      দফাদার জমাদার চলে সদীয়াল॥

৬২   আগে পাছে হাজারীর হাজার হাজার।
      নটী নট হরকরা উরুদু বাজার॥

৬৩   সানাই কর্ণাল বাজে রাগ আলাপিয়া।
      ভাট পড়ে রায়বার যশ বর্ণাইয়া॥

৬৪   ধাড়ী গায় কড়খা ভাঁড়াই করে ভাঁড়।
      মালে করে মালাম চোয়াড়ে লোফে কাঁড়॥

৬৫   আগে পাছে দুই পাশে দু সারি লস্কর।
      চলিলেন মানসিংহ যশোর নগর॥

৬৬   মজুন্দারে সঙ্গে নিলা ঘোড়া চড়াইয়া।
      কাছে কাছে অশেষ বিশেষ জিজ্ঞাসিয়া॥

৬৭   এইরূপে যশোর নগরে উত্তরিয়া।
      থানা দিলা চারি দিগে মুরুচা করিয়া॥

৬৮   শিষ্টাচার মত আগে দিলা সমাচার।
      পাঠাইয়া ফরমান বেড়ী তলবার॥

414

Gunmen came, archers, shield bearers, and *māls* skilled   61
> with bamboo sticks, while chiefs

of hundreds of soldiers followed behind their charges,
> *daphādārs* and *jamādārs*.[1]

Leading the parade and bringing up the rear were   62
> thousands upon thousands

of *hājārīs*, dancers, messengers, and merchants.[2]

Oboes and trumpets were sounding the introduction to   63
> the melody,

heralds recited tributes to extol their patrons and
> sovereigns.

Choruses sang war tunes as jesters poked fun and made   64
> wisecracks, and wrestlers

flexed their muscles, feigned boxing, while *choyārs* jumped
> up and caught stray arrows.[3]

Man Singh advanced toward the city of Jessore, guarded   65
by two rows of soldiers in front, at the rear, and on both
> sides of the procession.

The king had asked Majundar, who rode close by, to join   66
> him,

and being quite near, he asked him all sorts of questions.

It was thus that they at last reached the city of Jessore,   67
> where, right away,

they began to dig trenches on all sides of the city walls and
> station outposts, readying for battle.

Man Singh followed the proper dictates, informing Raja   68
> Pratapaditya of his arrival,[4]

dispatching to him a royal warrant, shackles, and a sword.

৬৯ প্রতাপআদিত্য রাজা তলবার লয়ে।
বেড়ী ফিরা পাঠাইয়া পাঠাইল কয়ে॥
৭০ কহ গিয়া অরে চর মানসিংহ রায়ে।
বেড়ী দেউক আপনার মনিবের পায়ে॥
৭১ লইলাম তলবার কহ গিয়া তারে।
যমুনার জলে ধুব এই তলবারে॥
৭২ শুনি মানসিংহ সাজে করিতে সমর।
রচিলা ভারতচন্দ্র রায় গুণাকর॥

মানসিংহ ও প্রতাপাদিত্যের যুদ্ধ

৭৩ ধূধূ ধূধূধূ নৌবত বাজে।
ঘন ভোরঙ্গ ভম্ ভম্ দমামা দম্ দম্
ঝনন্ন ঝম্ ঝম্ ঝাঁজে॥
৭৪ কত নিশান ফরফর নিনান ধর ধর
কামান গর গর গাজে।
সব জুবান রজপুত পাঠান মজবুত
কামান শরযুত সাজে॥

Pratapaditya raised up the great sword and shoved the   69
    shackles back
toward the emissary, instructing him to give his nemesis,
    the king, the following message.
"'On your return, you, Man Singh Ray, the emissary,   70
put the shackles on the legs of your master.'
Now, go and tell him that I have taken the sword   71
and that I will wash it in the sacred waters of the Yamuna."

Bharatchandra Ray Gunakar narrates, "Hearing this, Man   72
    Singh did not hesitate
for a second, but dressed himself in preparation for
    battle."

THE BATTLE BETWEEN MAN SINGH
AND PRATAPADITYA

As the army orchestra sounds its war tunes,   73
bugles blow *toot toot* and kettledrums beat *dam dam*
as cymbals continuously clatter *jham jham,*
masses of standards fluttering and rippling *phar phar,*   74
    as the soldiers grunt and
roar *grrr grrr* and bows pierce the air with their loud *gar
    gar.*
While the young Rajput and brawny Pathan warriors
nocked their arrows to their bows, the sepoys were already
    fighting,

৭৫ ধরি অনেক প্রহরণ   জরীপ পহিরণ
সিপাইগণ রণমাঝে।
পরি করাইবখতর   পোশাক বহুতর
সুশোভি শিরপর তাজে॥

৭৬ বসি অমারি ঘর পর   আমীর বহুতর
হুলায় গজবররাজে।
পুর যশোর চমকত   নকীব শত শত
হুঁসার ফুকরত   কাজে॥

৭৭ হয় গজের গরজন   সেনার তরজন
পয়োধি ভরছন লাজে।
দ্বিজ ভারত কবিবর   বনায় তঁহি পর
প্রতাপদিনকর সাজে॥

৭৮ যুঝে প্রতাপাদিত্য   যুঝে প্রতাপাদিত্য।
ভাবিয়া অসার   ডাকে মার মার
সংসার সব   অনিত্য॥

418

battling row by row in golden-threaded uniforms,   75
armed with a great plethora of weapons.
Attired with heavy armor and several layers of apparel,
they wore glistening fitted caps.
Slews of noblemen sat cross-legged, sheltered in howdahs,   76
booming auspicious verses from atop their enormous
    elephants.
The residents of Jessore were shocked as hundreds upon
    hundreds of heralds
yelled caution. "Get you ready, one and all. Be ever
    vigilant!"
The clamorous cacophony carried across the battlefield, as   77
    elephants trumpeted,
the army shouted, and clouds rumbled and roared
    overhead.
The twice-born Bharat, supreme among poets, sets out
to tell of the punishment of Pratapdinakar, the Sun of
    Power.

At last, the long-awaited episode was at hand, when   78
    Pratapaditya and Man Singh
were to face off against each other. Without pause,
    Pratapaditya bellowed, "Kill them!
Finish them off! Nothing in this world shall last forever!"
    he yelled balefully.

৭৯ শিলাময়ী নামে   ছিলা তাঁর ধামে
           অভয়া যশোরেশ্বরী।
    পাপেতে ফিরিয়া   বসিলা রুষিয়া
           তাহারে অকৃপা করি॥

৮০ বুঝিয়া অহিত   গুরু পুরোহিত
           মিলে মানসিংহরাজে।
    লস্কর লইয়া   সত্বর হইয়া
           প্রতাপাদিত্য সাজে॥

৮১ ধুধু ধম্‌ ধম্‌   ঝাঁ ঝাঁ ঝম্‌ ঝম্‌
           দমামা দম্‌দম্‌ বাজে।
    হুড় হুড় হুড়   দুড় দুড় দুড়
           কামানের গোলা গাজে॥

৮২ সিন্দুর সুন্দর   মন্দিত মুদগর
           ষোড়শ হলকা হাতী।
    পতাকা নিশান   রবিচন্দ্রবান
           অযুতেক ঘোড়া সাথী॥

৪২০

From her residence, Shilamayi,*   79
Abhaya, oversaw all of Jessore.
Having turned against him as his sins proliferated, the
    great goddess
had become incensed with Pratapaditya and ceased
    bestowing her grace on him.
Wisening to the perils Pratapaditya produced, his gurus   80
    and priests
also defected to Man Singh.
Nevertheless, Pratapaditya and his menacing troops of
    soldiers
readied themselves for a fierce and ruthless battle.
The kettledrums sounded *dhumadum dhumadum,*   81
    tumatum tumatum,
booming and banging rhythmed beats,
as bullets made terrifying sounds that cut through the air,
hissing and whistling *whoo whoo, whizz whizz.*
Artfully adorned with vermilion and ornate clubs and   82
    mallets,
a troop of sixteen elephants tromped on like thunder.
Colorful flags and banners bearing the sun and the moon
    waved and rippled
in the wind, carried in hand by riders of ten thousand
    horses.

---

* "The one made of stones," a name of the goddess Annada.

৮৩ সুন্দর সুন্দর নৌকা বহুতর
বায়ান্ন হাজার ঢালী।
সমরে পশিয়া অন্তরে রুষিয়া
দুই দলে গালাগালি ॥
৮৪ ঘোড়ায় ঘোড়ায় যুঝে পায় পায়
গজে গজে শুণ্ডে শুণ্ডে।
সোয়ারে সোয়ারে খর তরবারে
মালে মালে মুণ্ডে মুণ্ডে ॥
৮৫ হান হান হাঁকে খেলে উড়া পাকে
পাইকে পাইকে যুঝে।
কামানের ধূমে তমঃ রণভূমে
আত্ম পর নাহি সুঝে ॥
৮৬ তীর শনশনি গুলি ঠনঠনি
খাঁড়া ঝনঝন ঝাঁকে।
মুচড়িয়া গোঁফে শূল শেল লোফে
ক্রোধে হান হান হাঁকে ॥
৮৭ ভালায় ফুটিয়া পড়িছে লুঠিয়া
গুলিতে মরিছে কেহ।
গোলায় উড়িছে আগুনে পুড়িছে
তীরে কেহ ছাড়ে দেহ ॥

Countless war boats were very beautiful   83
as an astounding fifty-two thousand soldiers bearing
     shields came into the fray.

Storming into battle, wrath stirring in their hearts,
the two sides charged and clashed, cursing the other to
     their downfall.
Horses battled step by step, whinnying and neighing,   84
as swarms of colossal elephants flailed and swayed their
     trunks.
Horseman dueled horseman with their fine-honed swords
as wrestler boxed wrestler, head to head, locking arms.
Shouting and, as in a game, making jumping whirls,   85
the foot soldiers fought one another.
As gunsmoke thickened, burdening the battlefield with a
     heavy gray smog,
no one could distinguish one's soldiers from the other's.
Arrows hissed in a salvo, bullets whizzed   86
through the air, scimitars clinking and clanking by the
     thousands.
Twisting their mustaches, warriors reached up, catching
     pikes and missiles
before they hit, as they furiously shouted, "Strike! Strike!"
Tumbling to the ground, one soldier met   87
his demise when a bullet struck his brow.
Cannonballs careened through the air as cannon fire set
     the sky ablaze. Victim after victim was slain by the
     multitudes of whizzing arrows.

৮৮ পাতশাহী ঠাটে কবে কেবা আঁটে
বিস্তর লস্কর মারে।
বিমুখী অভয়া কে করিবে দয়া
প্রতাপাদিত্য হারে॥
৮৯ শেষে ছিল যারা পলাইল তারা
মানসিংহে জয় হৈল।
পিঞ্জর করিয়া পিঞ্জর ভরিয়া
প্রতাপাদিত্যে লৈল॥
৯০ দল বল সঙ্গে পুনরপি রঙ্গে
চলে মানসিংহ রায়।
ললিত সুছন্দে পরম আনন্দে
রায় গুণাকর গায়॥

মানসিংহের ভবানন্দবাটী আগমন

৯১ রণজয়ভেরী বাজে রে।
ঝাঁগড় ঝাঁগড় ঝাঁ ঝাঁ ঝাঁজে রে॥
৯২ রণ জয় করি মুণ্ডমালা পরি
কালী সাজে রে।
শ্বেত অলি শিব সে নীল রাজীব
রাজী রাজে রে॥

Who could possibly contain the emperor's army?   88
Soldier after soldier advanced and attacked—
Abhaya was displeased, so who would show pity?
Pratapaditya had at last been subdued.
Those who had fought till the end ultimately fled,   89
as Man Singh finally prevailed.
A cage was made, Pratapaditya was put inside,
and he was taken away.

"And so, victorious, and accompanied by his triumphant   90
    troops,
Man Singh once again pressed on,"
Ray Gunakar cheerfully sings.

MAN SINGH VISITS MAJUNDAR'S HOUSE

As the kettledrum resonated the sounds of victory,   91
it deafened the crowds with its forte *brrrmm bumbum*
    brrrmm bumbum.
The formidable Kali had won this battle, and, putting on a   92
    garland of skulls,
she dresses up, hey!
Shiva, like a white bee, and Kali, like a blue lotus,
both are there in splendor.

৯৩ গাইছে যোগিনী   নাচিছে ডাকিনী
দানা গাজে রে।
মহোৎসব যত   কি কবে ভারত
সেনামাঝে রে॥

৯৪ প্রতাপাদিত্য রায়ে পিঁজরা ভরিয়া।
চলে রাজা মানসিংহ জয়ডঙ্কা দিয়া॥

৯৫ কচুরায় পাইল যশোরজিত নাম।
সেই রাজ্যে রাজা হৈল পূর্ণমনস্কাম॥

৯৬ মজুন্দারে মানসিংহ কহিলা কি বল।
পাতশার হজুরে আমার সঙ্গে চল॥

৯৭ পাতশার সহিত সাক্ষাত মিলাইব।
রাজ্য দিয়া ফরমানী রাজা করাইব॥

৯৮ অন্নপূর্ণা ভগবতী তোমারে সহায়।
জয়ী হয়ে যাই আমি তোমার দয়ায়॥

৯৯ নানামতে অন্নপূর্ণাদেবীরে পূজিয়া।
চলিলেন মজুন্দারে সংহতি লইয়া॥

১০০ অন্নপূর্ণাদেবীরে পূজিয়া মজুন্দার।
মানসিংহসংহতি চলিলা দরবার॥

As yoginis sang songs of triumph and female goblins   93
 pranced
in celebration, the male goblins took their festivities to
 new heights
and a grand glorious party erupted in the midst of the
 army.
Bharat will narrate the fantastic fete they held.

After locking Pratapaditya Ray in his cage,   94
King Man Singh marched on to the sound of the victory
 drums.
Kachu Ray obtained the title of conqueror of Jessore.   95
His long-sought desire now fulfilled, he became the king
 of that kingdom.
Soon after, the undefeated Man Singh turned to   96
 Majundar. "Accompany me
to see the emperor. What say you, sir?
I shall present you before our emperor, and a royal decree   97
will give you a kingdom and make a king of you.
I must repay your generosity. It is thanks only to the favor   98
shown you from Annapurna Bhagavati that I was
 victorious."
After worshiping goddess Annapurna in the prescribed   99
 ways,
the king carried on, accompanied by Majundar, who also
 offered
his worship to the great goddess, her faithful servant   100
then joining King Man Singh on the way to the emperor's
 court.

১০১   মহামায়া মাহেশ্বরী মহিষমর্দ্দিনী।
       মোহরূপা মহাকালী মহেশমোহিনী॥

১০২   কৃপাময়ি কাতর কিঙ্করে কৃপা কর।
       তোমা বিনা কেবা আর করুণাআকর॥

১০৩   রাজার মঙ্গল কর রাজ্যের কুশল।
       যে শুনে এ গীত তার করহ মঙ্গল॥

১০৪   এত দূরে পালাগীত হৈল সমাপন।
       ইতঃপর রজনীতে গাব জাগরণ॥

১০৫   কৃষ্ণচন্দ্র আজ্ঞায় ভারতচন্দ্র রায়।
       হরি হরি বল সবে পালা হৈল সায়॥

ভবানন্দের দিল্লীযাত্রা

১০৬   দিয়া নানা উপচার   পূজা করি অন্নদার
       দিল্লীযাত্রা কৈলা মজুন্দার।
       জননী তাঁহার সীতা   রাম সুমার্দ্দার পিতা
       সমর্পিলা পদে অন্নদার॥

Oh, Mahamaya, Maheshvari, Mahishmardini,   101
Moharupa, Mahakali, enchantress of Mahesh.
You are generosity itself. Look favorably upon your poor   102
    devotee.
None other than you is the true abode of compassion.
Bestow blessings on the king and well-being to the   103
    kingdom,
be ever beneficent toward those who heed this song.
This narrative saga that had gone on for so long is now at   104
    an end.
Later tonight I shall sing the vigil.[5]

I, Bharatchandra Ray, follow Krishnachandra's   105
    instruction.
Call "Hari, Hari!" This episode is now over.

BHAVANANDA'S JOURNEY TO DELHI

After Majundar had worshiped Annada with various   106
    articles,
he gladly made a start on his journey to Delhi.
Entrusting both his mother, Sita, and father, Ram
    Sumarddar,
to Annada's benediction, Bhavananda wrapped a scarf

১০৭ শিরে চীরা হীরা তায় বিলাতী খেলাত গায়
নানা বন্ধে কমর বান্ধিলা।
বিল্বপত্র ঘ্রাণ লয়ে বন্ধুগণে প্রিয় কয়ে
গোবিন্দদেবেরে প্রণমিলা॥
১০৮ বাপ মায় প্রণমিয়া দুই নারী সম্ভাষিয়া
আরোহিলা পালকী উপর।
জয় অন্নপূর্ণা কয়ে চলিলা সত্বর হয়ে
মঙ্গল দেখেন বহুতর॥
১০৯ ধেনু বৎস এক স্থানে বৃষ খুরে ক্ষিতি টানে
দক্ষিণেতে ব্রাহ্মণ অনল।
অশ্ব গজ পতাকায় রাজা মানসিংহ রায়
আগে আগে সকল মঙ্গল॥
১১০ পূর্ণ ঘট বাম পাশে রামাগণ যায় বাসে
গণিকারে মালা বেচে মালী।
ঘৃত দধি মধু মাসে রজত লইয়া হাসে
কুজড়ানী দেখাইয়া ডালি॥
১১১ শুক্ল ধান্যে গাঁথি হার কাঞ্চন সুমেরু তার
আশীর্ব্বাদ দিয়াছেন সীতা।
নকুল সহিত যান বাম দিকে ফিরে চান
শিবারূপে শিবের বনিতা॥

embellished with diamonds around his head and cloaked   107
    himself in a fine robe,
fastening varied sashes and buckles about his waist.
Smelling *bilva* leaves, he spoke fondly[6]
to his friends and prostrated himself before an image of
    Govindadev one last time.
After saluting his parents and greeting his two wives,   108
Bhavananda climbed into his palanquin.
"Victory to Annapurna!" he proclaimed, as the palanquin
    moved quickly onward.
Along the journey he witnessed many auspicious sights:
at one place, a cow beside its calf and a bull scuffing its   109
    hooves on the ground;
to the south, a Brahman tending to a fire.
King Man Singh proceeded on, his horses, elephants, and
    flags parading before him.
On and on, he beheld all auspicious sights:
to his left, a lovely pitcher full of water, beautiful women   110
    walking home,
and a gardener selling flower garlands to courtesans.
Her baskets teeming with fresh fruits and vegetables, the
    wife of a produce seller
laughed gaily upon receiving silver coins for clarified
    butter, curd, honey, and meat.
Sita gave her blessing with a necklace made of white rice,   111
the centerpiece fashioned with gold.
Ambling alongside a mongoose, and looking back to his
    left,
he saw Shiva's wife take on the form of a vixen.

১১২ নীলকণ্ঠ উড়ি ফিরে মণ্ডলী দিছেন শিরে
অন্নপূর্ণা ক্ষেমঙ্করী হয়ে।
দেখি যত সুমঙ্গল মজুন্দারে কুতূহল
চলিলা দেবীর গুণ কয়ে॥

১১৩ শিরে চীরা জামা গায় কটি আঁটি পটুকায়
দাসু বাসু সঙ্গে দুই দাস।
সুতেরে বিদায় দিয়া সীতা দেবী ঘরে গিয়া
নানামত ভাবেন হুতাশ॥

১১৪ বাড়ীর নিকটে খড়ে পার হৈলা নায়ে চড়ে
অগ্রদ্বীপে গেলা কুতূহলে।
অঞ্জলি বান্ধিয়া মাথে প্রণমিয়া গোপীনাথে
স্নান দান কৈলা গঙ্গাজলে॥

১১৫ মনে করি অনুভব গঙ্গারে করিলা স্তব
কৃতাঞ্জলি হয়ে মজুন্দার।
ব্রহ্মকমণ্ডলুবাসি বিষ্ণুপাদপ্রসূতাসি
শিবজটাজুটে অবতার॥

As a blue-breasted bird fluttered about, encircling   112
    Annapurna's great head,
she transformed into Kshemankari, the gentle-hearted
    one.
Exhilarated by the sight of so many auspicious signs,
Majundar carried on, continuing to praise the goddess and
    her untold virtues.

He wore a scarf around his head, a jacket, a belt tightened   113
    his waist,
and he had with him his two servants, Dasu and Basu.
After giving leave to her son, Sita Devi returned to her
    quarters.
She felt despondent, brooding and ruminating over so
    much that was yet to come.
In a low-lying valley near his house, Majundar crossed the   114
    great river
by boat, finally reaching Agradvip.
Clasping his hands above his head, he prostrated himself
    before Krishna Gopinath,
made his ablutions in the waters of the Ganga, and
    proffered gifts.
His heart full of love and devotion, Majundar brought his   115
    cupped hands together
and recited a hymn of praise to the goddess Ganga.
"You reside in Brahma's water pot and having been born
from Vishnu's feet, you descended into the nest of Shiva's
    dreadlocks.[7]

১১৬ বরমিহ তব তীরে শরট করট ফিরে
ন পুন ভূপতি তব দূরে।
রাজ্য লোভে দূরে যাই তব তীরে রাজ্য পাই
এই মনস্কাম যেন পূরে॥
১১৭ স্তবে হয়ে তুষ্টমন গঙ্গা দিলা দরশন
মজুন্দারে কহেন সরসে।
ধন্য তুমি মজুন্দার ব্রতদাস অন্নদার
আমি ধন্যা তোমার পরশে॥
১১৮ মহাসুখে দিল্লী যাবে মনোমত রাজ্য পাবে
মোর তীরে পাবে অধিকার।
সন্তান হইবে যত সবে হবে অনুগত
জনেক হইবে রাজা তার॥
১১৯ দিয়া এই বর দান গঙ্গা কৈলা অন্তর্দ্ধান
মজুন্দার হৈলা গঙ্গা পার।
কৃষ্ণচন্দ্র নৃপাজ্ঞায় রায় গুণাকর গায়
অন্নপূর্ণা সহায় যাহার॥

দেশ বিদেশ বর্ণন

১২০ চল চল যাই নীলাচলে। রে অরে ভাই।
ঘটাইল বিধি ভাগ্যবলে॥

While lizards crawl and crows hover about your   116
    auspicious banks,
even kings cannot stray from you.
Desire to rule a kingdom takes me far from home. May
    I acquire
this kingdom on your bank. May my desire be thus
    fulfilled."
Delighted by his hymn, goddess Ganga revealed herself to   117
    Majundar,
then addressed him, gratefully.
"Blessed are you, Majundar, servant of Annada's vow.
You exalt me with your touch.
With great joy you will go to Delhi and obtain a kingdom   118
    to your liking,
you will be given the overlordship of land on my banks.
All your sons, yet to be born, will be dutiful to you,
some of them fated to become great kings themselves."
After granting this boon, Ganga disappeared   119
as Majundar crossed over the legendary river.

On the command of King Krishnachandra, Ray Gunakar,
he who has Annapurna's support, sings this saga-song.

AN ACCOUNT OF VARIOUS REGIONS
PASSED ON THEIR JOURNEY

Let us venture on to Nilachal.[8]   120
Vidhi has destined us for this voyage.

১২১ মহাপ্রভু জগন্নাথ   সুভদ্রা বলাই সাথ
দেখিব অক্ষয় বটতলে ।
খাইয়া প্রসাদ ভাত   মাথায় মুছিব হাত
নাচিব গাইব কুতূহলে ॥

১২২ ভবসিন্ধু বিন্দু জানি   পার হৈনু হেন মানি
সাঁতার খেলিব সিন্ধুজলে ।
দেখিয়া সে চাঁদমুখ   পাইব কৈবল্যসুখ
সুধন্য ভারত ভূমণ্ডলে ॥

১২৩ গঙ্গা পার হইয়া চলিলা মজুন্দার ।
ডানি বামে যত গ্রাম কত কব তার ॥

১২৪ জগন্নাথ দেখিতে করিয়া মনোরথ ।
ধরিলেন মানসিংহ দক্ষিণের পথ ॥

১২৫ গজে মানসিংহ পালকীতে মজুন্দার ।
ইন্দ্র সঙ্গে যেমন কুবের অবতার ॥

১২৬ এড়ায় মঙ্গলকোট উজানী নগর ।
খুল্লনার পুত্র সাধু শ্রীমন্তের ঘর ॥

Under the undecaying banyan, we shall behold   121
the great Lord Jagannath* as well as his sister, Subhadra,
    and brother, Balaram.
I shall eat the rice offered to my lord. So pure is it, I may
    even wipe my hand[9]
on my head afterward. Then I shall sing and dance, bask in
    the delight of these blessings.
Aware that I am but a drop in the ocean of the world,   122
    I have traversed it
with deep esteem, but now I may lap playfully in its
    waters.
Having beheld Jagannath's face, gleaming like the moon,
    I will at last
feel the joy of eternal liberation. Oh, blessed is Bharat in
    this world!

As Majundar pressed on after crossing the Ganga,   123
he passed countless villages on his left and right, too many
    to tell of.
Eager to behold Lord Jagannath,   124
Man Singh took a southern route.
With the king on elephant-back and Majundar installed in   125
    his palanquin, their small party
evoked the image of Indra, king of the gods, traveling
    beside Kuber, god of wealth incarnate.
As they passed through Mangalkot and the town of Ujani,   126
residence of the wise Shrimanta, son of Khullana,[10]

---

* "Lord of the world," Vishnu-Krishna.

১২৭   সরাই সরাই ক্রমে গেলা বর্দ্ধমান।
       পার হৈলা দামোদর করি স্নান দান॥

১২৮   রহে চম্পা নগর ডাহিনে কত দূর।
       চাঁদ বেণে ছিল যাহে ধনের ঠাকুর॥

১২৯   জানু মানু ছিল যাহে মনসার দাস।
       হাসন হোসন গিয়া যথা কৈল বাস॥

১৩০   আমিলা মোগলমারি উচালন গিয়া।
       ক্রমে ক্রমে অনেক সরাই এড়াইয়া॥

১৩১   মল্লভূমি কর্ণগড় দক্ষিণে রাখিয়া।
       বাঙ্গালার সীমা নেড়াদেউল দেখিয়া॥

১৩২   এড়ায় মেদিনীপুর নারায়ণগড়ে।
       দাঁতন এড়ায়ে জলেশ্বরে ডেরা পড়ে॥

১৩৩   রাজঘাট পার হয়ে বস্তায় বিশ্রাম।
       মহানদ পার হয়ে কটকে মোকাম॥

১৩৪   ডাহিনে ভুবনেশ্বর বামে বালেশ্বর।
       বালিহন্তা পাছু করি চলিলা সত্বর॥

১৩৫   এড়ায়ে আঠারনালা গেলা নীলাচলে।
       দেখিলেন জগন্নাথ মহাকুতূহলে॥

১৩৬   দিন দশ বার তথা করিয়া বিশ্রাম।
       দেখিলা সকল স্থান কত কব নাম॥

encountering caravansary after caravansary, they at last 127
    looped back to Bardhaman,
crossing the river Damodar after making their ablutions
    and offerings.

Far to their right, they rode past the town of Champa, 128
home to the merchant Chand, lord of wealth,
where Janu and Manu, servants of Manasa,* 129
and Hasan and Hosen had come to reside.[11]

Traversing through Amila, Mogalmari, Uchalan, 130
one by one, they rode past more and more caravansaries.

Departing Mallabhumi and Karnagar in the south, at the 131
    borders
of Bengal, the pair beheld a famed temple lacking any
    ornamental dome.[12]

With Medinipur and Narayangar at their backs, 132
they passed through Dantan and set up camp at Jaleshvar.

After traversing Rajghat, they rested briefly at Basta 133
and crossed over the Mahanadi River, staying overnight in
    Cuttack.

With Bhubaneswar to their right, and Baleshwar to their 134
    left,
the duo proceeded onward, leaving Balihanta far behind.

Careful to avoid the eighteen canals, Majundar and Man 135
    Singh
at last arrived at Nilachal, where, with great delight, they
    glimpsed Lord Jagannath.

Resting there nearly a fortnight, they visited 136
all the holy sites. How many could I possibly mention?

———

* The goddess of snakes.

১৩৭ কৃতার্থ হইলা মহাপ্রসাদ খাইয়া ।
বিমললোচন হৈলা বিমলা দেখিয়া ॥

১৩৮ মানসিংহ জিজ্ঞাসা করিলা মজুন্দারে ।
ক্ষেত্রের মহিমা কিছু শুনাহ আমারে ॥

১৩৯ বিশেষিয়া কহিতে লাগিলা মজুন্দার ।
রায় গুণাকর কহে সে কথা অপার ॥

জগন্নাথপুরীর বিবরণ

১৪০ জয় জয় জগন্নাথ   সুভদ্রা বলাই সাথ
          জয় লক্ষ্মি জয় সুদর্শন ।
      সুধন্য অক্ষয় বট   সুধন্য সিন্ধুর তট
          ধন্য নীলাচল তপোধন ॥

১৪১ পূর্ব্বে ছিলা অযোধ্যায়   রাজা ইন্দ্রদ্যুম্ন রায়
          সূর্য্যবংশে সূর্য্যের সমান ।
      কৃষ্ণ দেখিবারে খেদ   স্বপনে পাইলা ভেদ
          নীলমাধবের এই স্থান ॥

440

Grateful to consume the *mahāprasād,* they were further   137
    blessed[13]
to behold the goddess Bimala, who purified their sight.
It was then that Man Singh prompted Majundar: 138
"Tell me, friend, of the glory of this sacred site."

"And so Majundar began to tell the king of Jagannath's   139
    sacred features.
But there is still more to say of it than words can relate,"
    says Ray Gunakar.

AN ACCOUNT OF
THE CITY OF JAGANNATH

Victory to Jagannath, Subhadra, and Balaram.   140
Praise be to Lakshmi and Sudarshan.*
Blessed be the undecaying banyan, the shore of the ocean.
Blessed be Nilachal, rich in great ascetics!

"Long ago at Ayodhya there once was a king   141
called Indradyumna Ray, who was of the sun lineage, equal
    to the sun.
Eager to behold Krishna, he dreamed that this
was the dwelling of Nilamadhav.

---

* Vishnu's discus.

১৪২ পুরোহিতে পাঠাইল দেখি গিয়া সে কহিল
নীলমাধবের বিবরণ।
মূৰ্ত্তিমান ভগবান দেখিলাম অন্ন খান
সেবা করে ব্যাধ এক জন॥
১৪৩ করি তার কন্যা বিয়া তাহারি সংহতি গিয়া
দেখিলাম কৃষ্ণের চরণ।
রোহিণী কুণ্ডের কথা কি কব দেখিনু তথা
কাক মরি হৈল নারায়ণ॥
১৪৪ ইন্দ্রদ্যুম্ন এত শুনি বড় ভাগ্য মনে গুণি
রাজ্য সুদ্ধ এখানে আইল।
দশ অশ্বমেধ করি বৈতরণীজল তরি
বন কাটি আসি প্রবেশিল॥
১৪৫ দেখে সেই পুরী নাই বালিপূর্ণ সব ঠাঁই
শত অশ্বমেধ আরম্ভিল।
স্বপ্ন হৈল গোবিন্দের সে পুরী না পাবে টের
আর পুরী গড়িতে হইল॥

And so, to uncover the truth of Nilachal, Indradyumna   142
    Ray dispatched his priest,
who then narrated to him the story of Nilamadhav.
'My lord, I have seen Nilamadhav in his human form.
He eats rice served to him by a hunter.
I have since married the hunter's daughter and, walking   143
    alongside her,
I could even behold Krishna's feet, my lord.[14]
And of Rohinikunda, what could I say? Before my very
    eyes,
I saw a crow that had perished there be reincarnated as
    Vishnu Narayan.'
As Indradyumna heard tell of all this, he thought of how   144
    fortunate he was
and hence transported his entire kingdom to glorious
    Nilachal.
Upon performing ten horse sacrifices, crossing the waters
    of the Vaitarani,[15]
and cutting through forests to journey forward, he at last
    reached Nilachal.
But when Indradyumna arrived, no city was present,   145
    everything was covered
to the hilt in sand. And so he began a hundred more horse
    sacrifices.

"Then, in a dream, Govinda came to him and told him he
    would never behold the city,
that he would have to build another.

১৪৬ ইন্দ্রদ্যুম্ন তুষ্ট হৈল স্বর্ণময়[১] পুরী কৈল
ব্রহ্মার মুহূর্ত্তে গেল সেই।
রূপাতামাময় আর পুরী কৈল দুই বার
শেষে পুরী পাথরের এই॥

১৪৭ গোদানে গরুর খুরে মাটি উড়ে যায় দুরে
তাহে এই ইন্দ্রদ্যুম্ন হ্রদ।
শ্বেতগঙ্গা মার্কণ্ডেয় স্নান কৈলে যম জেয়
পুনর্জন্ম না হয় আপদ॥

১৪৮ হরি বৃক্ষরূপে আসি সমুদ্রের জলে ভাসি
চতুঃশাখ হয়ে দেখা দিলা।
জগন্নাথ বলরাম ভদ্রা সুদর্শন নাম
চারি মূর্ত্তি বিশাই গড়িলা॥

১৪৯ দারুব্রহ্ম সর্ব্বাদৃত বিষ্ণুপঞ্জরেতে কৃত
ইন্দ্রদ্যুম্ন স্থাপিত সম্পন্ন।
লক্ষ্মী রান্ধি দেন যাহা জগন্নাথ খান তাহা
ব্রহ্মরূপ সেই এই অন্ন॥

And so Indradyumna, well pleased, built a city entirely   146
    made of gold.
But at the hour of Brahma, just before dawn, the grand
    city vanished.
And so he built the city two times over, first in silver, then
    in copper,
both of which vanished. Finally, he constructed the city a
    fourth time, in stone. It was
then, in that stone city, during the gifting of the cows, that   147
    the cows dug their hooves
into the ground, creating a great crater filling with water,
    and Lake Indradyumna was formed.
It is said that by bathing in the white Ganga, where
    Markandeya[16]
had bathed and defeated Yama, one is always spared the
    misery of reincarnation.
Hari, coming in the appearance of a tree floating on the   148
    ocean waters,
showed himself in the form of four branches.
Out of these branches, Vishai fashioned four figures
called Jagannath, Balaram, Subhadra, and Sudarshan.
King Indradyumna had the *dārubrahma** carved,   149
formed from Vishnu's ribs and revered by all.
Lord Jagannath consumes whatever Lakshmi may cook
    and serve him,
for his food is truly a form of the Absolute Brahma.

―――

* An image of Brahma made of wood.

১৫০ খাইয়া প্রসাদ ভাত   মাথায় বুলায় হাত
    আচার বিচার নাহি তায়।
    পঞ্চক্রোশ পুরী এই   প্রদক্ষিণ করে যেই
    শমন সহিত নাহি দায়॥

১৫১ শুষ্ক কিবা পর্য্যুষিত   দূর দেশে সমানীত
    কুক্কুরের বদনগলিত।
    এই অন্ন সুধাময়   ভুক্তিমাত্র মুক্তি হয়
    উৎকলখণ্ডেতে সুবিদিত॥

১৫২ শুনি মানসিংহ রায়   পুলকে পূরিতকায়
    প্রণাম করিল নীলাচলে।
    কৃষ্ণচন্দ্র নৃপাজ্ঞায়   রায় গুণাকর গায়
    জগন্নাথচরণকমলে॥

মানসিংহের দিল্লীতে উপস্থিতি

১৫৩   চল চল রে ভাই চল চল।
        অন্নপূর্ণা অন্নপূর্ণা বল বল॥

১৫৪ চলিলেন নীলাচলে হয়ে দণ্ডবত।
    কত দূরে এড়াইয়া চড়য়া পর্ব্বত॥

When one eats rice first offered to the gods, one need not 150
    follow prescribed practice.
One may even place his hand atop his head, for this rice is
    holy through and through.
It is said that whoever walks the circumference of this city
of five *kros** has nothing to fear from Shaman, god of
    death.

Be it dry, stale, procured from a foreign land, 151
or melted in the mouth of a dog, this sacred rice
is made of nectar. Liberation comes as soon as one eats it.
This fact is well known throughout Utkal."[†]

As Man Singh Ray listened to this tale, his whole body 152
    broke out
in goosebumps as he gratefully prostrated before Nilachal.

On the instruction of King Krishnachandra, Ray Gunakar
    sings,
resting at the lotus feet of Jagannath.

MAN SINGH ARRIVES IN DELHI

Let us carry on, brothers. 153
Call to glorious Annapurna!

After prostrating himself in Nilachal, Man Singh departed 154
    the fabled city,
and after a great distance, he left behind the Charaya
    mountain.

———

* About two miles.
† Odisha.

১৫৫ স্বর্ণরেখা পার হয়ে গেলা সীতাকোল।
কত দূরে সেতুবন্ধ শ্রীরামের পোল॥
১৫৬ কৃষ্ণা আদি নদী নদ কাঞ্চী আদি দেশ।
এড়াইলা কৌতুক দেখিয়া সবিশেষ॥
১৫৭ মারহট্ট বরগীর দেশ এড়াইয়া।
কত গিরি বন নদ নদী ছাড়াইয়া॥
১৫৮ গুজরাট দেখিয়া সন্তোষ হৈল অতি।
কালকেতু যেখানে দেখিলা ভগবতী॥
১৫৯ কত দূরে রহিল মথুরা বৃন্দাবন।
নানা স্থানে নানা দেব করি দরশন॥
১৬০ প্রতাপাদিত্য রাজা মৈল অনাহারে।
ঘৃতে ভাজি মানসিংহ লইল তাহারে॥
১৬১ কত দিনে দিল্লীতে হইয়া উপনীত।
সাক্ষাত করিলা পাতশাহের সহিত॥
১৬২ ঘৃতে ভাজা প্রতাপাদিত্যে ভেট দিলা।
কত কব যত মত প্রতিষ্ঠা পাইলা॥

Crossing the Svarnarekha, he journeyed on to Sitakol,[17]   155
where he could glimpse Setubandha, Shrirama's bridge, in
    the distance.[18]
As he carried on, he gazed at them, at rivers like the   156
    Krishna,
countries like Sundar's Kanchi and others, with intense
    curiosity.
Avoiding the country of the Bargis, the Maratha   157
    invaders,[19]
Man Singh trekked through innumerable mountains,
    forests, and rivers.
When he came upon Gujarat, Man Singh filled with   158
    elation.
This was the place where Kalaketu had had a vision of
    Bhagavati.[20]
Leaving Mathura and Vrindavan far behind,[21]   159
he glimpsed myriad gods and goddesses across the vast
    ground he covered.

Meanwhile, Pratapaditya had died of hunger in his cage.   160
    Victorious Man Singh
had his body fried in clarified butter to carry it with him on
    his journey.
Finally, after countless days of travel, Man Singh   161
at last arrived at Delhi and set off to meet the emperor.
As a tribute, Man Singh offered the emperor   162
    Pratapaditya's
fried remains. How can I tell of the many ways Man Singh
    garnered his fame?

১৬৩ পাতশার আজ্ঞামত মানসিংহ রায়।
প্রতাপআদিত্যে ভাসাইলা যমুনায়॥

১৬৪ মজুন্দারে লয়ে গেলা পাতশার পাশে।
ইনাম কি চাহ বলি পাতশা জিজ্ঞাসে॥

১৬৫ মানসিংহ পাতশায় হৈল যে বাণী।
উচিত যে আরবী পারসী হিন্দুস্থানী॥

১৬৬ পড়িয়াছি সেই মত বর্ণিবারে পারি।
কিন্তু সে সকল লোকে বুঝিবারে ভারি॥

১৬৭ না রবে প্রসাদ গুণ না হবে রসাল।
অতএব কহি ভাষা যাবনী মিশাল॥

১৬৮ প্রাচীন পণ্ডিতগণ গিয়াছেন কয়ে।
যে হৌক সে হৌক ভাষা কাব্য রস লয়ে॥

১৬৯ রায় গুণাকর কহে শুন সভাজন।
মানসিংহ পাতশায় কথোপকথন॥

On the order of the emperor, Man Singh Ray set the remains   163
of Pratapaditya adrift in the waters of the sacred Yamuna,
then brought Majundar before the king.   164
"What reward do you wish for?" asked the emperor.
Man Singh's reply to the emperor should be   165
told in Arabic, Persian, or Hindustani.
Having studied these languages, I could tell his response   166
in them all,
though I will refrain, as people here will not comprehend
them.
None could appreciate it, and no graceful quality would   167
remain
in translation, so I will say it in the mixed language of the
Yavans.*
The ancient literati have always said   168
that a language should, above all, have a unique *rasa*, a
poetic flavor.

Ray Gunakar proclaims, "Listen in, all who have gathered   169
here,
to the lively exchange between Man Singh and the
emperor."

---

* Hindustani.

পাতশার নিকট বাঙ্গালার বৃত্তান্তকথন

১৭০   কহ মানসিংহ রায়   গিয়াছিলা বাঙ্গালায়
কেমন দেখিলা সেই দেশ।
কেমন করিলা রণ   কহ তার বিবরণ
না জানি পাইলা কত ক্লেশ॥

১৭১   মানসিংহ যোড়হাতে   অঞ্জলি বান্ধিয়া মাথে
কহে জাহাঁপনা সেলামত।
রামজীর কুদরতে   মহিম হইল ফতে
কেবল তোমারি কিরামত॥

১৭২   হুকুম শাহন শাহী   আর কিছু নাহি চাহি
জের হৈল নিমকহারাম।
গোলাম গোলামী কৈল   গালিম কয়েদ হেল
বাহাদুরী সাহেবের নাম॥

১৭৩   পাতশা হইলা খুশি   কহিতে লাগিলা তুষি
কহ রায় কি চাহ ইনাম।
কহে মানসিংহ রায়   গোলাম ইনাম চায়
ইনাম সে যাহে রহে নাম॥

১৭৪   গিয়াছিনু বাঙ্গালায়   ঠেকেছিনু বড় দায়
সাত রোজ দারুণ বাদলে।
বিস্তর লস্কর মৈল   অবশেষে যাহা রৈল
উপবাসী সহ দলবলে॥

MAN SINGH GIVES AN ACCOUNT OF
BENGAL FOR THE EMPEROR

"Man Singh Ray, recount for me how   170
you found Bengal," the emperor asked.
"Narrate to me your account of the state
of that country. How was your fight? I hear you have
     greatly suffered."

Joining his hands above his head,   171
Man Singh replied, "Peace be unto the lord of the
     universe.
By the grace of Ramji,* and thanks to
your eminence, our expedition was at last victorious.

Nothing more than your order, your will,   172
was needed to defeat that ungrateful traitor.
Your servant fulfilled his duty in service and restored
     order,
imprisoning our enemy in the name of our lord."

Delighted to hear these tidings, the emperor began to   173
     speak happily, satisfied.
"Excellent. Tell me what reward you wish for, Ray."
"Your servant would like a reward, my lord," Ray
     beseeched humbly,
"one with an everlasting title.

You see, when I journeyed to Bengal I was in immense   174
     peril,
riding into a full week of unimaginable rains and floods.
So many of our soldiers died and our followers and forces
who survived were all starving.

---

* Ram, hero of the Ramayana.

১৭৫   ভবানন্দ মজুন্দার   নাম খুব হুশিয়ার
       বাঙ্গালি বামণ এই জন।
       সপ্তাহ খোরাক দিল   সকলেরে বাঁচাইল
       ফতে হৈল ইহারি কারণ॥

১৭৬   অন্নপূর্ণা নামে দেবী   তাঁহার চরণ সেবি
       কেরামত কামাল ইহার।
       সে দেবীর পূজা দিয়া   ঝড় বৃষ্টি মিটাইয়া
       যোগাইল সকলে আহার॥

১৭৭   রাজ্য দিব কহিয়াছি   সঙ্গে সঙ্গে আনিয়াছি
       গোলাম কবুলে পার পায়।
       স্বদেশে রাজাই পায়   দোয়া দিয়া ঘরে যায়
       ফরমান ফরমাহ তায়॥

১৭৮   দেখা কৈল হজরতে   বজা আনে খেদমতে
       গোলামের এ বড়ই নাম।
       শুনিয়া এ কথা তার   ক্রোধ হৈল পাতশার
       ভারত ভাবিছে পরিণাম॥

পাতশাহের দেবতা নিন্দা

১৭৯   এ ফের বুঝিবে কেবা।
       তারে সুঝে বুঝে যেবা॥

But one man, Bhavananda Majundar, a Bengali Brahman,   175
had been immensely generous in our dreadful condition.
Having fed us all with provisions for one week, he saved us
    all.
In the end, it was to him that we owed our triumph.
My lord, he serves a goddess, Annapurna,   176
who possesses an extraordinary power.
After worshiping her, the storms and rains suddenly
    abated,
and Majundar could procure food for all.
I have brought him with me on the promise I would   177
    procure
a kingdom for him. May you fulfill that wish, my lord.
May you grant him a kingdom in his country and return
    him home
by your grace. I beseech you, my lord. Issue this by royal
    decree.
I shall present him to you anon. Take him into your   178
    service,
it will bring great renown to your slave."
But at this, the emperor flew into a rage and began to
    seethe at Man Singh's stark insolence.

Bharat considers the consequences.

THE EMPEROR VILIFIES THE GODDESS
He who understands this mischief,   179
is the one who understands Him.

১৮০ নিত্য নিরঞ্জন   সত্য সনাতন
মিথ্যা যত দেবী দেবা।
নীরূপ যে ভাবে   স্বরূপপ্রভাবে
বুঝি কিছু বুঝে[২] সে বা॥
১৮১ ঈশ্বরের নামে   তরি পরিণামে
কেবা গয়া গঙ্গা রেবা।
ভারত ভূতলে   যে করে যে বলে
সব ঈশ্বরের সেবা॥

১৮২ পাতশা কহেন শুন মানসিংহ রায়।
গজব করিলা তুমি আজব কথায়॥
১৮৩ লস্করে দু তিন লাখ আদমী তোমার।
হাতী ঘোড়া উট গাধা খচর যে আর॥
১৮৪ এ সকলে ঝড় বৃষ্টি হৈতে বাঁচাইয়া।
বামণ খোরাক দিল অন্নদা পূজিয়া॥
১৮৫ সয়তান দিল দাগা ভূতেরে পূজায়।
আল চাউল বেঁড়ে কলা ভুলাইয়া খায়॥
১৮৬ আমারে মালুম খুব হিন্দুর ধরম।
কহি যদি হিন্দুপতি পাইবে সরম॥
১৮৭ সয়তানে বাজী দিল না পেয়ে কোরাণ।
ঝুট মুট পড়ি মরে আগম পুরাণ॥

While gods and goddesses are so many lies,   180
the eternal Niranjan* is the everlasting truth.
I think he truly understands
who, influenced by his true nature, conceives of the
    formless.
We attain moksha by reciting the name of Ishvara.   181
What is Gaya, Ganga, or Reva?†
In this land of Bharat, whatever one says and whatever
    one does,
everything is in the service of the Lord.

"Hear me, Man Singh Ray," the emperor proclaimed.   182
"You have recklessly spoken and have been foolish.
So you say that all of your few hundred thousand soldiers,   183
your elephants, horses, camels, donkeys, mules,
were all saved from the monsoon onslaught you have   184
    recounted
by a Baman who fed you all after worshiping Annada?
The devil deceived you, making you worship a ghost.   185
Bamans, you see, earn their food of sun-dried rice and
    small bananas only by duping others.
I know well the Hindu religion: if I expose it, the master of   186
    the Hindus will be ashamed.
But had he known the Qur'an, he could not have been so   187
    deluded by Satan.
The Hindu scriptures are nothing but lies. Reading them
    serves no useful purpose.

———

* The untainted, formless god.
† Reva: the Narmada River.

১৮৮ গোসাঁই মর্দ্দের মুখে হাত বুলাইয়া ।
আপনার নূর দিলা দাড়ি গোঁফ দিয়া ॥

১৮৯ হেন দাড়ি বামণ মুড়ায় কি বিচারে ।
কি বুঝিয়া দাড়ি গোঁফ সাঁই দিল তারে ॥

১৯০ আর দেখ পাঁঠা পাঁঠী না করি জবাই ।
উভ চোটে কেটে বলে খাইল গোসাঁই ॥

১৯১ হালাল না করি করে নাহক হালাক ।
যত কাম করে হিন্দু সকলি নাপাক ॥

১৯২ ভাতের কি কব পান পানীর আয়েব ।
কাজী নাহি মানে পেগম্বরের নায়েব ॥

১৯৩ আর দেখ নারীর খসম মরি যায় ।
নিকা নাহি দিয়া রাঁড় করি রাখে তায় ॥

১৯৪ ফল হেতু ফুল তার মাসে মাসে ফুটে ।
বীজ বিনা নষ্ট হয় সে পাপ কি ছুটে ॥

১৯৫ মাটি কাঠ পাথরের গড়িয়া মুরুত ।
জীউ দান দিয়া পূজে নানামত ভূত ॥

১৯৬ আদমীতে বনাইয়া জীউ দেয় যারে ।
ভাব দেখি সে কি তারে তরাবারে পারে ॥

The Lord, our Gosain,* passed his hand over man's mouth 188
and gave him *nūr,* his own inner light, endowing him with
    beard and mustache.

Why, then, should Bamans shave their beards? Why else 189
would the Lord have endowed them with facial hair if not
    to grow it?

See, Hindus sacrifice goats, both male and female, but do 190
    not follow proper prescription,

and Gosain eats both because they are killed with a single
    blow. Hindus do not

kill in the lawful way, instead they kill in a bad way. 191

"All that Hindus do, everything, is sinful.

What even can be said of their boiled rice? With their 192
    water and betel impure,

they pay no respect to the *kājī,* the deputy of God's
    Prophet.

And when the husband of a woman dies, a widow 193
stays a widow, never to be given in marriage again.

Flowers blossom every month for the sake of fruits, 194
but without seed, it is wasted. Such sins are irredeemable.

The Hindus fashion images, figures of clay, wood, and 195
    stone.

Giving them life, they worship these *bhūtas,* these ghosts,
    in various ways.

They mold the image of a man to give him life. 196
But think on. Can it give salvation, make one cross over?

---

* God, master.

১৯৭ বিশেষে বামণ জাতি বড় দাগাদার।
  আপনারা এক জপে আরে বলে আর॥

১৯৮ পরদারে পাপ বলি বাঁদী রাখে নাই।
  দুঃখভোগ হেতু হিন্দু করেছে গোসাঁই॥

১৯৯ বন্দগী করিবে বন্দা জমীনে ঠুকিয়া।
  করিম দিয়াছে মাথা করম করিয়া॥

২০০ মিছা ফাঁদে পড়ি হিন্দু তাহা না বুঝিয়া।
  যারে তারে সেবা দেই ভূমে মাথা দিয়া॥

২০১ যতেক বামণ মিছা পুথি বনাইয়া।
  কাফর করিল লোকে কোফর পড়িয়া॥

২০২ দেবী বলি দেই গাছে ঘড়ায় সিন্দূর।
  হায় হায় আখেরে কি হইবে হিন্দুর॥

২০৩ বাঙ্গালিরে কত ভাল পশ্চিমার ঘরে।
  পান পানী খানা পিনা আয়েব না করে॥

২০৪ দাড়ি রাখে বাঁদী রাখে আর জবে খায়।
  কান ফোঁড়ে টিকি রাখে এই মাত্র দায়॥

২০৫ আমার বাসনা হয় যত হিন্দু পাই।
  সুন্নত দেওয়াই আর কলমা পড়াই॥

"It is the men of the Baman caste who are the greatest of   197
    swindlers,
praying one but telling others to pray another.
Believing others' wives to be impure and corrupt, they   198
    never employ women as slaves.
Oh, God has created Hindus to endure such suffering.
Slaves that they are, they salute simply by touching the   199
    ground with the hand;
it was merely out of kindness the Compassionate One gave
    them a head![22]
Hindus do not understand and so fall into false traps,   200
they offer their service to anyone, their head put on the
    ground.
All Bamans have composed false books;   201
their followers become unbelievers after reading their
    misleading scriptures.
Calling them goddesses, they senselessly paint vermilion   202
on trees and ewers. Alas, what will become of these
    Hindus in the end?
The Bengalis are so good in the houses of people of the   203
    western region,
for they commit no sin involving betel, food, drink, or
    water.[23]
Growing beards and keeping women as slaves, they eat   204
    after sacrificial killing;
piercing their ears and wearing a tuft of hair are their only
    religious duties.
My one desire for all the Hindus I come across   205
is to circumcise them, teach them to recite the *Kalamā*.[24]

461

২০৬ জন কত তোমারা গোঁয়ার আছ জানি।
মিছা লয়ে ফির বেইমানী হিন্দুয়ানি॥

২০৭ দেহ জ্বলি যায় মোর বামণ দেখিয়া।
বামণেরে রাজ্য দিতে বল কি বুঝিয়া॥

২০৮ প্রতাপাদিত্য হিন্দু ছিল বাঙ্গালায়।
গালিমী করিল তাহে পাঠানু তোময়॥

২০৯ কাফর বাঙ্গালি হিন্দু বেদীন বামণ।
তাহারে রাজাই দিতে নাহি লয় মন॥

২১০ বুঝিলাম অন্নপূর্ণা ভূত দেখাইয়া।
ভুলাইল বামণ তোমারে বাজী দিয়া॥

২১১ এমন হিন্দুর ভূত দেখেছি বহুত।
মোরে কি ভুলাবে হিন্দু দেখাইয়া ভূত॥

২১২ আর কিছু ইনাম মাগিয়া লহ রায়।
বামণেরে বল ভূত দেখাকু আমায়॥

২১৩ আগু হয়ে মজুন্দার কহিতে লাগিলা।
অন্নদামঙ্গল দ্বিজ ভারত রচিলা॥

পাতশার প্রতি মজুন্দারের উত্তর

২১৪ এ কথা কব কেমনে। নর নিন্দে নারায়ণে॥

২১৫ যেই নিরাকার   সেই সে সাকার
তাঁরি রূপ ত্রিভুবনে।
তেজ ভাবে যোগী   দেবী ভাবে ভোগী
কৃষ্ণ ভাবে ভক্ত জনে॥

I know that some of you are obstinate people,   206
who revert to their deceitful Hindu practice.
I still boil with anger at the sight of a Baman.   207
So, Man Singh, how could you ever ask me to grant a
 kingdom to one of them?
As we all knew Pratapaditya to be a despotic, ruthless   208
 Bengali Hindu,
an enemy to us all, I had sent you.
But how can I grant a kingdom   209
to an unbeliever, a Hindu Baman, one of the unfaithful?
I understand this Baman deceived you with some magic,   210
showing you the ghost Annapurna.
I have, in my time, seen a surfeit of such Hindu ghosts.   211
So can a Hindu deceive by showing me a ghost?
Ask some other reward from me, Ray,   212
and tell this Baman to show me the ghost."
Stepping forward, Majundar proceeded to speak.   213

The twice-born Bharat composed *In Praise of Annada*.

MAJUNDAR ANSWERS THE EMPEROR

How can I tell this: a human being reviles Narayan?   214
The Formless is also with form,   215
and His form dwells in the three worlds.
Yogis think of ascetic power, the sensualists think of the
 Goddess,
while the devotees think of Krishna.

২১৬ ধর্ম্ম অর্থ কাম   মোক্ষের বিশ্রাম
কেবল তরে ভজনে।
ভারতের সার   গোবিন্দ সাকার
নিত্যানন্দ বৃন্দাবনে ॥

২১৭ মজুন্দার কহে জাহাঁপনা সেলামত।
দেবতার নিন্দা কেন কর হজরত ॥

২১৮ হিন্দু মুসলমান আদি জীব জন্তু যত।
ঈশ্বর সবার এক নহে দুই মত ॥

২১৯ পুরাণের মত ছাড়া কোরাণে কি আছে।
ভাবি দেখ আগে হিন্দু মুসলমান পাছে ॥

২২০ ঈশ্বরের নূর বলি দাড়ির যতন।
টিকি কাটি নেড়া মাথা এ যুক্তি কেমন ॥

২২১ কর্ণবেধে যদি হয় হিন্দু গুনাগার।
সুন্নতের গুনা তবে কত গুণ তার ॥

২২২ মাটি কাঠ পাথর প্রভৃতি চরাচর।
পুরাণে কোরাণে দেখ সকলি ঈশ্বর ॥

২২৩ তাঁহার মূরতি গড়ি পূজা করে যেই।
নিরাকার ঈশ্বর সাকার দেখে সেই ॥

২২৪ সাকার না ভাবিয়া যে ভাবে নিরাকার।
সোনা ফেলি কেবল আঁচলে গিরা সার ॥

Only through worship can one transcend   216
goodness, wealth, and love, and the repose of moksha.
The utmost for Bharat to attain is Govinda, who has a
    form
in the eternally blissful Vrindavan.

Majundar addresses the king. "My salutation, oh Refuge   217
    of the World!
Why revile the deity so, my lord?
For Hindus, Muslims, all others, animals alike,   218
Ishvara is our god. There can be no other view.
What in the Qur'an is not already there in the Puranas?   219
Think about it, for the Hindus predated the Muslims.
Nūr, the light of Ishvara, prescribed keeping a beard—and   220
    yet one may well ask,
What is the logic behind their cutting off the tuft of hair
    and shaving their heads?
If piercing one's ears is a sin Hindus commit,   221
then what virtue is there in circumcision?
Clay, wood, or stone, everything of the earth, all that   222
    moves or does not move,
is all Ishvara. Consult what scripture you will, Puranas or
    Qur'an.
Whosoever molds His image and worships it   223
beholds with form the formless Ishvara.
But whoever meditates only on the formless God neglects   224
God's manifestations, throws away gold and considers
    more important a knot in his garment. My lord,

২২৫ দেব দেবী পূজা বিনা কি হবে রোজায়।
স্ত্রী পুরুষ বিনা কোথা সন্তান খোজায়॥

২২৬ দেবী পূজা করে হিন্দু বলিদান দিয়া।
যবনেরা জবে করে পেটের লাগিয়া॥

২২৭ দেবী ভাবি হিন্দুরা সিন্দূর দেই গাছে।
শূন্য ঘরে নমাজ কি কাজ তাহে আছে॥

২২৮ খশম ছাড়িয়া যেবা নিকা করে রাঁড়।
একে ছাড়ি গাই যেন ধরে আর ষাঁড়॥

২২৯ ঈশ্বরের বাক্য বেদ আগম পুরাণ।
সয়তান বাজী সেই এ যদি প্রমাণ॥

২৩০ সেই ঈশ্বরের বাক্য কোরাণ যে কয়।
সেহ সয়তান বাজী কহিতে কি ভয়॥

২৩১ হিন্দুরে সুন্নত দিয়া কর মুসলমান।
কানে ছেঁদা মুদে যদি তবে সে প্রমাণ॥

২৩২ কারসাজী বলি কর্ণবেধে বল বাজী।
ভেবে দেখ সুন্নত বিষম কারসাজী॥

২৩৩ বেদমন্ত্র না মানিয়া কলমা পড়ায়।
তবে জানি সেই ক্ষণে সে মন্ত্র ভুলায়॥

what use is your fasting, if you do not worship gods and 225
goddesses?

Can a eunuch have a child, without a man and a woman?

Hindus worship the Goddess and then only sacrifice 226
animals,

while the Yavans sacrifice just to fill their stomachs.

Thinking of the Goddess, Hindus paint vermilion on trees. 227

What is the use of the *namāj** in an empty room?

A wife who forsakes her husband, even in death, to marry 228
another

is no more than a cow that deserts her bull for another.

The words of Ishvara are the Vedas, the *āgamas,* and the 229
Puranas:

is there any proof that these are the trickery of Satan?

For if one claims that the Qur'an is the holy word of 230
Ishvara,

then why not assert that too to be the work of Satan?

By circumcision, you make a Hindu a Muslim; 231

when the holes pierced in his ears are sealed up, is that
more proof?

You call ear piercings dark magic, my lord, 232

but think about it, sir: circumcision is darker still.

You do not respect Vedic mantras and make people recite 233
the *Kalamā,*

but I know at this moment that your own mantra is
deceitful.

───

* Muslim prayers.

২৩৪ প্রণাম করিতে মাথা দিল যে গোসাঁই।
সংসারে যে কিছু মূর্ত্তি তাঁহা ছাড়া নাই॥

২৩৫ ভেদজ্ঞানী নহে হিন্দু অভেদ ভাবিয়া।
যারে তারে সেবা দেয় ভূমে মাথা দিয়া॥

২৩৬ সূর্য্যরূপে ঈশ্বরের পূর্ব্বেতে উদয়।
পূর্ব্বমুখে পূজে হিন্দু জ্ঞানোদয় হয়॥

২৩৭ পশ্চিমে সূর্য্যের অস্ত সে মুখে নমাজ।
যত করে মুসলমান সকলি অকাজ॥

২৩৮ ব্রহ্মজ্ঞানী ব্রাহ্মণ সে ব্রহ্মার নায়েব।
না মানে না করে খানাপিনার আয়েব॥

২৩৯ বাম হস্ত নাপাক তসবী জপে তায়।
হিন্দুরে নাপাক বলে এ ত বড় দায়॥

২৪০ উত্তম হিন্দুর মত তাহে বুঝে ফের।
হায় হায় যবনের কি হবে আখের॥

২৪১ যবনেরে কত ভাল ফিরিঙ্গির মত।
কর্ণবেধ নাহি করে না দেয় সুন্নত॥

২৪২ শৌচ আচমন নাহি যাহা পায় খায়।
কেবল ঈশ্বর আছে বলে এই দায়॥

God gave us all a head in order to do respectful homage,   234
and not a single divine image in this world should be
   denied it.

The Hindu is not a knower of difference, he thinks of the   235
   undifferentiated and serves all
by bowing his brow to the ground in greeting and
   reverence.

In the form of the sun, Ishvara rises in the east.   236
As Hindus worship facing east, their wisdom is nurtured.

But what purpose is there, sir, in praying facing west,   237
   where the sun sets?
Those prayers are useless, like all the rest Muslims do.

Brahmans, knowers of the absolute *brahma,* are the   238
   deputies of Brahma.
They neither accept nor commit any mistake regarding
   their food or drink.

While they call Hindus impure, Muslims use their left   239
   hand
to pray with rosaries. Such a tragedy, a great pity for them
   in their ignorance!

Though the Yavans believe it to be a lie, Hindu doctrine is   240
   superior.
Alas! Alas! What will happen finally to the Yavans!

European doctrine is far superior to the Yavans', sir,   241
for they neither pierce their ears nor circumcise.

They neglect to purify themselves or ritually wash, they   242
   consume
what they get, the only trouble being they believe in only
   one god."

২৪৩ মজুন্দার কৈলা যদি এ সব উত্তর।
ক্রুদ্ধ হৈলা জাহাঁগীর দিল্লীর ঈশ্বর॥

২৪৪ নাজিরে কহিলা বন্দী কর রে বামণে।
দেখিব হিন্দুর ভূত বাঁচায় কেমনে॥

২৪৫ ক্রুদ্ধ হয়ে মানসিংহ চলিল বাসায়।
বিরচিল পাঁচালি ভারতচন্দ্র রায়॥

দাসু বাসুর খেদ

২৪৬ পাতশার আজ্ঞা পায়   নাজির সত্বরে ধায়
মজুন্দারে কয়েদ করিল।
দিলেক হাবসিখানা   অন্ন জল কৈল মানা
দ্রব্যজাত লুঠিয়া লইল॥

২৪৭ কাহার প্রভৃতি যারা   ছুটিয়া পলায় তারা
দাসু বাসু কান্দে উভরায়।
হায় হায় হরি হরি   বিদেশে বিপাকে মরি
ঠাকুরের কি হইল দায়॥

২৪৮ দাসু বলে বাসু ভাই   পলাইয়া চল যাই
কি হইবে বিদেশে মরিলে।
বিস্তর চাকরি পাব   বিস্তর পরিব খাব
কোনরূপে পরাণ থাকিলে॥

470

Upon hearing Majundar's reply, Emperor Jahangir,   243
the great lord of Delhi, fumed and swelled with rage,
bellowing an order to his head clerk. "Imprison this   244
    Baman at once!
Let us see, now, whether this Hindu ghost will save him."

With that, a wrathful Man Singh skulked off to his   245
    quarters.
Bharatchandra Ray composed this saga-song.

DASU AND BASU'S LAMENTATIONS

On Jahangir's command, his head clerk   246
rushed to imprison the brazen Majundar.
As he locked him in a cell, depriving him of food and
    water,
he was stripped, confiscated of all his possessions.
Majundar's palanquin bearers and other attendants all   247
    fled quickly,
and Dasu and Basu started crying.
"Oh, alas. Hari, Hari! Now we shall perish in this forsaken
    foreign land.
What fate has now befallen our master?"
Dasu said: "Brother Basu, we must make a break for it.   248
Why should we meet our demise in this wretched place?
We can find other employment, and clothing and food, I
    am sure,
if only we save our lives.

২৪৯   যুবতী রমণী আছে   না রয়ে তাহার কাছে
        কেন আনু বামণের সাথে ।
      নারী রৈল মুখ চেয়ে   তবু আনু মাটি খেয়ে
        তারি ফল পানু হাতে হাতে ॥

২৫০   দিবসে মজুরি করে   রজনীতে গিয়া ঘরে
        নারী লয়ে যে থাকে সে সুখী ।
      নারী ছাড়ি ধন আশে   যেই থাকে পরবাসে
        তারে বড় কেবা আছে দুখী ॥

২৫১   কান্দিয়া কহিছে বাসু   উচিত কহিলা দাসু
        এই দুখে মোর প্রাণ কাঁদে ।
      মরি তাহে দুখ নাই   নারী রৈল কোন ঠাঁই
        বিধাতা ফেলিল এ কি ফাঁদে ॥

২৫২   কুড়ি টাকা পণ দিয়া   নূতন করিনু বিয়া
        এক দিনো শুতে না পাইনু ।
      কাদাখেঁড়ু হইয়াছে   পুনর্ব্বিয়া বাকী আছে
        মাটি খেয়ে বিদেশে আইনু ॥

২৫৩   হেদে বামণের ছেলে   আগু পাছু নাহি চেলে
        দিল্লী আইল রাজাই করিতে ।
      দুধে ভাতে ভাল ছিল   হেন বুদ্ধি কেটা দিল
        পাতশার দেয়ানে আসিতে ॥

Oh, why did I accompany this unworthy Baman?   249
I have a young wife at home, whom I should be attending
    instead.
My wife relies on me but I have just ruined her, ruined
    myself.
Now I must face the aftermath of this foolish quest.
Blessed is the husband who lives with his wife,   250
who works by day, returns home to his family at night.
None has a more miserable fate in store than a man
who deserts his wife for a foreign land in pursuit of
    wealth."
Basu lamented in reply, "Well said, brother.   251
My heart weeps with grief.
I don't care if I die, but what will become of my wife?
What an outright snare Vidhata has thrown us into.
I have married a second time, paid a bride-price of twenty   252
    rupees,
but I have not slept with my wife even once.
Just after the *kādākhẹru* had been performed and only the
    punarbbiya[25]
was left, I made this expedition—only to spoil everything!
Just think about this son of a Baman, considering neither   253
    our past nor future,
journeying to Delhi only to obtain a kingdom for himself.
So content and well fed was he. Whoever gave him the
    idea
to come to the court of the emperor?

২৫৪ মানসিংহ সঙ্গ পেয়ে রাজা হৈতে এল ধেয়ে
এখন সে মানসিংহ কই।
গাঁজাখোর রাজপুত আফিঙ্গেতে মজবুত
ব্রহ্মহত্যা করিলেক অই॥

২৫৫ মোগলে রহিল ঘেরি সদা করে তেরি মেরি
রাঙ্গা আঁখি দেখে ভয় পাই।
খোট্টা মোট্টা বুঝি নাই লুকাইব কোন ঠাঁই
ছাতি ফাটে জল দে রে খাই॥

২৫৬ উজ্‌বক জলবাশে ঘেরিয়াছে চারি পাশে
রোহেলা জল্লাদ আদি যত।
কামড়ায়ে খেতে যায় জাতি লৈতে কেহ চায়
কত জনে কহে কতমত॥

২৫৭ অরে রে হিন্দুকে পুত দেখলাও কঁহা ভূত
নহি তুঝে করুঙ্গা দো টুক।
ন হোয় সুন্নত দেকে কলমা পড়াঁও লেকে
জাতি লেঁউ খেলায়কে থুক॥

২৫৮ ধরিবারে কেহ ধায় কাটিবারে কেহ চায়
অন্নদা ভাবেন মজুন্দার।
অন্নদা ধ্যানের বলে তেজঃ যেন অগ্নি জ্বলে
ছুঁইতে যোগ্যতা হয় কার॥

It was Man Singh who led him here, hastening to make a   254
    king of him.
But now where is the mighty Man Singh? Nowhere to be
    seen.
This Rajput rogue, cannabis-laden and opium-ridden,
has committed the crime of murdering a Brahman.
Ever surrounded by Mughals, always intimate with them,   255
he trembles at the sight of their nefarious red eyes.
I for one cannot fathom the doltish language of the
    Khottas. Oh, brother, let us[26]
hide somewhere. I feel as if I am being torn in two. Give
    me water, brother, please."

The Uzbek soldiers, Rohilas, and executioners[27]   256
all closed in on them,
ready to seize them in their teeth,
to do all they could to pollute their caste.
So many of them hurled so many threats:
"You there, son of a Hindu! Show us this ghost, we   257
    command you!
If you do not, we will tear you limb from limb, you and
    every one of your kind.
Beware, for we may just circumcise you yet, make you
    recite the *Kalamā*,
take away your caste by forcing you to drink our spittle."

Meanwhile, as Majundar meditated on Annada,   258
someone ran to catch him, another sought to slash him,
but thanks to the goddess's protection,
Bhavananda's devotion to her burning like fire, he
    remained untouchable.

২৫৯ স্তুতি পাঠে অন্নদার বসিলেন মজুন্দার
চৌদিকে যবনে ধুম করে।
সিংহ যেন বসি থাকে চারি দিকে শিবা ডাকে
কাছে যেতে নাহি পারে ডরে॥
২৬০ ভূরিশিটে মহাকায় ভূপতি নরেন্দ্র রায়
তাঁর সুত ভারত ব্রাহ্মণ।
কৃষ্ণচন্দ্র নৃপাজ্ঞায় অন্নদামঙ্গল গায়
নীলমণি প্রথম গায়ন॥

মজুন্দারের অন্নদা স্তব

২৬১ প্রসীদ মাতরন্নদে ধরাপ্রদে ধনপ্রদে।
পিনাকিপদ্মপাণিপদ্মযোনিসদ্মসম্মদে॥
২৬২ করস্থরত্নদর্ব্বিকাসুপানপাত্রশর্ম্মদে।
পুরস্থভুক্তভক্তশম্ভুনর্ত্তনে কটাক্ষদে॥
২৬৩ সুধান্বিতপ্রভাতভানুভানুদন্তকচ্ছদে।
স্মিতপ্রকাশিতক্ষণপ্রভাংশুমুক্তিকারদে॥

While Majundar stayed seated, concentrated in 259
    meditation on Annada,
the Yavans created total bedlam all around him.
Still Bhavananda maintained his meditative pose, sitting
    calmly, regally,
like a magnificent lion surrounded by a pack of vicious
    jackals.

At Bhurishit dwells the mighty king Narendra Ray. 260
His son is the Brahman Bharat who sings,
on the instruction of King Krishnachandra,
In Praise of Annada, with Nilmani as first singer.

MAJUNDAR PRAISES ANNADA

Be ever generous, Mother Annada, you who endow your 261
    devotee with land and wealth,
who award an equal place to Shiva, Vishnu, and Brahma,
who hold a bejeweled ladle and goblet that bestow 262
    nourishment and auspiciousness,
who gaze on Shambhu dancing before you, well fed and
    devoted,
whose lips brim with nectar and glow with the pinkness of 263
    the morning sun,
whose pearly teeth, illuminated by a smile, flash brightly
    like flickers of lightning,

২৬৪ বিলোললোচনাঞ্চলেন শান্তরক্তপারদে।
প্রসীদ ভারতস্য কৃষ্ণচন্দ্রভক্তিসম্পদে॥

অন্নদার মজুন্দারে অভয় দান

২৬৫ স্তুতি কৈলা মজুন্দার স্মৃতি হৈল অন্নদার
আসিয়া দিল্লীতে উত্তরিলা।
জয়া বিজয়ারে লয়ে আকাশভারতী কয়ে
মজুন্দারে অভয় করিলা॥
২৬৬ ভয় কি রে অরে ভবানন্দ।
মোর অনুগ্রহ যারে কে তারে বধিতে পারে
দুঃখ যাবে পাইবে আনন্দ॥
২৬৭ পাপী পাতশার পুত আমারে কহিল ভূত
ভাল মতে ভূত দেখাইব।
পাতশাহী সরঞ্জাম যত আছে ধুমধাম
ভূত দিয়া সব লুঠাইব॥
২৬৮ যতেক বেদের মত সকলি করিল হত
নাহি মানে আগম পুরাণ।
মিছা মালা ছিলি মিলি মিছা জপে ইলি মিলি
মিছা পড়ে কলমা কোরাণ॥

who with a glance from the corner of your eye grant 264
    deliverance to peaceful devotees:
show your grace to Bharata, to increase his devotion to
    Krishnachandra.[28]

ANNADA BESTOWS ON MAJUNDAR
THE BOON OF NO FEAR

When Majundar praised Annada, she called him to mind, 265
and descended down to Delhi with Jaya and Vijaya.
Issuing her pronouncement from the heavens,
she bestowed her boon of fearlessness on Majundar.
"Why ever be afraid, Bhavananda? 266
Do you think anyone has the power to destroy a devotee of
    mine?
Your suffering will abate, and you will rejoice soon enough.
So sinful is this ignorant emperor for calling me a ghost. 267
But I will yet show him what ghosts really are.
His person and imperial excess, all the pomp of it,
will yet be looted by ghosts.
He ruined all the doctrines of the Vedas, 268
disrespected our *āgamas* and Puranas.
Senseless are the Muslim's use of rosaries, utterances of
    gibberish,
recitations of the *Kalamā* and Qur'an.

২৬৯   যত দেবতার মঠ   ভাঙ্গি ফেলে করি হঠ
        নানামতে করে অনাচার ।
        বামণ পণ্ডিত পায়   থুথু দেয় তার গায়
        পৈতা ছেঁড়ে ফোঁটা মোছে আর ॥

২৭০   এত বলি মহামায়া   দিয়া তারে পদছায়া
        রক্ষাহেতু জয়ারে রাখিলা ।
        ডাকিনী যোগিনী ভূত   ভৈরব বেতাল দূত
        সঙ্গে লয়ে শহরে চলিলা ॥

২৭১   জয়া নিজগণ লয়ে   রহিল রক্ষক হয়ে
        আনন্দে রহিলা মজুন্দার ।
        মোগলে ছুঁইতে যায়   ভূতে ঢেকা মারে তায়
        ব্রহ্মদৈত্য করয়ে প্রহার ॥

২৭২   যবনের ধুম ধাম   ভূত হাঁকে হুম হাম
        মহামারী পড়িল মশানে ।
        কহে রায় গুণাকর   অন্নপূর্ণা দয়া কর
        পরীক্ষিততনু ভগবানে ॥

They have demolished the temples of our divinities,   269
acted abominably in oh so many ways.
And when they encounter a learned Brahman,
they spit on him, rip off his sacred thread, wipe off his
    sectarian mark from his brow."

After uttering these words, Mahamaya gave Majundar   270
the shelter of her feet and ordered Jaya to protect him.
The goddess pushed on toward the city with troops of
    goblins,
yoginis, ghosts, *bhairavs,* dead bodies possessed by ghosts
    and attendants,
while Jaya stayed on with her troops   271
to safeguard Majundar, who remained there at his ease.
When the Mughals moved to seize him, a troop of ghosts
    dealt them blow after blow,
the spirits of righteous Brahmans thrashing them this way
    and that.
As the Yavans cried out and screamed, filling the air with   272
    an alarming din, the ghosts
howling and wailing, a sweeping battle broke out on the
    execution ground.

Ray Gunakar entreats, "Oh Annapurna, bestow your kind
    compassion
Upon my sons, Parikshit, Tanu, and Bhagavan."

অন্নপূর্ণাসৈন্যবর্ণন

২৭৩   ধূধূ ধম ধম   ঝমক ঝমক ঝম

      ঘন ঘন নৌবত বাজে।

    ঝাঁগড় ঝাঁগড়   গড় গড় গড় গড়

      দগড় রগড় ঘন ঝাঁজে ॥

২৭৪   হান হান হাঁকা   শত শত বাঁকা

      বাঁক কটার বিরাজে।

    কত কত হাজী   কত কত কাজী

      ধাইল ছাড়ি নমাজে ॥

২৭৫   বড় বড় দাড়ি   চামর ঝাড়ি

      গোঁফ উঠে শিরতাজে।

    গোলা ধম ধম   গোলী ঝম ঝম

      গম গম তোপ আবাজে ॥

২৭৬   ঝন্ ঝন্ ঝননন   ঠন্ ঠন্ ঠননন

      বরিখত বরকন্দাজে।

    পদ নখ হননে   বধিছে যবনে

      খগগণ যেমন বাজে ॥

২৭৭   মারিয়া লাথী   বধিছে হাথী

      ঘোড়া অনলে ভাজে।

    শোণিত পানা   সহিতে দানা

      চর্ব্বই যেমন লাজে ॥

The earth trembled and quaked as the *bhairavs* stomped   278
    and jumped in attack.
Ashamed, Vasuki cowered, burying his head in disgrace.

Ever afflicted, Bharat asks Krishna, the destroyer of the
    demon Mura:
"Wait not a moment longer. Destroy our enemies at
    once!"

TROUBLE IN DELHI

Female ghouls and goblins, spirits, yoginis,   279
*Guhyaks,** *dānavas, dānas,*
bhairavs, cannibalistic demons, *bokkas, khokkas,*[†]
all of them charged headlong into battle.
Whoo whoo, the wind whistled deafeningly,   280
as a gale blasted them, propelling them all forward.
Lap lap with jumps, *jhap jhap* with leaps,
Delhi was shaking *thar thar.*
By blows, slaps, scratches, bites   281
the Yavan army was dying.
Bhairavs paddled through an ocean of blood,
the scum and smog drifting up to the sky.

---

* Demigods attending Kuber.
† Cannibalistic demons.

২৮২ তা থই তা থই হো হো হই হই
ভৈরব ভৈরবী নাচে।
অট অট হাসে কট মট ভাষে
মত্ত পিশাচী পিশাচে॥
২৮৩ তুরঙ্গ ধরিয়া গণ্ডুষ করিয়া
মাতঙ্গ পূরিয়া গালে।
সিপাহী ধরিয়া ফেলিয়া লুফিয়া
খেলিছে তাল বেতালে॥
২৮৪ রথরথি সঙ্গে মুখে পূরি রঙ্গে
দশনে করিছে গুঁড়া।
হুঙ্কার ছাড়িয়া ফুঁকে উড়াইয়া
খেলিছে আবীর উড়া॥
২৮৫ নরশিরমালা সমরবিশালা
শোণিততটিনী তীরে।
রণজয় তালী ঘন দিয়া কালী
শৃগালীবেষ্টিত ফিরে॥

Bhairavs and *bhairavīs* danced and pranced about,   282
Tā thai Tā thai ho hai hai,
goblins growled and laughed viciously,
spouting angry words as they fought in a frenzy.
Seizing slews of horses, giant goblins took handfuls of   283
     water,
grabbing elephants and gulping them down.
Tal and Vetal* snatched Yavan soldiers and tossed them up
     in the air
only to catch them, as if playing ball, a mere game to them.
They stuffed their mouths with chariots and charioteers,   284
gnashing them to fragments with their colossal, mighty
     teeth.
As the horrifying army roared, they threw colored powder
     into the air,
playing with it as it flew and drifted.
Along the banks of a river that ran red with blood,   285
Kali loudly applauded her victorious army.
Wearing a long garland of skulls that would make anyone
     shudder,
she trudged about, surrounded by packs of ominous
     jackals.

---

* A pair of ghosts that haunt dead bodies.

২৮৬ এইরূপে দানা গণ দিল হানা
   যবনে হইল দায়।
 ললিত বিধানে রচিয়া মশানে
   রায় গুণাকর গায় ॥

২৮৭ এ কি ভূতাগত দেশে রে।
 না জানি কি হবে শেষে রে ॥

২৮৮ উত্তম অধম না হয় নিয়ম
   কেহ নাহি ধর্ম্মলেশে রে।
 দাতা ছিল যারা ভিক্ষা মাগে তারা
   চোর ফিরে সাধুবেশে রে ॥

২৮৯ যবনে ব্রাহ্মণে সমভাবে গণে
   তুল্যমূল্য গজমেষে রে।
 ভারতের মন দেখি উচাটন
   না দেখিয়া হৃষীকেশে রে ॥

২৯০ এইরূপে দিল্লীতে পড়িল মহামায়া।
 যবনের হাহাকার ভূতের হুঙ্কার ॥

২৯১ ঘরে ঘরে শহরে হইল ভূতাগত।
 মিয়ারে কহিছে বান্দী শুন হজরত ॥

২৯২ বিবীরে পাইল ভূতে প্রলয় পড়িল।
 পেশবাজ ইজার ধমকে ছিঁড়া দিল ॥

২৯৩ চিতপাত হয়ে বিবী হাত পা আছাড়ে।
 কত দোয়া দবা দিনু তবু নাহি ছাড়ে ॥

And so it was that Kali's dreadful demons attacked,   286
and the Yavans met their fates, petrified and trembling
    with fear.

Following his master's instruction, Ray Gunakar
    composed
a song about the execution ground:

What is this coming of ghosts in this country![30]   287
Who knows what will happen at the end?
Among the best and worst of us there is no proper rule,   288
no one has an atom of dharma.
Wealthy men have now become beggars,
and thieves roam about dressed as good men.
Yavans and Brahmans alike amount to the same,   289
elephants and sheep have fallen on equal footing.
Beholding all this mayhem, Bharat has become distraught,
as he can no longer behold Krishna Hrishikesh.*

It was thus that this great battle took place in Delhi,   290
with lamentations of the Yavans and shouts of the ghosts.
These ghosts went to every house in the city.   291
To one *miyā*† they said: "Pay heed, slave, to your master!"
One ghost grabbed a Muslim lady, brutally tearing   292
her gown and undergarment. Possessed by the ghost,
the woman fell flat on her back, thinking it was the end of   293
    the world.
"I beg him for mercy but he will not relent!" she screamed,
    quivering.

---

* A name for Vishnu and Krishna.
† A distinguished Muslim.

২৯৪   শুনি মিয়া তসবী কোরাণ ফেলাইয়া ।
দড় বড় রড় দিলা ওঝারে লইয়া ॥

২৯৫   ভূত ছাড়াইতে ওঝা মন্ত্র পড়ে যত ।
বিবী লয়ে ভূতের আনন্দ বাড়ে তত ॥

২৯৬   অরে রে খবিস তোরে ডাকে ব্রহ্মদূত ।
ও তোর মাতারি তুই উহারি সে পুত ॥

২৯৭   কুপী ভরি গিলাইব হারামের হাড় ।
ফতমা বিবীর আজ্ঞা ছাড় ছাড় ছাড় ॥

২৯৮   ইত্যাদি অনেক মন্ত্র পড়িলেক ওঝা ।
মিয়া দিলা লিখিয়া তাবিজ বোঝা বোঝা ॥

২৯৯   আর বিবী বান্দীরে ধরিছে আর ভূতে ।
ওঝারে কিলায় কেহ কেহ মুখে মুতে ॥

৩০০   ধূলা ছাড়ি গুড়ি গুড়ি পলাইল ওঝা ।
মিয়া হৈলা মিয়ানী ওঝার ঘাড়ে বোঝা ॥

৩০১   এইরূপে ভূতাগত হইল শহরে ।
হাহাকার হুহুঙ্কার প্রতি ঘরে ঘরে ॥

Hearing this, her husband threw aside his Qur'an and   294
   rosary
and rushed to the *ojhā,* the exorcist.
As the exorcist recited mantras to release her, this only   295
   amused the ghost,
who continued to play with the afflicted woman.
"Oh, you filthy *khabiś,** the *brahmadūta*† is coming for you.   296
She is your mother, and you her son.
I shall fill a pot with pigs' bones and make you swallow   297
   them.
By the virtue of Lady Fatima, release her. Release her!"
the exorcist cried, donning string upon string of amulets,   298
and chanting formula after formula to save the poor
   woman.
As she held tight to her slave and to the ghost, another   299
   ghost blasted the exorcist
with punches, while a third urinated in his mouth.
   Fighting himself free,
the exorcist ran off as fast as he could, dust clouds forming   300
   behind him,
while, by some magic, the *miyā* became a woman and a
   load on the exorcist's back.

It was thus that the ghosts descended upon the city.   301
Cries and screams, wails and bellows, could be heard from
   every home.

---

* An impure Muslim ghost.
† The messenger of the Absolute.

৩০২ শূন্য পথে সিংহরথে অন্নদা রহিলা।
শহরের যত অন্ন কটাক্ষে হরিলা॥
৩০৩ পাতশার ভাণ্ডার কি আর আর ঠাঁই।
হাট ঘাট বাজারে দোকানে অন্ন নাই॥
৩০৪ ধান চালু মাষ মুগ ছোলা অরহর।
মসূরাদি বরবটী বাটুলা মটর॥
৩০৫ দেধান মাড়ুয়া কোদো চিনা ভুরা যব।
জনার প্রভৃতি গম আদি আর সব।
৩০৬ মৎস্য মাংস কাঁচা পাকা নানা গুড় দ্রব্য।
ঘাস পাত ফুল ফল যতমত গব্য॥
৩০৭ কিনিতে বেচিতে কেহ কোথায় না পায়।
সবে বলে আচম্বিতে এ কি হৈল দায়॥
৩০৮ নগর পুড়িলে দেবালয় কি এড়ায়।
মিশালে বিস্তর হিন্দু ঠেকে গেল দায়॥
৩০৯ উপোসে উপোসে লোক হৈল মৃতপ্রায়।
থাকুক অন্নের কথা জল নাহি পায়॥
৩১০ বকরা বকরী আদি নানা জন্তু কাটি।
খাইবারে সকলেতে মাস লয় বাঁটি॥
৩১১ নানামতে লোক আহারের চেষ্টা পায়।
হাতে হৈতে হরিয়া ভৈরবে লয়ে যায়॥

Annada remained in her lion-drawn chariot in the heavens   302
  and, looking down below,
with a mere blink of her eye removed all food from the
  city.
Not a scrap of food was anywhere to be found. Neither at   303
  markets, nor shops,
nor homes, nor at the emperor's palace and storehouses.
No paddy, husked rice, no *māṣa, masur,* or arhar lentils   304
  were anywhere to be found.
No pigeon peas, chickpeas, green peas, *bāṭulā* peas, or
  beans.
Nothing was left. No *dedhāna, māṛuyā, kodo,* and *cinā* rice,   305
neither wheat, barley, nor maize. All had been removed.
Neither molasses nor fish nor meat, neither any other   306
  produce, whether green or ripe,
fruits or flowers, grass or leaves, no products of the cow
  had been spared.
There was nothing to buy or sell anywhere.   307
But the same words left everyone's lips:
"What disaster has befallen us all!"
When a town is burned, can the temple be spared?   308
Numerous groups of Hindus were in a fix.
People were half dead because of such starvation.   309
Even water, let alone food, was nowhere to be found. Then   310
  myriad animals, goats galore,
were butchered, their meat parceled out to one and all.
Bhairavs captured and snatched any morsels from the   311
  hands
of those who attempted to procure any food.

৩১২ এইরূপে সপ্তাহ শহরে অন্ন নাই।
     ছেলে পিলে বুড়া রোগা মৈল কত ঠাঁই॥

৩১৩ পাতশার কাছে গিয়া উজির নাজির।
     শহরের উপদ্রব করিল জাহির॥

৩১৪ পাতশা কহেন বাবা কি কৈল গোসাঁই।
     সাত রোজ মোর ঘরে খানা পিনা নাই॥

৩১৫ মামুর হইল মোর বাবরুচিখানা।
     ঘর হৈতে নিকলিতে না পারে জানানা॥

৩১৬ গোহাড় ইটাল ইট শূন্য হৈতে পড়ে।
     ভূচালার মত চালা কোটা সব লড়ে॥

৩১৭ আন্ধারে কি কব রোজ রৌশনে আন্ধার।
     হুপ হাপ দুপ দাপ হুঙ্কার হাঁকার॥

৩১৮ দেখিতা না পাই কেবা করে ধুমধাম।
     সবো রোজ হাঁকে হুম হাম খুম খাম॥

৩১৯ যুবতী সহেলী বান্দী ধরিয়া পাছাড়ে।
     বেহোঁশ হইয়া তারা হাত পা আছাড়ে॥

৩২০ খবিশ পাইল বলি ডাকি আনি ওঝা।
     লিখে দিনু গলায় তাবিজ বোঝা বোঝা॥

For one week entire, the city carried on without any food.
    Everyone, from children
to elders, grew thin and frail. Many of them perished.   312

And so a gathering of ministers and officers set off to see
    the emperor
and apprise him of the disturbances in the city.   313

The emperor exclaimed, "Oh, my children, what has my
    God done!   314
For the past week alone, there has been nothing to eat or
    drink at my palace as well.

My own kitchen has been closed,   315
and my women are too weak to leave their quarters.

Cows' bones, stones, and bricks fall   316
from the sky, making our humble brick and mud houses
    tremble and quake.

What can I say of the darkness that has befallen us? It is
    obscurity in daylight.   317
Hup hāp, dup dāp, there are shouts and loud calls.

I cannot fathom who has engendered all this chaos.
    Throughout the days and nights   318
our people wail and cry, but there are untold demons
    roaming about, shouting *hum hām khum khām.*

Young women and their handmaids and slaves are seized
    and thrown down,   319
losing their senses, their arms and legs dashed to the
    ground.

As they had been possessed by such evil spirits, I called an
    exorcist   320
and had amulets specially designed and hung about their
    necks. But the likes

৩২১   এমন খবিশ আর না শুনি কোথায়।

তাবিজ ছিঁড়িয়া ফেলি ওঝারে কিলায় ॥

৩২২   ভারত কহিছে ভূতনাথের এ ভূত।

খবিশের খবিশ যমের যমদূত ॥

পাতশার নিকট উজিরের নিবেদন

৩২৩   ফিরিয়া চাও মা অন্নদা ভবানী।

জননী না শুনে কোথা বালকের বাণী ॥

৩২৪   ধর্ম্ম অর্থ মোক্ষ কাম   সাধন তোমার নাম

বিধি হরি হর ভাবে ও পদ দুখানি।

তুমি যারে দয়া কর   অন্নে পূর্ণ তার ঘর

না থাকে আপদ কিছু আমি ইহা জানি ॥

৩২৫   পানপাত্র হাতা হাতে   রতনমুকুট মাথে

নাচাও ত্রিশূলপাণি দিয়া অন্ন পানি।

ভারত বিনয় করে   অন্নে পূর্ণ কর ঘরে

হরিভক্তি দেহ মোরে তবে দয়া জানি ॥

of such foul spirits I have never seen or heard before. They   321
    snatch amulets,

tear them off and toss them away, beating the exorcist
    senseless."

Bharat knows that these are the ghosts of the Lord of   322
    ghosts,

the wickedest among the evil spirits, and the messengers
    of Yama.

THE MINISTER'S PETITION
TO THE EMPEROR

Look kindly on us, Mother Annada Bhavani.   323

Is there ever an instance when a mother does not heed the
    plea of her child?

Your name is virtue, wealth, love, devotion, moksha.   324

Vidhi, Hari, and Hara meditate on your two lovely feet.

The one to whom you show your generosity never goes
    hungry.

His house knows no famine, no destitution or misery.

You, who don a bejeweled crown and grip your goblet and   325
    ladle, grasping

your mighty trident, set us to dancing after nourishing us
    with your rice and drink.

Bharat pleads with you. Oh, Annada, please fill our houses
    with food, bestow on me

the devotion to Hari. Only then will I know your
    beneficence.

৩২৬ কাজি কহে জাহাঁপনা কত কব আর ।
কোরাণ টানিয়া কালি ফেলিল আমার ॥

৩২৭ নাহি মানে কোরাণ তাবিজ মজবুত ।
এ কভু খবিশ নহে হিন্দুর এ ভূত ॥

৩২৮ উজির কহিছে আলম্পনা সেলামত ।
আমি বুঝি সেই বামণের কেরামত ॥

৩২৯ মানসিংহ কহিয়াছে দেবী পূজে সেই ।
যখন যে চাহে তাহে দেবী তাহা দেই ॥

৩৩০ তুমি তার দেবীরে হিন্দুর ভূত কয়ে ।
ভূত দেখা বলি বন্দী কৈলা ক্রুদ্ধ হয়ে ॥

৩৩১ সেই দেবী এত করে মোর মনে লয় ।
মানাও সে বামণেরে মিটিবে প্রলয় ॥

৩৩২ উজিরের বাক্যে জাহাঁগীর জ্ঞান পায় ।
দড় বড় ডাকাইল মানসিংহ রায় ॥

৩৩৩ মানসিংহ আসিয়া করিল নিবেদন ।
ভূত জানে তুমি জান জানে সে বামণ ॥

৩৩৪ আমি দেখিয়াছি বামণের কেরামত ।
অন্নপূর্ণা ভবানীর মহিমা যেমত ॥

The emperor's judge proclaimed, "My Lord, what can I   326
   tell you?
Yesterday those fearsome creatures snatched from me my
   Qur'an and tossed it out.
These Hindu ghosts are not Muslim *khabiś*, dirty Muslim   327
   ghosts,
for they respect neither Qur'an nor powerful amulets."
The minister chimed in, "Your Majesty, peace be unto   328
   you. Hear me
now, my lord. All this must be the work of this powerful
   Baman.
Man Singh told us that this goddess grants   329
the Baman whatever he wants whenever he wants it.
But you had called her a ghost and demanded   330
Majundar to reveal the ghost before jailing him.
It must be the goddess who has spawned all this mayhem.   331
Show this Baman some favor, my lord, and we shall avert
   our downfall."
Jahangir considered the minister's words,   332
then ordered his page to call for Man Singh Ray.

Upon arrival, Man Singh humbly beseeched the emperor.   333
"My lord, the ghosts know, you too know, this Baman also
   knows.
I have beheld the miraculous power of this Baman,
I have seen it, you have seen it, we all have.   334
But it is Annapurna Bhavani who has endowed him with
   this power.

৩৩৫ ভাল হেতু করেছিনু হজুরে আরজ।
নহিলে কহিতে মোর কি ছিল গরজ ॥
৩৩৬ ভূত বলি দেবীরে সাহেব গালি দিলা।
শহরে কহর এত আপনি করিলা ॥
৩৩৭ এখনো সে বামণের কর পরিতোষ।
তবে বুঝি তার দেবী মাপ করে রোষ ॥
৩৩৮ মানসিংহ রায়ের কথার অনুসারে।
মজুন্দারে আনিতে কহিলা দরবারে ॥
৩৩৯ যোড়হাতে কহে নাজিরের লোক জন।
বামণের কাছে যাবে কে আছে এমন ॥
৩৪০ মশানেতে শ্মশান করিল যত ভূত।
হাতী ঘোড়া উট আদি মরিল বহুত ॥
৩৪১ মারা গেল কত শত আমীর উমরা।
কেবল তক্তের বক্তে বাঁচিলা তোমারা ॥
৩৪২ যমুনার লহর লহুতে হৈল লাল।
এখানো বামণে মান মিটুক জঞ্জাল ॥
৩৪৩ শুনি জাহাঁগীর বড় দিলগীর হয়ে।
মশানে চলিলা ভয়ে দস্তবস্ত হয়ে ॥

I know I was right to beseech you, my lord.   335
I had no ulterior motive. Why else would I have
    importuned you?
It was you, Your Majesty, who had insulted the goddess   336
    and called her a ghost.
You are the one true cause of the havoc that has wracked
    this city.
But there is still time. Redeem yourself and appease this   337
    Baman.
Then the goddess will at last be pacified."
And so, as Man Singh Ray had advised,   338
the emperor sent for Majundar.

Clasping their hands in concern, the minister's men all   339
    fretted over their emperor's command, exclaiming,
"Who in their right mind would go and fetch the Baman?
The ghosts have made a cremation ground of our own   340
    execution ground,
elephants, horses, camels, and others alike having
    perished en masse,
along with hundreds of princes and noblemen.   341
You yourself have been preserved, having survived by
    sheer luck,
while the pristine waters of the Yamuna have turned foul   342
    red with blood.
It is not too late. Satisfy this Baman and stop the
    madness."
Upon hearing this, a panicked Jahangir was grieved   343
and hastened to the execution ground with folded hands.

৩৪৪ অন্তরযামিনী দেবী অন্তরে জানিয়া ।
দয়া হৈল জাহাঁগীর কাতর দেখিয়া ॥

৩৪৫ ভূত দেখা বলি ভবানন্দে বন্দী কৈল ।
বাঞ্ছাকল্পতরু আমি দেখা দিতে হৈল ॥

৩৪৬ শহরের উপদ্রব বারণ করিয়া ।
দেখা দিলা জাহাঁগীরে মায়া প্রকাশিয়া ॥

৩৪৭ আজ্ঞা দিলা কৃষ্ণচন্দ্র রাজরাজেশ্বর ।
রচিলা ভারতচন্দ্র রায়গুণাকর ॥

অন্নপূর্ণার মায়াপ্রপঞ্চ

৩৪৮ কে তোমা চিনিতে পারে গো মা ।
বেদে সীমা দিতে নারে গো মা ॥

৩৪৯ রক্ত শতদল তক্তে পাতশা অভয়া ।
উজির হইলা জয়া নাজির বিজয়া ॥

৩৫০ মহাবিদ্যাগণ যত হৈলা পরিবার ।
আমীর উমরা হৈলা যত অবতার ॥

৩৫১ বিশ্ব বাড়ী মুরুচা বুরুজ বার রাশি ।
গোলন্দাজ নব গ্রহ নক্ষত্র সাতাশি ॥

The goddess, who knows everything, understood,   344
and she felt pity on seeing Jahangir's affliction.

"It was this sovereign who jailed my child, Bhavananda,   345
    telling him to show the ghost, but I am
one who fulfills the wishes of all my children. So he shall
    behold me now."

Casting a spell to prevent further ruin from plaguing the   346
    city, the great goddess
conjured a marvelous maya through which she revealed
    herself to Jahangir.

Krishnachandra Ray, a king among kings, gave his   347
    instruction
to Bharatchandra Ray Gunakar, who composed this saga-
    song.

ANNAPURNA CONJURES AN ILLUSION

Who can know you, oh dear Mother?   348
The Vedas cannot fix your limit, oh dear Mother!

It was then that Abhaya appeared as the emperor, with   349
    Jaya as minister and
Vijaya as head law clerk, on a crimson-colored lotus of one
    hundred petals.

The ten *mahāvidyās* metamorphosed into as many wives,[31]   350
and all the avatars became princes and noblemen.

All of the universe, its houses, bastions, twelve zodiac   351
    signs, nine planets,
eighty-seven constellations, all became artillerymen.

৩৫২ বিষ্ণু বক্সী ব্রহ্মা কাজী মুনশী মহেশ।
সেনাপতি শাহজাদা কার্ত্তিক গণেশ॥
৩৫৩ ব্রহ্মাণী বৈষ্ণবী মাহেশ্বরী শিবদূতী।
নারসিংহী বারাহী কৌমারী পৌরুহূতী॥
৩৫৪ আট দিকে আনন্দে নায়িকা আট জন।
শিরে ছত্র ধরে করে চামর ব্যজন॥
৩৫৫ সক্কা হৈল বরুণ পবন ঝাড়ুকশ।
চন্দ্র সূর্য্য মশালচী মশাল ওজস॥
৩৫৬ মজুন্দারে রাজা করি রাখিলা সমুখে।
দেবরাজ রাজছত্র ধরিয়াছে সুখে॥
৩৫৭ জাহাঁগীর যেমন এমন কত আর।
চারি দিকে মজুন্দারে করে পরিহার॥
৩৫৮ কোনখানে মধুকৈটভের মহারণ।
কোনখানে মহিষাসুরের নিপাতন॥
৩৫৯ কোনখানে সুগ্রীব দূতের রায়বার।
কোনখানে ধূম্রলোচনের তিরস্কার॥

Vishnu was revealed as the army paymaster, Brahma as 352
    judge, Mahesh as secretary,
with the divine sons, Karttikeya and Ganesh, as prince and
    royal general,
while goddesses Brahmani, Vaishnavi, Maheshvari, 353
    Shivaduti,
Narasimhi, Varahi, Kaumari, and Pauruhuti all appeared
    in attendance.
In the eight directions, joyfully, the eight *nāyikās* stood,[32] 354
each holding a parasol above her head, and fans and fly
    whisks in their hands.
Varun* appeared as a water carrier, Pavan† as a sweeper, 355
and Chandra and Surya‡ became bearers of powerful
    torches.
The goddess made Majundar king and kept him in front, 356
Devaraj Indra was happily holding the royal parasol.
Along with all too many emperors like him, Jahangir 357
and the rest surrounded Majundar, who spurned them.
At one place the great fight between Madhu and Kaitabha 358
    was taking place,[33]
at another, the destruction of Mahishasur, the buffalo
    demon.
At one place was Sugriv, the best of messengers, 359
at another, the demon Dhumralochan was being rebuked.

---

* The god of water.
† The god of wind.
‡ The moon god and sun god, respectively.

৩৬০ কোনখানে উগ্রচণ্ডা চণ্ডমুণ্ড কাটি।
কোনখানে রক্তবীজ যুদ্ধ পরিপাটী ॥

৩৬১ কোনখানে শুম্ভ নিশুম্ভের বিনাশন।
কোনখানে সুরথ সমাধি দরশন ॥

৩৬২ কোনখানে রাম রাবণের মহারণ।
কোনখানে কংস বধ আদি বিবরণ ॥

৩৬৩ কোনখানে মনসা শীতলা ষষ্ঠীগণ।
পুঁড়াশূর ঘাঁটু মহাকাল পঞ্চানন ॥

৩৬৪ দেবতা তেত্রিশ কোটি যত আছে আর।
আশে পাশে অদভুত ভূতের বাজার ॥

৩৬৫ যোগিনী জোগান দেয় পসারী ডাকিনী।
কাঙ্গালী হইয়া মাগে শাঁখিনী পেতিনী ॥

৩৬৬ রক্ষক রাক্ষসগণ যক্ষগণ বেণে।
শহরের দ্রব্য যত ভূতে দেয় এনে ॥

৩৬৭ কিনে লয় ব্রহ্মদৈত্য দানা লয় কেড়ে।
ভৈরব হৈহৈ রবে লয় ফিরে তেড়ে ॥

In one corner, Ugrachanda, goddess of wrath, was   360
    beheading the demon Chanda,
while at another, the battle against the demon Raktabija
    played out.
At one place, the slaying of Shumbha and Nishumbha was   361
    taking place,
at another, King Suratha with his visions in meditation.
At one site, the epic battle between Rama and Ravana was   362
    on,
at another, the killing of Kamsa. And on and on.

The goddesses Manasa, Shitala, and Shashthi, as well as   363
    demigods Punrasur and Ghantu,[34]
and Shiva Mahakal and Shiva Panchanan all appeared.
An impressive presence of the other thirty-three million   364
    gods and goddesses
surrounded this extraordinary ghosts' bazaar.
As the yoginis assisted female goblins who were   365
    shopkeepers,
poor female ghouls and ghosts went begging for food.
The ghosts brought all the goods of the town to the   366
    rakṣaks, rākṣaks,*
and earth demigods, who all played their parts as
    merchants.
When the Brahman demons purchased goods from the   367
    merchants and demons looted
their new wares, the outraged *bhairavs* hunted the goods
    down, reclaiming them.

—

* Cannibalistic demons.

৩৬৮ সিদ্ধগণ দোকানী চারণগণ চোর।
প্রেতগণ প্রহরী হাঁকিনী হাঁকে ঘোর॥
৩৬৯ নৃত্য করে গীত গায় বাজায় বাজন।
বিদ্যাধর কিন্নর গন্ধর্ব্ব আদি গণ॥
৩৭০ খবিশগণেরে ধরি আনে যত চণ্ড।
যমদূতগণে তারে করে যমদণ্ড॥
৩৭১ শূন্যেতে হইল এক মায়াজলনিধি।
হর নৌকা হরি মাঝি পার হন বিধি॥
৩৭২ তাহাতে কমলদহ অতি সুশোভন।
শীতল সুগন্ধ মন্দ বহিছে পবন॥
৩৭৩ ছয় ঋতু ছয় রাগ ছত্রিশ রাগিণী।
মধুকর কোকিল শিখণ্ডী শিখণ্ডিনী॥
৩৭৪ একদল দ্বিদল সহস্র লক্ষ দল।
অধোমুখে নানাজাতি ফুটিছে কমল॥
৩৭৫ এক আদি লক্ষ অন্ত দন্ত কর্ণ পায়।
ঊর্দ্ধপদে হেটপিঠে হাতী নাচে তায়॥

*Siddhas** appeared as shopkeepers, celestial minstrels as 368
  thieves, goblins as watchmen.
The swarms of demons there present shrieked and
  screamed, howled and growled.
Celestial wizards, singers, and musicians alike all 369
danced, sang, and made their magical music.
All the *chaṇḍas*† seized the wicked Muslim ghosts, 370
as Yama's messengers punished them with death.

In the Void appeared an ocean of magical waters. 371
Hara was the boat, Hari the boatman, and Vidhi was
  crossing in it.
Within the ocean a deep pool of gorgeous lotuses 372
  developed,
as a soft, cool, perfumed breeze drifted across the water.
Annada had conjured up all six seasons, six ragas, and 373
  thirty-six *rāgiṇīs,*
a plethora of bee colonies, flocks of cuckoos, musters of
  peacocks.
Myriad lotuses, miniature ones of one or two petals, and 374
  enormous ones of a thousand or
hundred thousand petals, were in bloom, their heads
  drooping downward.
A creature appeared that had legs with teeth and up to one 375
  lakh of ears,
an elephant was dancing upon it, legs up, back down.

---

* A class of demigods.
† Vicious demons.

৩৭৬ তার পঠে অধঃশিখে অনল জ্বলিছে।
মোমের পুতলি তাহে সুরতি খেলিছে॥

৩৭৭ ঊর্দ্ধপদে হেটমাথে তাহে নাচে নারী।
মৃদঙ্গ মন্দিরা বাজে বিনা বাদ্যকারী॥

৩৭৮ সেই রামা চন্দ্র সূর্য্য অঞ্জলি করিয়া।
অন্নদার পদে দেহ অজপা জপিয়া॥

৩৭৯ মৃদু হাসে জল হৈতে অনল তুলিয়া।
গিলিয়া উগারে পুনঃ অঞ্জলি করিয়া॥

৩৮০ হাসি হাসি হাই ছাড়ে কি কব সে কাণ্ড।
একেবারে খেতে পারে অনন্ত ব্রহ্মাণ্ড॥

৩৮১ তার পাশে আর এক কমলে কামিনী।
গিলিয়া উগারে গজ গজেন্দ্রগামিনী॥

৩৮২ আর দিকে আর পদ্মে এক মধুকর।
ছয় পদে ধরিয়াছে ছয় করিবর॥

৩৮৩ আর দিকে আর পদ্মে এক মধুকরী।
নর সঙ্গে রতিরঙ্গে প্রসবে কেশরী॥

A fire was blazing upon his back, flames down, while wax   376
    dolls
performed their trick of making love to one another.
As drums and cymbals kept rhythm without a percussion   377
    player,
a woman was dancing there, legs up, head down.
Having worshiped the moon and the sun, with her cupped   378
    hands
that woman made an offering to Annada's feet and recited
    the *ajapā mantra*.[35]
Smiling the sweetest of smiles, Annada reached out her   379
    hand to remove fire from water,
swallowed it whole, and blew it out, then cupped her
    hands again.
Laughing and yawning, her mouth growing ever larger,   380
    she devoured
the eternal *brahmāṇḍa** through and through. What could
    one say of such a sight?
Seated beside her was another young woman in a lotus;   381
she who moves on elephant-back swallowed and disgorged
    an elephant.[36]

At the end of one's purview, a bee buzzing about a   382
    beautiful lotus
used its six legs to ensnare six majestic-looking elephants.
At another end, a female bee in another lotus, having   383
    made love
to a man, was about to give birth to a glorious lion.

———

* The "egg of Brahma," the universe.

৩৮৪ আর দিকে এক পদ্মে নাগিনী কুমারী।
অর্দ্ধ অঙ্গ নাগ তার অর্দ্ধ অঙ্গ নারী ॥

৩৮৫ এক বারে এক জন পাতশারে চায়।
সব দেখে সর্ব্বসুদ্ধ ধরি যেন খায় ॥

৩৮৬ একবার বিষদৃষ্টে প্রাণ লয় হরি।
আর দৃষ্টে প্রাণ দেয় সুধাবৃষ্টি করি

৩৮৭ ক্ষণে অচেতন হয় ক্ষণে সচেতন।
হাসে কাঁদে উঠে পড়ে নমাজে যেমন ॥

৩৮৮ প্রেমে ভয়ে মোহ স্তব করিবারে চায়।
মুখে না নিঃসরে বাণী ভূমে গড়ি যায় ॥

৩৮৯ ভক্ত হৈলা জাহাঁগীর অন্তরে জানিয়া।
যত মায়া মহামায়া হরিলা হাসিয়া ॥

৩৯০ জ্ঞান পেয়ে জাহাঁগীর প্রাণ পাইল হেন।
মজুন্দারে স্তুতি করে দাসু বাসু যেন ॥

৩৯১ আজ্ঞা দিলা কৃষ্ণচন্দ্র রাজরাজেশ্বর।
রচিলা ভারতচন্দ্র রায় গুণাকর ॥

In another direction, in a lotus, there were young *nāginīs*,   384
half their body a snake, the other half a woman.

One of them glanced at the emperor just once   385
and after taking hold of him, she made as if she would
    gobble him up.

With a single venomous look she took away his life,   386
and, with another gaze, a rain of nectar gave it back to
    him.

At one moment full of life, at another lifeless, the emperor   387
laughed, cried, rose up, then dropped to his knees as if in
    prayer.

Taken by both love and fear, he moved to sing a hymn to   388
    the goddess,
but unable to utter a word, he collapsed voicelessly to the
    ground.

Jahangir had at last become her devotee. Annada felt that   389
from within. And so, Mahamaya removed all the magic,
    the maya, with a laugh.

All was restored as it had been, and Emperor Jahangir   390
    regained consciousness, recovered his life,
and praised Majundar, in concert with Majundar's
    servants, Dasu and Basu.

Bharatchandra Ray Gunakar composed *In Praise of*   391
    Annada
at the behest of Krishnachandra, king among kings.

ভবানন্দে পাতশার বিনয়

৩৯২ জাহাঁগীর কহে শুন বামণ ঠাকুর ।
      না জানি করিনু দোষ রোষ কর দূর ॥

৩৯৩ দেবীপুত্র দয়াময় মোরে কর দয়া ।
      তোমার প্রসাদে আমি দেখিনু অভয়া ॥

৩৯৪ অধম যবন আমি তপস্যা কি জানি ।
      অধর্ম্মের ধর্ম্ম বলি ধর্ম্ম নাহি মানি ॥

৩৯৫ তবে যে আমারে দেখা দিলা মহামায়া ।
      তার মূল কেবল তোমার পদছায়া ॥

৩৯৬ অধম উত্তম হয় উত্তমের সাথে ।
      পুষ্পসঙ্গে কীট যেন উঠে সুরমাথে ॥

৩৯৭ তবে যে পাইলে দুঃখ দুঃখ নাহি ইতে ।
      রাহুগ্রস্ত হন চন্দ্র লোকে পুণ্য দিতে ॥

৩৯৮ ঘৃণা ছাড়ি ছুঁয়ে শুদ্ধ করহ আমারে ।
      পরশ পরশে লোহা সোনা করিবারে ॥

৩৯৯ মজুন্দার কন কেন এত কথা কও ।
      জাহাঁপনা সামান্য মানুষ তুমি নও ॥

৪০০ তবে মোরে বড় বল দেবীভক্ত জানি ।
      আমা হৈতে তুমি বড় ভক্ত অনুমানি ॥

THE EMPEROR HUMBLES HIMSELF
BEFORE BHAVANANDA

Jahangir turned to Bhavananda. "Hear me, noblest of   392
     Bamans.

Let not your anger overcome you, for it is I who have
     unwittingly misjudged you.

Have mercy upon me, kind child of the goddess.   393

By your grace, I have beheld the power of Abhaya,

but I am only a humble Yavan. What would I know of   394
     leading an ascetic life?

Neither observing dharma nor knowing truly what it is, I
     have called dharma adharma.

But now I know your faith to be true, having seen all   395
     Mahamaya has revealed to me,

only by virtue of your grace, by the blessed protection of
     your feet.

The inferior becomes the superior in the company of the   396
     superior;

along with a flower, an insect also goes up to a god's head.

I now know there is no real pain in the suffering you have   397
     endured.

The moon comes under Rahu's influence only to give
     people merits.

Do not loathe me, sir, but sanctify me with the purity of   398
     your touch.

In a mutual contact iron becomes gold."

"Why speak this way, my lord?" Majundar interjected.   399

"Refuge of the world, you are no ordinary man yourself.

You exaggerate my power as I am devoted to the goddess,   400

but you, my lord, are a greater devotee than I.

515

৪০১ যে রূপে তোমারে দরশন দিলা দেবী।
এ রূপ না দেখি আমি এত দিন সেবি॥
৪০২ ইথে বুঝি আমা হৈতে তুমি তাঁর প্রিয়।
এই নিবেদন করি কৃপাদৃষ্টি দিয়॥
৪০৩ পাতশা কহেন শুন বামণ ঠাকুর।
দেবী পূজা করি মোর পাপ কর দূর॥
৪০৪ সে পদ পূজিলে পাব সেই পদে ঠাঁই।
হায় রে পূজিব কিসে কোন চীজ নাই॥
৪০৫ অন্তরযামিনী দেবী দানা হস্ত দিয়া।
পূজার সামগ্রী যত দিলা পাঠাইয়া॥
৪০৬ দেখিয়া সবারে আরো বাড়িল বিস্ময়।
সাক্ষাত দেবীর পুত্র মজুন্দারে কয়॥
৪০৭ জাহাঁগীর কহেন ঠাকুর মোরে বাঁচা।
ভালমতে বুঝিনু তোমার দেবী সাঁচা॥
৪০৮ জাহাঁগীর ঢেড়ী দিলা সকল শহরে।
অন্নপূর্ণাপূজা সবে কর ঘরে ঘরে॥
৪০৯ সেইখানে মজুন্দার মুদিয়া নয়ন।
উদ্দেশেতে অন্নদারে কৈলা নিবেদন॥

For all my worship of her, over so long a time, the goddess 401
has never revealed herself to me as she has just done for
you.

I gather from this that you are dearer to her than I am, 402
so it is I who must request you to look kindly upon me."

"Listen, revered Baman," the emperor replied, 403
"I implore you to cleanse me of all my sins after I worship
the goddess.

If I worship her feet, I will get a place at those feet. 404
But, alas, with what should I worship her? I have nothing
for the rite."

The all-knowing goddess, who knows the minds of men, 405
conveyed to the emperor
all the sundry items for her worship through a demon
messenger.

Everyone's excitement grew by leaps and bounds at the 406
appearance
of the goddess's offerings. The people called Majundar the
goddess's son on earth.

And so Emperor Jahangir implored Majundar once more, 407
"Dear *ṭhākur*,*
save me, please. I have beheld your goddess. I know her to
be true."

And so Jahangir proclaimed to the entire city, 408
"All of you, my subjects, in each and every home, worship
Annapurna."

At that moment, Majundar closed his eyes and 409
prayed to Annada, putting his humble request to her.

* Master.

৪১০ দেশ কাল পাত্র বুঝি পূজার নিয়ম।
অন্তরযামিনী তুমি জান সব ক্রম॥
৪১১ পাতশা অধ্যক্ষ দরবার পূজাস্থান।
সদস্য কেবল দস্যু মোগল পাঠান॥
৪১২ কাজী ছাড়ে কলমা কোরাণ ছাড়ে কারী।
হুলাহুলি দেই যত যবনের নারী॥
৪১৩ এমন পূজার ঘটা কবে হবে আর।
নিবেদিনু অন্নপূর্ণা যে ইচ্ছা তোমার॥
৪১৪ অন্নে পূর্ণ করি দিল্লী সকলে বাঁচাও।
পাতশা প্রণাম করে কটাক্ষেতে চাও॥
৪১৫ কাজী হাজী কারী আদি যবন যাবত।
সর্বসুদ্ধ পাতশা হইলা দণ্ডবত॥
৪১৬ মধুর নৌবত বাজে নাচে রামজনী।
মজুন্দার মানসিংহ পড়িলা অবনী॥
৪১৭ পূজা পেয়ে অন্নপূর্ণা দিলা কৃপাদৃষ্টি।
সকলের উপরে হইল পুষ্পবৃষ্টি॥

"You, dear goddess, who know men's minds, you know all   410
    the methods,
the apt time and place and your rules and conditions of
    proper worship.
The emperor will dictate to his subjects, Mughals,   411
    Pathans, and dacoits,
the correct conditions of worship at his court, the site of
    the ritual.
His judge shall renounce the *Kalamā* and the reciter the   412
    Qur'an,
as all the Yavan women will utter their auspicious *hulāhuli*
    sounds.
When will a cult made with such pomp happen again?   413
I beseech you, dear Annapurna, please let it be your will
to nourish Delhi with your bounty and rescue one and all   414
    here.
Jahangir prostrates before you in reverence. So gaze upon
    him but once."

Muslim judges, pilgrims to Mecca, those chanting the   415
    Qur'an, all the Yavans alike,
including the great emperor himself, laid their bodies flat
    on the ground.
As an orchestra played on, the dancing women danced   416
as Majundar and Man Singh dropped to the ground in
    veneration.
Receiving all this worship, Annada flashed her benevolent   417
    gaze
and a rain of flowers showered down on the crowds.

৪১৮ সেই ফুল চালু কলা প্রসাদ বলিয়া।
প্রেত ভূতগণ সবে লইল লুঠিয়া॥
৪১৯ পূর্ব্বমত অন্নে পূর্ণ হইল শহরে।
অন্নপূর্ণাপূজা সবে করে প্রতি ঘরে॥
৪২০ পূজা লয়ে অন্নপূর্ণা মহাহৃষ্টা হয়ে।
কৈলাসশিখরে গেলা নিজগণ লয়ে॥
৪২১ মহানন্দে জাহাঁগীর গুণাগীর হয়ে।
চলিলেন ভবানন্দ মজুন্দারে লয়ে॥
৪২২ পাতশা বসিলা গিয়া তক্তের উপরে।
মানসিংহ বিদায় হইলা নিজঘরে॥
৪২৩ মজুন্দার রাজাই পাইলা ফরমান।
খেলাত কাটার ঘড়ি নাগারা নিশান॥
৪২৪ পাতশার নিকটেতে হিইয়া বিদায়।
বিস্তর সামগ্রী দিলা মানসিংহ রায়॥
৪২৫ দাসু বাসু আদি যত পলাইয়া ছিল।
সংবাদ পাইয়া সবে আসিয়া মিলিল॥
৪২৬ দিল্লী হৈতে মজুন্দার দেশেরে চলিলা।
ত্রিবেণীর স্নান হেতু প্রয়াগে আইলা॥

All the flowers, rice, and bananas that had been *prasād*[37]   418
were all looted by ghouls and ghosts.

As before, food was plentiful in the city,   419
and so it was that every house, every subject worshiped
    Annapurna.

Annapurna accepted the cult and, overjoyed,   420
she returned to the summit of Mount Kailash with her
    own troops.

Profoundly thankful, Jahangir, who had become a   421
    guṇāgīr,*
moved on, taking Bhavananda Majundar with him.

As the emperor returned to his throne,   422
Man Singh took leave and returned home,

and Majundar, endowed by royal decree with the title of   423
    king,
was presented with regal attire, a sword, a clock, a small
    drum, and a flag.

He was given leave by the emperor   424
and Man Singh Ray offered him many gifts.

Hearing these tidings, Majundar's servants Dasu and   425
    Basu,
and all others who had previously fled, returned now, a
    victorious party.

From Delhi, Majundar marched toward his own beloved   426
    land,
pausing briefly at Prayag to bathe at the holy Triveni.[38]

---

* One who self-professes sinfulness.

৪২৭ করিলেন স্নান দান প্রয়াগের নীরে।
দাসু বাসু নিবেদন করে ধীরে ধীরে॥
৪২৮ ইহার মহিমা কিছু কহ নিমা সীমা।
কার অধিষ্ঠানে এত ইহার মহিমা॥
৪২৯ জ্ঞানবলে তোমরা আন্ধারে দেখ আলা।
চক্ষু কান আছে মোরা তবু কানা কালা॥
৪৩০ শুন অরে দাসু বাসু কন মজুন্দার।
গঙ্গার প্রভাবে এত মহিমা ইঁহার॥
৪৩১ ভারতেরে দয়া কর গঙ্গা দয়ামই।
এই ছলে গঙ্গার মহিমা কিছু কই॥

গঙ্গা বর্ণন

৪৩২ দাসু বাসু কর অবধান।
যেই দেব নিরঞ্জন চিৎস্বরূপী জনার্দ্দন
এই গঙ্গা সেই ভগবান্॥

As he bathed and made offerings to the pristine waters at   427
>Prayag,
Dasu and Basu humbly begged him,
"Please, relate for us, your lordship, the significance of this   428
>place.
Whose favor is it that endows it with such renown and
>magnificence?
Though, like all men, we have eyes and ears, we are yet   429
>blind and deaf. But you see
light in darkness, your wisdom illuminating that which we
>cannot behold. Tell us, your lordship."
"Oh, my dear Dasu and Basu," Majundar answered,   430
"the one great acclaim of this sacred site comes from the
>greatness of Ganga."

Oh, generous Ganga, bestow your bountiful beneficence   431
>on Bharat.
Anon I shall tell something of the glory of Ganga.

AN ACCOUNT OF THE GREAT GANGA
Listen, oh Dasu and Basu, to the tale of Ganga.   432
The god Niranjan, supreme and perfect, is Vishnu
>Janardan, who is
all consciousness and omniscience. Ganga herself is the
>same Bhagavan.*

---

* "Blessed One," God.

৪৩৩ মহাদেব এক কালে পঞ্চ মুখে পঞ্চ তালে
গীতে তুষ্ট কৈলা ভগবানে।
নারায়ণ দ্রব হৈলা বিধি কমণ্ডলে লৈলা
বেদব্যাস বর্ণিলা পুরাণে॥
৪৩৪ তার কত দিন পরে বলি ছলিবার তরে
নারায়ণ বামণ হইলা।
ত্রিপাদ ধরণী লয়ে ত্রিবিক্রম রূপ হয়ে
এক পদে স্বর্গ আচ্ছাদিলা॥
৪৩৫ বিধি সেই পদতলে পাদ্য দিলা সেই জলে
শিব দিলা জটাজূটে ধাম।
বিমল চপলভঙ্গা সেই জল এই গঙ্গা
এই হেতু বিষ্ণুপদী নাম॥
৪৩৬ ত্রিলোকে ত্রিলোকতারা তিনি হৈলা তিন ধারা
স্বর্গ মর্ত্ত্য পাতাল বিশ্রাম।
স্বর্গে মন্দাকিনী মন্দা ভূতলে অলকনন্দা
পাতালেতে ভোগবতী নাম॥
৪৩৭ ইনি সে অলকনন্দা নরলোকে মহানন্দা
ইহারে আনিল ভগীরথ।
সগরসন্তান যত ব্রহ্মশাপে ছিল হত
এই গঙ্গা দিলা মুক্তিপথ॥

Shiva Mahadev had once delighted Bhagavan with his   433
    delightful song,
undulating from his five mouths in five different rhythms.
    As Vishnu Narayan began
to liquify, melt to water, Vidhi collected the water in a pot.
Vedvyasa had narrated this story in the Puranas.
Some time later, Narayan turned himself into a dwarf   434
to deceive Bali, king of the demons.
Taking possession of the earth in three strides, Narayan
    assumed the form of Trivikram,[39]
with one stride he covered the celestial world.
Vidhi offered Shiva the watery Narayan with which to   435
    wash his feet,
as Shiva gave it a place in the bun of his dreadlocks.
Pure and restless, this water is this Ganga,
for this reason she is called Vishnupadi, the one who flows
    at Vishnu's feet.
As saviors of the three worlds, Ganga formed three   436
    streams
running restlessly through the heavens, earth, and
    underworld. Then she quieted, eased.
In the heavens, she is the languid Mandakini; on earth,
    Alakananda;
in the underworld, her name is Bhogavati.
She is the sacred Alakananda that Bhagirath pulled down   437
from the heavens into the world of men as the Mahananda
    River.[40]
The sons of Sagar had all perished by the curse of Brahma,
but Ganga provided them the path to liberation.

৪৩৮ শিবজটামুক্ত হয়ে ভাগীরথী নাম লয়ে
এথা আসি ত্রিবেণী হইলা।
সরস্বতী যমুনারে মিলাইয়া দুই ধারে
মধ্যভাগে আপনি রহিলা॥
৪৩৯ ভগীরথে লয়ে সঙ্গে বারাণসী দেখি রঙ্গে
যান গঙ্গা দক্ষিণের বাটে।
জহ্নু মুনি পিয়াছিল কানে উগারিয়া দিল
জাহ্নবী হইলা জহ্নু ঘাটে॥
৪৪০ রাজা ভগীরথ রায় আগে আগে নাচি যায়
সাধু সাধু কহে দেবগণ।
পূর্ব্বে গেলা পদ্মা হয়ে ভাগীরথী নাম লয়ে
মোর দেশে দিলা দরশন॥
৪৪১ গিরিয়া মোহনা দিয়া অগ্রদ্বীপ নিরখিয়া
নবদ্বীপে পশ্চিমবাহিনী।
পুনশ্চ ত্রিবেণী হৈলা দক্ষিণপ্রয়াগ কৈলা
ত্রিবেণীতে ত্রিলোকতারিণী॥
৪৪২ শতমুখী রূপ ধরি সাগর সঙ্গম করি
মুক্ত কৈলা সগরসন্তানে।
বেদ যার বিজ্ঞ নহে কে তার মহিমা কহে
ভারত কি কবে কিবা জানে॥

Freeing herself from Shiva's nest of dreadlocks and taking   438
the name Bhagirathi, Ganga settled on earth and became
    Triveni,
dividing into two other rivers, the Sarasvati and Yamuna,
while Ganga flowed between them both.
Taking Bhagirath along, and after happily viewing   439
    Varanasi,
Ganga's waters ran southward.
The sage Jahnu, drinking her in, released her waters
    through his ears,[41]
so she then became the Jahnavi River at the Jahnu ghat.
King Bhagirath Ray danced in delight going ahead of her,   440
"Excellent! Excellent!" said the gods.
In the east, she became the Padma, and
taking the name of Bhagirathi, she showed herself in my
    country.
Gliding through a channel, after seeing Agradvip,   441
her flow at Navadvip went westward.
Taking form once again as the three-streamed one, she
    forged the southern Prayag
at Triveni and rescued the three worlds.
By a hundred mouths she joined the ocean,   442
at last delivering the sons of Sagar.[42]

Who can relate her glory to those who do not know the
    Vedas?
But what else can Bharat say? What does he know?

অযোধ্যা বর্ণন

৪৪৩ জানকীজীবন রাম। নব দূর্ব্বাদলশ্যাম॥

৪৪৪ ভবপারাবারে   পার করিবারে
তরণি রামের নাম।
চারু জটাজুট   রচিত মুকুট
তাহে বনফুল দাম॥

৪৪৫ হাতে শরাসন   দক্ষিণে লক্ষ্মণ
ধ্যানে সুখমোক্ষধাম।
হনূমান সঙ্গে   পুলকিত অঙ্গে
ভারত করে প্রণাম॥

৪৪৬ প্রয়াগ হইতে যাত্রা কৈলা মজুন্দার।
ডানি বামে যত গ্রাম কত কব তার॥

৪৪৭ দাসু বাসু নিবেদয়ে শুনহ ঠাকুর।
এথা হৈতে অযোধ্যা নগর কত দূর॥

৪৪৮ দেখিব রামের বাড়ী এ বড় বাসনা।
কৃপা করি মো সবার পূরাহ কামনা॥

৪৪৯ কহিলেন মজুন্দার কিছু ফের হয়।
যে হৌক তথা যাওন নিশ্চয়॥

৪৫০ দেখে যেই জন রামজনমভবন।
ধরায় ধরিয়া তনু ধন্য সেই জন॥

JOURNEY TO AYODHYA

Rama, who is the life of Janaki,* is dark as a new blade of 443
grass.

The sacred name of Rama is the boat that carries us 444
over the ocean of the world to the other shore.
He embellishes his lovely mass of dreadlocks
tied up in a bun with delicate wildflowers.

In his hand he holds a bow, on his right stands Lakshman, 445
his brother.

In meditation, Rama is the true abode of happiness and
liberation.

Along with Hanuman, his body shivering with delight,
Bharat prostrates himself before Rama.

Majundar pushed on, past Prayag, so many villages 446
to the right and left of within eyeshot. How many of them
could I mention?

Dasu and Basu timidly questioned, "Master, pray tell us. 447
How far is the journey to Ayodhya?

We are eager, my lord, to visit the house of Rama. 448
May we entreat you to grant us our mutual wish."

"One has to make a small detour," Majundar replied. 449
"But never mind, we will certainly go there.

It is said that whoever visits the palace where Rama was 450
born
is blessed with eternal life on earth."

---

* Sita, King Janak's daughter.

৪৫১ জিজ্ঞাসিয়া পথিকে পথের ভেদ জানি ।
      উত্তরিলা অযোধ্যা রামের রাজধানী ॥

৪৫২ অযোধ্যায় গিয়া দেখিলেন মজুন্দার ।
      যে যে খানে রামচন্দ্র করিলা বিহার ॥

৪৫৩ অযোধ্যানিবাসী যত ব্রাহ্মণ পণ্ডিত ।
      মজুন্দারে আসি সবে মিলিলা ত্বরিত ॥

৪৫৪ নানা ধনে মজুন্দার তুষিলা সবারে ।
      সাধু সাধু তারা সবে কহে মজুন্দারে ॥

৪৫৫ মহানন্দে মজুন্দার নানা কুতূহলে ।
      করিলেন স্নান দান সরযূর জলে ॥

৪৫৬ দিন কত সেই স্থানে বিশ্রাম করিয়া ।
      অযোধ্যানিবাসী লোক সংহতি লইয়া ॥

৪৫৭ সকল অযোধ্যা পুরী করি দরশন ।
      শুনিলেন বাল্মীকিপ্রণীত রামায়ণ ॥

৪৫৮ দাসু বাসু বিনয়ে কহিছে মজুন্দারে ।
      ভাষা করি এই কথা বুঝাও আমারে ॥

৪৫৯ সাত কাণ্ড রামায়ণ সংক্ষেপে ভাষায় ।
      এই ছলে কহিছে ভারতচন্দ্র রায় ॥

Encountering a fellow traveler, they asked about the path 451
    to Ayodhya,
and soon enough they arrived at Rama's capital.
Once at Ayodhya, Majundar toured 452
the many sites Ramachandra* had frequented.
When all the Brahmans and the pandits dwelling in 453
    Ayodhya
rushed hastily to meet Majundar upon his arrival, he
    pleased them all
by bestowing upon them various presents from his 454
    journey.
"Excellent! Excellent!" they all said to Majundar.
Deeply contented, Majundar took his bath in the sacred 455
    river
Sarayu, performed his ritual ablutions, and made other
    offerings.
As he remained in Ayodhya a few days more 456
in delightful company of the city's residents,
he toured all the sites of that most sacred of cities 457
and heard tell of the account of the Ramayana composed
    by Valmiki.
Humbly, Dasu and Basu prompted their master. 458
"Sir, please explain to us this story in our language."

And so Bharatchandra Ray briefly narrates 459
the seven books of the Ramayana in the common
    language.

---

* Another name for Rama.

রামায়ণ কথন

৪৬০   দাসু বাসু শুন মন দিয়া।

বাল্মীকিপুরাণ মত   রামের চরিত যত

সংক্ষেপে কহিব বিবরিয়া ॥

৪৬১   এই দেশে মহারথ   ছিলা রাজা দশরথ

সূর্য্যবংশ সূর্য্যের সমান।

কৌশল্যা প্রথম নারী   কেকয়ী দ্বিতীয়া তারি

তৃতীয়া সুমিত্রা অভিধান ॥

৪৬২   হরি চারি অংশ লয়ে   চরু ভাগে ভাগ হয়ে

তিন গর্ভে হৈলা চারি জন।

কৌশল্যা প্রসবে রাম   কেকয়ী ভরত নাম

সুমিত্রা লক্ষণ শত্রুঘন ॥

৪৬৩   লক্ষ্মী মিথিলায় গিয়া   যজ্ঞকুণ্ডে জনমিয়া

জনকের সুতা সীতা হৈলা।

সীতাপতি রামে জানি   জনক পরম জ্ঞানী

হরধনুর্ভঙ্গ পণ কৈলা ॥

THE RAMAYANA STORY

Listen, Dasu and Basu,   460
to the story of Rama, as told in the *Vālmīki Purāṇa*.
I shall briefly narrate it for you.

There once was a great warrior king, Dasharath, who ruled   461
  over this land.
He had been born in the lineage of the sun and equaled its
  brightness and power.
His first wife was called Kaushalya, his second Kaikeyi,
and his third Sumitra. Such were their good names.
After a *charu* oblation was made and divided, Hari took   462
  four parts,[43]
which Dasharath then fed to his queens. From the oblation
four sons were conceived. First, Kaushalya gave birth to
  Rama,
then Kaikeyi to Bharat, finally Sumitra to Lakshman and
  Shatrughna.
Meanwhile, Lakshmi had journeyed to Mithila, where she   463
  had been born
in a sacrificial pit and become Sita, daughter of King
  Janak.
Knowing that Rama was to be Sita's husband, King Janak,
  clever as he was,
laid a wager that whoever could string Hara's bow would
  win Sita as his wife.

৪৬৪ বিশ্বামিত্র যজ্ঞ করে   যজ্ঞ রাখিবার তরে
রাম লক্ষ্মণেরে গেলা লয়ে।
শ্রীরামের এক শরে   তাড়কা রাক্ষসী মরে
মারীচ পলায় দ্রুত হয়ে॥

৪৬৫ যজ্ঞ রাখি প্রভু রাম   গিয়া জনকের ধাম
ধনু ভাঙ্গি সীতা বিয়া কৈলা।
অযোধ্যা যাইতে রঙ্গে   পরশুরামের সঙ্গে
পথে রণে রাম জয়ী হৈলা॥

৪৬৬ ঘরে এলা সীতা রাম   সিদ্ধ হৈল মনস্কাম
দশরথ রাজ্য দিতে চায়।
কেকয়ী হইল বাম   বনবাসে গেলা রাম
শোকে দশরথ ছাড়ে কায়॥

In the meantime, for protection, Vishvamitra brought   464
    Rama and Lakshman along
to a sacrifice he was about to perform.
With a single arrow Shrirama shot the female demon
    Taraka,
while Marich, another fabled demon, quickly fled from the
    scene.
After successfully defending the sacrifice, Lord Rama set   465
    off for Janak's palace,
where he broke Shiva's hefty bow and won the hand of Sita
    in marriage.
While on his victorious journey to Ayodhya, Rama
    encountered
Parashuram and battled him, emerging victorious. Sita
    and Rama then
returned home, each of them supremely satisfied with   466
    their heart's desire.

When King Dasharath resolved to grant his kingdom to
    Rama,
Queen Kaikeyi became fiercely hostile and sent Rama into
    exile deep within a forest.
Utterly distressed by his son's banishment, Dasharath
    abandoned his body.

৪৬৭ জানকী লক্ষ্মণে লয়ে   রাম যান দ্রুত হয়ে
        গুহক চণ্ডালে কৈলা সখা ।
    শ্রীরাম দণ্ডকবাসী   তথা উত্তরিলা আসি
        রাবণভগিনী শূর্পণখা ॥

৪৬৮ রামেরে ভজিতে চায়   সীতারে লঙ্ঘিতে যায়
        লক্ষ্মণ কাটিলা নাক তার ।
    সেই হেতু রামশরে   খব দূষণাদি মরে
        শূর্পণখা করে হাহাকার ॥

৪৬৯ শুনি শূর্পণখা মুখে   রাবণ মনের দুখে
        বনে গেল মারিচে লইয়া ।
    মায়ামৃগ রূপ হয়ে   মারীচ রামেরে লয়ে
        দূরে গেল মায়া প্রকাশিয়া ॥

৪৭০ রামবাণে হত হয়ে   হায় রে লক্ষ্মণ কয়ে
        মায়ামৃগ মারীচ মরিল ।
    লক্ষণ সীতার বোলে   তথা গেলা উতরোলে
        সীতা হরি রাবণ লইল ॥

৪৭১ রাম মায়ামৃগ নাশি   লক্ষ্মণ সহিত আসি
        পর্ণশালে না দেখিয়া সীতা ।
    সীতার উদ্দেশে যান   পথে মিলে হনূমান
        সুগ্রীব বানর হৈল মিতা ॥

Leaving Janaki with Lakshman, Rama ventured quickly   467
into the forest, befriending Guhak, a *caṇḍāl*,*
While Shrirama dwelt in the Dandaka forest, he came
    upon
Shurpanakha, sister to the demon Ravana.
Shurpanakha keenly desired Rama, seeking to steal   468
    Rama's heart from Sita,
but Lakshman cut off the temptress's nose.
For such reason, the demons Khar, Dushan, and others
    died, killed by Rama's arrows.
Hearing Shurpanakha's cries, Ravana became deeply   469
    aggrieved
and ran to the forest, dragging the demon Marich with
    him.
Taking on the form of an enchanted deer, Marich
led Rama away, showing him a magic illusion.
Marich, hit by Rama's arrow and crying out, "Alas!   470
    Lakshman!" died.
Upon Sita's order, Lakshman rushed to his brother,
    anxious to assist him,
but it was all Ravana's ploy to capture Sita and abscond
    with her.
When Rama and Lakshman finally returned to their leaf-   471
    covered abode,
Rama searched everywhere for Sita but could find her
    nowhere.

On his quest for Sita, he came across Hanuman
and befriended the royal monkey Sugriv.

* An "untouchable."

৪৭২ সুগ্রীবের পক্ষ হৈলা সপ্ত তাল ভেদ কৈলা
মহাবলী বালিরে বধিলা।
সুগ্রীবেরে রাজ্য দিয়া হনূমানে পাঠাইয়া
জানকীর সংবাদ জানিলা॥

৪৭৩ কপিগণে পাঠাইয়া শিলা তরু আনাইয়া
সিন্ধু বাঁধি ভবানী পূজিলা।
সিন্ধু পার হৈলা রাম মনে মানি পরিণাম
বিভীষণ আসিয়া মিলিলা॥

৪৭৪ অনেক সমর হৈল কুম্ভকর্ণ আদি মৈল
ইন্দ্রজিত প্রভৃতি মরিল।
রাবণ রুষিয়া মনে যুঝে শ্রীরামের সনে
শক্তিশেলে লক্ষ্মণে বিঁধিল॥

৪৭৫ রাম কন হনূমানে সে গন্ধমাদন আনে
তাহে ছিল বিশল্যকরণি।
পাইয়া তাহার ঘ্রাণ লক্ষ্মণ পাইলা প্রাণ
দেবগণ করে জয়ধ্বনি॥

Battling on Sugriv's behalf, splitting seven palm trees in 472
  turn,[44]
Rama defeated Sugriv's rival enemy, King Vali, mightiest
  of monkeys.
Rama, after winning the kingdom for Sugriv, the new
  monkey king,
and dispatching Hanuman, came to know about Janaki.
After worshiping Bhavani, Rama sent apes to collect 473
stones and trees to build an immense bridge over the
  ocean to Lanka.
As Rama crossed the ocean, Ravana's virtuous brother,
Bibhishan, came to greet him, since he had understood the
  issues.
Many battles ensued. Ravana's brother 474
Kumbhakarna and other demons died; Indrajit, Ravana's
  son, and others also were killed.

Ravana, furious, fought Shrirama,
and hurled a deadly weapon at Lakshman.
Immediately Rama sent Hanuman to fetch a powerful 475
  healing plant
from the Gandhamadan mountain. When Hanuman
  returned with the leaves,
Lakshman was revived and healed by but a whiff of the
  potent plant.
The gods in the heavens rejoiced, uttered their joyful cries
  of victory.

৪৭৬ রাবণ আইল রণে রঘুনাথ ক্রোধ মনে
ব্রহ্ম অস্ত্রে তাহারে বধিলা।
বিভীষণে দিলা লঙ্কা ইন্দ্রের ঘুচিল শঙ্কা
পরীক্ষায় সীতা উদ্ধারিলা॥

৪৭৭ রাক্ষস বানর সঙ্গে পুষ্পকে চড়িয়া রঙ্গে
রাজা হৈলা অযোধ্যা আসিয়া।
সীতা হৈলা গর্ভবতী লোকবাদে রঘুপতি
বনবাসে দিলা পাঠাইয়া॥

৪৭৮ সীতা তপোবনে রৈলা কুশ লব পুত্র হৈলা
রাম অশ্বমেধ আরম্ভিলা।
বাল্মীকির সঙ্গে গিয়া কুশ লব বিবরিয়া
রামে রামায়ণ শুনাইলা॥

৪৭৯ কুশ লব পরিচয়ে সীতা আনি নিজালয়ে
পরীক্ষা দিবারে পুন চান।
সীতা কৈলা ধরা ধ্যান ধরা কৈলা অধিষ্ঠান
সীতা কৈলা পাতালে প্রয়াণ॥

A frenzied Ravana then charged at Raghunath*   476
but Rama speared the devilish demon with the divine
    brahma missile, one that could not be warded off.
Dispelling Indra's fears, Rama gave Bibhishan the reign of
    Lanka,
and Sita emerged victorious from a test.
Rākṣasas and monkeys alike laid out garlands and   477
    bouquets of flowers,
as Rama returned a hero to Ayodhya and became its
    glorious king.

Reluctantly, compelled by rumors that Sita was impure,
    Rama Raghupati
sent his beloved to the forest to bear her pregnancy in
    exile.
Banished to the forest to lead an ascetic life, Sita gave birth   478
to twin sons, Lav and Kush, while Rama began his horse
    sacrifice.
Lav and Kush set off with Valmiki to see Rama,
to recite the Ramayana for him.
Realizing who Kush and Lav were, Rama brought Sita to   479
    him.
He wanted to put her on trial again.
As Sita meditated on the Earth, the Earth appeared,
and Sita entered the netherworld.

----

* Rama.

৪৮০   মুগ্ধ রাম সীতাশোকে   হেন কালে সুরলোকে
        যুক্তি করি কাল গেলা তথা ।
        লক্ষ্মণে বর্জ্জিয়া রাম   চলিলা বৈকুণ্ঠধাম
        ভারতের অসাধ্য সে কথা ॥

ভবানন্দের কাশী গমন

৪৮১   জয়তি জননী অন্নদা ।   গিরিশনয়ননর্ম্মদা ॥

৪৮২   অখিল ভুবন ভক্ত ভক্ত ভক্তি মুক্তি শর্ম্মদা ।
        কর বিলসিত রত্ন দর্ব্বী পানপাত্র সারদা ॥

৪৮৩   তরুণ কিরণ কমল কোষ নিহিত চরণ চারদা ।
        ভব নিপতিত ভারতস্য ভব জলনিধি পারদা ॥

৪৮৪   অযোধ্যা হইতে যাত্রা কৈলা মজুন্দার ।
        ডানি বামে যত গ্রাম কত কব তার ॥

৪৮৫   অন্নপূর্ণা দেখিবারে কৈলা মনোরথ ।
        ধরিলা কাশীর পথ কৈলাসের পথ ॥

At this time, Rama spellbound and sorry for Sita,   480
went to the world of the gods, thinking that his time had
    come.
Rama, leaving Lakshman behind, left for Vaikuntha.*

To narrate further is beyond Bharat's ability.

BHAVANANDA PRESSES ON TO KASHI

Victory to you, Mother Annada, who delights the eyes of   481
    Girish,
who grants bliss, devotion, protection to your devotees the   482
    world over.
You, Sarada, whose graceful hands hold your bejeweled
    goblet and ladle.
You, Charada, whose fine feet are embellished by delicate   483
    lotuses and new sunrays.
For the earthbound Bharat, become Parada, the one who
    carries us across the ocean of existence.

As Majundar set off from Ayodhya, he passed   484
ever so many villages to his right and left. How many of
    them could I mention?
Since his deepest desire was to behold Annapurna,   485
he followed the route to Kashi, which was likewise the
    path to Kailash.

---

* Vishnu's heavenly abode.

৪৮৬ শোক দুঃখ পাপ তাপ পলাইল দূরে।
শুভ ক্ষণে প্রবেশিলা বারাণসী পুরে॥

৪৮৭ মণিকর্ণিকার জলে করি স্নান দান।
দর্শন করিলা বিশ্বেশ্বর ভগবান॥

৪৮৮ এক মাস কাশীমাঝে করিয়া বিশ্রাম।
দেখিলা সকল স্থান কত কব নাম॥

৪৮৯ অন্নপূর্ণাপুরে অন্নপূর্ণার প্রতিমা।
বিশ্বকর্ম্মনিরমিত অতুল মহিমা॥

৪৯০ শিব কৈলা যার পূজা দেবগণ লয়ে।
করিলা তাহার পূজা সাবধান হয়ে॥

৪৯১ ষোড়শোপচার উপহার কত আর।
পুথি বেড়ে যায় আর কত কব তার॥

৪৯২ ব্রতদাস পূজা কৈলা কাশীতে আসিয়া।
সাক্ষাৎ হইয়া দেবী কহিলা হাসিয়া॥

৪৯৩ অরে বাছা ভবানন্দ বরপুত্র তুমি।
তোমার পরশপুণ্যে ধন্য হৈল ভূমি॥

৪৯৪ তুমি হৈলা ধরাপতি ধন্যা হৈল ধরা।
বিলম্ব না কর ঘরে চল করি ত্বরা॥

At an auspicious moment, when he entered the city of
    Varanasi,
sorrows, afflictions, sins, all fled far away.
486

He bathed in, made offerings to, the blessed waters at
    Manikarnika,
then went on to have the vision of Lord Vishveshvar.*
487

Majundar sojourned at Kashi for a month, touring and
    paying respects
to all the sites, oh so many, too numerous to tell of.
488

In Annapurna's city stood the image of Annapurna,
a representation of unparalleled beauty fashioned by the
    masterful Vishvakarma.
489

Shiva spoke of her cult, and along with the gods,
he worshiped her with great care.
490

He used sixteen articles and offered so many gifts.
How much else can I relate of it? This saga would expand
    all the more.
491

The servant of her vow offered a cult to Annapurna after
    reaching Kashi,
the goddess revealed herself to him and addressed him,
    smiling exultantly.
492

"Oh, my child Bhavananda, the son of my vow,
the earth has been blessed by contact with your merits.
493

You are sovereign of this earth and its soil is blessed.
Return home anon, my child. Do not delay.
494

---

* "Lord of the world," Shiva.

৪৯৫ চন্দ্রমুখী পদ্মমুখী মোর ব্রতদাসী।
তুমি মোর ব্রতদাস বড় ভাল বাসি॥
৪৯৬ গোপাল গোবিন্দ আর শ্রীকৃষ্ণকুমার।
তিন জন সদা তিন লোচন আমার॥
৪৯৭ সুখে গিয়া রাজ্য কর তা সবারে লয়ে।
করিহ আমার পূজা সাবধান হয়ে॥
৪৯৮ সেখানে তোমারে দেখা দিব আর বার।
সেই কালে কব কথা যত আছে আর॥
৪৯৯ এত বলি অন্নপূর্ণা কৈলা অন্তর্দ্ধান।
মূর্চ্ছা হৈল মজুন্দারে পুন হৈল জ্ঞান॥
৫০০ বিস্তর করিয়া স্তুতি প্রতিমা সমুখে।
দেশেরে চলিলা অন্নপূর্ণা ভাবি সুখে॥
৫০১ অন্নপূর্ণামঙ্গল রচিলা কবিবর।
শ্রীযুত ভারতচন্দ্র রায় গুণাকর॥

Chandramukhi and Padmamukhi are the servants of my vow,   495
as you are. The three of you I love so keenly.
Gopal, Govinda, and Shrikrishnakumar, descendants of   496
King Krishnachandra,
are always like my three eyes.
Set off forthwith with your journeying party to rule your   497
new kingdom.
Continue to worship me with great care.
Upon your return home, I shall reveal myself to you once   498
more
and shall tell you all that remains to be said."
After delivering this message, Annapurna vanished.   499
Majundar, who had lost consciousness, finally regained his
wits.
Uttering eulogy after eulogy before her image,   500
he carried on to his own country, meditating contentedly
on Annapurna.

The most gifted of poets, Shriyuta Bharatchandra Ray   501
Gunakar,
composes the *In Praise of Annada*.

ভবানন্দের স্বদেশে উপস্থিতি

৫০২ ভাই চল চল রে ভাই চল চল।
ঘরে যাব অন্নপূর্ণা বল বল ॥

৫০৩ কাশী হৈতে প্রস্থান করিলা মজুন্দার।
ডানি বামে যত গ্রাম কত কব তার ॥

৫০৪ বনপথে চলিলেন পঞ্চকূট দিয়া।
নাগপুর কর্ণগড় পশ্চাত করিয়া ॥

৫০৫ বৈদ্যনাথে বৈদ্যনাথে করি দরশন।
বক্রেশ্বরে দেখিয়া সানন্দ হৈল মন ॥

৫০৬ বনভূমি এড়াইয়া রাঢ়ে উপনীত।
দেখিয়া দেশের মুখ মহাহরষিত ॥

৫০৭ অজয় হইয়া পার করিলা গমন।
ডানি বামে যত গ্রাম কে করে গণন ॥

৫০৮ কাটোয়া রহিল বামে গঙ্গার সমীপ।
গঙ্গা পার হইয়া পাইলা অগ্রদ্বীপ ॥

৫০৯ গঙ্গাস্নান করিয়া দেখিলা গোপীনাথ।
করিলা বিস্তর স্তব করি যোড়হাত ॥

BHAVANANDA REACHES
HIS NATIVE LAND

Let us go home now, brothers.   502
We shall return home anon. Invoke Annapurna, one and
    all.

As Majundar rode off from Kashi,   503
various villages peppered his view, too numerous to
    convey.
Pushing onward through a region dense with forest,   504
    passing Panchakut,
Majundar continued on, leaving Nagpur and Karnagar to
    his back.
At Vaidyanath, Majundar visited the image of   505
    Vaidyanath,[45]
delighted to behold the site of Vakreshvar.
Trudging through forests and thickets, he finally   506
arrived in Rarh, relieved to have at last returned to his own
    country.
Traversing the Ajay River, he proceeded on his journey.   507
Who can count the villages on the right and the left!
To the left of him lay the town of Katoya, nearby the   508
    Ganga.
After crossing the sacred river, he reached Agradvip,
bathed in the sacred waters of the Ganga, then set off to   509
    see the image of Gopinath,*
clasping his hands together in prayer, reciting hymns in
    praise of the god.

———

* Krishna, lord of the cowherd girls.

৫১০ সেইখানে নানা রসে ভোজন করিলা ।
      বাড়ীতে সংবাদ দিতে বাসু পাঠাইলা ॥

৫১১ ত্বরা করি আসি বাসু দিল সমাচার ।
      ঠাকুর আইলা জয় করি দরবার ॥

৫১২ রাজাই পাইলা ঘড়ি নাগারা নিশান ।
      কি কহিব বিশেষ দেখিবে বিদ্যমান ॥

৫১৩ শিরোপা আমারে দেহ যোড় আর শাড়ী ।
      মাথায় বান্ধিয়া আমি আগে যাই বাড়ী ॥

৫১৪ শুনি রাম সুমার্দ্দার সীতা ঠাকুরাণী ।
      বাসুরে শিরোপা দিলা যোড় শাড়ী আনি ॥

৫১৫ সাধী মাধী দুই দাসী আইল ধাইয়া ।
      সমাচার দিল বাসু নিকটে ডাকিয়া ॥

৫১৬ দুই ঠাকুরাণীরে সংবাদ দেহ গিয়া ।
      রাজা হয়ে ঠাকুর আইলা ডঙ্কা দিয়া ॥

৫১৭ দু জনার পরিবার দুই শাড়ী লয়ে ।
      আগে আমি ঘরে যাই রাঙ্গা চোঙ্গা হয়ে ॥

৫১৮ শুভ সমাচার শুনি দুই ঠাকুরাণী ।
      বাসুরে শিরোপা দিলা শাড়ী দুইখানি ॥

Majundar took a tasty meal, then sent Basu 510
on ahead to announce his impending arrival.

And so Basu raced on to give the glad tidings. 511

"Our master returns anon, following his victory at the
emperor's court.

He has won himself a kingdom here, along with a royal 512
gong, drum, and staff.

I can tell you no more presently, but you shall see our new
king soon.

Fetch for me a turban of honor, a pair of lower and upper 513
garments, and two saris.

I shall wrap a turban around my head and set off first for
my house."

As soon as they heard his instruction, Ram Sumarddar and 514
Mistress Sita

gave Basu a turban of honor and brought the garments
and saris.

Sadhi and Madhi, two maidservants, came running. 515

Basu called them to come to him and conveyed to them
the news:

"Relay the message to your two mistresses that our master 516
has garnered his place

as our sovereign and shall arrive shortly to the rhythmic
beating of his regal drums.

Taking one sari for each of the two wives, 517

in my best finery I shall first go home."

Carrying the saris, Basu quickly rushed home. 518

৫১৯ শাড়ী লয়ে তাড়াতাড়ি বাড়ী গেল বাসু।
দাসুর জননী বলে কোথা মোর দাসু ॥
৫২০ নেচে ফিরে বাসুর রমণী সুখ পেয়ে।
চোর হেন দাসুর রমণী রৈল চেয়ে ॥
৫২১ নাগারা নিশান ঘড়ি সংযোগ করিয়া।
কতগুলি লোক যোগ্য চাকর রাখিয়া ॥
৫২২ পরদিনে বাসু অগ্রদ্বীপে উত্তরিলা।
মজুন্দার মাতবর উকীল রাখিলা ॥
৫২৩ লিখাইয়া পঞ্জা ফরমানের নকল।
নানামতে সাবধানে রাখিলা আসল ॥
৫২৪ ঢাকায় নবাব তথা পাঠায়ে উকীল।
ডঙ্কা দিয়া বাগুয়ানে হইলা দাখিল ॥
৫২৫ অন্নপূর্ণামঙ্গল রচিলা কবিবর।
শ্রীযুত ভারতচন্দ্র রায় গুণাকর ॥

ভবানন্দের বাটী উপস্থিতি

৫২৬ আনন্দ বড় রে।
সব ধামে সব গ্রামে সব যামে ॥
৫২৭ জয় শব্দ পড় রে।
শ্রুতিসামে অবিশ্রামে ফুল দামে ॥

As Dasu's mother asked, "Where is my Dasu?"   519
Basu's wife jubilantly moved about, dancing,
while Dasu's wife looked around   520
furtively, like a thief.
Gathering trumpets, gongs, and standards,   521
Basu kept with him a few people who were able servants.
When Basu returned to Agradvip the next day,   522
Majumdar took under his employ some legal counsel to
     take down a record
of the emperor's official decree, marked with his five   523
     fingers, and make copies,[46]
keeping the original tucked away in a safe place.
He dispatched his counsel to deliver one copy to the   524
     nawab in Dhaka, while another was sent
to be filed at Bagoyan, to be marched off with the
     measured beats of marching drums.

The most talented of poets, Shriyuta Bharatchandra Ray   525
     Gunakar,
composed *In Praise of Annada.*

BHAVANANDA ARRIVES HOME
Oh, what a great joy, hey!   526
Proclaim cries of victory, hey!
In every village, every house, at every hour,   527
pleasant to the ears, incessantly and with flower garlands,

৫২৮   সব লোক জড় রে।
শুভকামে অভিরামে অবিরামে ॥

৫২৯   ভারত দড় রে।
পরিণামে হরিনামে পরণামে ॥

৫৩০ প্রথমে গোবিন্দদেবে প্রণাম করিলা।
জনকের জননীর চরণ বন্দিলা ॥

৫৩১ সীতা ঠাকুরাণী যত এত এয়োগণ লয়ে।
পুত্রের নিছনি কৈলা মহাহৃষ্ট হয়ে ॥

৫৩২ শঙ্খ ঘন্টা বাজে বাজে বিবিধ বাজন।
হুলু হুলু ধ্বনি করে যত রামাগণ ॥

৫৩৩ রাজাইর ফরমানে বহিত্র বরণে।
বরিয়া লইলা অন্নপূর্ণার ভবনে ॥

৫৩৪ পাইয়া সিন্দুর তৈল গেল রামাগণ।
ভাবিছেন মজুন্দার কি করি এখন ॥

৫৩৫ দুই নারী দুই ঘরে কোথা যাব আগে।
মনে এই আন্দোল কন্দল পাছে লাগে ॥

৫৩৬ এত ভাবি জননীর নিকটে বসিলা।
বিদেশের দুঃখ যত কহিতে লাগিলা ॥

৫৩৭ দেখা হেতু বন্ধুবর্গ এসেছিল যারা।
ক্রমে ক্রমে সকলে বিদায় হৈল তারা ॥

let everyone convene and rejoice. 528
Be ever faithful, Bharat. 529
Prostrate in reverence, the sacred name of Hari ever on
    your lips.

Upon arriving home, Majundar bowed before 530
    Govindadev's image,
then praised his mother and father.
Mistress Sita, very pleased, removed by a ceremony, 531
with all the married women who were present,
any inauspiciousness that could have befallen her son.
As conch shells sounded and bells tinkled, along with 532
    other various musical instruments,
all the wives of the town uttered their *hulu hulu* cries.
Greeting the boat carrying the emperor's royal decree 533
    with their reverent ritual,
all the wives took to the temple of Annapurna.
After the women had received vermilion and oil, they set 534
    off for home
and Majundar pondered what to do next.
"Whom shall I visit first of my two wives residing in their 535
    two separate quarters?
Either wife will feel insulted if I visit one before the other."
Plagued with indecision, Majundar ambled over to his 536
    mother first
and began to tell her the pains he suffered in foreign lands.
All the friends that had come to greet Majundar 537
took their leave, one after the other until the last had left.

৫৩৮ দরবেরে কাপড় ছাড়িলা মজুন্দার।
দাসু যোগাইল ধুতিজোড় পরিবার ॥
৫৩৯ সায়ংসন্ধ্যা সমাপিয়া বসি পান খান।
সাধী দাসী মনে মনে করে অনুমান ॥
৫৪০ ছোট মার কাছে পাছে আগে যান জানি।
ধেয়ে গেল যথা বসি বড় ঠাকুরাণী ॥
৫৪১ এ সুখে বঞ্চিত কবি রায় গুণাকর।
দুই নারী বিনা নাহি পতির আদর ॥

বড় রাণীর নিকটে সাধীর বাক্য

৫৪২ বড় ঠাকুরাণি গো।
ঠাকুর হইলা রাজা তুমি রাণী গো ॥
৫৪৩ যুবা সুয়া বুড়া দুয়া সবে জানি গো।
সুয়া যদি হবে শুন মোর বাণী গো ॥
৫৪৪ মাধী লয়ে ছোট করে কানাকানি গো।
তোমারে না দিবে হেন অনুমানি গো ॥
৫৪৫ মাধী পাছে পড়ি দেয় পান পানি গো।
কত মন্ত্র তন্ত্র জানে সে নাপানী গো ॥

At evening's end, Majundar disrobed from his regal court   538
    dress
and Dasu fetched for him a dhoti.

As Majundar passed the rest of the evening enjoying his   539
    repast and drinking merrily,
a brilliant idea popped into the maidservant Sadhi's mind.

Assuming that Majundar would visit his younger wife   540
    first,
Sadhi rushed where the elder of the two mistresses was
    sitting.

The poet Ray Gunakar is bereft of the pleasure this new   541
    king relishes,
for a man who lacks a pair of wives ever longs for love.

SADHI SPEAKS TO THE ELDER QUEEN

"My dear elder mistress,   542
our master has become a raja so you are a rani, dear.

Everyone knows that a younger wife is favored   543
over the elder. So, heed my words, my lady.

The young queen, who speaks in hushed tones with her   544
    maid Madhi,
is devising a scheme to keep him from you.

I fear that Madhi, this arrogant woman who knows ever so   545
    many charms and incantations,
is casting a spell on betel and water.

৫৪৬ ছোট যুবা প্রভু তাহে যুবজানি গো ।
আধবুড়া তুমি তাহে অভিমানী গো ॥

৫৪৭ ছোটর ঘরেতে হবে রাজধানী গো ।
তারি ঘরে ঠাকুরের আমদানি গো ॥

৫৪৮ ছোটরে বলিবে লোকে মহারাণী গো ।
তোমারে বলিবে বুড়া ঠাকুরাণী গো ॥

৫৪৯ হাততোলা মত পাবে অন্ন পানি গো ।
বড় হয়ে ছোট হবে মানহানি গো ॥

৫৫০ পুত্রবতী গুণবতী বট জানি গো ।
যৌবনে সে পতিমন লবে টানি গো ॥

৫৫১ রূপবতী লক্ষ্মী গুণবতী বাণী গো ।
রূপেতে লক্ষ্মীর বশ চক্রপাণি গো ॥

৫৫২ আগে যদি ঠাকুরেরে ডাকি আনি গো ।
ছোট পাছে পথে করে টানাটানি গো ॥

৫৫৩ টেনে টুনে বাঁধ ছাঁদ খোঁপাখানি গো ।
শাড়ী পর চিকণ শ্রীরামখানি গো ॥

৫৫৪ দেহুড়ীর কাছে থাক হয়ে দানী গো ।
ঘরে আন ধরে করে টানাটানি গো ॥

I fret for you, as the master is a young man and his second 546
    wife
just as youthful, while you are middle-aged and so
    sensitive.
The king, I fear, will make his younger queen's quarters his 547
    capital,
And, in her room, will take place all the official gatherings.
One and all shall call our king's young wife the maharani, 548
while they shall call you the old mistress.
Like a slap in the face, you will be given food and water, 549
    and, though elder,
you will be the small one and lose prestige.
Though it is you who have born our king strong, virtuous 550
    sons,
it is this second bride's youth that will capture your
    husband's heart.
Though Vani* brims with fine talents, myriad merits, 551
Chakrapani† is tempted by Lakshmi's radiant beauty.
Allow me, mistress, to call my master first and bring him 552
    here,
lest the young one pull him toward her on his way.
Tie and arrange your chignon prettily, 553
and wrap yourself in your silky elegant *śrirāmkhāni*‡ sari.
Remain vigilant at the gate to the women's quarters like a 554
    toll collector.
Work your wiles and beckon him to join you in your
    room."

—————

* The goddess Sarasvati.
† "Bearer of the discus," Vishnu.
‡ A particularly beautiful green garment.

৫৫৫   ভারত কহিছে এত জানাজানি গো ।
পতি লয়ে দু সতীনে হানাহানি গো ॥

ছোট রাণীর নিকটে মাধীর বাক্য

৫৫৬   সাধীর বচন শুনি   চন্দ্রমুখী মনে গুণি
বটে বটে বলিয়া উঠিলা ।
মনে করে ধরফড়   বেশ কৈলা দড়বড়
পতি ভুলাইতে মন দিলা ॥

৫৫৭   খোঁপা বাঁধি তাড়াতাড়ি   পরিয়া চিকণ শাড়ী
পড়িয়া কাজল চক্ষে দিলা ।
পড়া তৈল মুখে মাখি   পড়া ফুল চুলে রাখি
নানা মন্ত্রে সিন্দূর পড়িলা ॥

৫৫৮   পরি পড়া গন্ধ চুয়া   মুখে পড়া পান গুয়া
ন্যাস বেশ নাপান ঝাঁপান ।
গলিত হয়েছে কুচ   কেমনে সে হবে উচ
ভাবিয়া উপায় নাহি পান ॥

Bharat says, "Oh my, how this pair of wives knows each   555
    other so well,
yet still fights so ardently over their husband, dear!"

MADHI ADDRESSES
THE YOUNGER QUEEN

Having heard as much from Sadhi, Chandramukhi   556
    thought it over,
then exclaimed, "Ah, I agree. I shall do just that!"
Anxiously dressing in great haste,
she pondered how best to charm her husband.
Pinning her lustrous hair up quickly and applying kohl   557
    around her eyes,
she dressed herself in a vibrant, glossy sari.
She anointed her face with enchanted oil, placed in her
    hair charmed flowers,
and applied vermilion with various magic formulas.
Sprinkling charmed perfume and putting charmed betel   558
    leaves and areca nuts
in her mouth, she pranced about the room in her attractive
    dress.
But soon Chandramukhi began to ruminate on her sagging
    breasts,
wondering how they could be raised again.
She thought long about it but found no answer.

৫৫৯ ছেলে কেন্দে উঠে কোলে   তোষেন মধুর বোলে
কান্দ না রে অই তোর বাপা।
তোর বাপে আনি গিয়া   থাক বাছা চুপ দিয়া
অই ডাকে কানকাটা হাপা॥

৫৬০ সাধীরে বালক দিয়া   দেহুড়ীর কাছে গিয়া
রহিলা প্রহরী যেন রেতে।
প্রভু আসিবেন যেই   ধরে লয়ে যাব তেই
না দিব সতার ঘরে যেতে॥

৫৬১ ওথা পদ্মমুখী লয়ে   মাধী রসে মগ্ন হয়ে
নানামতে বেশ করি দিল।
পতি ভুলাবার কলা   জানে নানামত ছলা
ক্রমে ক্রমে সব শিখাইল॥

৫৬২ সতিনী তোমার যেটা   কোলে তার তিন বেটা
ঘর দ্বার সকলি তাহার।
শ্বশুর শাশুড়ী যারা   তাহারি অধীন তারা
এই মাধী কেবল তোমার॥

As her young son cried in her lap, she pacified him with   559
  sweet words:
"Cry not, my son, for your father is coming soon.
Behave yourself and keep quiet while I fetch your father.
The split-eared *hāpā** is now calling."
Handing her son over to Sadhi, Chandramukhi ambled   560
  over to the gate
to the women's quarters, where she stood vigilant like a
  night watchman.
"As soon as the master, my husband, comes, I shall catch
  hold of him and prevent him
from visiting Padmamukhi, I will not let him go to my
  co-wife's room," she thought.

Meanwhile, Madhi, furious, was absorbed with   561
  Padmamukhi,
whom she dressed up in various pleasant ways.
Madhi knew well the art of seducing a husband,
and little by little had taught all her tricks to her mistress.
"Mistress, your husband's elder wife, you see, already has   562
three sons, and all your property, everything, belongs to
  her,
even your parents-in-law, whom she rules over.
Whereas only this Madhi truly belongs to you.

─────

* An imaginary ferocious animal.

৫৬৩ দরবারে জয় লয়ে প্রভু আইলা রাজা হয়ে
আগে যদি তার ঘরে যান।
মহারাণী হবে সেই মোর মনে লয় এই
তুমি হবে দাসীর সমান॥
৫৬৪ একে তার তিন বেটা তাহারে আঁটিরে কেটা
আরো যদি রাণী হয় সেই।
রাজপাট সব লবে তোমার কি দশা হবে
আমার ভাবনা বড় এই॥
৫৬৫ দুয়ারে দাঁড়ায়ে থাক আঁখি ঠার দিয়া ডাক
আমি গিয়া ঠাকুরেরে ডাকি।
আগে তাঁরে ঘরে আনি তোমারে ত করি রাণী
তবে সে সতিনী পায় ফাঁকি॥
৫৬৬ এত বলি তাড়াতাড়ি চলিল বাহির বাড়ী
মাধী যেন মাতাল মহিষী।
চুড়া ছাঁদে বাঁধা চুল তাহাতে চাঁপার ফুল
আঁচল লুটায় মাটি মিশি॥
৫৬৭ নাপান ঝাঁপানে যায় ডানি বামে নাহি চায়
উত্তরিল যথা মজুন্দার।
দাঁড়াইয়া এক পাশে কথা কহে মৃদু হাসে
রায় গুণাকর কহে সার॥

How exciting, is it not, that our master should return   563
    home a true king.
But what, my lady, will become of you if he visits his elder
    wife first?
If he does, she will become his maharani,
and you simply his servant. Take it from me:
having three sons makes her untouchable,   564
all the more so should she become the queen.
She could lay claim to all the royal insignia, and then only
    misery shall befall you.
This is ever a real concern, my lady.
But I have a plan. You will stand at the entrance to your   565
    quarters and seduce him
with your sidelong glances. I shall go and call the master.
I shall lead him first to your quarters, eclipsing
dear old Chandramukhi before she knows what has hit
    her."

Having said as much, Madhi set off for the gate   566
as if she herself were Majundar's great wife, his comely
    queen.
Designed to look as if it held a charming crown of
    champac flowers, Madhi's hair
exuded fragrant perfumes, while the end of her sari
    dragged dust as it trailed on the ground.
Confidently, seductively, she strolled up to where   567
    Majundar was seated,
Madhi never taking her eyes off her fetching target.

She stood on one side and she spoke to him softly, coyly.
Ray Gunakar is foremost among narrators.

ভবানন্দের অন্তঃপুরপ্রবেশ

৫৬৮ মার কাছে মজুন্দার বসি পান খান।
হেন কালে মাধী এল গাল ভরা পান ॥

৫৬৯ ছোট মার ঘরে আসি পান খেতে হয়।
এত বলি ঝারি বাটা অমৃতীটি লয় ॥

৫৭০ মাধী যদি ঝারি বাটা অমৃতী লইল।
বিধাতা মনের মত সংযোগ করিল ॥

৫৭১ রাখিতে কে পারে আর মাধী দিল টান।
ঘাড় ফিরে আড়ে আড়ে মার দিকে চান ॥

৫৭২ মায়ের পোয়ের ভাব রহে না কি ছাপা।
সীতা কন ঘরে গিয়া পান খাও বাপা ॥

৫৭৩ আশা বুঝি বাসু আশু খড়ম যোগায়।
হাসি হাসি মাধী দাসী আগে আগে যায় ॥

৫৭৪ দেহুড়ীর পার মাত্র হৈলা মজুন্দার।
সমুখেতে চন্দ্রমুখী কৈলা নমস্কার ॥

৫৭৫ জিজ্ঞাসিলা মজুন্দার বাড়ীর কুশল।
চন্দ্রমুখী নিবেদিলা সকলি মঙ্গল ॥

৫৭৬ এই ঘরে আসি বসি খাউন পান জল।
দেখিবারে ছেলে পিলে হয়েছে বিকল ॥

BHAVANANDA ENTERS
THE WOMEN'S QUARTERS

Seated beside his mother, Majundar was chewing a quid of 568
    betel

when Madhi came upon them, her own mouth brimming
    with leaves.

"Come, my lord, to your young queen's quarters to take 569
    another quid of betel,"

Madhi beckoned him as she grabbed a pitcher, tray, and
    spittoon.

As she picked up the items, Vidhata granted 570
her request and set her plan in motion.

Who had the power to keep him there? Madhi had her 571
    wily ways.

Bhavananda cocked his head, and looked at his mother
    obliquely.

But a mother always knows her son's mind and moods. 572

And so Sita said, gesturing to him, "Go to your room, my
    son, and have a quid of betel there."

Instinctively sensing his master's intentions, Basu 573
    hurriedly fetched Bhavananda his sandals.

Giggling, Madhi, the maidservant, preceded him.

Hardly had Majundar passed the gate 574
when Chandramukhi, standing in front, saluted him.

Majundar asked after their family. 575

Chandramukhi replied that everyone was well.

"Come now, my lord. Sit and take some betel and drink. 576
The children are ever eager to see their father."

৫৭৭ শুনি মজুন্দার বড় উন্মনা হইলা।
কার ঘরে আগে যাব ভাবিতে লাগিলা॥
৫৭৮ যাইতে ছোটর ঘরে বড় মনোরথ।
বড় কৈলা বাদহাটা আগুলিয়া পথ॥
৫৭৯ এক চক্ষু কাতরায়ে ছোটঘরে যায়।
আর চক্ষু রাঙ্গা হয়ে বড় জনে চায়॥
৫৮০ সন্ধ্যাকালে চক্রবাক চাহে যেন লক্ষে।
এক চক্ষে তরুণী তরণি আর চক্ষে॥
৫৮১ মাধী বলে আগে যান ছোট মার ঘরে।
তার পরে যাবেন যেখানে মন ধরে॥
৫৮২ সাধী বলে মাধী তোরে সাক্ষী কেবা মানে।
ঠাকুর যাবেন বুঝি আপনার স্থানে॥
৫৮৩ ঠাকুরাণী ঠাকুরে যখন কথা হয়।
দাসী হয়ে কথা কৈস বুকে নাহি ভয়॥
৫৮৪ আগে বড় পিছে ছোট বিধির এ কট।
তুই কি করিবি তাহে উলট পালট॥
৫৮৫ কন্দল লাগায়ে ঘর মজাইবি বুঝি।
রামায়ণে ছিল যেন কেকয়ীর কুঁজী॥
৫৮৬ মাধী বলে আ লো সাধী চুপ করি থাক।
আমি জানি বিস্তর অমন এঁড়ে ডাক॥

Majundar, after listening to her, became agitated: 577
"To whose room should I go first?" he began wondering.
"I strongly wish to go to the quarters of the young one,   578
but the older one created an obstacle by obstructing my
       way.
One of my eyes is longing to go to the young one's room,   579
while my other eye has reddened looking to the older one.
I am like the curlew: in the evening it seems to observe   580
       with one eye a *taruṇī,* a young female,
and with the other a *taraṇi,* a boat."[47]
"Come, my lord, to your young wife's place," Madhi urged   581
       him.
"Later you can do as you like."

"Madhi, whoever would take your counsel seriously?"   582
       Sadhi jabbed her.
"Our great master knows his own mind and will do as he
       pleases.
When the master and the mistress talk between   583
       themselves,
does a servant like you not scruple to speak?
Remember Vidhi's rule, that the elder receive precedence   584
       over the younger.
Or is your mission to undo our great traditions?
By inciting such conflict I imagine your design is to ruin   585
       the family,
just as Kaikeyi's cursed hunchback servant had done in the
       Ramayana."[48]
"Oh, hush, Sadhi," Madhi huffed.   586
"I know well lots of your bellowing calls."

৫৮৭ সাধী সঙ্গে করিয়া কথার হুটাহুটি ।
ছোটর নিকটে মাধী গেল ছুটাছুটি ॥

৫৮৮ কহিছে ভারতচন্দ্র রায় গুণাকর ।
দু সতীনা ঘরে দাসী অনর্থের ঘর ॥

মাধীকৃত সাধীর নিন্দা

৫৮৯ কি কর চল তাড়াতাড়ি ।   গো ছোট মা ।
তোমার নাম কয়ে   ঠাকুরে আনু লয়ে
বড় মা করে কাড়াকাড়ি ॥

৫৯০ সে যদি আগে লৈল   সেই ত রাণী হৈল
তবে ত বড় বাড়াবাড়ি ।
সে পতি লয়ে রবে   তুমি পাইবে কবে
ঘুচিল শেজি পাড়াপাড়ি ॥

৫৯১ ভুলিয়া তার ভাবে   পতি না তোরে চাবে
কথাও হবে ভাঁড়াভাঁড়ি ।
রান্ধিয়া দিবে ভাত   ফেলাবে আঁটু পাত
ঘুচিল হাত নাড়ানাড়ি ॥

Following her heated exchange with Sadhi,   587
Madhi set off straightaway for the younger rani.

Bharatchandra Ray Gunakar proclaims, "When there are   588
    two wives,
the maidservants make home a dangerous place."

MADHI REVILES SADHI

"Make haste and come quickly, you, dear young mother.   589
I have lured our master with but a whisper of your name,
though our elder mother tirelessly seeks to capture him
    and make him hers alone.
Should she seize him first, my lady, she will become our   590
    master's great queen—
and this would be unacceptable, beyond the limit.
She will then remain with the husband, when will you get
    him?
For that will be an end to the lovely young pair of you
    sleeping together.
Bewitched by Chandramukhi, your husband and master   591
    will no longer desire you,
and find words to repeatedly deceive you.
Your co-wife will order you to toss away the leaf with the
    leftovers,
but rest assured, that will be the end to your fretful hand-
    wringing.

৫৯২ সাধ্বী হারামজাদী এখনি হৈল বাদী
করিতে চায় ছাড়াছাড়ি।
সাধ্বী যে কথা কৈল মোরে সে শেল রৈল
দিয়াছি খুব ঝাড়াঝাড়ি॥
৫৯৩ করিনু যত তন্ত্র পড়িনু যত মন্ত্র
কন্দলে গেল মাড়ামাড়ি।
ঠাকুরে ভুলাইব তোমারে আনি দিব
আনিয়া গাছ সাঁড়াসাঁড়ি॥
৫৯৪ দু সতীনের ঘর পতিরে ঘুচে ডর
কন্দলে হয় রাড়ারাড়ি।
দুজনে দ্বন্দ্ব করে দাসী আনন্দে চরে
ভারত কহে আড়া আড়ি॥

পতি লয়ে দুই সতীনের ব্যঙ্গোক্তি

৫৯৫ কি হেরিনু অপরূপ রূপের বাজার।
রাধা চন্দ্রাবলী বলে গোবিন্দ সাজার॥

Sadhi is such a scoundrel though she just now became a   592
     servant,
she wants to break up the family.
Sadhi's words were missiles launched for me alone,
but I gave her such a dressing down, mistress, I made
     myself known.
I used many esoteric charms, and recited so many   593
     mantras,
it was a terrible quarrel.
But let me seduce our master, my lady, and bring him to
     you,
so he may mate with a tree that has so long remained
     barren."

As the two wives moved to put a swift end to the panic that   594
     piqued their husband's heart,
their maids maliciously continued their ferocious attacks,
     each against her rival counterpart.
As each carried on reviling the other, challenging their
     person in banter and wit,
Bharat declares, "Oh, how these two love the drama of
     throwing such an elaborate fit."[49]

BOTH WIVES RIDICULE THEIR HUSBAND
What is this image I have beheld?   595
Radha and Chandravali* pull at Govinda's attire.

---

* Radha's rival.

৫৯৬   রাধা পীত ধড়া ধরে   চন্দ্রাবলী ধরে করে
       চৌদিকে বেড়িয়া গোপী ষোড়শ হাজার।
     কেহ বা মোড়য়ে অঙ্গ   কেহ করে ভুরুভঙ্গ
       হাব অনুভবে ভাব কহে যেবা যার॥

৫৯৭   সকলে সমান ভাব   সকলে সমান হাব
       বিশ্বপতি শ্যামরায় কহে কেবা কার।
     সব গোপী এক সাথে   লুঠিলেক গোপীনাথে
       ভারত দোহাই দেয় মদনরাজার॥

৫৯৮   মাধীর বচনে পদ্মমুখী ত্বরান্বিতা।
     দেহুড়ীর কাছে গিয়া হৈলা উপানীতা॥

৫৯৯   গলায় অঞ্চল দিয়া কৈলা নমস্কার।
     আঁখিঠারে সম্ভাষ করিলা মজুন্দার॥

৬০০   পদ্মমুখী তুষ্ট হৈলা ইসারা পাইয়া।
     হাসিয়া কহেন প্রভু কেন দাঁড়াইয়া॥

৬০১   বড়দিদি দাঁড়াইয়া কেন দুঃখ পান।
     উচিত যে উহাঁরি মন্দিরে আগে যান॥

৬০২   মজুন্দার বুঝিলেন পদ্মমুখী ধীরা।
     দুজনে সমুখে করি দাঁড়াইলা ফিরা॥

৬০৩   দু সতীনে কন্দল নহিলে রস নহে।
     দোষ গুণ বুঝা চাই কে কেমন কহে॥

While Radha catches the end of his yellow loincloth and   596
    Chandravali grabs his hand,
sixteen thousand *gopīs* surround the two.
One *gopī* crosses her arms and legs, as another raises her
    eyebrows,
each girl making a show of her feeling.
And yet all of them feel the same way, convey the same   597
    emotion. The lord of the universe,
Krishna Shyamraj, knows well who belongs to whom.
Let all the *gopīs* together, at once, steal the heart of their
    lord, Gopinath.
Bharat makes his wishes known to the king of love.

Padmamukhi acted quickly upon hearing Madhi's   598
    dramatic speech,
she went near the gate and stayed there, waiting.
She saluted by wrapping the end of her sari around her   599
    neck,
as he acknowledged her with a sly wink.
Delighted by his response, she smiled and said,   600
"My lord, why do you linger about here?
And what of my elder sister* who looks so downcast, sir?   601
You must carry on and visit her first, my lord."
Knowing that his young wife never shows her jealousy,   602
Majundar turned round to face both his wives.
A husband's enjoyment of his marriage is lost when his   603
    wives suspend their fighting
over him. But their intentions can be gleaned, he
    surmised, by how they respond to him.

* That is, co-wife.

৬০৪ রসিকের স্থানে হয় রসের বিস্তার।
সাধী মাধী দু জনে কহিলা মজুন্দার॥

৬০৫ দু জনার ঘরে গিয়া দুই জনা থাক।
ডাকাডাকি না কর সহিতে নারি ডাক॥

৬০৬ কামের করাতে ভাগ করি কলেবরে।
সমভাবে রব গিয়া দু জনার ঘরে॥

৬০৭ দুটায় মরিস কেন ডাকাডাকি করি।
তারি কাছে আগে যাব যে লইবে ধরি॥

৬০৮ এত শুনি সাধী মাধী অন্তর হইল।
দু জনার ঘরে গিয়া দু জনা রহিল॥

৬০৯ পদ্মমুখী কহে ভাল আজ্ঞা দিলা স্বামী।
ধরি লৈতে তোমারে ত না পারিব আমি॥

৬১০ বড় দিদি বড় সুয়া সব কাজে বড়।
ধরি লৈতে উনি বিনা কেবা হবে দড়॥

৬১১ চন্দ্রমুখী কন বুনি ব্যঙ্গ কৈলা বড়।
দড় ছিনু যখন তখনি ছিনু দড়॥

৬১২ তিন ছেলে কোলে আর দড় হব কবে।
আটে পিঠে দড় যেই সেই দড় হবে॥

And so the great Majundar, a fount of wit and emotion,   604
addressed both wives' handmaids, instead of his wives
    themselves.

"Both of you, return now to your quarters and stay there.   605
How can I permit these incessant calls? Keep a hold on
    your mistresses, each of you.

I cannot divide myself in two to attend to them both, make   606
    love to them both.
I shall visit both your mistresses presently, equally. Have
    patience.

Why overextend yourselves and hunt me down?   607
I shall attend to the one who captures me first."

Sadhi and Madhi heeded the words of their master, each   608
    returning
to her respective quarters and obediently remaining there.

"Our husband has spoken well," Padmamukhi chimed in   609
    first.
"But, for my part, I cannot catch you, my lord.

My elder sister is better loved, and she precedes me in   610
    everything.
Who but she could hold to a husband so unyieldingly?"

"Oh, sister, you never tire of poking fun at me,"   611
    Chandramukhi rebuked her.
"Indeed, I was strong when I was strong,

but with three sons to care for, oh when will I be strong   612
    again?
I think she who has vigor in each of her limbs is truly the
    strong one.

৬১৩ দড় বেলা ফিরিয়াছি কত ঠাট করি।
ধরিতে না হৈত প্রভু আনিতেন ধরি॥

৬১৪ এখন ধরিতে চাহি ধরা দিলে পারি।
ধরাধরি যার সঙ্গে ধরাধরি তারি॥

৬১৫ তোমার যৌবন আছে তুমি আছ সুয়া।
হারায়ে যৌবন আমি হইয়াছি দুয়া॥

৬১৬ সুয়া যদি নিম দেয় সেহ হয় চিনি।
দুয়া যদি চিনি দেয় নিম হন তিনি॥

৬১৭ চন্দ্রমুখী কথায় বুঝিয়া আবিষ্কার।
ধূর্ত্তপনা করিয়া কহেন মজুন্দার॥

৬১৮ চন্দ্রমুখি তব মুখচন্দ্রের উদয়।
পদ্মমুখীমুখপদ্ম প্রকাশ কি হয়॥

৬১৯ ক্ষণেক বদনচন্দ্র ঢাকহ অম্বরে।
শুন দেখি পদ্মমুখী উত্তর কি করে॥

৬২০ চন্দ্রমুখী কহে প্রভু গিয়াছে সে দিন।
এখন পদ্মেরে দেখে চন্দ্রমা মলিন॥

৬২১ মজুন্দার কন প্রিয়ে এমন কি হয়।
চন্দ্র পদ্মে যে সম্বন্ধ কভু মিথ্যা নয়॥

But as for me, my youth has abandoned me. So how
    glamorous can I be?   613

I would not have had to catch our lord, it is he who would
    have caught me.

True, I desire him so, but I can only reel him in if he allows   614
    himself to be hooked.

There is mutual holding if the other one also holds.

But you, Padmamukhi, are the favored one, in the prime   615
    of your youth,

while I have lost my youth. It is I who have become
    unloved.

When the favored wife gives bitter neem, it turns into   616
    sugar,

but when a jilted wife proffers sweet sugar, it becomes
    neem."

Seeing past Chandramukhi's cunning self-deprecation,   617
Majundar retaliated in kind.

"Chandramukhi, without the glow of your moonlike face,   618
can the lotus of Padmamukhi's face even be seen?[50]

Hide the gleam of your moonlike face a while,   619
so we can know Padmamukhi's answer."

But Chandramukhi retorted, "My lord, my days of   620
    moonlight are over, I'm afraid.

Now, in the presence of this resplendent lotus, my
    moonglow is dim."

"Can that be so, my beloved?" Majundar checked her.   621
"The relation between the moon and the lotus can never
    be a lie."

৬২২ হাসি চন্দ্রমুখী মুখে ঝাঁপিলা অম্বর।
পদ্মমুখপদ্মে হৈলা মধুকর॥
৬২৩ ভারত কহিছে ধন্য ধূর্ত্ত মজুন্দার।
সমান রাখিলা মান জ্যেষ্ঠা কনিষ্ঠার॥

ভবানন্দের উভয় রাণী সম্ভোগ

৬২৪ সোহাগে হইয়া সুখী ঘরে গেলা পদ্মমুখী
মজুন্দার বড় ঘরে গেলা।
কোলে লয়ে বড় নারী করি তার মনোহারি
ক্ষণেক করিলা কামখেলা॥
৬২৫ ছেলে পিলে নিদ্রা গেলা চন্দ্রমুখী লয়ে খেলা
রাত্রি হৈল দ্বিতীয় প্রহর।
যাইতে ছোটর কাছে মনের বাসনা আছে
সমাপিলা বড়র বাসর॥

As Chandramukhi, with a smile, hid her face behind the 622
    end of her sari,
a buzzing honeybee found rest as it settled on the lotus of
    Padmamukhi's fresh face.

Bharat declares, "Blessed is this wily Majundar 623
who deftly avoids slighting one wife for the other."

BHAVANANDA MAKES LOVE
TO THE TWO QUEENS

Happy with the professed love, Padmamukhi returned to 624
    her bedchamber,
smiling to herself, as Majundar led Chandramukhi to her
    quarters.
Taking her into his arms, he captured her heart entire.
After the children had drifted off to sleep, he romped 625
    about with his elder queen,
making love to her throughout the night
until the wee hours of early morning.
Feeling at once an intense desire to visit his younger wife,
    Bhavananda

৬২৬ প্রোষিতভর্ত্তৃকা হয়ে দুহে ছিলা দুঃখ সয়ে
আমা দেখি বাসসজ্জা হৈলা।
কার ঘরে যাব আগে উৎকণ্ঠিতা এই রাগে
দেহুড়ীতে অভিসার কৈলা॥

৬২৭ কারো ঘরে নাহি গিয়া রহিলাম দাঁড়াইয়া
বিপ্রলব্ধা হইলা দু জনে।
এখন ইহারে লয়ে থাকিলাম সুখী হয়ে
পদ্মমুখী কি ভাবিছে মনে॥

৬২৮ স্বাধীনভর্ত্তৃকা ইনি প্রোষিতভর্ত্তৃকা তিনি
আমি হৈনু অপূর্ব্ব নায়ক।
তারে গিয়া হৃদে ধরি স্বাধীনভর্ত্তৃকা করি
নহে হব কামিনীঘাতক॥

৬২৯ রাত্রিশেষে গেলে তথা ক্রোধে না কহিবে কথা
খণ্ডিতা হইবে পদ্মমুখী।
খেদাইবে কটু কয়ে কলহান্তরিতা হয়ে
কান্দিবেক হয়ে বড় দুখী॥

said his goodbyes, leaving the bed of the elder. As he   626
    walked on he thought to himself,
"Oh, how both my wives, *prositabharttṛkās,* have been
    pining for me, bearing the pain[51]
of my absence. When they saw me they became *vāsasajjā*
    and readied themselves for me.
Oh, whose chambers to visit first? Both wives, *utkaṇṭhitās,*
    were passionate,
eager to hold an *abhisār,* a secret tryst, with me at the gate.
But as I chose neither, both were   627
vipralabdhā, disappointed in their love.
Now that I have passed the night with my elder wife,
I wonder what Padmamukhi thinks. One of my wives is   628
    svādhīnabharttṛkā,
satisfied and independent, while the other is
    prositabharttṛka, pining for her lover.
Oh, I am like the hero of a grand drama!
And now I set off for my dear young Padmamukhi and
    make of her
a *svādhīnabharttṛkā.* I shall not destroy the hopes of such
    an enchanting wife.
If I should leave as night ends and morning begins,   629
    Padmamukhi
will feel affronted, put on a show as a *khaṇḍitā,* a jealous
    wife.
She will cast me off with her bitter words as a
    kalahāntaritā, separated by a quarrel,
and weep hopelessly, as if she has lost me.

৬৩০ তার কাছে গালি খেয়ে   এখানে আসিব ধেয়ে
       ইনি পুন হবেন খণ্ডিতা।
       সেইখানে যাহ কয়ে   খেদাইবে ক্রুদ্ধ হয়ে
       একে দুই কলহান্তরিতা॥

৬৩১ রাত্রি যাবে এইরূপে   ডুবে রব কামকূপে
       কেহ নাহি করিবে উদ্ধার।
       এখনো যদ্যপি যাই   তবে দুই কূল পাই
       সম হয় দুহার বিহার॥

৬৩২ দুই প্রহরের ঘড়ি   গজরের তড়বড়ি
       মজুন্দার বাহির হইলা।
       ওথা ঘরে পদ্মমুখী   ভাবেন অন্তরে দুখী
       বুঝি প্রভু আসিতে নারিলা॥

৬৩৩ সোহাগেতে ভুলাইয়া   মোরে ঘরে পাঠাইয়া
       আনন্দে রহিলা বড় লয়ে।
       গেল রাত্রি দুই পর   এখনো না এলা ঘর
       এ দুঃখ কেমন রব সয়ে॥

৬৩৪ ফুলবাণ বাণফলে   অঙ্গ দেই ধরাতলে
       ঘর বারি করে কত বার।
       এই অবসর পেয়ে   মন পলাইল ধেয়ে
       শরের বুঝিয়া খর ধার॥

Then, driven away by her, I will return to Chandramukhi,   630
who will in turn erupt in jealousy as a *khaṇḍitā* again,
exiling me from her quarters and shouting at me to visit
    my other wife.
Then both shall be *kalahāntaritās,* dismissing me in
    spiteful haste.
Should I pass the night this way, I shall drown in a pool of   631
    lust,
no one ever coming to seek me out. But," he resolved,
"now if I go to the younger one, I obtain the two shores,
the amorous frolic of both are equal."

And so resolving, Majundar eagerly rushed out   632
of his elder wife's quarters toward his younger wife's,
while poor Padmamukhi morosely ruminated, worried
that her husband would not visit her bedchamber that
    night.
She sighed in despair, "Oh, it must be so. My dear one has   633
    been beguiled
by my elder sister, and he stays with her. Woe is me.
Half the night has gone and passed, and still
he hasn't come. How can I endure this separation?"

After having paced about her quarters, endlessly checking   634
    the entrance to see
if her husband had come, she was suddenly pierced by the
    sharp end of a flower arrow.
Instantly struck with the spell of love, Padmamukhi felt
    the arrow's bite
as her mind raced with amorous thoughts and designs.

৬৩৫ হেন কালে মজুন্দার বেগে ঘরে এলা তার
মন আইল বেগ শিখিবারে।
মদন প্রহরী ছিল খর শর ছাড়ি দিল
দু জনে বিন্ধিল এক ধারে॥
৬৩৬ কথায় না সহে ভর দুহে কামে জর জর
কামক্রীড়া করিলা বিস্তর।
ভারত কহিছে সার বিস্তর কি কব আর
বর্ণিয়াছি বিদ্যার বাসর॥

মজুন্দারের রাজ্য

৬৩৭ ধূধূ ধূধূ নৌবত বাজে রে।
বরপুত্র অন্নদার ভবানন্দ মজুন্দার
রাজা হৈলা বাগুয়ান মাঝে রে॥
৬৩৮ ভোঁভোঁ ভোরঙ্গ বাজে ধাঁধাঁ ধামসা গাজে
ঝাঁ ঝাঁ ঝাঁ ঝম ঝম ঝাঁজে রে।
ঘড়ি বাজে ঠন ঠন ঘন্টা বাজে রন রন
গন গন গজঘন্টা গাজে রে॥

Just then, Majundar came into view and rushed toward   635
    her.
The lovely queen had never before seen anyone run so
    swiftly.
It was Madan, who guarded the door to her abode, who
    shot the potent flower arrow,
piercing them both through and through.
Desire enveloped them, words failing the pair of lovers,   636
    and they passed
the rest of the night in passionate foreplay and fervent
    lovemaking.

Bharat concludes, "What more can I say?
I have already narrated Vidya's nuptial chamber."

MAJUNDAR'S KINGDOM

The illustrious new royal orchestra serenades its   637
    sovereign,
Bhavananda Majundar, the son of the vow of Annada,
Has become king at Bagoyan!
Let the brass bugles blare *toot toot* and the rhythmic drums   638
    beat *dhumadhum dhumadhum,*
as the band's shiny cymbals strike together *clash clash.*
A royal gong resonates *bong bong* and bells chime *brring
    brring,*
tiny elephant bells ringing *tinkle tinkle.*

৬৩৯ ভাঁড়াই কহিছে ভাঁড়   চোয়াড়ে লুফিছে কাঁড়
সিপাই সমুখে পুর সাজে রে।
ভবানী সহায় হাঁকে   নকীব সেলাম ডাকে
দেওয়ান বসিল রাজকাজে রে ॥

৬৪০ নব গুণে নব রসে   ভুবন ভরিল যশে
চাঁদের কলঙ্ক হৈল লাজে রে।
অন্নপূর্ণা মহামায়া   দেহ রাঙ্গাপদ ছায়া
ভারতের কৃষ্ণচন্দ্ররাজে রে ॥

৬৪১ পরম আনন্দে ভবানন্দ মজুন্দার।
স্নান পূজা করিয়া বাহিরে দিলা বার ॥

৬৪২ ঘড়িয়াল ঠন ঠন বাজাইছে ঘড়ি।
চোপদার সমুখে দাঁড়ায় লয়ে ছড়ি ॥

৬৪৩ দেওয়ান আমীন বক্সী মুনসী দপ্তরী।
খাজাঞ্চী নিযুক্তি কৈলা বিবেচনা করি ॥

৬৪৪ সহবতী হিসাব নিকাশ বাজে দফা।
মুহরির রাখিল হিসাব করি রফা ॥

৬৪৫ ফরমানমত সব সনদ লিখিয়া।
মফস্বলে নায়েব দিলেন পাঠাইয়া ॥

As court jesters crack their quips and play their pranks,   639
    the *coyāṛs** catch arrows whizzing
through the air as the sepoys lead the parade, decorating
    the town in their vibrant costumes.
The town crier proclaims to one and all, "All hail goddess
    Bhavani!"
as the minister sits at his desk, busying himself with the
    affairs of his post.
Our world abounds with new virtues, pleasant emotions,   640
    and glory,
the moon becomes sullied due to shame!
Annapurna, Mahamaya, grant to King Krishnachandra,
lord of your faithful Bharat, the protection of your lovely
    feet.

Overjoyed at his reception, Bhavananda Majundar   641
held his royal audience in the open air, following his bath
    and worship.
As the gong echoed and reverberated,   642
mace bearers lined up before him, holding their sticks.
After some consideration, Majundar appointed a prime   643
    minister, land surveyors,
paymasters, clerks, record keepers, and treasurers.
As he and his bookkeeper settled on an estimate,   644
Majundar's assistant was tasked with maintaining
    accounts and collecting all the dues.
After drafting land deeds like royal decrees,   645
Majundar dispatched rent collectors to various
    outstations.

———

* An unruly, rough person.

৬৪৬ পরগণা পরগণা হইল আমল।
দেখা কৈল যত প্রজা গোমস্তা মণ্ডল ॥

৬৪৭ শিরোপা দিলেন সবে বিবিধ প্রকার।
সেলামী দিলেক সবে চতুর্গুণ তার ॥

৬৪৮ এইরূপে রাজত্বের যে কিছু নিয়ম।
ক্রমে ক্রমে করিলা যতেক উপক্রম ॥

৬৪৯ হায়নের অগ্র অগ্রহায়ণ জানিয়া।
শুন দিনে পুণ্যাহ করিলা বিচারিয়া ॥

৬৫০ পৌষ মাঘ ফাল্গুন বঞ্চিয়া সুখসার।
চৈত্র মাসে পূজা আরম্ভিলা অন্নদার ॥

৬৫১ আজ্ঞা দিলা কৃষ্ণচন্দ্র ধরণীঈশ্বর।
রচিলা ভারতচন্দ্র রায় গুণাকর ॥

অন্নদার এয়োজাত

৬৫২ চল চল সব ব্রজকুমারি।
তরুতলে গিয়া ভেটি মুরারি ॥

Pargana* after *pargana* came under his rule,   646
as he met tenants, rent collectors, village chiefs alike.
He gave to all rewards of various kinds,   647
they all presented him with gifts four times more
    important.
Little by little, noble Majundar learned all the rules   648
that are necessary for administering a kingdom.
During the month of Agrahayan, Bhavananda performed   649
    an auspicious rite
on an auspicious day, before the onset of the new year.
As he lived his days in peace, during the months of Paus,   650
    Magh, and
Phalgun, he at last began his worship of Annada again
    during the month of Chaitra.

Krishnachandra, the lord of the earth, gave his instruction   651
to Bharatchandra Ray Gunakar, who composed this song.

THE MARRIED WOMEN
WORSHIP ANNADA

"Let us all go and pray, for we are all maidens of Vraj.   652
Beneath the shade of a tree we shall pay our tribute to
    Krishna Murari.

---

* An administrative and revenue unit.

৬৫৩ রাধা রাধা কয়ে মোহন মন্ত্রে
নিমন্ত্রিল শ্যাম মুরলীযন্ত্রে
কি করে কুটিল কুলের তন্ত্রে
যাইতে হইল রহিতে নারি।
ত্বরাপর সবে করহ সাজ
কি করিবে মিছা ঘরের কাজ
সাজিয়া আইল মদনরাজ
তিলেক রহিতে আর না পারি॥

৬৫৪ কেহ লহ পড়া পঞ্জরশুয়া
কেহ লহ পান কর্পূর গুয়া
কেহ লহ গন্ধ চন্দন চুয়া
কেহ লহ পাখা জলের ঝারি।
সে মোর নাগর চিকণকালা
তারে সাজে ভাল বকুলমালা
আমি বয়ে লব পূরিয়া থালা
ভারতচন্দ্র বলে বলিহারি॥

৬৫৫ অন্নপূর্ণাপূজা আরম্ভিলা মজুন্দার।
চন্দ্রমুখী পাইলেন এয়োজাতে ভার॥

৬৫৬ ঘরে ঘরে সাধী দাসী নিমন্ত্রণ দিল।
সারি সারি এয়োগণ আসিয়া মিলিল॥

Chanting the name 'Radha' over and over again, Lord   653
    Krishna,
the dark-colored one, beckoned her with the mesmerizing
    whistles of his flute.
Oh, how could she shred to bits the code of her lineage!
She had to go, she could not stay quiet.
Make haste to ready yourselves, all of you. Quit your
    tedious household tasks.
Madan's king* has come all prepared.
Let us not linger and make him wait a moment longer
One of us should bring the learned parrot in its cage,   654
a second, betel leaves, camphor, and betel nuts,
a third, perfume, sandalwood cream, and condensed
    perfume,
and yet another, a fan and pitcher full of water.
He is my beloved paramour, this dark yet radiant one.
A garland of *bakul* flowers would suit him brilliantly,
so I will carry a tray full of them."
Bharatchandra concurs in approval.

As Majundar began their worship of Annapurna,   655
Chandramukhi was tasked with leading the Annada
    eyojāta.[52]
Fetching women from each and every house in the town,   656
    her servant Sadhi rallied them,
assembling them in dignified lines. One woman after the
    next.

---

* Krishna, foremost of lovers.

৬৫৭ অপর্ণা অপরাজিতা অম্বিকা অমলা ।
ইন্দ্রাণী ঈশ্বরী ইন্দুমুখী ইন্দুকলা ॥

৬৫৮ সুলোচনা সুমিত্রা সুভদ্রা সুলক্ষণা ।
যশোদা যমুনা জয়া বিজয়া সুমনা ॥

৬৫৯ রোহিণী রেবতী রমা রম্ভাবতী রুমা ।
অরুন্ধতী অরুণী উর্ব্বশী উষা উমা ॥

৬৬০ সরস্বতী শুকী শুভী সাবিত্রী শঙ্করী ।
মহামায়া মোহিনী মাধবী মাহেশ্বরী ॥

৬৬১ তিলোত্তমা তরু তারা ত্রিপুরা তারিণী ।
কমলা কল্যাণী কৃষ্ণী কালিন্দী কামিনী ॥

৬৬২ কৌষিকী কৌশল্যা কালী কিশোরী কুমারী ।
রাজেশ্বরী ব্রজেশ্বরী শিবেশ্বরী সারী ॥

৬৬৩ হৈমবতী হরিপ্রিয়া হীরা হারাবতী ।
পরশী পরমী পদ্মা পরাণী পার্ব্বতী ॥

৬৬৪ ভাগ্যবতী ভগবতী ভৈরবী ভবানী ।
রুক্মিণী রাধিকা রাণী রমণী রুদ্রাণী ॥

৬৬৫ শারদা সুশীলা শামী সুমতি সর্ব্বাণী ।
বিশালাক্ষী বিনোদিনী বিশ্বেশ্বরী বাণী ॥

৬৬৬ ললিতা ললনা লক্ষ্মী লীলা লজ্জাবতী ।
ক্ষেমী হেমী চাঁদরাণী সূর্য্যরাণী সতী ॥

৬৬৭ সোনা রূপা পর্লা মুক্তা মাণিকী রতনী ।
মল্লিকা মালতী চাঁপী ফুলী মূলী ধনী ॥

৬৬৮ গৌরী গঙ্গা গুণবতী গোপালী গান্ধারী ।
নিমী তেকী ছকী লকী হেলী ফেলী বারী ॥

Aparna, Aparajita, Ambika, Amala,   657
Indrani, Ishvari, Indumukhi, Indukala.
Sulochana, Sumitra, Subhadra, Sulakshana,   658
Yashoda, Yamuna, Jaya, Vijaya, Sumana.
Rohini, Revati, Rama, Rambhavati, Ruma,   659
Arundhati, Aruni, Urvasi, Usha, Uma.
Sarasvati, Shuki, Shubhi, Savitri, Shankhari,   660
Mahamaya, Mohini, Madhavi, Maheshvari.
Tilottama, Taru, Tara, Tripura, Tarini,   661
Kamala, Kalyani, Krishni, Kalindi, Kamini.
Kaushiki, Kaushalya, Kali, Kishori, Kumari,   662
Rajeshvari, Vrajeshvari, Shiveshvari, Sari.
Haimavati, Haripriya, Hira, Haravati,   663
Parashi, Parami, Padma, Parani, Parvati.
Bhagyavati, Bhagavati, Bhairavi, Bhavani,   664
Rukmini, Radhika, Rani, Ramani, Rudrani.
Sharada, Sushila, Shami, Sumati, Sarvani,   665
Vishalakshi, Vinodini, Vishveshvari, Vani.
Lalita, Lalana, Lakshmi, Lila, Lajjavati,   666
Kshemi, Hemi, Chandarani, Suryarani, Sati.
Sona, Rupa, Pala, Mukta, Maniki, Ratani,   667
Mallika, Malati, Chanpi, Phuli, Muli, Dhani.
Gauri, Ganga, Gunavati, Gopali, Gandhari,   668
Nimi, Teki, Chhaki, Laki, Heli, Pheli, Vari.

৬৬৯ বিধুমুখী শীধু সাধু শচী মন্দোদরী।
সীতা রামা সত্যভামা মদনমঞ্জরী ॥

৬৭০ সোহাগী সম্পতি শান্তি সয়া সুরধুনী।
কুঞ্জী কাত্যায়নী কুন্তী কুড়ানী করুণী ॥

৬৭১ দুলালী দ্রৌপদী দুর্গা দয়াময়ী দেবী।
ভারতী ভুবনেশ্বরী টিকা টুনী টিবী ॥

৬৭২ নারায়ণী নয়নী নর্ম্মদা নন্দরাণী।
জয়ন্তী জাহ্নবী জুতী জিতী জাদু জানি ॥

৬৭৩ কুশলী কনকলতা কুচিলা কাঞ্চনী।
অন্নপূর্ণা অভয়া অহল্যা অকিঞ্চনী ॥

৬৭৪ আনন্দী আমোদী অম্বী আতুলী আদরী।
সাতী ষাঠী সুধামুখী সর্ব্বশী সুন্দরী ॥

৬৭৫ চিত্রলেখা মনোরমা মসী মৌনবতী।
শ্রীমতী নলিনী নীলা ভূতি ভানুমতী ॥

৬৭৬ শশিমুখী সত্যবতী সুখী সুরেশ্বরী।
মধুমতী মায়া দময়ন্তী পারী পরী ॥

৬৭৭ বিষ্ণুপ্রিয়া বিদ্যা বৃন্দা মুদিতা মঙ্গলী।
মেনকা কেকয়ী চন্দ্রমুখী চন্দ্রাবলী ॥

৬৭৮ কারো কোলে ছেলে কারো ছেলে চলে যায়।
কারো ছেলে কান্দে কারো ছেলে মারি খায় ॥

৬৭৯ বুড়া আধবুড়া যুবা নবোঢ়া গর্ভিণী।
ঘন বাজে ঘুনু ঘুনু কঙ্কণ কিঙ্কিণী ॥

Vidhumukhi, Shidhu, Sadhu, Shachi, Mandodari, 669
Sita, Rama, Satyabhama, Madanamanjari.
Sohagi, Sampati, Shanti, Saya, Suradhuni, 670
Kunji, Katyayani, Kunti, Kurani, Karuni.
Dulali, Draupadi, Durga, Dayamayi, Devi, 671
Bharati, Bhuvaneshvari, Tika, Tuni, Tivi.
Narayani, Nayani, Narmada, Nandarani, 672
Jayanti, Jahnavi, Juti, Jiti, Jadu, Jani.
Kushali, Kanakalata, Kuchila, Kanchani, 673
Annapurna, Abhaya, Ahalya, Akinchani.
Anandi, Amodi, Ambi, Atuli, Adari, 674
Sati, Shathi, Sudhamukhi, Sarvashi, Sundari.
Chitralekha, Manorama, Masi, Maunavati, 675
Shrimati, Nalini, Nila, Bhuti, Bhanumati.
Shashimukhi, Satyavati, Sukhi, Sureshvari, 676
Madhumati, Maya, Damayanti, Paari, Pari.
Vishnupriya, Vidya, Vrinda, Mudita, Mangali, 677
Menaka, Kekayi, Chandramukhi, and Chandravali.

As one son curled up in his mother's arms, another's 678
    strayed from his.
One woman's son cried, while another received a
    reprimand from his mother.
So many women, of all ages, joined the gathering. Young, 679
    newlywed, and pregnant,
middle-aged and elderly. Their bracelets and anklets
    jingled as they ambled along the byway.

৬৮০ কেহ ডাকে এস সই চল সেঙাতিনী।
ঠাকুরাণী ঠাকুরঝি নাতিনী মিতিনী ॥

৬৮১ বড় মেজ সেজ ছোট ন বহু বলিয়া।
শাশুড়ী দিছেন ডাক পথে দাঁড়াইয়া ॥

৬৮২ কেহ বলে রৈও রৈও পরি আসি শাড়ী।
কেহ কান্দে কাপড় থাকিল ধোবাবাড়ী ॥

৬৮৩ কারো বেণী কারো খোঁপা কারো এলো চুল।
কুলি কুলি কলরব শুনি কুল কুল ॥

৬৮৪ চন্দ্রমুখী কৈলা এয়োজাতের ব্যাপার।
দেখিয়া সানন্দ ভবানন্দ মজুন্দার ॥

৬৮৫ তার মধ্যে কতগুলি কুমারী লইয়া।
করিলা কুমারী পূজা বাস ভূষা দিয়া ॥

৬৮৬ সবাকারে দিলা তৈল সিন্দূর চিরণী।
কুতূহল কোলাহল হুলু হুলু ধ্বনি ॥

One woman called to the others, "Come, my friends, wives   680
of husband's friends,
and mothers-in-law, sisters-in-law, granddaughters,
friends."

Calling to her daughters-in-law, the eldest, second, third,   681
and fourth in age,
and the youngest, the woman gathered them while
standing on the road.

One of them cried back to her, "Wait now. I am dressing,   682
I'll be right there."
Another teared up, for her finery was still with the
washerman.

One woman wore a braid, another a chignon, while   683
another's locks hung loose down her back.
All of them listened to a sweet and indistinct noise.

As Chandramukhi stepped up, welcoming all the wives,   684
Bhavananda Majundar
was overcome by the great mass of women who had come
in his honor.

Taking aside a small group of unmarried girls,   685
he performed the *kumārī pūjā* with perfumes and
ornaments.[53]

Amid the excitement and confusion, the auspicious   686
chanting and chatter,
he gave each of them a bit of oil and vermilion, and a new
comb for her hair.

৬৮৭ নিজ বাসে গেলা সবে করি প্রণিপাত।
রচিলা ভারত অন্নদার এয়োজাত ॥

রন্ধন

৬৮৮ বেলা হৈল অন্নপূর্ণা রান্ধ বাড় গিয়া।
পরম আনন্দ দেহ পরমান্ন দিয়া ॥

৬৮৯ তোমার অন্নের বলে   অদ্যাবধি আছে গলে
কালরূপী কালকূট অমৃত হইয়া।
এক হাতে পানপাত্র   আর হাতে হাতা মাত্র
দিতে পার চতুর্ব্বর্গ ঈষদ হাসিয়া ॥

৬৯০ তুমি অন্ন দেহ যারে   অমৃত কি মিঠা তারে
সুধাতে কে করে সাধ এ সুধা ছাড়িয়া।
পরশিয়া অন্ন সুধা   ভারতের হর ক্ষুধা
মা বিনা বালকে অন্ন কে দেয় ডাকিয়া ॥

৬৯১ ভোগের রন্ধনে ভার লয়ে পদ্মমুখী।
রন্ধন করিতে গেলা মনে মহাসুখী ॥

৬৯২ স্নান করি রামা অন্নদার ধ্যান।
অন্নপূর্ণা রন্ধনে করিলা অধিষ্ঠান ॥

Having laid themselves before Annada's image, they all   687
    then returned home.
Bharat has thus accounted for these wives' worship of
    Annada.

COOKING FOR THE FEAST OF ANNADA

The hour is late, Annapurna. Prepare your feast, if you   688
    please, and serve us all.
Satisfy all of us with your tasty *kheer*.*
Even a morsel of your *kheer* can reverse the effects of the   689
    kālakūṭa poison
stuck in one's throat, transform it into ambrosia.
With one hand grasping your goblet, another your ladle,
you smile as you grant us the four goals of life.
Does everyone whom you feed taste your nectar so sweet?   690
Who would wish for ambrosia rather than the sweetness
    of your nectar?
Serve the rice of your nectar and satisfy Bharat's hunger.
Who feeds one's child if not his mother?

Padmamukhi was happily tasked with   691
preparing a lavish feast in worship of Annada.
Stepping out from her bath, the beautiful woman   692
    meditated on Annada
and Annapurna came to reside within the food she
    prepared.

———

* Rice pudding.

৬৯৩ হাস্যমুখী পদ্মমুখী আরম্ভিলা পাক।
শড়শড়ি খণ্ট ভাজা নানামত শাক॥

৬৯৪ ডালি রান্ধে ঘনতর ছোলা অরহরে।
মুগ মাষ বরবটী বাটুলা মটরে॥

৬৯৫ বড়া বড়ী কলা মূলা নারিকেল ভাজা।
দুধথোড় ডালনা শুক্তানি ঘণ্ট তাজা॥

৬৯৬ কাঁটালের বীজ রান্ধে চিনিরসে বুড়া।
তিল পিটালিতে লাউ বার্ত্তাকু কুমুড়া॥

৬৯৭ নিরামিষ তেইশ রান্ধিলা অনায়াসে।
আরম্ভিলা বিবিধ রন্ধন মৎস্য মাসে॥

৬৯৮ কাতলা ভেকুট কই ঝাল ভাজা কোল।
সীকপোড়াঝুরী কাঁটালের বীজে ঝোল॥

৬৯৯ ঝাল ঝোল ভাজা রান্ধে চিতল ফলই।
কই মাগুরের ঝোল ভিন্ন ভাজে কই॥

৭০০ মায়া সোনাখড়কীর ঝোল ভাজা সার।
চিঙড়ীর ঝাল বাগা অমৃতের তার॥

Padmamukhi quickly, with smiling face, began to prepare   693
    all the recipes for the grand feast.
First, a simple dish of roasted vegetables, fried potatoes,
    and various types of spinach.
She cooked pulses: chickpeas and pigeon peas,   694
kidney beans, green peas, and *bāṭulā* for dal.
She fried in oil lentil dumplings, arhar *kofta,* radishes,   695
    plantains, and coconut, as well as
spathes of plantain and freshly minced vegetables,
    blended curries and rich bitters.
Tenderizing jackfruit seeds in syrup, Padmamukhi cooked   696
    them
with crushed sesame seeds, chopped bottle gourd,
    eggplant, and pumpkin.

After she had prepared twenty-three vegetarian dishes   697
    with such culinary aptness and ease,
she began cooking the meat and fish dishes.
Spiced and fried curries of catla, barramundi, and tiny *kai*   698
    fish,
served with a juicy dish of jackfruit seeds broiled on a
    skewer.
She prepared *cital* sardine and *phalai* fish in hot curry, two   699
    ways, in broth and fried,
alongside a saucy dish of *māgur* barbel and *kai,* serving
    fried *kai* separately as well.
Next she prepared a curry of small golden fish, the hottest   700
    and most flavorful of fried foods,
a spicy curry of prawns, a savory dish of *bāgā,* of the sweet
    taste of nectar.[54]

৭০১ কণ্ঠা রান্ধি রান্ধে রুই কাতলার মুড়া ।
তিত দিয়া পচা মাছে রান্ধিলেক গুঁড়া ॥

৭০২ আম্র দিয়া শৌলমাছে ঝোল চড়চড়ী ।
আড়ি রান্ধে আদারসে দিয়া ফুলবড়ী ॥

৭০৩ রুই কাতলার তৈলে রান্ধে তৈলশাক ।
মাছের ডিমের বড়া মৃতে দেয় ডাক ॥

৭০৪ বাচার করিলা ঝোল খয়রার ভাজা ।
অমৃত অধিক বলে অমৃতের রাজা ॥

৭০৫ সুমাছ বাছের বাছ আর মাছ যত ।
ঝাল ঝোল চড়চড়ী ভাজা কৈলা কত ॥

৭০৬ বড়া কিছু সিদ্ধ কিছু কাছিমের ডিম ।
গঙ্গাফল তার নাম অমৃত অসীম ॥

৭০৭ কচি ছাগ মৃগমাংসে ঝাল ঝোল রসা ।
কালিয়া দোলমা বাগা সেকচী সমসা ॥

৭০৮ অন্ন মাংস সীকভাজা কাবাব করিয়া ।
রান্ধিলেন মুড়া আগে মসলা পূরিয়া ॥

After the gills, she cooked the heads of the rohu and catla   701
    carp.
To give it a bitter taste, she ground down powdered dried
    fish.
With mango she prepared a gravy for a dish of *śaula,* a   702
    type of murral,
and cooked the catfish with ginger juice and lentil
    dumplings.
Sauteeing spinach in the oil of rohu and catla carp,   703
she fried fresh patties of fish eggs so tasty they could wake
    the dead.
Preparing a creamy curry of catfish and small fried   704
    khayarā,
the taste of which, they say, surpasses the nectar of the
    gods,
Padmamukhi chose baskets full of fresh young fish,   705
preparing them in myriad ways: spicy, saucy, curried,
    roasted, fried.
With cakes of pounded gram, she fried and boiled turtle   706
    eggs,
known as the fruits of the great Ganga, their rich flavor
    exquisite, like nectar.
She concocted delicious curries, creamy sauces of tender   707
    goat and venison,
and prepared *kāliyā, dolamā, bāgā,* grilled dishes, and
    stuffed dumplings.[55]
After boiling rice and grilling kebabs,   708
she tenderized a goat's head she had stuffed with spices.

৭০৯ মৎস্য মাংস সাঙ্গ করি অম্বল রান্ধিলা।
মৎস্য মূলা বড়া বড়ী চিনি আদি দিলা॥
৭১০ আম আমসত্ব আর আমসী আচার।
চালিতা তেঁতুল কুল আমড়া মন্দার॥
৭১১ অম্বল রান্ধিয়া রামা আরম্ভিলা পিঠা।
সুধা বলে এই সঙ্গে আমি হব মিঠা॥
৭১২ বড়া এলো আসিকা পীযূষী পুরী পুলী।
চূষী রুটী রামরোট মুগের সামুলী॥
৭১৩ কলাবড়া ঘিয়ড় পাপড় ভাজাপুলী।
সুধারুচি মুচমুচি লুচি কতগুলি॥
৭১৪ পিঠা হৈল পরে পরমান্ন আরম্ভিলা।
চালু চিনা ভুরা বাজরার চালু দিলা॥
৭১৫ পরমান্ন পরে খেচরান্ন রান্ধে আর।
বিষ্ণুভোগ রান্ধিলা রান্ধনী লক্ষ্মী যার॥

Having finished an impressive spread of fish and meat 709
    dishes, she prepared
a sweet and sour broth from morsels of fish, radish, and
    sweetened gram patties.
Chopped mango, sweet mango paste, dried chips of unripe 710
    fruit,
pickles, tamarinds, jujubes, hog plums, *cālitā,* and
    mandāra.[56]
After cooking the sweet and sour broth, the beautiful 711
    young wife started on the sweetmeats
and cakes, said to be sweet as nectar (and I shall be as
    sweet when I have them!).
At last they were served, all of them, *āsikā, pīyūṣī, purī,* 712
    pulī,
cūṣī ruṭī, rāmroṭ, and sweet cakes of mung beans topped
    with milk and sugar,
banana patties, pastries cooked in clarified butter, *pāpaṛ,* 713
    fried *bhājāpulī,*
and handful upon handful of crisp *lucis* that hint of
    ambrosia.[57]

After she had finished with the sweetmeats, Padmamukhi 714
    began on the holy *kheer,*
measuring out the rice, sugar, brown sugar, and millet.
Then, following the *kheer,* she prepared *khecharānna,* 715
    lentils with rice and pigeon peas,
a veritable Vishnu's feast, where Lakshmi is the chef.

৭১৬ অতুলিত অগণিত রান্ধিয়া ব্যঞ্জন।
অন্ন রান্ধে রাশি রাশি অন্নদামোহন ॥
৭১৭ মোটা সরু ধান্যের তণ্ডুল তরতমে।
আসু বোরো আমন রান্ধিলা ক্রমে ক্রমে ॥
৭১৮ দলকচু ওড়কচু ঘিকলা পাতরা।
মেঘহাসা কালামনা রায় পানিতরা ॥
৭১৯ কালিন্দী কনকচূর ছায়াচূর পুদি।
শুয়া শালি হরিলেবু গুয়াথুবি সুঁদী ॥
৭২০ ঘিশালী পোয়ালবিড়া কলামোচা আর।
কৈজুড়ি খাজুরছড়ী চিনা ধলবার ॥
৭২১ দাদুসাহি বাঁশফুল ছিলাট করুচি।
কেলে জিরা পদ্মরাজ দুদসার লুচি ॥
৭২২ কাঁটারাঙ্গি কোঁচাই কপিলাভোগ রান্ধে।
ধুলে বাঁশগজাল ইন্দ্রের মন বান্ধে ॥
৭২৩ বাজাল মরীচশালী ভুরা বেনাফুল।
কাজলা শঙ্করচিনা চিনিসমতুল ॥
৭২৪ মাকু মেটে মষিলোট শিবজটা পরে।
দুধপনা গঙ্গাজল মুনিমন হরে ॥
৭২৫ সুধা দুধকলম খড়িকামুটি রান্ধে।
বিষ্ণুভোগ গন্ধেশ্বরী গন্ধভার কান্ধে ॥
৭২৬ রান্ধিয়া পায়রারস রান্ধে বাঁশমতী।
কদমা কুসুমশালি মনোহর অতি ॥

Having cooked countless dishes of incomparably delicious   716
    tastes and flavors,
Padmamukhi boiled vat upon vat of rice, provided by the
    grace of Annada.
Vast measures of rice were bestowed in abundance as she   717
    boiled rice of coarse
and fine paddies, one by one. *Āsu, boro,* and autumn rice,
dalkachu, oṛakachu, ghikalā, pātarā,   718
meghahāsā, kālāmanā, rāya, pānitarā,
kālindī, kanakachūr, chhāyāchūr, pudi,   719
śuyā, śāli, harilebu, guyāthubi, sūdī,
ghiśālī, poyālbiṛā and *kalāmochā,*   720
kaijuiṛi, khājurchhaṛī, cinā, dhalabār,
dādusāhi, bāsphul, chhilāṭ, karuchi,   721
kele jirā, padmarāj, dudasār, luci,
kāṭārāṅgi, kōchāi, kapilābhog,   722
dhule, bāśagajāl so delicious it confounds Indra,
bājāl, marīchaśālī, bhurā, benāphul,   723
kājalā, and *śaṅkarcinā,* as sweet as sugar.
The comforting scents of *dudhpanā* and Gaṅga water   724
    whisk away the minds and hearts[58]
of dreadlocked sages, smeared with ash, evoking Shiva's
    clay-colored form.
She cooked *sudhā, dudhkalam, khaṛikāmuṭī,*   725
and the fine rices *viṣṇubhog* and *gandheśvarī,* their nutty
    aromas lingering in the air.
Upon finishing the sacred *kheer* and limitless pots of rice,   726
    she boiled basmati rice and
prepared *kadamā* sweetmeats and *kusumśāli* rice of the
    most exquisite flavors.

৭২৭   রমা লক্ষ্মী আলতা দনারগুঁড়া রান্ধে ।
        জুতী গন্ধমালতী অমৃতে ফেলে বান্ধে ॥

৭২৮   লতামউ প্রভৃতি রাঢ়ের সরু চালু ।
        রসে গন্ধে অমৃত আপনি আলুথালু ॥

৭২৯   অন্নদার রন্ধন ভারত কিবা কব ।
        মৃত হয় অমৃত অমৃত মৃত হয় ॥

অন্নদাপূজা

৭৩০   অশেষ উপচার   আনিয়া মজুন্দার
        পূজেন অন্নদাচরণ ।
        পদ্ধতি সুবিদিত   পণ্ডিত পুরোহিত
        পূজয়ে বিধান যেমন ॥

৭৩১   ষোড়শ উপচার   সামগ্রী কত আর
        কি কব তাহার বিশেষ ।
        মহিষ মেষ ছাগ   প্রভৃতি বলিভাগ
        বসন ভূষণ সন্দেশ ॥

She cooked *ramā, lakṣmī, ālatā,* and *danārguṇra* rice,   727
    finally finishing
by stirring in a bit of nectar, the aroma hinting of fresh
    jasmine.
Latāmau and many others, the fine types of paddy from   728
    the Rarh country,
exude the fragrance and taste of ambrosia, and can only be
    cooked on their own.

What more can Bharat say of Annada's cooking?   729
It makes the dead immortal and the immortal mortal.[59]

WORSHIPING ANNADA

Majundar brought articles beyond count   730
and worshiped Annada's feet.
Learned pandits and priests performed the rite
according to the proper custom, using sixteen oblations   731
and innumerable sundries to proffer in their worship.
What shall I say of these in particular?
Buffaloes, sheep, goats, and other livestock were brought
    forth for sacrifice,
as well as scintillating jewels, fine clothing, and fresh
    sweetmeats.

৭৩২ বাজয়ে বাদ্য কত   নাচয়ে নট যত
গায়ক নটী রামজনী ।
যতেক রামাগণ   পরমহৃষ্টমন
করয়ে হুলু হুলু ধ্বনি ॥

৭৩৩ পড়িয়া সূর্য্য সোম   পূজান্তে অন্নহোম
ভোগের অন্ন আনি দিলা ।
করিয়া দক্ষিণান্ত   লইয়া দান্ত শান্ত
জাগিয়া নিশা পোহাইলা ॥

৭৩৪ হইয়া যোড়পাণি   পড়েন স্তুতিবাণী
পরম জ্ঞানী মজুন্দার ।
কি কব ভাগ্য লেখা   অন্নদা দিলা দেখা
ধরিয়া ধ্যানের আকার ॥

৭৩৫ দেখিয়া অন্নদায়   পুলকে পূর্ণকায়
মোইত হৈলা মজুন্দার ।
অন্নদা কন কথা   যে কেহ ছিল তথা
কেহ না দেখে শুনে আর ॥

As the town musicians carried on a fine tune, dancers   732
    danced,
singers sang, dancing girls and courtesans sauntered
    gracefully about.
Crowd upon crowd of lovely women
rejoiced, uttering their calls of *hulu hulu.*
As the assembly invoked the sun and moon, they at last   733
    reached the end of their ritual,
when rice was served to all present.
After a long night of ritual, the priests
gratefully received their fees.

It was then that Majundar, the supreme adept, joined his   734
    hands in prayer and recited a hymn
for the great goddess. What can one say? What happened
    next
had been written on his fate. Taking the form Majundar
had meditated upon, Annada revealed herself to him
    alone.
At first glimpse of Annada, Majundar broke out in   735
    goosebumps,
awestruck, beside himself in pure elation.

It was then that goddess Annada voiced a speech
that none could see or hear but the blessed Majundar.

৭৩৬ কহেন দেবী সুখী   কোথা লো চন্দ্রমুখী
এস লো পদ্মমুখী রামা।
আছিলা স্বর্গবাসী   শাপে ভূতলে আসি
ভুলিয়া নাহি চিন আমা॥

৭৩৭ এই যে ভবানন্দ   পাইয়া মহানন্দ
মনে না করে পূর্ব্বকথা।
আমার ইতিহাস   করিল পরকাশ
এখন চল যাই তথা॥

৭৩৮ অষ্টাহ গীত কথা   কহেন দেবী তথা
শুনেন ভবানন্দ রায়।
অন্নদাপদতলে   বিনয় করি বলে
ভারত অষ্টমঙ্গলায়॥

অষ্টমঙ্গলা

৭৩৯   শুন শুন অরে ভবানন্দ।
মোর অষ্টমঙ্গলায়   অমঙ্গল দুরে যায়
শুনিলে না হয় কভু মন্দ॥

The goddess smiled and said, "Where are you,   736
    Chandramukhi?
Come now, comely Padmamukhi.
Though you had both dwelled in the heavens before being
    cursed to live on earth,
it seems you have forgotten who you really are and no
    longer know me.
Your dear husband has won himself an exceptional boon   737
and he, too, no longer recalls his past.
But he has made my story known to one and all.
Come now, it is time for us all to return to our heavenly
    abode."
And so, the goddess summarized the story told   738
in the eight auspicious days of singing to Bhavananda Ray,
    who listened attentively.

At Annada's feet, Bharat humbly relates
the *Aṣṭamaṅgalā,* the auspicious saga sung over eight days.

THE EIGHT BENEFICENCES

Listen, my devotee, Bhavananda,   739
for when reciting the Eight Beneficences, all
    inauspiciousness disappears.
Only goodness emanates from listening to this sacred
    song.[60]

৭৪০ প্রথম মঙ্গল শুন   সৃষ্টি করি তিন গুণ
বিধি বিষ্ণু হরে প্রসবিনু।
দক্ষের দুহিতা হয়ে   পতিভাবে হরে লয়ে
দক্ষযজ্ঞে সে তনু ছাড়িনু॥

৭৪১ শুন শুন অরে ভবানন্দ ইত্যাদি।
দ্বিতীয়ে হেমন্ত ধামে   জনমিনু উমা নামে
মোর বিয়া হেতু কাম মৈল।
বিয়া হৈল হর সঙ্গে   হরগৌরী হৈনু রঙ্গে
গণেশ কার্ত্তিক পুত্র হৈল॥

৭৪২ শুন শুন অরে ভবানন্দ ইত্যাদি।
তৃতীয়ে শিবের সঙ্গে   কন্দল করিয়া রঙ্গে
ভিক্ষা হেতু তাঁরে পাঠাইনু।
পানপাত্র হাতে লয়ে   অন্নপূর্ণারূপ হয়ে
অন্ন দিয়া শিবে নাচাইনু॥

৭৪৩ কাশীমাঝে ত্রিলোচন   লয়ে যত দেবগণ
বিশ্বকর্ম্মনির্ম্মিত মন্দিরে।
করিয়া তপস্যা ঘোর   পূজা প্রকাশিলা মোর
অন্নে পূর্ণ করিনু ভূমিরে॥

Listen to the first *mangal.* Upon creation of the three   740
    essential elements of nature,
I gave birth to Vidhi, Vishnu, and Hara.
Then, having been born as the daughter of Daksha, I took
    Hara's hand
in marriage, only to abandon my body at Daksha's
    sacrifice.

Hear now, Bhavananda and all others present,   741
the second *mangal.* I had been reborn in Hemanta's house
    as Uma,
but for the sake of my marriage, Kama perished.
I got married to Hara, the pair of us in sport became Hara-
    Gauri,
two sons were born, Ganesh and Karttikeya.

Listen in, Bhavananda, and those assembled.   742
As recounted in the third *mangal,* I had a fun quarrel with
    Shiva
and sent him away as an itinerant beggar.
In the form of Annapurna, I took in hand my ladle and
    goblet
and bribed Shiva with food to compel him to dance.
The three-eyed one, Shiva, then led all the gods and   743
    goddesses to
the glorious temple Vishvakarma had erected in Kashi.
Shiva undertook a terrible ascetic practice, and made
    known my cult,
and so I filled the world with food, providing nourishment
    to one and all.

৭৪৪ শুন শুন অরে ভবানন্দ ইত্যাদি।

চতুর্থেতে বেদব্যাস   নিন্দা কৈলা কৃত্তিবাস
ভুজস্তম্ভ হয়েছিল তার।
শেষে অন্ন নাহি পায়   আমি অন্ন দিনু তায়
কাশীখণ্ডে আছয়ে প্রচার॥

৭৪৫ সেই ব্যাস তার পরে   ব্যাসবারাণসী করে
মোর উপাসনা করে বসি।
বুড়ীরূপে আমি গিয়া   বাক্যছলে শাপ দিয়া
করিনু গর্দ্দভবারাণসী॥

৭৪৬ কুবেরের অনুচরে   বসুন্ধরা বসুন্ধরে
শাপ দিয়া ভূতলে আনিনু।
হরিহোড় নাম দিয়া   বুড়ীরূপে আমি গিয়া
ঘুটে বেচা ছলে বর দিনু॥

৭৪৭ শুন শুন অরে ভবানন্দ ইত্যাদি।

পঞ্চমে শাপের ছলে   আনিনু ধরণীতলে
নলকূবরেরে এই গ্রামে।
ভবানন্দ তুমি সেই   চন্দ্রিণী পদ্মিনী এই
চন্দ্রমুখী পদ্মমুখী নামে॥

৭৪৮ পরে হরিহোড়ে ছাড়ি   আইনু তোমার বাড়ী
ঝাঁপি হাতে পার হয়ে নায়।
শুনি পাটুনীর মুখে   তুমি নিজ ঘরে সুখে
ঝাঁপিরূপে পাইলা আমার॥

Listen now, Bhavananda and you all. 744
In the fourth *mangal* it is revealed how Vedvyasa
reviled Krittivas,* so Vyasa became unable to move his
    arms.
As he was starving, I fed him,
an event that has been narrated in the *Kāśīkhaṇḍa*.[61]
Later, this Vyasa, for building a Vyasa Varanasi, 745
sat down to worship me.
I revealed myself to him as an old woman and played my
    trick
on him, granting him instead a Varanasi of donkeys.
I then cursed Vasundhar and Vasundhara,
Kuber's servants, to live on earth. 746
Calling him Harihor, I went to him as an old woman
and gave him a boon, pretending to sell cow-dung cakes.

Hear this, Bhavananda and the assembled congregation, 747
the fifth *mangal,* in which I cursed
Nalakubar to live on earth, to this very village.
That was you, Bhavananda, and your celestial wives,
    Chandrini and Padmini, known
to you now as Chandramukhi and Padmamukhi, who
    descended with you from the heavens.
Having left Harihor, I came to your house, 748
I crossed the river in a boat, holding a small wicker basket.
I heard from the ferryman that you were happy at home,
so you obtained me in the form of the wicker basket.
I came to your house.

---

* "Clad in tiger skin," Shiva.

৭৪৯ আসিয়াছি তোর ঘরে শুন কহি তার পরে
প্রতাপাদিত্য ধরিবারে।
এল মানসিংহ রায় দেখা হেতু তুমি তায়
বৰ্দ্ধমানে গেলা আগুসারে ॥
৭৫০ মানসিংহ শুনি তথা বিদ্যাসুন্দরের কথা
জিজ্ঞাসিলা বিশেষ তোমায়।
ইতিহাস ছলে সুখে শুনিনু তোমার মুখে
আদ্যরস সুন্দর বিদ্যায় ॥
৭৫১ পূজি মোর কালী রূপ সুকবি সুন্দর ভূপ
উপনীত হৈল বৰ্দ্ধমান।
হিরা নাম মালিনীর ঘরে উত্তরিল ধীর
শুনিল বিদ্যার রূপ গান ॥
৭৫২ গাঁথিয়া দিলেক মালা ভুলে বিদ্যা রাজবালা
দুহে দেখা রথের নিকটে।
মোর বরে সন্ধে হৈল গান্ধৰ্ব্ব বিবাহ কৈল
বাসর বঞ্চিল অকপটে ॥

Listen, for I shall tell you what next came to pass.   749
To capture Pratapaditya, Man Singh Ray
journeyed, and you
went forth to welcome him to Bardhaman.
It was there that Man Singh prompted you to tell him   750
of the underground tunnel and he heard tell the tale of
    Vidya-Sundar.
On the pretext of hearing this story, I listened,
    mesmerized,
to the colorful episodes of Vidya and Sundar's
    lovemaking.
Having worshiped me as Kali, the illustrious poet   751
Prince Sundar then arrived in Bardhaman on his quest to
    win Vidya.
While the wise one stayed at the flower-woman Hira's
    abode,
he heard there the praise of Vidya's beauty.
Upon receiving a garland Sundar had strung for her, the   752
    princess
was charmed and arranged for a tryst with him near her
    chariot.
By my grace, the underground tunnel was constructed for
    the lovely pair, and so
they wed secretly, passing their wedding night in ardent
    lovemaking.

৭৫৩   শুন শুন অরে ভবানন্দ ইত্যাদি।
যষ্ঠেতে সুন্দর কবি   বিদ্যাপদ্মিনীর রবি
অশেষ চাতুরী প্রকাশিল।
কপটসন্ন্যাসী হৈল   রাজার সাক্ষাৎ কৈল
নানামতে বিহার করিল॥

৭৫৪   বিদ্যা হৈল গর্ভবতী   ক্রুদ্ধ হৈল নরপতি
কোটাল ধরিতে গেলা চোর।
নারীবেশে চোর ধরে   রাজার সাক্ষাত করে
সুন্দর ঠেকিল দায় ঘোর॥

৭৫৫   শুন শুন অরে ভবানন্দ ইত্যাদি।
সপ্তমেতে আমি গিয়া   কালীরূপে দেখা দিয়া
বাঁচাইনু কুমার সুন্দরে।
বীরসিংহ পূজা কৈল   মোর অনুগ্রহ হৈল
বিদ্যা লয়ে কবি গেল ঘরে॥

৭৫৬   এই ইতিহাস সুখে   শুনিয়া তোমার মুখে
মানশিংহ এল তোর ঘরে।
সপ্তাহ বাদলে তারে   নানামত উপহারে
তত্ত্ব নিলা তুমি মোর বরে॥

Listen, Bhavananda and all you others.   753

In the sixth *maṅgal,* the poet Sundar, the beaming sun
    itself

to Vidya's blossoming lotus, revealed for us his cunning
    and cleverness.

Taking the guise of an ascetic, Sundar set off to greet King
    Virsimha

while at night he indulged with young Vidya in frolic and
    foreplay.

When Vidya was found to be pregnant, the king flew into   754
    a rage

and ordered the police chief to capture the culprit.

Clad in a handmaid's attire, Dhumketu caught hold of the
    thief,

and Sundar faced his fate as he was brought before the
    king.

Hear me, Bhavananda and all here present,   755

listen to the seventh *maṅgal,* in which I revealed myself in
    the fearsome form

of Kali to rescue Prince Sundar from a dreadful demise.

When Virsimha at last worshiped me, I delightedly
    bestowed my favor upon him,

and the poet then returned to his native land with his
    young bride, Vidya.

Upon hearing this extraordinary tale from your own lips,   756

Man Singh journeyed with you to your home.

After a week of terrible torrential rain, and because of my
    favor,

you could bring gifts of various kinds to him.

৭৫৭   ভেদ পেয়ে তোর মুখে   মোর পূজা দিয়া সুখে
       মানসিংহ যশোরে আইল।
       প্রতাপাদিত্য ধরি   লইল পিঞ্জরে ভরি
         তোমা লয়ে দিল্লীতে চলিল ॥

৭৫৮   তুমি মোর পূজা দিয়া   কুতূহলে দিল্লী গিয়া
       পাতশার ক্রোধে বদ্ধ হৈলা।
       তুমি পাতশার ডরে   নত হয়ে ভক্তিভরে
         একমনে মোরে স্তুতি কৈলা ॥

৭৫৯   আমি তোরে তুষ্ট হয়ে   ডাকিনী যোগিনী লয়ে
       উপদ্রব করিনু শহরে।
       পাতশা মানিয়া মোরে   রাজাই দিলেক তোরে
         মহাসুখে তুমি এলা ঘরে ॥

৭৬০   শুন শুন অরে ভবানন্দ ইত্যাদি।
    অষ্টমেতে তুমি সেই   মোর পূজা কৈলা এই
       আমি অষ্টমঙ্গলা কহিনু।
       ব্রত হৈল পরকাশ   এবে চল স্বর্গবাস
         এই বর পূর্ব্বে দিয়াছিনু ॥

Taking his cue from you, Man Singh worshiped me happily   757
before arriving at Jessore, where he finally seized
and imprisoned Pratapaditya, putting him in a cage and
    taking him along.
Man Singh then rode on to Delhi with you,
you offered me a cult and went happily to Delhi,   758
but you were sent to jail by the emperor, who was furious.
Afraid of the emperor, you bent down with devotion
and praised me single-mindedly.
Immensely pleased, I cast a spell to show the emperor my   759
    true powers.
As I caused great havoc to overtake the city, conjuring
    swarms of female goblins and yoginis
to overrun the capital, the emperor at last came to know
    me and revere me.
Then, finally, rewarded with the rule of a kingdom, you
    returned back home.

Listen closely, Bhavananda and this assembly.   760
In the eighth *mangal* you worshiped me in utmost
    munificence.
So now I have related to you the *Aṣṭamaṅgalā*, the eight
    days of auspicious song,
and my vow has been revealed here on earth. Come with
    me now to heaven,
my child, for you had been given this favor once before.

৭৬১ শুন শুন অরে ভবানন্দ।

মোর অষ্টমঙ্গলায়   অমঙ্গল দূরে যায়

শুনিলে না হয় কভু মন্দ ॥

৭৬২ অন্নদা অষ্টাহ গীত   রচিবারে নিয়োজিত

কৈলা রাজা কৃষ্ণচন্দ্র রায়।

বন্দিয়া গোবিন্দপায়   রায় গুণাকর গায়

পরিপূর্ণ অষ্টমঙ্গলায় ॥

রাজার অন্নদার সহিত কথা

৭৬৩ মোরে তরাহ তারিণী।   অভয়া ভয়বারিণী২ ॥

৭৬৪ অম্বিকা অন্নদা   শঙ্করী শারদা

জয়ন্তী জয়কারিণী।

চামুণ্ডা চণ্ডিকা   করালী কালিকা

ত্রিপুরা শূলধারিণী ॥

৭৬৫ মহিষমর্দ্দিনী   মহেশমোহিনী

দুর্গা দৈত্যবিনাশিনী।

ভৈরব ভবানী   সর্ব্বাণী রুদ্রাণী

ভারতচিত্তচারিণী ॥

৭৬৬ এইরূপে পূর্ব্বকথা বিশেষ কহিয়া।

মহামায়া মায়াজাল দিলা ঘুচাইয়া ॥

Hear me, oh, Bhavananda. 761
In reciting the Eight Beneficences, all inauspiciousness
    disappears
and nothing evil shall ever come to pass upon listening to
    this sacred song.

King Krishnachandra Ray had called for the composition 762
of Annada's eight-day song.[62]
Praising Govinda's feet, Ray Gunakar sings
the Eight Beneficences, the *Aṣṭamaṅgalā,* in full.

THE KING BESEECHES ANNADA

Carry me up to heaven, my savior, Abhaya, the great 763
    remover of fear.
I call upon you, Ambika, Annada, Shankari, Sarada, 764
Jayanti, Jayakarini.
Chamunda, Chandika, Karali, Kalika,
Tripura, Shuladharini.
Mahishmardini, Maheshmohini, 765
Durga, Daityavinashini.
Bhairava, Bhavani, Sarvani, Rudrani.
Oh, you, Annada, who lingers about in Bharat's mind.

After conveying all that had passed in her speech, 766
Mahamaya removed the snare of illusion.

৭৬৭ মোহ গেল জাতিস্মর হৈল তিন জন।
দেখিতে পাইলা সর্ব্ব পূর্ব্ব বিবরণ॥
৭৬৮ মজুন্দার কন আর এথা নাহি কাজ।
অব্যাজে দেখিব গিয়া বাপ যক্ষরাজ॥
৭৬৯ চন্দ্রমুখী পদ্মমুখী কান্দে নানা ছান্দে।
শ্বশুর শাশুড়ী দেখিবারে প্রাণ কান্দে॥
৭৭০ দেবীর চরণে ধরি কান্দে তিন জন।
লয়ে চল এথা আর নাহি প্রয়োজন॥
৭৭১ অন্নদা কহেন চল ব্যাজ নাহি আর।
প্রিয় পুত্র যেই তারে দেহ রাজ্যভার॥
৭৭২ মজুন্দার কন আমি কি জানি তাহার।
উপযুক্ত বুঝিয়া নিযুক্ত কর ভার॥
৭৭৩ অন্নদা কহেন তবে ভবিষ্যত কই।
মোর প্রিয় গোপাল ভূপাল হবে অই॥
৭৭৪ সমাদরে মোর ঝাঁপি রাখিবেক এই।
যার স্থানে ঝাঁপি রবে রাজা হবে সেই॥
৭৭৫ গোপালের পুত্র হবে বড় ভাগ্যধর।
রাঘব হিইবে নাম রাঘব সোসর॥
৭৭৬ দেগাঁয়ে আছিল রাজা দেপালকুমার।
পরশ পাইয়াছিল বিখ্যাত সংসার॥

It was then that memories of their past lives 767
came rushing back to them, their delusion lifted.

Majundar turned to his wives. "There is nothing left for us 768
here, my dears.

Let us not delay, let us embark now to visit my father, king
of the *yakṣas*."

Chandramukhi and Padmamukhi wept and cried. 769
They so longed to see again their parents-in-law.

As the three of them held the goddess's feet, they cried to 770
her,

"Take us with you, Mother. There is no longer any need to
keep us here."

"Then let us carry on and delay no longer," Annada 771
replied, looking down on them.

"In your stead, Bhavananda, install your beloved son as
sovereign of your kingdom."

"I cannot know if my son is worthy," Majundar responded. 772
"But if you believe him capable, then put him in charge."

"Very well. Let me tell you what shall come to pass," 773
Annada said.

"My beloved Gopal shall become king here.

He shall dearly keep my auspicious wicker basket. 774
Wherever the basket remains, there will be the king.

Gopal's son, Raghav, equal only to Ram Raghav, 775
shall be very fortunate indeed.

At Degan the sovereign will be one Depalkumar, 776
whose famed family once obtained the philosopher's
stone.

৭৭৭ আমার কপটে তার হয়েছে নিধন।
রাঘবেরে দিব আমি তার রাজ্য ধন॥
৭৭৮ গ্রাম দীঘি নগর সে করিবে পত্তন।
দীঘি কাটি করিবেক শঙ্কর স্থাপন॥
৭৭৯ তার পুত্র হইবেক রাজা রুদ্র রায়।
বাড়িবেক অধিকার আমার দয়ায়॥
৭৮০ গঙ্গাতীরে নবদ্বীপে শঙ্কর স্থাপিবে।
পৃথিবীতে কীর্ত্তি রাখি কৈলাসে যাইবে॥
৭৮১ তিন পুত্র রুদ্রের হইবে নিরুপম।
রামচন্দ্র বড় রামজীবন মধ্যম॥
৭৮২ রামকৃষ্ণ ছোট তার বড় ব্যবহার।
রামচন্দ্র নিধনে রাজাই হবে তার॥
৭৮৩ জিনিবেক সভাসিংহ আদি রাজরাজী।
সোমযাগ করি নাম হবে সোমযাজী॥
৭৮৪ এই ঝাঁপি হেলন করিবে অহঙ্কারে।
সেই অপরাধে আমি ছাড়িব তাহারে॥
৭৮৫ নিধন করিব তারে দরবারে লয়ে।
রাজ্য দিব রামজীবনেরে তুষ্ট হয়ে॥
৭৮৬ অবিরোধে তার ঘরে থাকিব সচ্ছন্দে।
রাজাই করিবে রামজীবন আনন্দে॥

But, by a trick of mine, Depal shall be killed and Raghav   777
be given Depal's kingdom and all his riches.

He shall establish villages, build towns and reservoirs,   778
and in one reservoir install Shiva Shankar.

Raghav's son shall be King Rudra Ray,   779
who by my grace shall expand the reach of his kingdom.

Then, at Navadvip, along the banks of the Ganga, he will   780
    install Shankar,

and journey to Kailash, after achieving acclaim the world
    over.

"Rudra's sons shall be unparalleled in achievement.   781
His eldest will be Ramchandra, the middle son Ramjivan,

and his youngest, Ramkrishna, who will be known for his   782
    might

and will ascend to the throne after the murder of
    Ramchandra.

Ramkrishna will defeat Shobha Singh and an array of   783
    kings,[63]

one after another. Upon making a soma sacrifice, he shall
    be known as Somayayi.[64]

This prideful king will neglect my wicker basket,   784
and I will hence abandon him for it. I shall have

my retribution by killing him and his entire court,   785
and I shall be pleased to give the kingdom to his deserving
    brother Ramjivan.

I shall dwell contentedly in his house   786
while Ramjivan rules his kingdom with righteousness and
    dignity.

৭৮৭ তিন পুত্র হবে তার প্রথম ভার্য্যায় ।
রাজা রামকৃষ্ণ রায় রঘুরাম রায় ॥

৭৮৮ গোপাল গোবিন্দ হবে অপর ভার্য্যায় ।
তার মধ্যে রাজা হবে রঘুরাম রায় ॥

৭৮৯ ভূমিদান দয়া দর্প রাজধর্ম্মবলে ।
রঘুবীর খ্যাত হবে ধরণীমণ্ডলে ॥

৭৯০ তার পুত্র হবে কৃষ্ণচন্দ্র মতিমান ।
কাশীতে করিবে জ্ঞানবাপীর সোপান ॥

৭৯১ বিগ্রহ ব্রহ্মণ্যদেবমূর্ত্তি প্রকাশিয়া ।
নিবাস করিবে শিবনিবাস করিয়া ॥

৭৯২ আমার প্রতিমা পূজা প্রকাশ তাহাতে ।
কত কব তার যশ বুঝিবা ইহাতে ॥

৭৯৩ শাকে আগে মাতৃকা যোগিনীগণ শেষে ।
বরগীর বিভ্রাট হইবে এই দেশে ॥

৭৯৪ আলিবর্দ্দি কৃষ্ণচন্দ্রে ধরি লয়ে যাবে ।
নজরানা বলি বার লক্ষ টাকা চাবে ॥

৭৯৫ বদ্ধ করি রাখিবেক মুরশিদাবাদে ।
মোরে স্তুতি করিবেক পড়িয়া প্রমাদে ॥

৭৯৬ স্বপ্নে দেখা দিব অন্নপূর্ণারূপ হয়ে ।
এই গীতে পূজার পদ্ধতি দিব কয়ে ॥

Three sons will be born to him from his first wife.   787
Raja Ray, Ramkrishna Ray, and Raghuram Ray will be
    their names,
and Gopal and Govinda will be born of his second wife.   788
Among them all, their king shall be Raghuram Ray.

"Raghuvir will become world famous for his gifts[65]   789
of land and his generosity to his subjects, for his bravery
    and royal dharma.
His son will be the wise Krishnachandra who, at Kashi,   790
will build the Jnanavapi flight of steps.
To reveal the image of Mahavishnu Brahmanyadev,   791
he will build Shivanivas and take residence there.
He will make known the worship of my image.   792
What more can I say of it? He will be renowned and
    blessed for this alone.
In the Shaka Era, *mātṛkās* at the start, yoginis at the end,   793
that is, 1664, the Bargis, ominous Maratha warriors,[66]
shall wreak havoc on this country.
But Alivardi will capture Krishnachandra and take him   794
    away,
demand twelve lakhs from him as ransom,
keeping him imprisoned at Murshidabad.   795
While in captivity, a distressed Krishnachandra shall sing
    my praise,
and in a dream I shall reveal myself to him as Annapurna   796
singing this saga-song, I shall reveal the method of my
    worship.

৭৯৭ সভাসদ তাহার ভারতচন্দ্র রায়।
ফুলের মুখটী নৃসিংহের অংশ তায়॥

৭৯৮ ভূরিশিটে ভূপতি নরেন্দ্ররায়সুত।
কৃষ্ণচন্দ্র পাশে রবে হয়ে রাজ্যচ্যুত॥

৭৯৯ ব্যাকরণ অভিধান সাহিত্য নাটক।
অলঙ্কার সঙ্গীত শাস্ত্রের অধ্যাপক॥

৮০০ পুরাণ আগমবেত্তা নাগরী পারসী।
দয়া করি দিব দিব্যজ্ঞানের আরশী॥

৮০১ জ্ঞানবান হবে সেই আমার কৃপায়।
এই গীত রচিবারে স্বপ্ন কব তায়॥

৮০২ কৃষ্ণচন্দ্র আমার আজ্ঞার অনুসারে।
রায় গুণাকর নাম দিবেক তাহারে॥

৮০৩ সেই এই অষ্টমঙ্গলার অনুসারে।
অষ্টাহ মঙ্গল প্রকাশিবেক সংসারে॥

৮০৪ ডীউসাঁই নীলমণি কণ্ঠ-অভরণ।
এই মঙ্গলের হবে প্রথম গায়ন॥

৮০৫ শুনিয়া কহিল ভবানন্দ মজুন্দার।
জগতঈশ্বরী তুমি যে ইচ্ছা তোমার॥

"Bharatchandra Ray, a Mukhati of Phul, a descendant 797
of Narsimha, shall be his courtly poet.

Bharat shall be the son of Narendra Ray, king at Bhurishit, 798
who has been

robbed of his kingdom. Bharat, who will live to serve his
patron,

Krishnachandra, shall be proficient 799

in grammar and vocabulary, literature and drama, rhetoric
and music, and shall be

well versed in the Puranas, *āgamas,* Nagari script, and 800
Persian.[67]

Bestowing my favor upon him, I shall give him the mirror
of divine knowledge.

By my grace, he will be a knowledgeable man. 801

I shall come to him in his dream and make known how to
compose this song.

Then, by my order, Krishnachandra will bestow upon him 802
the title *Ray Gunakar,* 'Ray, Abode of Virtues.'

He will reveal to the world these eight days of *mangal* 803

in accordance with the eight days of auspiciousness, the
Aṣṭamangalā.

Diusani Nilmani, whose velvety voice enchants our hearts 804
and minds,

shall be the first singer of this *mangal.*"

Upon hearing Annada's speech, Bhavananda Majundar 805
implored her.

"Oh, you are the mistress of the world, you do as you
please.

৮০৬ যে জান তা করিবে কি কাজ মোরে কয়ে ।
তিলেক বিলম্ব নাহি চল মোরে লয়ে ॥

৮০৭ বেদ লয়ে ঋষি রসে ব্রহ্ম নিরূপিলা ।
সেই শকে এই গীত ভারত রচিলা ॥

মজুন্দারের স্বর্গযাত্রা

৮০৮ ভবানন্দ মজুন্দার   সুতে দিয়া রাজ্যভার
বাপ মায় প্রবোধ করিয়া ।
পূর্ব্বকথা মনে করি   বসিলেন ধ্যান ধরি
স্বর্গে যান শরীর ছাড়িয়া ॥

৮০৯ সীতারাম মজুন্দার   করিছেন হাহাকার
প্রজাগণ কান্দিয়া বিকল ।
অমাত্য অপত্যগণ   সবে শোকে অচেতন
ক্রন্দনে উঠিল কোলাহল ॥

৮১০ চন্দ্রমুখী পদ্মমুখী   স্বর্গে যাইবারে সুখী
সহমৃতা হইলা হাসিয়া ।
চড়িয়া পুষ্পক রথে   চলিলা অলকাপথে
যক্ষগণে বেষ্টিত হইয়া ॥

You will do what you know, it is no use my saying anything.   806
But let us no longer delay. Take me along, let us go. Let us
    return at last."

The units Vedas, *ṛṣis, rasas,* and *brahma* determine the   807
    years
of the Shaka Era in which Bharat composed this song.[68]

MAJUNDAR ASCENDS TO HEAVEN

First consoling his mother and father,   808
Bhavananda Majundar installed his son as sovereign of his
    kingdom.
Remembering the past, he sat in meditation,
then he left his body and ascended to heaven.
While Sitaram Majundar continued his lament for his dear   809
    son,
the subjects of the kingdom wept and wailed until they
    reached exhaustion,
Majundar's counselors and children, all unconscious due
    to grief,
filled the air with their mournful sounds of sobbing.
Gratified to accompany their husband to the heavens,
Chandramukhi and Padmamukhi ascended with   810
    Bhavananda
in a chariot of flowers that soared up through the sky to
    Aloka,[69]
surrounded by a legion of benevolent *yakṣas* guiding them
    forth.

৮১১ অন্নপূর্ণা আগে আগে সখীগণ চারি ভাগে
পিছে নলকূবর চলিলা।
কুবের যক্ষের পতি শোকেতে পীড়িত অতি
পুত্র দেখি আনন্দ পাইলা॥
৮১২ পুত্র পুত্রবধু লয়ে কুবের সানন্দ হয়ে
পূজা কৈলা অন্নদাচরণ।
কুবেরের পূজা লয়ে দেবী গেলা তুষ্ট হয়ে
কৈলাসে যেখানে পঞ্চানন॥
৮১৩ অন্নপূর্ণা অজার্চ্চিতা অপর্ণা অপরাজিতা
অনাদ্য অনন্তা অম্বা অমা।
অবিকারা অনুপমা অরুন্ধতী অনুত্তমা
অনির্ব্বাচ্যা অরূপা অসমা॥
৮১৪ ক্ষুধাহরা ক্ষামোদরী ক্ষান্তি ক্ষিতি ক্ষপাকরী
ক্ষুদ্র আমি কি আছে ক্ষমতা।
ক্ষিপ্ত আমি ক্ষোভ কত ক্ষুণ্ণ কহিয়াছি ক্ষত
ক্ষমারূপা ক্ষীণেরে ক্ষম তা॥

As Annapurna led them, attended by masses of female 811
   companions,
Nalakubar followed behind them.

Deeply despondent due to sorrows, Kuber, lord of the
   yakṣas
and father of Nalakubar, brightened upon his son's arrival.
Delighted by his son's appearance, Kuber gathered his 812
   daughters-in-law
and Nalakubar to gratefully worship goddess Annada's
   feet.
Gladly accepting the worship of Kuber's family, Annada
   herself, feeling fulfilled,
then departed for Kailash, where Panchanan, Five-Faced
   Shiva, awaited her.

Oh you, Annapurna, Ajarchchita, Aparna, Aparajita, 813
Anadya, Ananta, Amba, Ama.
Abikara, Anupama, Arundhati, Anuttama,
Anirvachya, Arupa, Asama.
Kshudhahara, Kshamodari, Kshanti, Kshiti, Kshapakari, 814
I am small, insignificant. What powers do I possess?
I am frenzied, much distressed and pained, I have told you
   my wounds.
Oh, Annada, oh you, in the form of forgiveness, forgive
   this feeble man.

৮১৫   কৃষ্ণচন্দ্র নরপতি   করিলেন অনুমতি
     সেই মত রচিয়া বিধানে।
   ভারত যাচয়ে বর   অন্নপূর্ণা দয়া কর
    পরীক্ষিততনু ভগবানে॥

সমাপ্ত

Krishnachandra, supreme among men, gave his
    instruction
to Bharatchandra, who composed this song according to
    the rules.
Bharat concludes by begging the favor of Annapurna to
    protect
and show mercy to his dear sons Parikshit, Tanu, and
    Bhagavan.

815

The End

NOTES TO THE TRANSLATION

The Story of Vidya and Sundar

1   The class of the Bengali Kayasths were mostly of eastern origin.
    They were traditionally scribes, accountants, and record keepers.
    Jessore is in present-day Bangladesh.

2   King Man Singh was the famous Rajput royal of Amber who was
    sent to Bengal in 1594 as governor, by Emperor Akbar, to subdue
    the revolt of unruly local kings; he left Bengal in 1608. But it was
    actually a general of Islam Khan, Man Singh's successor, who,
    during the reign of Jahangir, defeated Pratapaditya in 1612. Hence
    the story as told by Bharatchandra Ray in the *Annadāmaṅgal* is
    significantly fictionalized.

3   This is the first instance of the Vidya-Sundar pun, which will be
    used repeatedly: the princess's name signifies knowledge, and the
    prince's, beauty.

4   Krishnachandra was the head of the four local caste commu-
    nities centered around Agradvip, Navadvip, Chakradvip, and
    Kunshadvip. He could render a person an outcaste or, conversely,
    annul one's outcaste status.

5   Rarh is the name of the region west of the Ganga in Bengal, whereas
    Rarhiya (*rāṛhī*) is the name of a class of Bengali Brahmans said to
    have been brought from Kanauj in the ninth century to settle in
    western Bengal.

6   The learned and speaking parrot (*śuka*) is found in several poems
    in Bangla and Sanskrit, especially those on the Krishna theme.

7   The story of King Nala and Damayanti is told in the Sanskrit
    Mahābhārata. Nala was an accomplished horseman.

8   In this *gīti kāvya*, or song-poem, Krishna is evoked along with
    Sundar. The Radha-Krishna love story remains the backdrop
    throughout this poem.

9   Sayyid: a descendant of the prophet Muhammad; malik: the title
    of the chief of a town or village, a prince; sheikh: a venerable old
    man, as well as a Muslim family name.

10 *Padma* and *śaṅkha*, lotus and conch, are terms signifying very
    large numbers; for instance, *padma* represents a one followed by
    fourteen zeros.

11   I read *dāy* ("trouble") rather than *sukh* ("pleasure"), according to another variant indicated in Bandyopadhyay and Das, *Bhāratcandra-Granthāvalī* 1962: 169n.

12   The identification, or conflation, of Sundar with Krishna is pursued in the lyrical *gīti kāvyas* that precede the narrative poem, mostly in *payār* verses. His beloved Radha is often the speaker.

13   This line reveals a play on words with the verbs *cāoyā,* meaning to look at, and *cāoyā,* meaning to want.

14   *Caṇḍī:* short for *Caṇḍīpāṭha,* that is, the *Devīmāhātmya,* a Sanskrit text glorifying the goddess Chandi-Durga.

15   Agari: a Hindu Shudra subcaste, also known as Ugrakshatriya; Yugi: the name of another low caste.

16   The Bangla terms here all refer to various low castes that have no specific occupation.

17   *Bhāvaks* are "emotional" devotees.

18   *Vidyā,* here used for "knowledge," also refers to the woman of that name.

19   Sundar is sometimes referred to by Hira, loosely, as grandson, son, or nephew, the idea being that he is like a relative of a younger generation.

20   Cowries: small white seashells that were used as money.

21   Arcot rupees were silver coins minted in Arcot during the Mughal empire.

22   Units of value no longer in use. One *paṇa* is equivalent to one *ānā* (around one-sixteenth of a rupee), and one *kāhan* is equal to one rupee.

23   *Ser:* a measure of weight, about one kilogram.

24   Indra, king of gods, has a thousand eyes, and Vasuki, king of *nāgas,* a thousand mouths. Even so, they are not able to express Vidya's beauty.

25   The *hrī* syllable is a magic syllable used in tantric practice.

26   *Rāsa* refers here to the emotional impact of Vidya's dance. *Rāsa* is the name given to the dance of Krishna with the *gopīs.*

27   Manasa (*mānasa;* "mind") is the name of a lake conjured up by the god Brahma on Mount Kailash, where cranes dwell and, from there, take flight; also known as Lake Manasarovar, in the Himalayas.

28   The spot on the moon is conventionally described as a deer.

29 Meru is a mythical mountain known as the axis of the world.

30 That is, presumably, the Shiva lingam, with testicles prominent (see the note on v. 525).

31 Sita's wager and marriage are narrated in the Ramayana.

32 The verse is in Sanskrit.

33 That is, *vasudhā vasunā loke vandate mandajātijam / karabhoru ratiprajñe* (Sundara, Sundara).

34 In the original Bangla, this is one of the many examples of the poet's skillful sound play with words: *rāṛh* and *ṣāṛh,* and later *śram* and *bhram.*

35 Again, such terms as "granddaughter" and "auntie" are used simply to suggest that she is a young girl in comparison to Hira.

36 The comparison refers to the delicacy of the ears.

37 The verse is in Sanskrit.

38 That is, *savitā padyāmbujānāṃ bhuvi te nādyāpi samaḥ / divi devādyā* (Vidyā, Vidyā, Vidyā).

39 Walking together around a fire is a ritual practiced during a wedding.

40 Shishupal: a demon born on earth as Krishna's cousin and enemy; he was killed by Krishna.

41 The abduction of Rukmini, princess of Vidarbha, by Krishna is narrated in *Bhāgavata Purāṇa,* Book 10, chapters 52–54.

42 Danu's sons: demons. Danu is the father of the *dānavas;* see Glossary.

43 Referring to the four ages of the world, called *yuga: satya* (the utmost, most perfect), *tretā, dvāpara,* and *kali* (the worst), the age in which we live.

44 A mantra in the Tantra calls Chandi, the goddess, the daughter, or the beloved, of a *hāṛī* (a scavenger), a very low-caste character. Shiva's habits of dwelling in a cremation ground and of bearing a skull make him fit to be called a *hāṛī.*

45 Another reference to the Shiva lingam; see note on v. 220.

46 The actual proverb is, "The sharpness of a diamond is dulled when it rubs against the horn of a ram."

47 The verse is in Sanskrit. "The slender waist of a *go*": the intended sense of *go* in *gomadhyamadhye* is unattested, but compare v. 221, "Her waist is as thin as a lion's."

48 What follows is an exegesis of the Sanskrit verse.

49 The following verse is in Sanskrit. The hypermetric *bimbaprati*

seems irremediable. Sundar's recitation of the Sanskrit in v. 455 is followed by his exegesis in vv. 456–459.

50   Mimamsa, one of the six traditional philosophical systems, specializes in interpreting the Veda; in Bangla, the term connotes a rational discussion.

51   Vaisheshika is another of the six traditional philosophical systems, concerned with the material structure of the world. *Pātañjala* is the yoga system expounded in the *Yogasūtra* and attributed to Patanjali.

52   The *saṃhitas* refers to a collection of Vedic hymns.

53   Literally, "that which is heard," meaning the Vedas, which are said to be revealed.

54   A sage to whom many sacred scriptures are attributed.

55   A *gāndharva* marriage is a secret one. It is one of the four acknowledged types of matrimonial unions.

56   A woman whose husband is alive, called an *eyo,* is auspicious; hence her presence is appreciated at weddings.

57   *Kapinās:* a stringed instrument in the shape of an elephant trunk; *saptasvarā:* the seven notes of a scale.

58   *Mocaṅga:* a type of flute.

59   "Shiva lingam of your breasts," *kucaśambhu.* The testicles of the sacred image are meant.

60   A Sanskrit meter of twelve syllables.

61   A person who feels and appreciates *rasa,* or aesthetic emotion.

62   Reverse, or inverse, lovemaking de-creates the universe, and the devotee hence meditates on evolution. See Kinsley 1998: 88.

63   A blade cuts a pumpkin and not a pumpkin a blade; a woman should be in the down position and her lover on top. But Sundar wants the reverse.

64   Inverse lovemaking models the union of Shiva and Shakti, when the feminine aspect, the active one, is depicted above the male, the *puruṣa.*

65   Another instance of the pun on *vidyā,* playing on Vidya, the princess, and the term *vidyā,* meaning knowledge.

66   "Taking datura": *Datura metel,* commonly called thorn apple or devil's trumpet, is a flowering plant in the nightshade family.

67   Vidhi, another name for Brahma, is the dispenser of men's fates. He created the demon Rahu, who swallows the moon and produces the eclipse.

68 *Cātaka:* a pied crested cuckoo, a bird of the rainy season.

69 When someone sneezed it was customary to wish that person a long life, for sneezing itself was considered precarious. However, a married woman with all her jewels is looked on as auspicious, so even without speaking, Vidya's very presence demonstrated that she wished him well. See the *Caurapañcāśikā,* attributed to the eleventh-century Kashmirian poet Bilhana, v. 11.

70 The mynah (*sārī,* also written as *śārī*) is considered the female counterpart of the parrot (*śuk*) in Bengali literature. It is sometimes seen as the house mynah (*śālika*).

71 *Khaṇḍitā* and the following technical terms refer to the various states of mind of the heroine in Sanskrit dramatic literature, as well as in Bengali Vaishnava literature. See also "The Story of Man Singh," vv. 624–629. Bharatchandra wrote short poems on this theme in his *Rasamañjarī.*

72 The adjectives in this passage are applied to a woman in love, the *nāyikā,* in Sanskrit dramas and in the Vaishnava literature of Bengal, cf. De 1961: 207.

73 *Punarbbiyā:* the second marriage ceremony, performed after an already married girl gets her first period; also called *garbhādhana,* "placing into the womb." Sexual relations are meant to start only after this ceremony.

74 *Khudmāgā* and *kādākhēru* are two rituals performed by women at the time of the second marriage. The *kādā khoṭṭā* is a somewhat lewd song women sing after they have smeared their bodies with mud.

75 The literary convention is that pregnant women yawned continually.

76 The eating of clay is mentioned in Kalidasa's *Raghuvaṃśa,* Book 3, v. 4. Pregnant women were said to wish to eat clay.

77 "Mistress" or "lady" (feminine of *thākur,* "lord" or "master," a title of the landed nobility).

78 "Words" and "language," *bhāṣā,* i.e., the Bangla language, in which the poet writes.

79 Nandakishor: "Nanda's young boy," Krishna; Nanda is Krishna's foster father. Gokul: the name of the pasture and the village where young Krishna lived with his companions, the cowherds.

80 The episode narrating Duryodhan's happiness as well as sorrow at

the time of his death is found in the *Śauptikaparva* of the Bangla *Mahābhārata* of Kashiramadasa.

81   In the Ramayana tradition, the demon Ravana sends Marich, who takes on the appearance of a golden deer to abscond with Rama so that Sita can be abducted.

82   The Garuda gem is a stone supposed to frighten snakes, as does the bird Garuda, Vishnu's mount.

83   In the Mahabharata narrative, Bhima, the second Pandava, kills Kichaka, who had tried to seduce Draupadi, the wife of the five brothers.

84   The story of Krishna, the one who disrobes women, is told in *Bhāgavata Purāṇa,* Book 10, chapter 22.

85   *Cādar* and *īśār* are plants used to cure snakebite.

86   A *kāhan* is a numerical measure, signifying 1,280; see also Glossary.

87   As told in the Mahabharata, Jarasandha was king of Magadha and an enemy of Krishna; he was slain by Bhima. He had imprisoned many princes, who were released by Krishna, Bhima, and Arjuna.

88   A comet, *ketu* in Bangla, is an evil portent.

89   The *patinindā,* wives' revilement of their husbands, is a regular feature of *maṅgalkāvyas.*

90   *Caturmukha* is a medicine used in Ayurveda, the traditional system of medicine of India.

91   This complicated verse likely holds a sexual allusion (perhaps: the husband cannot perform, and drives away the friend who could).

92   A *kulīna* wife remains with her parents. When the husband visits her, he must be given presents at the time of his departure.

93   That is, all men are part of the cosmic Krishna when he is considered as the Absolute God, and so by thinking constantly about Krishna, even an enemy obtains the blessing of God.

94   That is, bound by the bridge that Rama and his army of monkeys built over the sea to reach Ravana's Lanka, as told in the Ramayana.

95   *Vidyādhar:* a wizard. Here, one who possesses Vidya, or *vidyā,* knowledge.

96   Sundar recites three of the fifty stanzas of *Caurapañcāśikā* (vv. 1, 11, and 50 of the northern recension).

97   The next verse, recited by Sundar, is in Sanskrit, followed by a loose paraphrase and elaboration in vv. 1203–1204. The Sanskrit translation here (reading *-galitāṃ* for *-gaṇitām* in *pāda* d, against the printed editions) and in the following two cases

(v. 1206, vv. 1214–1215) is after Miller 1971.

98 The next verse is in Sanskrit, followed by a loose paraphrase.

99 The following verse, 1214, is in Sanskrit; v. 1215 is a direct translation into Bangla. A single English translation, numbered as vv. 1214–1215, is provided here.

100 *Caurapañcāśikā;* see note on v. 1197.

101 Aniruddha, the grandson of Krishna, fell in love with Usha, daughter of the demon king Bana. Her father's intervention was countered by Krishna. The story is found in, among other texts, the *Bhāgavata Purāṇa* Book 3, chapters 62–63.

102 The story is related in the Bangla *Mahābhārata* of Kashiramadasa.

103 The killing of these demons is narrated in the *Devīmāhātmya.*

104 Every distich of the following *pada*, or poem, of praise begins with a different letter of the alphabet. It is so forced that, at times, it does not make much sense (a few of these letters are in fact never found at the beginning of a Bangla word). Full diacritics are, by exception to series style, provided here for all proper nouns in the passage.

105 A letter in the Bangla alphabet.

106 *Ḍakinīs:* female goblins accompanying Shiva or Durga.

107 A musical instrument.

108 Yadu, a king of the lunar dynasty, founded the line of the Yadavas in which Krishna was born.

109 A terrible hell in Hindu mythology.

110 Ghantakarna: "The one with ears like bells," Shiva's servant; Nandi: Shiva's main servant; Mahakal: Rudra, the name of Shiva in his terrifying form.

111 The following exchange between the king and the herald is in Hindustani and has been translated with the help of Professor Kunal Chakravarti and the text in Gosvami 1955: 117–118.

112 Goddess Shashthi is the protectress of small children. The ceremony of Annaprāśana consists of feeding the child his or her first rice.

113 The *bāromāsī,* a poem elaborating on the twelve months of the year, is a common feature of all *maṅgalkāvyās,* as is the *aṣṭamaṅgalā,* the eight beneficences, or eight days of auspicious song, mentioned in the next *pālā* (episode), and found only at the end of the third book.

114 Agarwoood, a scented evergreen tree.

115 The *khēṛu* is a performance of lewd Bangla songs.

116 This feature, in which the devotee hero and heroine follow their goddess to the heavens, is also common in *maṅgalkāvyas,* though Bharatchandra, unlike other composers of the genre, does not allude to this at the beginning of his poem. He may have assumed that it would be understood.

The Story of Man Singh

1 *Daphādārs:* officers riding horses; *jamādārs:* lowest-ranking officers.

2 *Hājārīs:* leaders of a thousand soldiers.

3 *Choyārs:* low-caste members of the kingdom.

4 Pratapaditya, zamindar of Jessore, Khulna, and Backerganj, had his capital at Dhumghat. He was defeated in battle within one month, December 1611–January 1612, not by Man Singh but by General Giyas Khan, who was sent by Bengal governor Islam Khan (see the note on v. 4 of "The Story of Vidya and Sundar").

5 The vigil, or *jāgaraṇa,* is recited during the night toward the end of the eighth day's celebration and is typically a moment of intense drama in a *maṅgalkāvya.* However, this is not the case in Bharatchandra Ray's *Annadāmaṅgal.*

6 The Bengal quince or wood apple tree.

7 The story of the birth of the Ganga from Vishnu's feet is told repeatedly in Hindu mythology, as for example in the *Brahmavaivarta Purāṇa, Prakṛtikhaṇḍa,* chapters 10–12.

8 Narrations of journeys and descriptions of various places and sites encountered are regular features and topics in *maṅgals.*

9 One need not be concerned with purifying oneself when eating the rice previously offered to Jagannath, his *prasād,* for Jagannath's *prasād* is already pure.

10 This is an allusion to the *Caṇḍīmaṅgal* and to one of its main characters.

11 The figures named in these last two couplets are main characters in the *Manasāmaṅgal.* Janu and Manu are the poet's invention.

12 This refers to a temple located on the Raniganj-Bankura road, after Chandrakona, that was built without any superstructure. I am grateful to Indrajit Chaudhuri and Kunal Chakravarti for providing this information.

13 *Mahāprasād* is an offering of boiled rice prepared for Lord Jagannath and thereafter distributed to devotees. Later the

poet says that this food can in no way be polluted. An account of the greatness of *Puruṣottama Kṣetra,* the Puri pilgrimage place, is narrated at length in *Brahma Purāṇa,* vol. 2, chapters 41–48.

14 So holy is this place that emphasis is placed on the absence of any purification rituals.

15 The name of the river that separates the world of the dead from that of the living.

16 A sage, renowned for his asceticism, to whom the *Mārkaṇḍeya Purāṇa* is attributed.

17 The Svarnarekha is a river in south Bengal.

18 Setubandha: the bridge, built over the ocean by the monkey warriors, by which Rama crossed to Lanka, as told in the Ramayana.

19 Maratha cavalrymen had conquered much of central and eastern India in the eighteenth century and had devastated Bengal.

20 An allusion to the *Caṇḍīmaṅgal* and to its first hero, the hunter Kalaketu.

21 Mathura is the town where Krishna was born; Vrindavan, the countryside where he grew up.

22 Hindus do not salute by touching their head to the ground; only their right hand touches the ground.

23 The significance of this verse is unclear. It seems to mean that the Bengalis who live in the western region adapt themselves to the Muslim ways.

24 The *Kalamā* or *Kalemā* is the basic article of faith in Islam.

25 *Kādākhēru:* a ritual that married women celebrate at a new bride's wedding; *punarbbiyā:* the second marriage ceremony, performed after an already-married girl gets her first period.

26 Khottas: men from northern India said by Bengalis to be of inferior intelligence.

27 Rohilas: soldiers from the Rohilkhand region in India.

28 The foregoing verse is in Sanskrit.

29 *Hājīs* (hajis) are Muslim pilgrims returned from Mecca, and *kājīs* are Muslim judges.

30 This poem has no title in the Bangiya Sahitya Parishat edition, *Bhāratcandra-Granthāvalī* 1962.

31 "Ten *mahāvidyās*": the ten manifestations of the goddess, Shiva's consort.

32 *Nāyikās* are the eight manifestations of the goddess Durga; a *nāyikā*

("leading lady," the beloved) is also the main female character in drama or poem.

33 The names listed in this passage are demons killed by the goddess Chandi, as narrated in the *Devīmāhātmya*.

34 Manasa is the goddess of snakes; Shitala, the goddess who cures smallpox and other diseases; Shashthi, the goddess who protects children.

35 A constant repetition on rhythmic breaths of the sacred formula *haṃsa*.

36 Again a reference to the *Caṇḍīmaṅgal*.

37 A ritual food offering made to a deity, and in part returned to the devotee and consumed as a blessing.

38 Literally "the three braids," that is, the confluence of the three sacred rivers. As such, it often refers to the Ganga, Yamuna, and the hidden Sarasvati rivers.

39 A name for Vishnu, who is said to have taken three strides, covering the earth, the sky, and the underworld, in his dwarf incarnation.

40 The story of the descent of the Ganga is told in many Hindu texts, including the *Bhāgavata Purāṇa* Book 9, chapter 9.

41 "The sage Jahnu": the sage whose meditation was disrupted by the river Ganga and who subsequently drank up its waters. Later, he released the stream of the great river from his ears. Hence, Ganga is also called Jahnavi, "daughter of Jahnu."

42 After the sons of King Sagar disturbed the sage Kapila's meditation, they were burned to ash. Later, the king's descendant Bhagirath pulled the Ganga down from the heavens and, thanks to its waters, Sagar's sons were given new life.

43 "A *charu* oblation": an offering of rice boiled in milk with sugar and clarified butter.

44 The seven palm (*tāl*) trees are mentioned in the *Kiṣkindhākāṇḍa;* see *Kṛttivāsī Rāmāyaṇa* 1957: 165.

45 Vaidyanath (*vaidyanāth;* lord of the *vaidyās,* or physicians) is a name for Shiva; his main temple is in Deoghar, Bihar.

46 That a decree (*firmān*) of the Mughal emperor was authenticated by his five fingerprints seems to be mentioned only here.

47 Most likely a reference to a proverb regarding one who has two things on his mind.

48 Manthara, Kaikeyi's servant, advises her to protest against King Dasharath's decision to declare Rama heir to the

throne, as told in the Ramayana.

49 This short poem, or *pada,* is a tour de force in the original Bangla. Each couplet ends with a pair of rhyming words with comparable syllables, such as *kaṛākāṛi bāṛābāṛi,* etc. The rhymed lines all end with *-āṛi.*

50 Chandramukhi: the name itself means "moon-face one"; Padmamukhi: "lotus-face one."

51 For these technical terms, compare "The Story of Vidya and Sundar," vv. 774–777.

52 The *eyojāta pūjā* is a celebration for married women, consisting of a puja to the goddess.

53 The *kumārī pūjā* is a tantric ritual venerating a young virgin girl who represents the goddess.

54 The term *bāgā* is obscure.

55 *Kāliyā:* a spicy, juicy curry of meat or fish; *dolamā:* a dish made of small gourds, called *paṭola,* stuffed with meat or fish.

56 *Cālitā:* the elephant apple tree and its edible, acidic fruit; *mandāra:* a celestial tree.

57 *Āsikā:* a type of cake; *pīyūṣī:* a kind of sweet roll; *purī:* fried pancakes made of whole-wheat flour; *pulī:* a type of sweet roll stuffed with coconut; *cūṣī ruṭi:* a sweet, partly liquid dish; *rāmroṭ:* a type of bread; *pāpaṛ:* a thin wafer made of fried or singed pigeon-pea dough; *bhājāpulī:* a sweet roll fried in ghee; *lucis:* fried pancakes made of white wheat flour.

58 *Dudhpanā:* a sweet dish prepared with milk.

59 Descriptions of cooking, meals, and ingredients are regular features of *maṅgalkāvyas,* especially the *Caṇḍīmaṅgal.*

60 This is a brief reminder of the events narrated over the *maṅgal's* eight days of recitation and the final declaration that all ends well.

61 The allusion here is to the *Kāśīkhaṇḍa* of the *Skanda Purāṇa* and the *Matsya Purāṇa.* There is no mention of the Vyasa Varanasi.

62 The structure and division of the eight *maṅgals,* or eight-day celebration, as listed in this *pada* do not wholly correspond to the structure and division of Bharatchandra Ray's narrative over the three books.

63 Shobha Singh was a zamindar in southwestern Bengal who rebelled against the Mughal governor in 1696 and became quite powerful throughout West Bengal. He was killed by the daughter of the king of Burdwan, whom he attempted to violate.

64 A soma sacrifice consisted of drinking *somarasa,* the juice of the soma, a type of creeping vine whose growth is said to be governed by the phases of the moon. The sacrifice is considered an important ritual that endures over three years.

65 Raghuvir is apparently another name for Raghuram.

66 There are sixteen *mātṛkās* and sixty-four yoginis, making the year 1664 of the Shaka Era. This corresponds to 1742 of the Common Era.

67 Nagari, referring to Devanagari here, is the script typically used for Sanskrit, as well as for Hindi.

68 The chronogram works as follows: Vedas = 4, *ṛṣis* = 7, *rasas* = 6, *brahma* = 1, and it is read from back to front, hence 1674, which corresponds to 1752 of the Common Era.

69 Aloka, the name of the city of Kuber, the god of wealth.

GLOSSARY

ABHAYA (*abhayā;* the one who removes fear) a name for the goddess Annada

abhisār a romantic tryst

āgamas a collection of texts referred to as the Tantras, often coupled with *nigama;* the former are teachings Shiva imparted to the goddess Durga; the latter, those the goddess conveyed to Shiva

ANANGA (*anaṅga;* bodiless) a name for Kama, god of love, after he was burned by Shiva's angry gaze

ANNADA (*annadā;* giver of rice) a name for the goddess Parvati, Shiva's consort

ANNAPURNA (*annapūrṇā;* the one full of rice) a name for the goddess Annada

APARAJITA (*aparājitā;* the unconquered, unvanquished) (1) a name for the goddess Durga; (2) a flower, Asian pigeonwing

aṣṭamaṅgalā (the eight beneficences) poem summarizing the events narrated in the *maṅgal;* sung on the last day, it gives the blessings of the goddess and signifies that all is well

bakul a type of tree, the Indian medlar or bulletwood

BAMAN (*bāmaṇa*) a familiar form, at times derogatory, of the term "Brahman"

bāndhulī a bright red flower

BHAGIRATH (*bhagīratha*) a descendant of King Sagara; through his psychic powers he induced the river Ganga to come down to purify the ashes of Sagara's sons and allow them to be liberated; Ganga hence took the name Bhagirathi, "daughter of Bhagirath"

BHAIRAV (*bhairava*) a frightening manifestation of Shiva; *bhairav* is also a term used to refer to his companions

BHARAT (*bhārata*) (1) the name of the poet Bharatchandra Ray; (2) the name of the country of India, also called Bharatavarsha; (3) an abbreviation for the Mahabharata, the great Indian epic

BHARATI (*bhāratī*) a name for the goddess Sarasvati; at times in the text it is used to refer to Vidya, who is learned and wise like the goddess

bhaṭṭācārya a title given to scholarly pandits among the Brahmans

BHAVANI (*bhavānī*) a name for the goddess Parvati, Shiva's consort

BHIMA (*bhīma;* the terrible one)

the name of the second Pandava
brother in the Mahabharata

BRAHMA (*brahmā*) the god of
creation; along with Vishnu and
Shiva, he forms the main triad
of Hindu gods; in the text, he is
often called Vidhi or Vidhata,
controller or regulator of the
universe

brahma (*brahman*) the absolute
reality underlying all phenomena

chakor (*cakora*) a bird said to
gaze at the moon and drink in
moonbeams

CHAMUNDA (*cāmuṇḍā*) an
incarnation of the goddess Durga
in her terrifying form

dāna, dānava a demon of gigantic
size

dharma (1) the sociocosmic order
that maintains the universe; (2)
one of the four aims of life; (3)
goodness, piety

DURGA (*durgā*) a name for
the primeval goddess Śakti
("strength") in her most
formidable form, in which she
slays demons; she is also named
Parvati as the wife of Shiva

DURYODHAN (*duryodhana*) the
eldest of the Kaurava princes,
who fought the Pandavas in
the great war narrated in the
Mahabharata; he was killed by
Bhima

GANGA (*gaṅgā*) Ganges, the sacred
river that flows through the sky,
earth, and underworld

GAURI (*gaurī;* fair) a name for the

goddess Parvati as a young girl

gopīs young female cowherds,
companions of Krishna

GOVINDADEV a name for the god
Krishna

HARA (the one who seizes) one
of the names for Shiva in his
terrifying form

ISHVARA (*īśvara*) the Lord, God

JAHANGIR (*jāhāṅgir* or *jāhāgīr*) a
Mughal emperor who ruled from
1605 to 1627

kāhan an ancient unit of counting,
equal to 1,280 cowries. *See also
paṇa*

kālakūṭa the poison that emerged
from the primal ocean when
it was churned by gods and
demons; after Shiva drank the
poison it remained in his throat

KALI a name for the great goddess

KALKETU (*kālaketu*) the name
of the *vyādha* (hunter) who
becomes king by the grace
of the goddess Chandi in the
Cāṇḍīmaṅgal

KAMSA (*kaṃsa*) king of Mathura,
uncle of Krishna; he attempted
to kill Krishna but was ultimately
slain by him

KSHEMANKARI (*kṣemaṅkarī;* the
benign one, the one who forgives)
a name for the goddess Durga

kulina (of good family) a Bengali
Rarhiya Brahman whose family
had been honored for its learning
and virtues by King Ballal Sen
(twelfth century); later, the
section of a caste that has the

highest position

LAKSHMI (*lakṣmī*) the goddess of prosperity and wealth; Vishnu's consort

LANKA (*laṅkā*) the island Rama invaded with his monkey army on his journey to rescue Sita

MAHABHARATA (*Mahābhārata, Bhārata*) the Sanskrit epic poem that narrates the great war between the Pandavas and their cousins, the Kauravas

MAHAKAL (*mahākāla*) Shiva in his destructive form

MAHAMAYA (*mahāmāyā;* the great illusion) (1) a name for the goddess Durga; (2) the material world

māl (1) a hill tribe and its members; (2) a soldier who fights with a bamboo stick

maṅgal anything considered auspicious. *See* maṅgalkāvya

maṅgalkāvya a genre of narrative poems composed in Bangla between the fifteenth and eighteenth centuries; a poem of beneficence

MARICH (*marīca*) a *rākṣasa* who took the appearance of a golden antelope to distract Rama from Sita

MUKHATI (*mukhaṭi*) a surname among Rarhiya Brahmans in Bengal. *See also* Rarh

nāga a class of snake demigods dwelling in the underworld; Vasuki is their king

NILACHAL (*nīlācala;* the blue

mountain) the place where the Jagannath temple is situated

NILAMADHAV (*nīlamādhava;* the blue Madhava) (1) the god Jagannath; (2) a name for Krishna, whose complexion is dark blue

paṇa part of an ancient counting system (four cowrie shells make one *gaṇḍa,* twenty *gaṇḍas* one *paṇa,* and sixteen *paṇas* one *kahāṇ*). *See also kahāṇ*

PATHAN (*pāṭhān*) a modern-day Afghan; a Pashtun

RAGHAV (descendent of Raghu) Rama; also Raghupati, "chief of the Raghus." Raghu was a king of the solar lineage and Rama's great-grandfather

rāgiṇī one of the thirty-six modes of Indian classical music secondary to the six ragas

RAHU (*rāhu*) a demon who swallows the moon; an eclipse

RAJPUT (*rājaput, rājaputra;* son of a king) a Kshatriya, often from today's Rajasthan

rākṣasa a demonic being

RARH (*rāṛha*) the region of Bengal on the western bank of the river Ganga

rasa (1) juice, flavor; (2) sentiment, emotion, whether aesthetic, erotic, or mystic

RATI (*rati*) the consort of Kama, god of love; also, more generally, love, sexual intercourse

RAVANA (*rāvaṇa*) the demon king of Lanka; he abducted Sita and was subsequently killed by Rama

rebāb a stringed musical instrument

rudrākṣa the dried fruit of the *Eleocarpus ganitrus,* a large, evergreen, broad-leafed tree; the dried fruits serve as prayer beads and are worn by ascetic devotees of Shiva

sannyāsin a "renouncer," an ascetic; also *sannyāsinī,* a female ascetic

SARASVATI (*sarasvatī*) the goddess of speech, learning, and the arts; Vishnu's consort

SHAKA the era named after the Śaka, or Indo-Scythian, dynasty; it begins seventy-eight years after the Common Era

SHAMBHU (*śambhu*) a name for Shiva

SHIVA (*śiva*) the third god, along with Brahma and Vishnu, in the Hindu triad; both the destroyer and the restorer of the world; his consort is the goddess Parvati

SHRI (*śrī;* prosperity) a name for the goddess Lakshmi; it is also used as a prefix with the name of a man

SITA (*sītā*) daughter of the king of Videha, who married Rama after he bent Shiva's great bow and was abducted by Ravana while in exile in the forest with Rama; after the death of Ravana, Sita was compelled to prove her purity twice; the second time, she descended into the ground and was received by the earth

smṛti memory; more specifically, that which is preserved in memory, i.e., all the Hindu scriptures outside of the Vedas

VASUKI (*vāsuki*) the king of the *nāgas,* who helped the gods when they churned the primal ocean to obtain the drink of immortality

VISHNU (*viṣṇu*) the second god, along with Brahma and Shiva, in the Hindu triad; the preserver, or maintainer, of the world; his consort is the goddess Lakshmi

VRAJ the land where Krishna spent his youth with the cowherds

yakṣa a class of demigods, attendants of Kuber; the guardians of underground treasures

YASHODA (*yaśodā*) Krishna's foster mother in Vraj

YAVAN "Ionian, Greek," used to denote a Muslim

yogini (*yoginī*) female attendant of the goddess Durga; woman who practices yoga

BIBLIOGRAPHY

Editions and Translations

Ray, Bharatchandra. 1816. *Annadāmaṅgala*. Edited by Gangakishor Bhattacharya. Calcutta: Ferris and Co. With six block prints.

———. 1847 (Shaka era 1769). *Annadāmaṅgala*. Edited by Ishwarchandra Vidyasagar. 2 vols. Fort William College. Calcutta: Sanskrit Press.

Bhāratcandra-Granthāvalī. 1962 (1369 BS). Edited by Brajendranath Bandyopadhyay and Sajanikanta Das. 3rd ed. Calcutta: Bangiya Sahitya Parishat. Original edition, 1943 (1350 BS).

Bhāratcandrer-Granthāvalī. 1997. In *Granthāvalī sirij*. 9th ed. Calcutta: Basumati-Sahitya-Mandir. Original edition, 1900.

Rāyguṇākar Bhāratcandrer Annadāmaṅgal. 2002. Edited by Sunilkumar Ojha. Preface by Pr. Sukhamay Mukhopadhyay. Calcutta: Sahitya Lok.

Other Sources

Avalon, Arthur. 1952. *Principles of Tantra*. Madras: Ganesh & Co.

———. 1953. *Hymns to Kālī*. Translation and commentary on the *Karpurādistotra*. 2nd ed. Madras: Ganesh & Co.

Bandyopadhyay, Asit Kumar. 1981. *Bāṃlā Sāhityer Ītivṛtti*. 7 vols. Calcutta: Modern Book Agency.

Bandyopadhyay, Haricharaṇ. 1966. *Baṅgīya śabdakoṣ*. 2 vols. New Delhi: Sahitya Akademi.

Banerjee, Sumanta. 1989. *The Parlour and the Streets*. Calcutta: Seagull.

Banerji, S. C. 1978. *Tantra in Bengal*. Calcutta: Naya Prokash.

Basu, Shankari Prasad. 2014. *Kavi bhāratchandra*. Calcutta: Dey's Publishing. Original edition, 2000.

Bhattacharya, Ashutosh. 1975. *Bāṃlā maṅgalakāvyer itihāsa*. 6th ed. Calcutta: A. Mukherji & Sons.

Bhattacharya, France. 2001. "The Poet and His Patron: Bharat Chandra Ray (1712-1760) and Raja Krishna Chandra Ray of Nadia (1728-1782)." In *The Varied Facets of History Essays in Honour of Aniruddha Ray*, ed. Ishrat Alam and Syed Ejaz Hussain. New Delhi: Primus Book, pp. 215-228.

Bhattacharya, Jogendra Nath. 1968. *Hindu Castes and Sects*. Calcutta:

Editions Indian. Original edition, 1896.

Brahmapurāṇa. 1985. 3 vols. Sanskrit text with translation and notes by a board of scholars. Delhi: Motilal Banarsidass and UNESCO.

Brahmavaivartapurāṇa. 1982. Edited and translated by Panchanan Tarkaratna. Sanskrit text with Bangla translation. Calcutta: Navbharat Publishers.

Chakravarti, Mukundaram Kavi Kaṅkaṇ. 1986. *Candīmaṅgal*. Edited by Sukumar Sen. New Delhi: Sahitya Akademi. Original edition, 1975.

Das, Nirmal, ed. 2008. *Madanmohan Tarkalankar Commemoration Volume*. Calcutta: Parul Prakashani.

De, Sushil Kumar. 1961. *The Early History of the Vaisnava Faith and Movement in Bengal*. 2nd ed. Calcutta: Firma K. L. Mukhopadhyay. Original edition, 1942.

Ghosh, J. C. 1948. *Bengali Literature*. London: Oxford University Press.

Gosvami, Madanmohan. 1955. *Rāyguṇākāra Bhāratcandra*. Calcutta: Nalanda Press.

———. 2000. *Bhāratcandra*. New Delhi: Sahitya Akademi. Original edition, 1961.

Gupta, Ishwarchandra. 1855. *Kavivara Bhāratchandra Rāy Guṇākarer jīvanavṛttanta*. Calcutta: Sambad Prabhakar Press.

Kāśīrāmadāsī Mahābhārata. 1976. Edited by Subodhchandra Majumdar. Calcutta: Dev Sahitya Kutir.

Keith, Berriedale A. 1928. *A History of Sanskrit Literature*. Oxford: Clarendon Press.

Kinsley, David. 1998. *Tantric Visions of the Divine Feminine: The Ten Mahāvidyās*. Delhi: Motilal Banarsidass.

Kṛttivāsī Rāmāyaṇa. 1957. Edited by Harekrishna Mukhopadhyay. Calcutta: Sahitya Samsad.

Mahābhāgavatapurāṇa. 1983. Edited by Pushpendra Kumar. Delhi: Eastern Books Linkers.

Mārkāṇḍeyapurāṇa. 1983. Edited and translated by Panchanan Tarkaratna. Sanskrit text with Bangla translation. Calcutta: Navbharat Publishers.

Miller, Barbara Stoler, trans. 1971. *Phantasies of a Love Thief: The Caurapañcāśikā Attributed to Bilhana*. New York: Columbia University Press.

Mukhopadhyay, Sukhamay. 1988. *Madhyayuger bāṃlā sāhityer tathya o kālakrama*. 2nd ed. Calcutta: Bharati Book Stall.

Le Rāmāyaṇa de Vālmīki. 1999. Edition publiée sous la direction de

Madeleine Biardeau et de Marie-Claude Porcher et traduction par plusieurs traducteurs. Paris: Collection La Pléiade, Gallimard.

Ray, Biswanath. 2008. "Annadāmaṅgaler sampādak Madanamohan Tarkālaṅkār." In *Madanmohan Tarkalankar Commemoration Volume,* ed. Nirmal Das. Calcutta: Parul Prakashani, pp. 221–230.

Renou, Louis. 1945. *Littérature sanskrite* (*Glossaire de l'hindouisme*). Paris: Adrien-Maisonneuve.

Sen, Dinesh Chandra. 1954. *History of Bengali Language and Literature.* Calcutta: Calcutta University.

Sen, Sukumar. 1940. *Bāṅgālā sāhityer itihāsa.* 4 vols. Calcutta: Modern Book Agency.

Skandapurāṇa. 1998. Edited by R. Adriansen, H. T. Bakker, and H. Isaacson. 3 vols. Groningen: Egbert Forsten.

INDEX

ABOUT THE BOOK

Murty Classical Library of India volumes are designed by Rathna Ramanathan and Guglielmo Rossi. Informed by the history of the Indic book and drawing inspiration from polyphonic classical music, the series design is based on the idea of "unity in diversity," celebrating the individuality of each language while bringing them together within a cohesive visual identity.

The Bangla text of this book is set in the Murty Bangla typeface, commissioned by Harvard University Press and designed by John Hudson and Fiona Ross. The design follows the manuscript tradition of letterform construction reintroduced to typography by Linotype Bengali in the late 1970s, but in a less condensed form with lower stroke contrast. Its proportions and overall texture are closer to those of metal types previously employed by the leading Kolkata publishing house, Ananda Bazar Patrika. The design of Murty Bangla is intended to provide excellent readability to the informed scholar and the contemporary younger reader alike.

The English text is set in Antwerp, designed by Henrik Kubel from A2-TYPE and chosen for its versatility and balance with the Indic typography. The design is a free-spirited amalgamation and interpretation of the archives of type at the Museum Plantin-Moretus in Antwerp.

All the fonts commissioned for the Murty Classical Library of India will be made available, free of charge, for non-commercial use. For more information about the typography and design of the series, please visit *http://www.hup.harvard.edu/mcli.*

Printed on acid-free paper by Maple Press, York, Pennsylvania.